普通高等院校"十三五"规划教材

国际贸易概论

GUOJI MAOYI GAILUN

朱坤萍◎主　编
李泽民　李　婷◎副主编

U0361879

清华大学出版社
北京

内 容 简 介

本书主要研究国际分工与经济发展、国际贸易的关系，考察国际贸易政策与措施对国际贸易的影响，为对外贸易活动提供理论指导。全书共有十五章，分别为导论、国际分工与世界市场、自由贸易理论、贸易保护理论、当代国际贸易理论、国际贸易政策、关税措施、非关税壁垒、鼓励出口与出口管制、世界贸易组织、国际货物贸易、国际服务贸易、跨国公司、区域经济一体化，以及各种类型国家（集团）的对外贸易。

本书可作为高等院校国际经济与贸易、经济、管理等专业学生的通用教材或辅导书，也可供从事与国际贸易相关工作的专业人员学习和参考。

图书在版编目(CIP)数据

国际贸易概论 / 朱坤萍主编. —北京：清华大学出版社，2017（2024.1 重印）
（普通高等院校"十三五"规划教材）
ISBN 978-7-302-48349-6

Ⅰ. ①国… Ⅱ. ①朱… Ⅲ. ①国际贸易-高等学校-教材 Ⅳ. ①F74

中国版本图书馆 CIP 数据核字（2017）第 217166 号

责任编辑：刘志彬
封面设计：汉风唐韵
责任校对：王荣静
责任印制：曹婉颖

出版发行：清华大学出版社
    网 址：https://www.tup.com.cn,https://www.wqxuetang.com
    地 址：北京清华大学学研大厦 A 座   邮 编：100084
    社 总 机：010-83470000   邮 购：010-62786544
    投稿与读者服务：010-62776969，c-service@tup.tsinghua.edu.cn
    质量反馈：010-62772015，zhiliang@tup.tsinghua.edu.cn
印 装 者：三河市龙大印装有限公司
经 销：全国新华书店
开 本：185mm×260mm   印 张：20   字 数：508 千字
版 次：2017 年 8 月第 1 版   印 次：2024 年 1 月第 6 次印刷
定 价：54.60 元

产品编号：076663-01

前　言

国际贸易学是经济学的重要分支学科。它通过研究国际货物和服务交换的产生与发展、国际贸易利益的形成与分配，揭示国际贸易的交换特点与运行规律。国际贸易概论主要研究国际分工与经济发展、国际贸易的关系，考察国际贸易政策与措施对国际贸易的影响，为对外贸易活动提供理论指导。

2001 年 12 月中国加入世界贸易组织后，中国的对外贸易进入了高速发展时期，中国市场经济体制不断得到发展和完善，中国的贸易政策全面向市场经济和世界贸易组织的国际通行规则靠拢。为适应国际经济与贸易形势发展和国际经济贸易学科发展的需要，我们在密切结合当代国际贸易的实际，参考和借鉴国内外近几年来出版的有关专著、教材和科研成果的基础上，编写了本书。

本书较为全面和系统地阐述了国际贸易的基本理论与政策，具有以下特点。

（1）在撰写过程中，我们坚持以马克思主义理论为指导，同时吸收西方各种流派中科学、合理的成分；注意将国际贸易理论与国际贸易实践相结合，强调将国际贸易领域的最新研究成果、最新事件、最新数据的分析融合其中。

（2）在结构安排上，分为理论、政策和运行三部分，在政策与运行部分的内容中都增加了关于我国相关内容，全面反映我国加入世界贸易组织后对外贸易发展与政策的变化，具有现实意义和更强的针对性。

（3）每章精心设计了"延伸阅读"栏目，不仅可以突出重点，帮助学生正确理解和掌握国际贸易理论与政策，又能扩展学生的知识面。

本书由朱坤萍教授担任主编，负责全书的设计与统稿；杨同明副教授、张晗副教授、孙韶云博士和王艳芳博士参与了部分章节的编写与审阅。本书具体编写任务分工如下：朱坤萍编写第一～八章，李泽民编写第九章，王艳芳、张晗编写第十章，李婷编写第十一章，杨同明、李明岩编写第十二章，孙韶云、李美娟编写第十三和十四章，王艳芳、蔡学玲编写第十五章。蔡学玲、李明岩、博文宾、吴謖、李美娟、李华参与了资料的收集与整理工作。

在本书编写过程中，参阅、引证了国内外大量的文献资料，书中未能一一注明，在此仅表歉意并致谢忱。由于编者的学术和文字水平有限，书中难免有疏漏和错误之处，恳请读者批评指正。

编　者

目 录

第一章
导　论

本章导读

　　本章主要学习国际贸易基础内容，包括国际贸易的基本概念、国际贸易与国内贸易的不同，以及国际贸易的产生条件、不同时期国际贸易发展的特点。尤其是当代国际贸易发展的变化与特点，国际贸易的基本概念，包括国际贸易额、国际贸易量、国际贸易商品结构、国际贸易地理方向、贸易依存度，以及国际贸易主要分类。

学习目标

通过本章学习，应达到以下目的和要求：

1. 了解不同时期国际贸易发展的特点。
2. 掌握国际贸易常用的基本概念。

重要概念

　　国际贸易，对外贸易，国际贸易值，对外贸易值，贸易差额，国际贸易量，国际贸易商品结构，国际贸易地理分布，总贸易，专门贸易，贸易依存度，贸易条件，国际贸易惯例，出口贸易，进口贸易，过境贸易，直接贸易，间接贸易，转口贸易，海运贸易，陆运贸易，空运贸易，多式联运，现汇贸易，记账贸易，易货贸易，水平贸易，垂直贸易，自由贸易，保护贸易，双边贸易，多边贸易，一般贸易，加工贸易，补偿贸易，租赁贸易

　　国际贸易学主要包括国际贸易理论、国际贸易政策和措施两部分。国际贸易理论主要研究国际贸易形成与发展的原因，分析国际贸易的利益所在，揭示国际贸易的运行规律。国际贸易政策和措施则是研究各国政府对外贸易政策的内容与趋势，以及国际贸易政策的协调机制。在学习国际贸易理论与政策之前，需要先对国际贸易基本概念及国际贸易历史进行介绍。

第一节 国际贸易课程的任务与对象

一、国际贸易的含义

国际贸易，是指世界各国（地区）之间货物和服务的交换活动，是各国（地区）之间分工的表现形式，反映了世界各国（地区）在经济上的相互依赖。

一般而言，国际贸易的内涵主要包括三方面的内容：第一，必须是不同国家（地区）的公民或政府之间的交换活动；第二，要涉及使用某种外币（外汇）；第三，这些交换活动要涉及一国的贸易平衡，进而影响一国的支付平衡。

二、国际贸易与国内贸易的异同

国际贸易与国内贸易相比较，既有共性，又有其特性。两者的共性表现为：两者在社会再生产中的地位相同，都处在社会再生产中的交换环节，通过商品交换来实现商品的价值，具有共同的商品运动方式，受商品经济规律的影响和制约。两者的区别在于：国内贸易是发生在一国内部或国民经济范围内的商品交换活动；国际贸易是越过国界、超出国民经济范围进行的商品交换活动。国界为两者划出了明显的界限。

在发展国内贸易方面，经济政策、货币制度、税收制度以及法律制度等的统一，保证了商品在全国范围内的自由流通和国内统一市场的形成。而在国际范围内，由于各国生产力发展水平不同、社会经济制度不同，从而执行的经济政策和对外贸易政策也不同，因此，国界在客观上成为一种阻碍商品流通的因素。超越国界进行的商品交换，把各国的国民经济连接成为一个世界范围的互相联系、互相依赖的经济整体，而国界又把这个整体范围的互相联系、互相依赖的经济整体分割成相对独立的国民经济范围。

与国内贸易相比，国际贸易具有以下特点。

▶ 1. 限制严格

通常国家为了保持国际收支平衡，保护民族工业发展以及保证正常的社会生活秩序等，往往采取一些政策和措施对国际贸易活动进行干预，或者鼓励出口，或者限制出口。各国政府都设有海关，对进出口商品实行海关监管。因此，进行国际贸易活动要注意了解、研究相关国家的对外贸易政策和措施，以便更好地制定进出口方案。

▶ 2. 风险较大

与国内贸易相比，国际贸易活动遇到的问题复杂多变，由此带来的贸易风险也比国内大得多，比较显著的有以下几种。

（1）信用风险。在国际贸易中，从磋商交易到订立合同，再到卖方交货、买方付款，需要经过一段较长的时间。在此期间，买卖双方的财务状况可能发生变化，有时危及履约，给对方造成损失。同时，在卖方交货、买方付款环节，既可能出现交了货却不能按时足额收到货款，也可能出现付款后收不到货，或收到的货物不符合合同要求的情况。为规避风险，国际贸易中一般采用信用证结算，即在双方交货预付款之间引入银行担保，以降低国际贸易中的信用风险。

（2）汇率风险。在国际贸易中，由于各国的货币制度不同，买卖双方经常有一方要使用外国货币进行计价、结算和支付，这就产生了两种货币按照怎样的比率进行汇兑的问题。由于币值不稳定，从订立合同到支付货款期间的汇率变动，必然给交易的一方带来汇兑损失。同时也会给有关国家的进出口贸易、国际收支、国际储备、物价等带来有利或不利的影响。因此，在磋商交易时，用什么货币计价、计算、支付是交易者必须认真思考的问题。

（3）价格风险。从订立合同到收到货物期间可能发生的价格变化会导致交易者的损失。比如，订立合同后，买方在进货前货物价格上涨，则卖方须承担风险；如果买方收到货物后，货物价格下跌，则买方要承担风险。当然，反之价格风险也可能带来利益。但是，一方的利益，往往是对方的损失。在国际贸易中，从订约到卖方进货和买方收到货物往往需要较长的一段时间，而世界市场的商品价格是经常变动的，并且，国际贸易中多为大宗商品的买卖，这使得双方面临的价格风险更大。

（4）运输风险。国际贸易货物运输历程一般超过国内贸易，在运输过程中发生的风险也随之增多，如暴风雨袭击、战争、运输工具故障等而导致的货物损失或延期到达都会给交易双方造成损失。为规避运输风险，国际贸易中一般都要求投保货物运输险，但是即使投保了货物运输险，有的风险仍然要由交易者自己承担。

（5）政治风险。贸易国家因发生动乱或革命、政府更替、政策改变以及两国关系突然恶化等政治原因，常常会给交易双方造成损失。

▶ 3. 竞争激烈

与国内贸易相比，国际贸易有更广阔的空间范围，这一方面有利于交易双方在更大范围内挖掘资源、开辟市场；另一方面也使其遇到的竞争更加激烈。在国际贸易中遇到的对手更强，特别是发达国家的竞争对手，他们中间的很多厂商，无论在资本实力、管理手段以及技术水平上均居于优势。不仅凭借个体实力进行竞争，还有国家的支持；不仅有价格的竞争，还有非价格的竞争。

▶ 4. 市场多样

在国际贸易中，由于各国经济发展、风俗习惯、宗教信仰以及文化传统等的不一样，形成了国际市场上多种多样的市场需求特点。其一，经济发展水平对市场的影响。例如，经济发达国家通常具有高收入、高消费、高福利等特点，生活上开始追求享受，对商品和服务的消费需求表现为高质量、高档次和优质服务的特征；而发展中国家的购买力相对较低，对商品和服务的需求质量和档次与发达国家比较有明显差异，其消费需求更多地倾向于经济适用。其二，不同国家、民族具有不同的风俗习惯和宗教信仰，这体现为不同的市场环境，决定了市场的需求特点。例如，日本人喜欢吃鳗鱼，但却不需要鳗鱼罐头。这说明国际贸易中要注意了解贸易对象国的风俗习惯、宗教信仰。

因此，经营对外贸易要具有一系列条件：良好的商业信誉、扎实的专业理论与知识、灵通的商业情报、雄厚的资金和完备的组织机构。

三、国际贸易课程

▶ 1. 国际贸易课程的任务

国际贸易是研究国际贸易的产生、发展和贸易利益等问题，并揭示世界各国之间进行商品和服务交换的规律和特点的学科，也是一门研究国际货物、服务交换的经济规律、纯粹理论、基本政策、理论和应用的经济学科。

▶ 2. 国际贸易课程的研究对象

（1）各个历史发展阶段，特别是资本主义阶段国际商品流通的一般规律。国际贸易是个历史范畴，是社会生产发展的必然结果。原始社会后期，随着社会分工的出现，个别地区有了部落之间的商品交换。随着私有制的出现，产生了奴隶社会，部分产品作为商品在国与国之间进行交换，出现了国家商品交换的萌芽。到了封建社会，这种商品交换有所发展。奴隶社会和封建社会由于生产力水平低下，社会分工不发达，自然经济占统治地位，因此对外贸易发展缓慢，国际商品交换只是个别的、局部的现象，还不存在真正的世界市场，更不存在名副其实的国际贸易。到了14—15世纪，在西欧出现了萌芽的资本主义生产。意大利北部的威尼斯、热那亚及佛罗伦萨等城市，以及波罗的海和北海沿岸的汉撒同盟诸城市，都已经成为欧洲的贸易中心。15世纪末16世纪初期，随着资本主义生产关系的发展、"地理大发现"以及海外殖民地的开拓，欧洲贸易中心从地中海区域扩展到大西洋沿岸。葡萄牙的里斯本、西班牙的塞维尔、尼德兰的安特卫普、英国的伦敦等先后成为繁荣的国际贸易港口，贸易范围遍及亚洲、非洲和美洲。对外贸易的发展，国际交换的扩大，逐渐形成了区域性的国际商品市场。

18世纪60年代—19世纪60年代，以蒸汽机为代表的科学技术获得了惊人的发展。英国及其他欧洲先进国家和美国，相继完成了工业革命。资本主义生产从工场手工业过渡到机器大工业，使工农业生产和交通得到空前的大发展。这场工业革命直接推动着社会关系和国际关系的深刻变革，标志着资本主义生产方式在全世界的胜利。工业革命爆发后，形成了一种同机器大工业中心相适应的国际分工体系，它转化为巨大的、影响世界范围的社会生产力。资本主义国际分工体系的形成，加上大工业生产提供了现代化的交通工具，把世界连接成为一个整体，形成了世界市场。世界市场的形成，大大促进了国际交换的发展。据统计，在19世纪的前70年中，世界贸易额增长了6倍多。世界交换的迅速发展，导致了世界货币的出现。随着国际贸易和国际投资的发展，逐步形成了适应于资本主义生产方式的国际货币体系，最后形成了资本主义经济体系和相应的经济秩序。

第二次世界大战后，在第三次科技革命、资本输出迅速增长及贸易自由化深化的共同影响下，国际贸易取得了巨大的发展，世界贸易的增长速度超过了世界生产的增长速度；各国贸易的依存度不断提高，继大西洋地区之后，太平洋地区也形成了新的世界贸易中心。国际贸易在各国经济发展中占据着日益重要的地位和作用。

(2) 国际贸易理论与学说。国际贸易理论是指从资本原始积累一直到当代各国积极开展国际贸易的整个历史阶段的思想和实践经验的总结，是各国制定对外贸易政策的重要依据之一，它与资本主义生产方式一同产生和发展，经历了各个不同的历史阶段，而各个时期的经济学家，从对国际贸易经济现象的研究出发，提出了侧重点各不相同的国际贸易理论和学说。西方经济学家和马克思主义经典学家一直注意研究国际贸易中的各种问题与规律，从最早的亚当·斯密到现代西方国际分工和国际贸易理论，经历了绝对优势理论、大卫·李嘉图的比较优势理论、赫克歇尔-俄林的要素禀赋理论、里昂惕夫之谜、保护幼稚工业论、对外贸易乘数理论、中心—外围理论等。国际贸易课程主要介绍重商主义学说以后的西方主要国际贸易学说，并将国际贸易理论与国际贸易政策结合起来进行研究。

(3) 国际贸易政策、措施和组织。国际贸易直接涉及各国的经济发展和财富的积累，因此，各国都制定了有利于本国经济发展的对外贸易政策和措施。这些对外贸易政策是随着时代的发展而不断变化的。在资本主义原始积累时期，出现了重商主义的保护贸易政策；在资本主义自由竞争时期，自由贸易政策与保护贸易政策并存；在帝国主义时期，出现了超保护贸易政策；第二次世界大战后，又出现了贸易自由化、新保护贸易主义和管理贸易等政策。

为执行对外贸易政策，各国采取了各种对外贸易政策措施，如关税措施、非关税措施、国际贸易条约和协定等。

国际贸易组织在国际上主要有关税与贸易总协定，1995年后被世界贸易组织所取代。在各个国家、集团还建立有管理对外贸易的机构。

（4）当代世界和各种类型国家、集团的对外贸易发展趋势和主要特点。在当代国际贸易中，发达的资本主义国家是世界贸易的主体，也是世界各国对外贸易的主要市场，在各种国际贸易机构中占据主要地位。它们的跨国公司垄断着国际贸易的大部分，它们的对外贸易政策影响着世界经济和贸易的发展。第二次世界大战以后，发展中国家以独立国家的身份出现在世界贸易舞台上，通过对外贸易的发展带动本国经济的发展。为了改善他们在国际贸易中的地位，发展中国家积极开展南北对话与南南合作，尤其是中国，在改革开放、发展社会主义市场经济，积极参与国际分工、国际交换与国际经济合作中，走出了独具特色的发展道路，促进了社会主义经济的迅速发展。

当前，各种类型的国家在国际贸易中既有共同利益，又存在矛盾和摩擦，世界贸易集团化的趋势不断加强，国际贸易组织与机构在协调国际经贸发展方面面临着越来越大的挑战。

第 二 节　国际贸易的产生与发展

一、国际贸易的产生

国际贸易属于历史范畴，是在人类社会生产力发展到一定阶段才产生和发展起来的。国际贸易的产生必须同时具备两个条件：一是有可供交换的剩余产品；二是有各自为政的社会实体。因此，从根本上说，社会生产力的发展和社会分工的扩大，是国际贸易产生和发展的基础。

在原始社会初期，人类处于自然分工状态，生产力水平低下，人们依靠集体劳动来获取有限的生活资料，然后按照平均的原则进行分配。那时没有剩余产品，没有私有制，没有阶级和国家，当然也就没有国际贸易。

国际贸易的产生与人类历史上三次社会大分工密切相关。人类历史上第一次社会大分工，推动了社会生产力的发展，产品出现少量剩余，于是在氏族公社、部落之间出现了剩余产品的交换，这是最早的物物交换。随着生产力的发展，手工业从农业中分离出来，形成了人类社会第二次大分工。手工业的出现，直接产生了以交换为目的的商品生产，商品生产和商品交换的不断扩大，产生了货币，商品交换逐渐变成了以货币为媒介的商品流通。随着商品货币关系的发展，产生了专门从事贸易的商人，人类社会产生了第三次社会大分工。商业和商人的出现，使商品生产和商品交换更加广泛、更加频繁，商品交换开始超出国界，逐渐产生了国际贸易。

二、国际贸易的发展历程

▶ 1. 奴隶社会的国际贸易

在奴隶社会，随着商品交换的发展和国家的形成，商品交换开始超越国界，社会生产力较原始社会有了较大发展，海运事业也逐渐发展起来，贸易组织、货币制度先后建立，使奴隶社会的国际贸易有了一定程度的发展。由于奴隶社会是自然经济占统治地位，生产的目的主要是消费，商品生产在整个社会生产中的比重很小，国际贸易的发展受到很大限制。

在奴隶社会，进入国际贸易领域的商品主要是供奴隶主和王室享乐的宝石、装饰品、各种织物、香料和奴隶。在欧洲，主要的国际贸易国家有腓尼基（现黎巴嫩境内）、埃及、希腊、罗马等，据史料记载，腓尼基人借助地中海之便发展航海技术，以金属和玻璃制品向其他国家换取象牙、谷物、奴隶，其贸易范围最远达到好望角。希腊人在约800年的时间里成为海上贸易的霸主，制定了最早的海上法并建立了海外殖民地。罗马人建立了横跨欧亚非的大帝国，形成了横跨三大洲的贸易圈。中国和印度的商业虽然发达，但地理环境限制了其贸易向外拓展，当时中国的贸易主要集中在黄河流域。

▶ **2. 封建社会的国际贸易**

在封建社会，国际贸易有了较大发展。这一时期，封建地租采取劳役和实物两种形式，进入流通领域的产品并不多。到封建社会中期，随着商品生产的发展，封建地租越来越多地由劳役和实物形式转变为货币地租，商品经济得到进一步发展。封建社会晚期，随着城市手工业的发展，各国商品经济和对外贸易都有了较大发展。

在封建社会，奢侈品仍是国际贸易中的主要商品，西方国家以呢绒、酒类等换取东方国家的丝绸、香料和珠宝等。在封建社会，国际贸易的范围不断扩大。在欧洲封建社会的早期阶段，国际贸易的中心位于地中海东部。公元7—8世纪的阿拉伯人是贸易民族，他们贩运非洲象牙、中国丝绸、远东的香料和宝石等。公元11世纪以后，随着意大利北部、波罗的海和黑海沿岸城市的兴起，国际贸易的范围扩大到地中海、北海、波罗的海和黑海沿岸。城市手工业的发展推动了国际贸易的发展，而国际贸易的发展又促进了手工业的进一步发展，促进了资本主义因素在欧洲各国内部的迅速发展。

▶ **3. 资本主义社会的国际贸易**

国际贸易的发展是与西欧各国资本主义生产方式的建立和发展紧密联系在一起的。资本主义生产方式下，国际贸易额急剧扩大，国际贸易活动范围遍及全球，商品种类日益增多，国际贸易地位与作用的提高是国际贸易成为资本主义扩大再生产的重要组成部分。

资本主义生产方式准备时期的国际贸易。在16—18世纪中叶，城市手工业的发展为国际贸易的发展提供了物质基础，"地理大发现"和世界市场的初步形成又促进了国际贸易的发展。国际贸易的范围迅速扩大了，交换的商品品种和数量增多，贸易商品除了奢侈品外，工业原料和饰品的比重开始增加，贩卖非洲黑奴的奴隶贸易也是当时贸易的主要内容。随着"地理大发现"，各大洲连接在一起初步形成了世界市场。十四五世纪意大利北部的威尼斯、热那亚、佛罗伦萨等城市以及波罗的海和北海沿岸的汉萨同盟诸城市为欧洲的贸易中心，而15世纪末16世纪初，葡萄牙的里斯本、西班牙的塞维尔、尼德兰的安特卫普、荷兰的阿姆斯特丹及英国的伦敦等，先后成为繁荣的国际贸易港口，其贸易范围远及亚洲、非洲和美洲。

资本主义自由竞争时期的国际贸易。18世纪后期—19世纪中叶，欧洲国家先后发生的工业革命和资产阶级革命推动了资本主义机器大工业的建立。真正的国际分工开始形成，交通运输和通信联络手段迅猛发展，火车、轮船、电报机及电缆网等相继出现，为国际贸易和海外市场的开辟创造了有利条件。国际贸易方式进一步扩展，各种信贷关系随之发展，国家之间的贸易条约逐渐发展，国际贸易的组织形式日益专业化、规模化，如商品交易所、大贸易公司取代了对外贸易特权公司，运输业、保险业及银行业等得到广泛发展。贸易商品的种类、产量和数量不断增多，商品结构发生很大变化，大宗商品如香料、茶叶、丝绸和咖啡等的贸易比重已经下降，纺织品的贸易比重则迅速增长，且逐步占据了优势地位。在这一时期，欧洲国家进一步推行殖民政策，广大的殖民地成为资本主义宗主国的销售市场和原料来源地，其中英国占据着重要的垄断地位，其次为法国、德国和美国，英国首先成为"世界工厂"。

资本主义垄断时期的国际贸易。19 世纪末 20 世纪初，许多帝国主义国家实行超保护贸易政策，使这一时期的国际贸易带有明显的垄断特点。由于生产和资本的高度积聚和集中，国际贸易成为垄断组织追求最大利润的重要手段，它们决定着一国对外贸易的地理方向和商品构成，这个时期的贸易中心以主要的帝国主义国家为主，特别是垄断组织发达的国家和地区，如英国、法国、德国以及美国等。这一时期国际贸易商品结构的特点是初级产品和制成品在世界贸易中所占比重持续稳定，但在初级产品和制成品中各类商品所占的比重发生了重大变化。这反映了发达资本主义国家工业化发展和国际分工的扩大。

▶ **4. 当代国际贸易的发展**

第二次世界大战结束以来，国际分工又得到进一步发展。当代国际贸易发展的一个主要结果就是国际间经济往来的显著扩大和各国、各民族之间在经济上相互依赖程度的加深。概括地讲，"二战"后的国际贸易呈现以下特征。

（1）国际贸易发展迅速、国际贸易额总体上保持上升趋势。国际贸易的增长速度超过了世界生产的增长速度，以 1948—1973 年为例，世界工业生产的年均增长率为 6.1%，世界出口量的年均增长率则为 7.8%。"二战"以前，经济增长仅限于西欧、北美、日本、苏联和东欧国家，"二战"后，不仅这些国家的经济持续增长，发展中国家的国民经济也有了较快的发展，这种全球范围的经济增长是历史上前所未有的。20 世纪 70 年代以来，世界经济进入衰退期，增长率明显下降。但是，国际贸易的增长始终超过世界经济的增长。尤其是 1994 年和 1995 年，贸易增长率均为同期世界经济增长率的 2 倍以上。

（2）国际贸易商品结构发生变化。"二战"后，国际贸易中制成品的增长快于初级产品，特别是机器、运输设备及其所需零配件的制成品贸易增长迅速，而原料、食品等初级产品贸易的发展则相对缓慢。在初级产品的贸易中，石油贸易的增长较为迅速。在制成品贸易中，纺织品和一些轻工业产品所占的比重呈下降趋势，而机械电子产品以及其他资本密集型产品所占的比重则直线上升。这一变化表明，"二战"后，各类经济部门内部的分工已逐渐取代了各经济部门之间的分工。

20 世纪 80 年代以来，世界服务贸易就以高于货物贸易的速度增长，迅速成为国际贸易的重要组成部分。1982 年，世界服务贸易出口额为 4 050 亿美元，1992 年达到 10 170 亿美元，10 年间增长了 1 倍多。而在 1992—2002 年 10 年间，世界服务贸易年均增长率几乎达 5.5%。近几年来，服务贸易与货物贸易已旗鼓相当的速度共同发展。

（3）国际贸易地理分布发生变化。"二战"后国际贸易地理分布表现为越来越多的国家参与国际贸易，各种类型国家的对外贸易都有了不同程度的增长，而增长最快的是发达国家相互间的贸易，发达国家与发展中国家的贸易关系相对缩减，在国际贸易中发达国家继续占据支配地位；而在发达国家内部，日本和欧洲的贸易地位上升较快，美国则逐渐下降；在发展中国家，新兴工业国家处于领先地位。

（4）国际贸易格局集团化发展。"二战"后，随着国际竞争日益激烈，世界主要贸易国为保持其在全世界市场上的竞争力，不断寻求与其他国家联合，通过优惠贸易安排、自由贸易区、关税同盟或共同市场等方式，组建区域贸易集团以实现在区域内的贸易自由化。如欧共体、北美自由贸易区、亚太经合组织以及东盟自由贸易区等，掀起了区域贸易集团化的浪潮。进入20世纪90年代后，区域经济合作不断向深度和广度推进，区域贸易集团激增，区域贸易日益活跃和扩大。世界贸易集团化是世界经济走向一体化、全球贸易走向自由化的一个阶段和步骤，集团贸易成为全球贸易自由化的推动力量。

第三节 国际贸易的基本概念与分类

一、国际贸易的基本概念

▶ 1. 国际贸易与对外贸易

国际贸易又称"世界贸易"，是指世界各国（地区）之间货物和服务的交换活动。它既包含着有形商品（实物商品）的交换，也包含着无形商品（劳务、技术）的交换。它由各国（地区）的对外贸易构成。对外贸易是指一个国家（地区）与另一个国家（地区）之间进行的货物和服务的交换活动。这种贸易由进口和出口两部分组成，也叫进出口贸易。

国际贸易是从整个世界的角度来考察各国或地区之间的贸易活动，而对外贸易则是从一个国家或地区的角度出发去考察它与别国或地区之间的贸易活动。国际贸易与对外贸易均包括货物和服务贸易。由于历史的原因，以前甚至目前仍有一些国家或地区的对外贸易统计不含服务贸易。

延伸阅读 1-1

国 家 分 类

2015年，世界银行对各国经济发展水平进行分组，将经济体划分为低收入、中等偏下收入、中等偏上收入和高收入四类：人均GDP低于1 945美元的为低收入国家，人均GDP在1 045～4 125美元的为中等偏下收入国家，人均GDP在4 126～12 735美元的为中等偏上收入国家，人均GDP高于12 736美元的为高收入国家。

2015年7月1日，世界银行公布了最新人均国民收入数据，从数据上看，许多国家的经济绩效得到改善。挪威、摩洛哥的人均国民收入都超过10万美元。马拉维以250美元成为全球人均国民收入最低的国家。

中国社会科学院研究所的报告指出，2015年中国人均GDP为5.2万元人民币，约合8 016美元，位于中等偏上收入国家范围。

资料来源：2015世界发展报告（世界银行）、中国社会科学院研究所报告.

▶ 2. 国际贸易值与对外贸易值

国际贸易值是指世界各国或地区在一定时期内的出口额或进口额相加构成的这一时期的贸易总额。对外贸易值是指一国（地区）在一定时期内的全部进口和出口商品的总值，也就是一国的商品进出口总额，或以金额表示的一国的对外贸易。它是反映一国或一个地区对外贸易规模的重要指标。联合国编制和发表的世界各国对外贸易值的统计资料是以美元来表示的。

国际贸易值不等于世界各国或地区对外贸易值之和。因为一国的出口即为另一国的进口,简单将对外贸易额相加会造成重复计算。一般来说,各国出口额的统计以 FOB 价格计算,而进口额的统计以 CIF 价格计算。由于 CIF 是在 FOB 的基础上外加运费和保险费构成的,这就使得世界出口总额并不等于世界进口总额,而是小于世界进口总额。

▷ **3. 贸易差额**

贸易差额是指一国或地区在一定时期内出口额与进口额之间的差额。当出口额与进口额相等时,称为"贸易平衡";当出口额大于进口额时,出现贸易盈余,称为"贸易顺差"或"出超";当出口额小于进口额时,出现贸易赤字,称为"贸易逆差"或"入超"。通常贸易顺差以正数表示,贸易逆差以负数表示。

一国的进出口贸易收支是其国际收支中经常项目的重要组成部分,是影响一个国家国际收支的重要因素。一般而言,若一个国家经常处于贸易逆差则对其经济发展很不利,同时在国际上的形象也不好,投资环境不利更有碍于本国对外贸易的发展;而贸易顺差的意义及重要性在于:它可以在一定程度上保证国民经济的增长;它可以在一定程度上保证进口所需的外汇;它保证外债的偿还;它在一定程度上保证汇率的稳定;但是,顺差过大,则会造成对方的不满,极易引起贸易摩擦。

▷ **4. 国际贸易量**

国际贸易量是以一定时期的不变价格为标准计算的国际贸易额。由于以货币所表示的对外贸易额经常受到价格变动的影响,因此不能准确地反映一国对外贸易的实际规模,更不能将不同时期的对外贸易额进行直接比较。如果以贸易的实物数量来表示,则能避免上述矛盾。但是,参加对外贸易的商品种类繁多,计量标准各异,无法把它们直接相加。为此,一般要选择某一固定年份为基期,以基期计算的报告期出口或进口价格指数除报告期的出口额或进口额,得到按不变价格计算的进口额或出口额。这种按不变价格计算的国际贸易额已经排除了价格变动的影响,能反映国际贸易的实际规模,故称为国际贸易量。

例如,根据表 1-1,1995 年世界贸易量＝5 075 125÷199＝25 503 14(百万美元)。

表 1-1　1980—1995 年世界出口贸易值与出口价格指数

年 份	1980	1985	1990	1994	1995
世界出口值(百万美元)	2 022 448	1 958 675	3 486 140	4 264 555	5 075 125
世界出口价格指数 (1980 年为 100)	100	113	152	183	199

若以一定时期为基期的贸易量和各个时期的贸易量相比较,就得出表示贸易量的指数。例如,反映 1995 年贸易实际规模变动的贸易量指数为

$$\frac{2\ 550\ 314}{2\ 022\ 448}\times100=126$$

也就是剔出价格变动因素后,1995 年世界贸易量比 1980 年世界贸易量增长了 26%。

▷ **5. 国际贸易商品结构**

国际贸易商品结构是指不同种类的商品在国际贸易中所占的比重,也称商品构成。对外贸易商品结构是指不同种类的商品在一国对外贸易中所占的比重。

国际贸易商品结构的计算公式如下:

$$国际贸易商品结构=\frac{某类商品的出口额或进口额}{世界出口额或进口额}$$

$$对外贸易商品结构=\frac{一国(地区)某类商品的出口额或进口额}{一国(地区)的出口额或进口额}$$

国际贸易商品结构可以反映世界经济和产业状况。同样,对外贸易商品结构可以反映一国的经济发展水平、产业结构状况及各类商品在对外贸易中所占的地位。一般来说,一个国家出口制成品所占的比重越大,说明该国的经济发展水平越高,在国际分工中所占的优势越大;一个国家出口的商品结构越是多样化,就越能适应国际市场的需求变化。

为便于统计,世界各国均以联合国《国际贸易商品标准分类》(SITC)为标准公布国际贸易和对外贸易商品构成。国际贸易商品共分为 10 个大类:0 类为食品及主要供食用的活动物;1 类为饮料及烟草;2 类为燃料以外的非食用粗原料;3 类为矿物燃料、润滑油及有关原料;4 类为动植物油脂及油脂;5 类为未列名化学品及有关产品;6 类为主要按原料分类的制成品;7 类为机械及运输设备;8 类为杂项制品;9 类为没有分类的其他商品。在国际贸易统计中,一般将 0~4 类称为初级产品,5~8 类称为制成品,9 类称为其他。表 1-2 为世界部分国家或地区 2014 年进出口商品结构。

表 1-2　世界部分国家或地区 2014 年进出口商品结构　　　　　　　　%

国家或地区	初 级 产 品		工 业 制 成 品	
加拿大	出口	进口	出口	进口
美国	46.6	16.4	63.4	83.6
巴西	16.8	22.9	83.2	77.1
欧盟	42.5	27.0	57.5	73.0
法国	18.6	24.5	81.4	75.5
德国	26.4	32.6	83.6	67.4
意大利	11.7	32.0	88.3	68.0
英国	17.9	17.8	82.1	82.1
日本	7.2	44.0	92.8	56.0
新加坡	14.6	18.4	85.4	81.6

资料来源:世界贸易组织官方网站.

▶ 6. 国际贸易地理方向与对外贸易地理方向

国际贸易地理方向亦称"国际贸易地区分布",是指一定时期内世界各洲、各国(地区)或各个国家经济集团在国际贸易中所占的比重。对外贸易地理方向又称对外贸易地区分布或国别结构,是指一定时期内不同国家或地区在一国对外贸易中所处的地位或所占的比重。

$$国际贸易地理方向=\frac{某国(地区)的进口或出口总额}{世界进口或出口总额}\times100\%$$

$$对外贸易地理方向=\frac{一国(地区)对某国的进出口总额}{该国(地区)的对外贸易额}\times100\%$$

通过对对外贸易地理方向的研究,可以了解一国商品出口的去向和进口的来源,从而可以反映该国与其他国家之间贸易关系的程度。对外贸易地理方向和国际贸易地理方向受许多因素的影响，如经济互补性、国际分工状况以及贸易政策和政治因素等。表1-3是2014年中国主要进出口贸易伙伴的情况。

表1-3　2014年中国主要进出口贸易伙伴的情况　　　　　　单位：亿美元

国家或地区	出 口 金 额	国家或地区	进 口 金 额
美国	3 960.6	韩国	1 901.1
日本	1 493.9	日本	1 629.2
韩国	1 003.3	美国	1 590.6
德国	727	中国台湾	1 520
荷兰	649.3	德国	1 050
英国	571.4	澳大利亚	976.3
印度	542.2	马来西亚	556.5
俄罗斯	536.8	巴西	516.5
中国台湾	462.8	南非	445.7
巴西	349	俄罗斯	416

资料来源：国家统计局．

▶ 7. 总贸易与专门贸易

总贸易和专门贸易又称总贸易体系与专门贸易体系，是贸易国进行货物进出口统计的两种不同方法。总贸易是指以国境为标准划分商品的进出口。总贸易分为总进口和总出口。凡是进入国境的商品一律列为总进口，凡是离开国境的商品一律列为总出口。日本、英国、加拿大、美国、澳大利亚、中国等90多个国家均采取该统计方法。

专门贸易是指以关境为标准划分商品的进出口。凡是进入关境的商品一律列为专门进口，凡是离开关境的商品一律列为专门出口。德国、意大利、法国等80多个国家均采用该统计方法。

总贸易与专门贸易反映的问题是不同的。总贸易包括所有进出该国的商品，反映的是一国在国际商品流通中的地位，而专门贸易只包括那些进口是用于该国生产和消费的商品，出口是由该国生产和制造的商品，反映的是一国作为生产者和消费者在国际贸易中所起的作用。

▶ 8. 贸易依存度

贸易依存度又称外贸依存度或对外贸易系数，即一国对国际贸易的依赖程度，是指一国货物与服务进出口额在该国国民生产总值（或国内生产总值）中所占的比重。

$$对外贸易依存度 = \frac{一国货物与服务进出口总额}{该国国民生产总值} \times 100\%$$

随着国际分工的发展，各国的对外贸易依存度不断提高。美国1970年对外贸易依存度为8.2%，2001年上升为19%。我国对外贸易依存度提高很快，从1980年的12.6%提高到2001年的44%。影响一国对外贸易依存度的主要因素有国内市场的发展程度、加工贸易的层次、汇率的变化等。

延伸阅读 1-2

透视我国的外贸依存度

2001年年底，中国加入了世界贸易组织，中国对外贸易进出口总值从2002年起不断攀升，外贸依存度一直居高不下，几乎所有年份都超过50%，2005—2007年更是超过了60%。2009年受世界经济危机的影响，外贸依存度虽到了近十年的最低点，仍超过40%。2010—2013年始终保持50%左右，连续十年在50%以上。据统计，美国、日本、印度、巴西的外贸依存度大体稳定在30%的范围内。法国、英国、意大利和俄罗斯低于50%，中国、加拿大、德国在50%以上，我国的外贸依存度为何如此之高呢？学者分析主要有以下几个原因。

(1) 对外贸易结构中加工贸易的比重较大。加工贸易存在"大进大出，重复计算"的问题，使得外贸依存度较高，加上我国加工贸易在整个对外贸易中所占的比例较大，超过一般贸易方式。因此，加工贸易进口原料与出口成品的重复计算是我国外贸依存度高的主要原因。

(2) 长期实行"出口导向"经济增长战略。改革开放以来，我国由于内需不足、外汇短缺，一直实行出口导向经济发展战略。依托我国劳动力资源丰富、质量优、报酬低的优势，吸引外商投资企业到中国投资，外商投资企业的出口额远远高于国有企业的出口额，这极大促进了我国加工制造业规模的扩大。与一般贸易不同，加工贸易产品必须全部出口，还可以出口退税，这就提高了我国出口额，进而推高了外贸依存度。

较高的外贸依存度，说明我国积极参与世界经济，与世界市场进行着更加充分、更具深度的连接，极大地促进了经济的增长。改革开放30年，出口对经济增长的年平均贡献率达到20%，缓解了我国劳动力的就业压力，外贸直接带动就业人数超过8 000万人。同时，较高的外贸依存度也表明了我国经济对国际市场的过于依赖，导致我国贸易摩擦增多。

资料来源：王斌. 我国外贸依存度现状及利弊[J]. 经济研究参考，2014(4).

▶ **9. 贸易条件**

贸易条件又称交换比价、贸易比价，即一国（地区）在一定时期内的出口价格与进口价格指数之比。

$$贸易条件 = \frac{出口价格指数}{进口价格指数} \times 100$$

如果贸易条件大于100，说明贸易条件改善了，反之则表示恶化了。影响一国贸易条件的因素一般包括出口数量、进出口商品的劳动生产率、财政政策、货币政策、对外贸易政策以及世界经济的周期波动。

▶ **10. 国际贸易惯例**

国际贸易惯例是指在国际贸易长期实践中形成的习惯做法。这些习惯做法由国际组织或某些国家的商业、学术团体加以规范成文，成为国际贸易活动中当事人的行为准则。国际贸易惯例本身并不是法律，贸易双方当事人有权在合同中达成不同于惯例规定的贸易条件。但许多国家在立法中明文规定了国际惯例的效力，特别是在《联合国国际货物销售合同公约》中，惯例的约束力得到了充分的肯定。在下列情况中，国际贸易惯例对当事人有约束力：第一，当事人在合同中明确表示选用某项国际惯例；第二，当事人没有排除对其已知道或应该知道的某项惯例的适用，而该惯例在国际贸易中为同类合同的当事人所广泛知道并经常遵守，则应视为当事人已默示地同意采用该项惯例。

在国际贸易中通行的主要惯例均由国际商会制定，主要有《国际贸易术语解释通则》(2001 年)、《跟单信用证统一惯例》(1993 年)、《托收统一规则》(1995 年)、《国际保付代理惯例规则》(1994 年)(国际保理商联合会颁布)和《见索即付保函统一规则》(1992 年)。

国际惯例是国际法的一个重要渊源。上述惯例在国际贸易中均得到了普遍遵守，是从事国际贸易的人员所必须熟知的重要内容。

二、国际贸易的分类

▶ **1. 按交易内容区分，国际贸易分为货物贸易、服务贸易与技术贸易**

国际贸易中货物的种类繁多，为便于统计，1974 年《联合国国际贸易标准分类》把国际货物贸易共分为 10 大类、63 章、233 组、786 个分组和 1 924 个基本项目。

国际服务贸易是不同国家之间所进行的服务交易的活动。根据关贸总协定乌拉圭回合达成的《服务贸易总协定》，国际服务贸易有 4 种提供方式：过境交付、境外消费、以"商业存在"方式提供服务和以"自然人流动"方式提供服务。世界贸易组织《服务贸易总协定》将服务行业分为商业、通信、建筑、销售、教育、环境、金融、卫生、旅游、娱乐、运输和其他共 12 个部门。

国际技术贸易是指不同国家(地区)之间的有偿技术转让，又称商业性国际技术转让，即技术供应方通过签订技术合同，将技术有偿转让给技术接受方使用。

▶ **2. 按货物移动方向区分，国际贸易分为出口贸易、进口贸易和过境贸易**

出口贸易是将本国(地区)生产或加工的商品输往国外市场销售的商品交换活动。

进口贸易是将外国(地区)生产或加工的商品输入本国市场销售的商品交换活动。

过境贸易是指甲国经过丙国国境向乙国运送商品，商品所有权不属于丙国，这种商品交换活动对丙国来说，就是过境贸易。

▶ **3. 按交易对象区分，国际贸易分为直接贸易、间接贸易与转口贸易**

直接贸易是指货物生产国与货物消费国直接进行买卖货物的行为。货物从生产国直接卖给消费国，对生产国而言，是直接出口贸易；对消费国而言，是直接进口贸易。

间接贸易是指贸易生产国与消费国之间，经由第三国贸易商进行贸易的行为。对生产国来说，是间接出口贸易；对消费国来说，是间接进口贸易。

转口贸易是指货物生产国与消费国之间，或货物供给国与需求国之间，经由第三国贸易商分别签订进口合同和出口合同所进行的贸易。从第三国的角度来看，既是转口贸易，又称中转贸易。即使货物直接从生产国或供给国运往消费国或需求国，由于它们之间未直接发生交易关系，仍属于转口贸易的范畴。

延伸阅读 1-3

中国香港转口贸易

转口贸易是国际贸易的一种形式。无论是早期的威尼斯，还是今天的中国香港特别行政区、新加坡和迪拜等地。目前中国香港特别行政区是世界最大的转口港，新加坡、迪拜位列其后。

1840 年，英国通过发动鸦片战争和签订不平等条约占领了中国香港，为方便国际贸易，宣布中国香港为自由港，并向商人出售土地，修建基础设施，奠定了香港转口贸易的基础。许多商品进入中国香港，然后再出口到欧洲、美洲及其他国家或地区。20 世纪 70年代，中国香港的转口贸易占全港对外贸易近 20%，2002 年达到 91.3%，近年来，中国香港转口贸易呈现稳中有升的态势，转口贸易占进出口总额的比重维持在46%左右。中国大陆的对外开放和经济改革政策对中国香港转口贸易中心地位的稳固和发展起到了十分关键的作用。随着大陆制成品出口的扩大，香港逐渐成为大陆与世界其他国家和地区联系的前沿，中国大陆与美国是两个最大的转口来源和市场。

中国香港保持转口优势的重要原因是地区奉行的不干预政策，具体体现在"四个自由"上，即自由贸易制度、自由企业制度、自由外汇制度和自由出入境制度。

资料来源：金燕，王辉. 部分国家地区转口贸易对中国内地的启示[J]. 管理现代化，2012(5).

▶ 4. 按运输方式区分，国际贸易分为海运贸易、陆运贸易、空运贸易及多式联运

海运贸易是指通过海上各种船舶运送货物的贸易行为，是国际贸易中最主要的运输方式。当前，世界贸易中的货物有2/3以上是通过海运进行的。

陆运贸易是指通过陆上各种交通工具(火车与汽车等)运输商品的行为，它经常发生在各大陆内部陆地相连的国家之间。

空运贸易是指通过航空器具运送货物的行为，适合鲜活食品、贵重物品和急需商品的运送。

多式联运贸易是指海、陆、空各种运输方式结合运送货物的行为。国际物流的迅速发展促进了这种方式贸易的发展。

▶ 5. 按清偿方式区分，国际贸易分为现汇贸易、记账贸易和易货贸易

现汇贸易是指以能够自由兑换的货币作为清偿工具的贸易。在国际贸易中，能够自由兑换的货币主要是发达国家的货币，如美元、欧元、日元等。该方式是目前国际贸易活动中运用最普遍的一种形式。其特点是银行逐笔支付货款，以结清债权、债务，结算方式以信用证为主，辅以托收和汇付等形式。

记账贸易是由两国政府间签订贸易协定或贸易支付协定，按照记账方法进行结算的贸易。其特点是在一定时期内，两国间的贸易往来不用现汇逐笔结算，而是到期一次性结清。通过记账贸易获得的外汇称为记账外汇，一般仅用于协定国之间，不能用于同第三国的结算。

易货贸易是指商品交易双方依据相互间签订的易货贸易协定或易货合同，以货物经过计价作为结算方式，互相交换货物的一种交易行为。其特点是把进出口直接联系起来，双方有进有出，进出基本平衡。此种方式适用于那些外汇不足，或因其他各种原因无法以自由结汇方式进行相互交易的国家。

▶ 6. 按经济发展水平区分，国际贸易分为水平贸易和垂直贸易

水平贸易是指经济发展水平比较接近的国家之间开展的贸易活动，如南南之间、北北之间以及区域性集团内的国际贸易。

垂直贸易是指经济发展水平不同的国家之间的贸易活动。这些国家在国际分工中所处的地位和经济发达程度相差较远，其贸易往来具有与水平贸易不大相同的特点，如南北之间的贸易。

▶ 7. 按贸易政策区分，国际贸易分为自由贸易和保护贸易

自由贸易一般是指国家的外贸政策中，不干预国家之间的贸易往来，既不对进出口贸易活动设置种种障碍，也不给予各种优惠，而是鼓励和提倡市场交易时的自由竞争行为。

保护贸易是指国家的外贸政策中，广泛地使用各种政策措施去保护本国国内市场免受外国企业和商品的竞争，最主要的是控制各种外国商品的进口；同时对本国的出口商所从事的出口本国商品或劳务的活动给予各种政策上的优惠甚至补贴，鼓励出口贸易。

▶ 8. 按参加国的多少区分，国际贸易分为双边贸易和多边贸易

双边贸易是指由两国参加，双方的贸易是以相互出口为基础，贸易支付在双边贸易的基础上进行结算，自行进行外汇平衡。这种贸易方式主要适用于外汇管制的国家，现在有时也泛指两国之间的贸易关系。

多边贸易是指三个以上国家之间相互进行若干项目的货物与服务交换，相互进行多边清算的贸易行为。这种方式有助于若干个国家相互贸易时，用对某些国家的出超来支付对另一些国家的入超，从而寻求外汇平衡。当贸易项目的多边结算仍然不能使外汇达到平衡时，也可以采用非贸易项目的收支来进行多边结算。

▶ 9. 按贸易方式区分，国际贸易分为一般贸易、加工贸易、补偿贸易和租赁贸易

一般贸易是指出口国利用本国的资源、技术、设备生产国外需要的产品，通过贸易渠道出口到国外市场。一般贸易往往是一个国家的主要贸易方式。

加工贸易是指利用本国的人力、物力和技术优势，从国外输入原材料、半成品、样品或图样等，在国内加工制造或装配成成品以后再向国外输出，以生产加工性质为主的一种贸易方式，又可以分为来料加工、来样加工和来件装配等方式。

补偿贸易是指参加两国贸易的双方，一方以用对方提供的贷款购进机器、设备或技术等，或者用对方提供的机器、设备或技术进行生产和加工活动，等到一定时期后，该方用该项目下的产品或产品销售后的收入去偿还对方的贷款或设备技术等款项的一种贸易方式。这种方式对于解决买方的资金困难，帮助卖方推销商品都有着一定的积极作用。

租赁贸易是指由租赁公司以租赁方式把商品出租给国外用户使用，而国外用户不交付商品货款，只交付商品使用租金的一种交易方式，也称租赁信贷。它的特点是：租赁公司享有该商品的所有权，并按期收回稳定的资金；租赁的用户可以避免积压大量的设备资金并可以及时更新、使用更先进的技术。

本章小结

国际贸易是指世界各国或地区之间货物和服务的交换活动，是不同国家之间分工的表现形式，它反映了世界各国或地区之间在经济上的相互依赖。国内贸易是发生在一国内部的商品交换活动。与国内贸易相比，国际贸易具有限制严格、风险较大、竞争激烈、市场多样的特点。

国际贸易属于历史范畴，国际贸易的产生必须具备两个条件，即可交换的剩余产品和各自为政的社会实体。从根本上说，社会生产力的发展和社会分工的扩大，是国际贸易产生和发展的基础。当代国际贸易发展的主要结果就是国际间经济往来的显著扩大和各国之间在经济上相互依赖程度的加深。

国际贸易分类有多种。按交易内容划分包括货物贸易、服务贸易和技术贸易；按货物移动方向划分包括出口贸易、进口贸易和过境贸易；按交易对象划分包括直接贸易、间接贸易和转口贸易；按运输方式划分包括海运贸易、陆运贸易、空运贸易和多式联运；按清偿方式划分包括现汇贸易、记账贸易和易货贸易；按经济发展水平划分包括水平贸易和垂直贸易；按贸易政策划分包括自由贸易和保护贸易；按参加国数量划分包括双边贸易和多边贸易；按贸易方式划分包括一般贸易、加工贸易、补偿贸易和租赁贸易。

复习思考题

1. 解释国际贸易、国内贸易。
2. 与国内贸易比较，国际贸易的主要特点有哪些？
3. 说明国际贸易与对外贸易的联系与区别。
4. 当代国际贸易发展的主要特点是什么？
5. 解释国际贸易额、国际贸易量、国际贸易商品结构、国际贸易地理方向和对外贸易依存度的含义。
6. 什么是出口贸易、进口贸易？
7. 如何理解转口贸易与过境贸易？
8. 就中国香港的转口贸易谈谈你的理解。

延伸阅读1-4

2014 年中国对外贸易的发展情况

2014 年，世界经济增长低迷，中国经济增长放缓、结构性矛盾凸显。面对严峻复杂的国内外环境，中国政府坚持稳中求进的工作总基调，深入推进改革开放，努力促进进出口贸易稳增长，积极培育外贸竞争的新优势，对外贸易总体保持平稳增长，国际市场份额进一步提高，贸易大国地位更加巩固，结构继续优化，质量和效益不断改善，成绩来之不易。

1. 全球第一货物贸易大国的地位进一步巩固

2014 年，中国货物进出口总额 43 030.4 亿美元，增长 3.4%。其中，出口 23 427.5 亿美元，增长 6.1%；进口 19 602.9 亿美元，增长 0.4%。贸易顺差 3 824.6 亿美元。分季度和月度看，年内进出口增速总体呈现前低后高。1~4 月，受国际市场需求不足、2013 年同期异常贸易垫高基数等因素的影响，外贸出现多年不遇的进口和出口"双下降"的情况。针对这一情况，中国政府及时出台了支持外贸稳定增长的政策文件。各地区、各部门狠抓落实，采取一系列务实举措，有效提振了企业信心，激发了外贸的发展活力。5 月以后，进出口增长开始企稳回升。出口增长在年中由负转正，三、四季度分别实现了 13% 和 8.6% 的较快增长。但进口受国际大宗商品价格持续走低和国内投资需求放缓的影响，多个月份出现同比下降。中国政府积极扩大进口、促进贸易平衡，出台了一系列加强进口的政策措施。

2014 年，中国进出口增速比全球贸易增速高出 2.7 个百分点（见图 1-1），也高于美国、欧盟、日本、印度、巴西等主要经济体的增速，全球第一货物贸易大国的地位进一步巩固。出口占全球份额为 12.7%，比 2013 年提高 0.6 个百分点。

2. 国际市场与国内区域布局继续优化

进出口市场结构更趋平衡。对发达国家的进出口保持稳定，2014 年对欧盟和美国的进出口分别增长 9.9% 和 6.6%。进出口企业开拓新兴市场取得了新成效，对东盟、印度、俄罗斯、非洲和中东欧国家的进出口增速均快于整体增速。自贸区战略促进出口的效果明显，对自贸伙伴（不含港澳台地区）的出口增长 10.6%，占出口总额的比重为 13.4%，较 2013 年上升 0.6 个百分点。

中西部地区的外贸发展潜力逐步显现。近年来，中西部地区积极承接沿海和国外产业转移，外贸发展能力明显增强。2014 年，中部地区进出口额为 3 127 亿美元，西部地区进

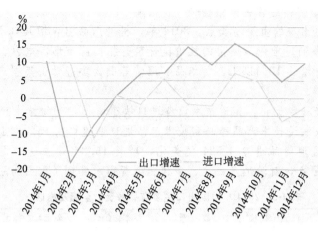

图 1-1 2014 年中国外贸易月度进、出口增速

数据来源：中国海关.

出口额为 3 344 亿美元，分别增长 10% 和 20.2%，合计占全国进出口额的比重为 15%（见表 1-4），较 2013 年上升了 1.5 个百分点，对整体进出口增量贡献 60.3%，贡献率首次超过东部地区。东部地区进出口额为 3.66 万亿美元，增长 1.6%，占全国进出口总额的 85%，较 2013 年下降 1.5 个百分点，如图 1-2 所示。

表 1-4 2014 年中国东中西部的进出口情况

区域	进出口额（亿美元）	同比增长（%）	占比（%）	出口额（亿美元）	同比增长（%）	占比（%）	进口额（亿美元）	同比增长（%）	占比（%）
全国	43 030.4	3.4	100.0	23 427.5	6.0	100.0	19 602.9	0.5	100.0
东部	36 559.5	1.6	85.0	19 436.4	3.9	83.0	17 123.0	−0.9	87.3
中部	3 127.1	10.0	7.3	1 816.4	12.8	7.8	1 310.6	6.3	6.7
西部	3 343.8	20.2	7.8	2 174.6	22.0	9.3	1 169.2	17.0	6.0

注：东部 11 省市包括北京、天津、河北、辽宁、上海、江苏、浙江、福建、山东、广东和海南；中部 8 省市包括山西、吉林、黑龙江、安徽、江西、河南、湖北和湖南；西部 12 省市、自治区包括内蒙古、广西、四川、重庆、桂州、云南、西藏、陕西、甘肃、青海、宁夏和新疆。

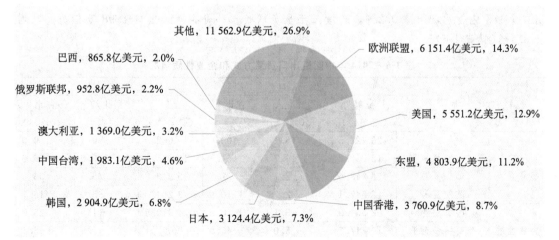

图 1-2 2014 年中国前十大贸易伙伴进出口额及占比

3. 进出口商品结构和经营主体结构进一步改善

装备制造业成为出口的重要增长点。2014年，机电产品出口增长3.7%，占出口总额的比重达56%。装备制造业依靠突出的性价比优势开拓国际市场，电力、通信、机动车辆等大型成套设备出口增长10%以上。纺织品、服装等七大类劳动密集型产品出口4 851亿美元，增长5%。

进口商品结构进一步优化。先进技术设备进口快速增长，生物技术产品、航空航天技术产品、计算机集成制造技术产品等高新技术产品进口增速均在15%以上，为国内产业结构调整提供了支撑。消费品进口1 524亿美元，增长15.3%，占进口总额的7.8%，较2013年提高1个百分点，对满足多层次、多样化消费需求发挥了重要作用（见表1-5）。

表1-5 2014年中国出口主要商品数量、金额及增速

商 品 名 称	计量单位	数 量	增长(%)	金额(亿美元)	增长(%)
纺织纱线、织物及制品	—	—	—	1 121.4	4.9
服装及衣着附件	—	—	—	1 862.8	5.2
鞋类	万吨	488	4.5	562.5	10.8
家具及其零件	—	—	—	520.2	0.4
自动数据处理设备及其部件	万台	191 835.5	2.6	1 817.2	−0.2
手持或车载无线电话机	万台	131 199	10.6	1 153.6	21.3
集装箱	万个	302	12.1	90.0	14.2
液晶显示板	百万个	2 450.8	−25	317.9	−11.4
汽车及汽车底盘	万辆	90.2	−2.7	126.2	4.7
机电产品*	—	—	—	131 109.0	3.7
高新技术产品*	—	—	—	6 605.3	0.1

注：*"机电产品"和"高新技术产品"包括部分相互重合的商品。

民营企业对进出口增长的贡献超过一半。2014年，有进出口实绩的民营企业占外贸企业总数的比重超过70%，进出口1.57万亿美元，增长5.3%，占全国进出口总额的36.5%，较2013年提高0.6个百分点，对整体进出口增长的贡献达55.9%。国有企业进出口7 475亿美元，下降0.2%，连续三年呈负增长。外资企业进出口1.98万亿美元，增长3.4%（见表1-6）。

表1-6 2014年中国进出口贸易方式和企业性质情况

项 目		出 口			进 口		
		金额(亿美元)	同比增长(%)	占比(%)	金额(亿美元)	同比增长(%)	占比(%)
总 值		23 427.5	6.1	100.0	19 602.9	0.4	100.0
贸易方式	一般贸易	12 036.8	10.7	51.4	11 095.1	0.0	56.6
	加工贸易	8 843.6	2.7	37.7	5 243.8	5.5	56.6
	其他贸易	2 547.1	−2.7	10.9	3 264.0	−5.0	16.7
企业性质	国有企业	2 564.9	3.1	10.9	4 910.5	−1.9	25.0
	外商投资企业	10 747.3	3.0	45.9	9 093.1	3.9	46.4
	民营企业	10 115.2	10.4	43.1	5 599.3	−2.9	28.5

4. 贸易方式结构调整成效明显

一般贸易出口占比恢复到一半以上。进出口企业从代工生产、贴牌出口向自创品牌、自主设计、自主研发转变，努力提升在全球价值链中的地位。2014年，一般贸易进出口2.31万亿美元，增长5.3%，占全国进出口总额的53.8%，较2013年提高1个百分点，比重连续两年提高。其中，出口同比增长10.7%，占出口总值比重为51.4%，20年来首次过半，对出口增长的贡献率达87.8%。加工贸易进出口1.41万亿美元，增长3.8%。

新型贸易方式蓬勃发展。跨境电子商务、市场采购贸易、外贸综合服务企业等新型贸易方式顺应个性化的全球消费潮流，也契合了帮助广大中小企业发展外贸业务的市场需要，正逐步成为外贸发展的新的增长点。2014年，跨境电子商务增速高达30%以上。义乌市场采购贸易方式出口192.9亿美元，增速达36.8%。

5. 贸易条件进一步改善

在全球大宗商品价格普遍下跌的背景下，2014年中国的铁矿砂、大豆和原油进口数量分别增长了13.8%、12.7%和9.5%，进口价格分别下降22.5%、5.9%和5%。大宗商品进口量增价下跌，在满足国内生产需要的同时，有效降低了企业的进口成本，节约了外汇支出，提高了进口效益。全年进口商品价格指数下降3.3%，而出口商品价格指数仅下降0.7%，贸易条件连续三年得到改善(见表1-7)。

表1-7 2014年中国进口主要商品数量、金额及增速

商品名称	计量单位	数 量	数量增长率(%)	金额(亿美元)	金额增长率(%)
大豆	万吨	7 139.9	12.7	402.9	6
食物植物油	万吨	650.2	−19.7	59.3	−26.5
铁矿沙及其精矿	万吨	93 251.5	13.8	936.4	−11.8
原油	万吨	30 837.7	9.5	2 283.1	3.9
成品油	万吨	2 999.7	−24.2	2 34.3	−26.8
初级形态的塑料	万吨	2 535.1	3	515.7	5
钢材	万吨	1 443.2	2.5	179.1	5
未锻轧铜及铜材	万吨	482.5	7.4	356.5	1.9
汽车及汽车底盘	万辆	142.4	19.3	607.8	24.4
机电产品*	—	—	—	8 543.4	1.7
高新技术产品*	—	—	—	5 514.1	−1.2

注：* "机电产品"和"高新技术产品"包括部分相互重合的商品。

6. 服务贸易再上新台阶

2014年中国服务进出口总额首次突破了6 000亿美元大关，达到6 043亿美元，比上年增长12.6%。高端服务贸易增长迅猛，金融、通信、计算机和信息服务进出口增速分别达到59.5%、24.6%、25.4%。高端服务进出口快速增长提升了中国服务业现代化水平，为中国产业结构调整做出了积极贡献。

资料来源：商务部综合司.

2 第二章
国际分工与世界市场

本章导读

国际分工是国际贸易的基础，国际贸易是国际分工的表现。没有国际分工就不会产生国际贸易。各国通过国际分工和国际贸易可以获得贸易利益。本章主要学习国际分工的产生和发展、国际价值与国际价格的基本知识，并介绍世界市场的基本知识。

学习目标

通过本章学习，应达到以下目的和要求：
1. 了解国际分工与世界市场的基础知识。
2. 了解当代国际分工与世界市场发展的最新特点。
3. 掌握国际市场的主要特征及主要形式。

重要概念

国际分工，社会分工，产业革命，垂直型国际分工，水平型国际分工，混合型国际分工，世界商品市场，商品交易所，国际拍卖，国际贸易博览会，单纯商品购销，包销，代理，总代理，独家代理，一般代理，寄售，招标投标，期货交易，对销贸易，补偿贸易，电子商务

第 一 节 国际分工概述

国际分工已经有几百年的历史，它是随着生产力的发展而发展的。国际分工是国际贸易的基础，它是社会分工从一国国内向国外延伸的结果，是社会生产力发展到一定阶段的产物。没有国际分工就不会产生国际贸易。各国通过国际分工和国际贸易可以获得贸易利

益。从传统观念来看，在社会经济生活中，国际分工指的就是生产的国际专业化，但随着生产力的发展，现代产品的价值链越来越细化，国际分工已经不能仅局限于生产领域之中，而是体现在整个产品价值链（研发—设计—生产—供应—销售）之中。

一、国际分工的形成与发展

分工是指劳动分工，即社会成员在物质生产领域中从事各种不同的而又相互联系的活动。当社会分工超越国界而形成国与国之间的分工就发展为国际分工。国际分工(international division of labor)是指各国(地区)之间的劳动分工，是一国内部的社会分工向国外的延伸和继续。国际分工是国际贸易发展和世界市场的基础，表现为生产的国际化和专业化。

历史上出现的三次社会大分工都在前资本主义社会，即在自然经济占统治地位、生产力水平低下的情况出现的，当时各个民族、各个国家的生产方式差别不大，商品生产不发达，因而只存在不发达的社会分工或一定区域内的地区分工。只有人类社会发展到了资本主义阶段，在产业革命后大工业生产条件下才产生了国际分工。换句话说，国际分工是一个历史和经济的范畴，也是一种与机器大生产及世界市场相联系的国际间的分工体系。目前，更倾向于将国际分工作为一个动态变化的过程，即包含了比以往更广泛含义的生产价值链范畴。

国际分工的形成与发展经历了一个漫长的过程，它大体上可以分为以下四个阶段。

▶ 1. "地理大发现"开始了国际分工的萌芽阶段(16—18世纪中叶)

在奴隶社会，地中海沿岸就已出现了邻国之间的分工，但由于当时自然经济占主导地位，商品经济不发达，国家之间一定程度的分工和交换只是社会分工的局部延续。

随着生产力的发展，11世纪欧洲城市兴起，手工业与农业进一步分离，商品经济得到较快发展。15世纪末到16世纪初的"地理大发现"，为近代国际分工提供了地理条件，随后的殖民地开拓扩展了市场，促进了手工业向工场手工业的过渡。西欧国家在亚非拉美地区开矿山，建立甘蔗、烟草等种植园，为本国生产和提供原料，并扩大对殖民地的工业品进口，形成了宗主国与殖民地的最初分工。

▶ 2. 第一次产业革命开始了国际分工的形成阶段(18世纪60年代—19世纪60年代)

所谓产业革命，又称工业革命，是以大机器工业代替工场手工业的革命。18世纪60年代，英国首先发生了产业革命，到19世纪中叶，继英国之后，法国、德国、美国等发达国家也先后完成了产业革命。产业革命的完成，标志着资本主义大机器生产方式的确立，大机器工业极大地推动了社会生产力的发展，使生产规模迅速扩大，大机器工业使生产更加专业化、分工更加细化。同时，企业内部在机器生产技术基础上的有机分工与协作，企业间、部门间、地域间的分工协作都有了巨大发展，并进一步向国外延伸，形成了以世界市场为纽带的国际分工。这一时期的国际分工有以下主要特点。

(1) 大机器工业的建立是推动国际分工形成的物质基础。这场革命首先从纺织业开始，主要表现为纺纱机、织布机的发明、改进和广泛采用。18世纪80年代蒸汽机的发明，使产业革命迅速遍及采掘、冶金、机器制造和交通运输业。大规模生产出来的产品，在国内市场无法容纳，它所需要的原料，国内无法满足，必须向国外市场延伸。到19世纪中叶，英国一半以上的工业品要靠在国外市场上销售，国内所消费的原料很大部分也要从国外供应。以棉纺织业最突出：棉织品的80%要远销海外，所消耗的棉花全部靠国外供应；并且，大机器工业为交通、通信工具的变革提供了物质技术基础。海轮和铁路等的出现，不仅大大改善了运输条件，而且缩短了运输时间、降低了运输费用，电报等现代通信工具的出现，使信息的传播日益广泛和迅速，所有这些都加强了国际间的经济联系，促进了国际分工和国际贸易的发展。

（2）国际分工基本上以英国为中心。由于英国最早完成了产业革命，其生产能力大大加强，产品竞争力迅速提高，因而在国际竞争中处于绝对优势地位。对于当时英国在国际分工中的地位，马克思在《马克思恩格斯选集》第4卷指出："英国是农业世界的伟大的工业中心，是工业太阳，日益增多的生产谷物和棉花的卫星都围着它运转。"英国的商船队几乎垄断了世界航运，英镑是当时的世界货币。当时英国学者曾做了如下的描述：实质上，世界1/5是我们的自愿进贡者；北美大平原和俄国是我们的谷物种植园；芝加哥和敖德萨是我们的谷仓；加拿大和波罗的海诸国是我们的森林；我们的羊群牧场在澳洲；我们的牛群在美洲；秘鲁把它的白银提供给我们；加利福尼亚和澳洲把自己的黄金提供给我们；中国人为我们种茶；印度把咖啡、茶叶和香料运到我们的海岸；法国和西班牙是我们的葡萄园；地中海沿岸是我们的果园；我们从北美合众国以及其他国家获得棉花。这是英国在国际分工体系中所占地位为最高峰时期的情况。

（3）世界市场上交换的商品种类发生了变化。随着该时期国际分工的发展，世界市场上交换的商品种类也发生了变化。原先那些满足地主、贵族和商人阶级需要的奢侈品，已不再是国际贸易中的主要商品了，取而代之的是像小麦、棉花、羊毛、咖啡、铜、木材等的大宗商品。在19世纪中期以后，这些大宗商品在世界市场上的流转额迅速增长。

总之，这一时期的国际分工体系是一种垂直型的国际分工体系，一端是以英国为首的少数发达国家，它们发展成为工业国，而其他广大亚非拉国家和殖民地则处于农业国、原料国的地位。

▶ 3. 第二次产业革命开始了国际分工的发展阶段（19世纪中叶—第二次世界大战）

19世纪70年代开始，发生了具有重大意义的第二次产业革命。这次产业革命以电力和电动机械的发明和使用为主要标志，推动了电力、电器、石油、化工、钢铁、汽车等新兴工业部门的迅速发展，社会生产力又一次得到迅速提高。一方面，电力、汽车、石油、化学等新兴部门的出现和发展，引发了对橡胶、石油、铜、铝等初级产品的巨大需求，使国际分工由工业与农业的分工进一步扩大为制造工业与初级产品的分工；另一方面，铁路网的迅速扩大、汽车运输业的兴起，特别是苏伊士运河（1869年）和巴拿马运河（1913年）的开凿所带动的世界航运事业的发展及电报、海底电缆等通信能力的发展，为国际分工的进一步发展创造了条件，国际分工的广度和深度都大大超过前一阶段。在这一时期，垄断代替自由竞争，资本输出成为主要的经济特征之一。通过大规模的资本输出，帝国主义国家可根据自身利益直接在殖民地建立新的企业、部门，从而使资本主义国际分工的重要形式，即宗主国与殖民地、半殖民地、工业发达国与初级产品生产国之间的分工进一步加深，形成了国际分工新体系。这一时期国际分工的特点主要表现为以下两个方面。

（1）各国对国际分工的依赖性加强。随着国际分工体系和世界市场的形成，参加国际分工和世界市场的每一个国家都有许多生产部门首先是为世界市场而生产的，而每一个国家所消费的许多食品、原料和工业制成品，不论是直接或间接，全部或部分地都包含着许多国家工人和农民的劳动。罗萨·卢森堡在《国民经济学入门》中曾就德国对其他国家在经济上的依赖，做了以下的描述："德国的产品大部分输往其他国家及其他大陆，以供他国居民需要，其数额且逐年不断增大。德国铁制品不仅销售到欧洲临近诸国，而且远达南美与澳洲。皮革及革制品由德国输往所有欧洲国家；玻璃制品、砂糖、手套输往英国；皮革输往法国、英国和奥-匈；……麦酒、人工蓝靛、氨基苯及其他柏油制颜料、药品、纤维胶、金属品、煤气焰罩、棉制品和毛制品，以及衣服、铁轨，几乎行销全世界所有经商的国家。""另一方面，德国国民不管在生产上或日常消费上，每一步都免不掉依赖其他国家的产品。如我们吃俄国谷物制成的面包，匈牙利、丹麦及俄国家畜的肉类；我们消费的米是从东印度及北美运来的；烟草是从荷领东印度群岛及巴西运来的；我们还从西非获得可可豆；从印度获得胡椒；从美国获得猪油；从中国买到茶叶；从意大利、西班牙、美国买到水果；从巴西、中美、荷领东印度群岛买到咖啡……"

（2）分工的重心从英国变为一组发达国家。在这个时期，发达国家与落后国家之间的分工继续深化，分工的中心由英国一国变为一组发达国家。它们之间也形成了互为市场的在经济部门之间的国际分工关系。例如，挪威专门生产铝，比利时专门生产铁和钢，芬兰专门生产木材和木材加工产品，芬兰和丹麦专门生产农产品（主要是肉类和乳品），美国则成为谷物的生产大国。

（3）亚非拉国家变为畸形片面地发展单一作物的国家。亚非拉国家经济殖民地化的一个突出的表现，就是单一作物、单一经济。殖民主义者先后通过暴力掠夺、自由贸易和资本输出等手段，逐渐把亚非拉国家的经济变为畸形的片面发展单一作物的国家。其主要作物和出口商品只限于一两种或两三种产品，而这些产品绝大部分又销往工业发达国家，因此造成了亚非拉国家的两种依赖性：一种是经济生活对少数几种产品的依赖性；另一种是对世界市场尤其是对工业发达国家市场的高度依赖。

▶ **4. 第三次科技革命开始了国际分工的深化阶段（第二次世界大战后）**

第二次世界大战以后，在第三次科技革命的影响下，世界生产力获得了前所未有的发展，国际分工出现了许多新特点。

（1）发达国家之间的分工发展迅猛，并居于主导地位。在"二战"前的国际分工中，经济结构和技术水平不同的工业国与农业国的垂直型国际分工居主导地位，发达国家之间的水平型国际分工居次要地位。而"二战"后发达国家之间的国际分工上升为主导地位。所谓垂直型国际分工，主要是指发达国家进口原材料、出口工业制成品，发展中国家进口工业制成品、出口原材料的国际分工。所谓水平型国际分工主要是指各国在工业生产之间的专业化协作，即各国不同工业部门之间的分工，如在钢铁、冶金、化学、机械制造、汽车、造船、纺织等工业部门之间的分工。造成这一变化的重要原因是科学技术的进步。由于科技成果转化为生产力需要大量的智力资源和巨额资金投入，任何一个国家或单个企业都难以单独从事所有新技术的研究开发与生产，这就迫使发达国家之间实行分工合作。现代高技术的产品，如巨型飞机、核电站、大型储存集成电路计算机等，都是由若干个国家合作生产的。

（2）发达国家与发展中国家之间的分工形式发生变化。"二战"以后，获得独立的亚、非、拉国家开始发展民族经济，这在一定程度上冲击了原来的工业国与农业国传统的垂直型国际分工。发达国家为了保持在国际竞争中的有利地位，将生产转向资本、技术密集型行业，而把一些资源能耗大、环境污染严重的行业转移到发展中国家。发达国家和发展中国家之间出现了简单加工工业与复杂加工工业之间的分工，劳动密集型工业与资本、技术、知识密集型工业之间的分工，劳动密集型工序或劳动密集型零部件生产与资本、技术、知识密集型工序或零部件生产的分工。发达国家与发展中国家还出现了产品研究设计与生产制造的分工，发展中国家成了发达国家的加工工厂或加工车间。

（3）发达国家间产业内部的分工逐步加强。随着科技的进步，一国国内产业部门之间的分工向产业部门内部的分工发展，并突破国界，形成国家之间工业部门内部的分工。这种部门内部的分工，主要表现为不同型号、规格产品的专业化、零部件生产的专业化和工艺工序的专业化。在拖拉机研发方面，美国企业侧重发展大功率轮式和履带式拖拉机，德国关注小功率轮式拖拉机；波音 747 客机中，几百万个零部件分别由 60 多个国家的 500 多家大企业和 15 000 多家中小企业参与生产提供；德国拜尔公司专门生产化工原料供国内外的化工企业去生产制造各种化学成品。

（4）区域性贸易集团成员国间的内部分工发展迅速。"二战"后，区域性经济贸易组织风起云涌，由于其对成员国和非成员国使用不同的政策措施，在某些情形下对成员国之间资本、人员、商品、服务的流动政府有意识地政策引导，更加深化发展了集团成员国之间的分工，这一特点通过集团成员国之间贸易发展速度超过对集团外部国家贸易的发展速度，以及成员国在集团总贸易中所占比例超过对外部国家贸易所占比例等数字清楚地反映出来。2004 年，欧盟内部贸易额为 25 100 亿美元，占 67.6%；北美自由贸易区内部贸易额为 7 400 亿美元，占集团总贸易额的 55.9%。

（5）服务业的国际分工逐渐形成。20 世纪 80 年代后，国际分工开始从有形商品领域发展到无形商品领域——服务。科技革命和生产制造业的发展使服务融入社会再生产的全过程。科技革命导致了一系列新兴服务部门的出现，如信息服务、计算机服务等。生产制造部门的急速发展带动了一些直接为其提供服务的部门，如银行、保险、运输、信息、咨询等的发展，此后又辐射到其他衍生服务部门，如教育、文化、娱乐、餐饮服务等部门。在服务业的国际分工中，发达国家是国际服务业的主体，在金融、保险、计算机等高技术资本密集的行业中占据控制地位。发展中国家在建筑承包、劳务输出等劳动密集型服务行业中有优势。

二、国际分工发展的制约因素

社会分工的发生和发展主要取决于两个条件：一是社会经济条件，包括各国的科技和生产力发展水平，国内市场的大小，人口的多寡和社会经济结构；二是自然条件，包括资源、气候、土壤及国土面积的大小和地理位置等。在这里，生产力的发展才是促使国际分工发生和发展的决定性因素，科技的进步是国际分工得以发生和发展的直接原因。

▶ 1. 社会生产力是国际分工形成和发展的决定性因素

国际分工是生产力发展的结果。历史上三次产业革命都深刻地改变了许多物质生产领域，不断地改善工艺过程、生产过程和劳动过程，是促使国际分工发展变化的重要因素。18 世纪蒸汽机时代的国际分工不同于以前的手推磨和手纺机时代的国际分工。19 世纪铁路、轮船、内燃机时代的国际分工又不同于 18 世纪的国际分工。当然，原子能、电子计算机、机器人、人造卫星和航天飞机时代的国际分工也不同于过去一切时代的国际分工。第二次世界大战后，在第三次科学技术革命的推动下，世界生产力的发展、交通运输工具的现代化和知识经济的兴起与发展正在改变国际分工的面貌，是国际分工发生与发展以及各国间经济上互相联系、互相依赖日益加深的物质基础。

各国生产力水平决定其在国际分工中的地位。历史上英国最先完成产业革命，生产力得到巨大发展，使其成为"世界工厂"，并在国际分工中占据了主导地位。欧美其他资本主义国家继英国之后也完成了产业革命，生产力得到迅速发展，与英国一起成为国际分工的中心力量。第二次世界大战以后，一些殖民地半殖民地国家在取得政治上的独立后，努力发展民族经济，生产力得到较快的发展。一些新兴的工业化国家的经济迅速发展，它们在国际分工中的地位在逐步改善。

生产力的发展决定国际分工的广度、深度和形式。随着生产力的发展，各种经济类型的国家和经济集团都加入国际分工的行列。国际分工已把各个国家、地区和集团紧密地结合在一起，形成了世界性的分工。各国参加分工的形式从"垂直型"向"水平型"过渡，出现了多类型、多层次的分工形式。

生产力的发展决定了国际分工产品内容。随着生产力的发展，国际贸易中的工业制成品、高精尖产品不断增多；中间产品、技术贸易大量出现，服务部门的分工也出现在国际分工中。

▶ 2. 自然条件是国际分工产生和发展的基础

自然条件包括地理环境、气候、自然资源、国土面积等。人类的生产活动总是在一定的自然条件下进行的。离开特定的自然条件，一些经济活动很难开展，甚至无法进行。矿产品只能在拥有大量矿藏的国家生产和出口，热带经济作物只适宜在热带雨林气候的条件下生长。因此，有利的自然条件为一国参与国际分工提供了可能性。但应注意的一点是，随着生产力的发展，自然条件对国际分工的作用正在逐渐减弱。因此，自然条件只能提供国际分工的可能性，不能提供现实性，要把可能性变为现实性，还取决于生产力的发展，科学技术的进步。这是因为，自然条件在多大程度上转化为一国参与国际分工的优势，依赖于人类对自然的征服能力，而这种能力的高低是与科技的发展及运用密切相关的。

科学技术的进步，不断创造出更多的新物质来代替天然材料，减少了对农矿等初级产品的需求，如合成橡胶的发明与生产减少了对天然橡胶的进口。与此同时，现代经济增长不再主要依靠原料投入，而是更多地依赖技术进步，提高产品的科技含量与附加值，人们不断发明更加节约能源、降低消耗的生产方式，使自然条件对国际分工的作用不断下降。

▶ 3. 人口、劳动规模制约着国际分工的发展

人口分布的不均衡会使分工和贸易成为一种需要。人口稀少、土地广阔的国家往往偏重发展农业、牧业、矿业等产业，而人口多、资源贫乏的国家往往大力发展劳动密集型产业。于是，在国家间就有交换产品、进行国际分工和国际贸易的必要。

劳动规模或生产规模，也制约和影响着国际分工。现代化大规模的生产，使分工成为必要的条件，这种分工跨越了国界，就产生了国际分工。随着劳动规模越来越大，分工也越来越细，任何一个国家都不可能包揽所有的生产，必须参与国际分工。

▶ 4. 上层建筑可以推进和延缓国际分工的形成和发展

上层建筑一般是指建立在经济基础之上的政治、法律制度和社会意识形态。上层建筑对国际分工的促进作用主要表现在：建立超越国家的经济组织，调节相互的经济贸易政策，促进国际分工的发展；实行对外开放政策，制定自由贸易政策、法令，推行自由贸易，加快国际分工步伐；通过殖民统治，强迫殖民地国家建立符合国际分工的经济结构；发动商业战争，签订不平等条约，使战败国接受自由贸易政策。

上层建筑对国际分工也可起延缓作用，如制定保护贸易政策，闭关锁国，都会阻碍国际分工的发展。另外，通过建立关税同盟、共同市场、经济联盟等经济集团，加强内部分工的做法，也在不同程度上延缓了国际分工的发展。

三、国际分工对国际贸易的影响

国际分工是国际贸易的基础，国际分工对国际贸易的产生和发展具有十分重要的作

用，主要表现为以下几个方面。

▶ **1. 国际分工加速了国际贸易的发展，扩大了国际贸易的规模**

国际贸易的发展与国际分工的发展是同向的，即在国际分工发展较快的时期，国际贸易一般发展得也比较快。国际贸易的规模直接反映了国际分工的水平。人类历史上的每一次科技革命，都使参与国际贸易的商品的品种和数量迅速增长，产品的技术含量和附加值不断提高，从而有力地促进了国际贸易的发展。在资本主义自由竞争时期，由于形成了以英国为中心的国际分工体系，国际贸易规模迅速扩大。据统计，1820—1870 年，国际贸易额在 50 年增长了近 10 倍。"二战"后，随着国际分工的深化，国际贸易规模不断扩大，从 1950 年的 607 亿美元急剧增加到 2004 年的 8.9 万亿美元。"二战"后，国际分工飞速发展，国际贸易的发展速度也相应加快，并快于以前各个时期。1950—1991 年，国际贸易年平均增长率为 11.3%，大大高于 1780—1800 年的 0.27% 和 1860—1870 年的 5.53%。

▶ **2. 国际分工改变了国际贸易的地区分布**

国际分工发展表明，在国际分工处于中心地位的国家，在国际贸易中也占据着主要地位。从 18 世纪到 19 世纪末，英国一直处于国际分工中心国家的地位，在资本主义世界对外贸易总额中所占的比重在 1820 年为 18%，1870 年上升到 22%，随着其他国家在国际分工中地位的提高，英国的地位逐步下降，但直到 1925 年它在国际贸易中仍约占 15%。从 19 世纪末以来，发达国家成为国际分工的核心国家，在国际贸易中一直居于支配地位，这些国家经济发达，占据了大部分世界市场，其资金雄厚，可以把资金投向世界任何地方，其贸易总额约占国际贸易总额的 2/3，1950 年发达国家在世界出口中所占的比重为 60.8%，1985 年为 69.9%，1991 年上升到 72.4%。

▶ **3. 国际分工优化了国际贸易商品结构**

国际分工的发展，使国际贸易中的商品结构发生了显著变化。第二次世界大战后，随着水平型国际分工的深化，国际贸易中工业制成品与初级产品所占的比重不断变化。从 1953 年工业制成品在国际贸易中所占的比重第一次超过初级产品所占的比重之后，工业制成品所占的比重不断上升，目前约占国际货物贸易的 75% 左右。在工业制成品贸易中，劳动密集型的轻纺产品所占的比重下降，技术含量高、附加值高的机械及运输设备、办公及通信设备等的贸易增长较快，其贸易额占国际货物贸易额的近 40%；随着国际分工的深化和跨国公司在国际分工中地位的加强，服务贸易的领域不断拓展，服务贸易出口额在整个国际贸易中的比重不断加大，服务出口额占世界出口贸易额的比重由 1985 年的 16.1% 上升为 2004 年的 18.7%。服务出口中，资本技术密集型的服务出口如通信服务、计算机和信息服务、保险服务和金融服务以及特许权使用与许可等所占的比重呈上升趋势。

▶ **4. 国际分工影响了国家贸易的利益分配**

通过国际分工，各国生产各自具有比较优势的产品，能够提高生产效率，增加社会物质财富。这种贸易利益在交换国之间的分配是根据各国在国际分工中的地位来决定的。由于发达国家经济发达，在生产技术、销售渠道、重要制成品方面占有优势，在国际分工中处于有利地位，在贸易活动中可以获得更多的利益，而发展中国家很难完全获得其应有的利益。

四、发展中国家与国际分工

▶ **1. 发展中国家在国际分工格局中的地位**

国际分工的深化，一方面推动世界经济及全球化的发展；另一方面又日益加剧着发达国家和发展中国家之间分工与贸易发展不平衡的矛盾。

（1）在要素收益中的不利地位。发展中国家劳动力富裕而资本要素稀缺的状况决定了其资本价格高于劳动力价格，资本收益必然高，劳动力收益必然低。资本的高收益吸引跨国公司冒国际政治经济风险进行国际投资。而发展中国家劳动力的大量供给使得其价格只能维持在一个较低的水平，资本的严重不足又造成对发达国家资本的依赖，从而为资本收益创造了巨大的扩展空间。这种状况使得全球贸易和投资规则的制定权控制在发达国家手中，并为进行跨国投资的跨国公司服务。

（2）在国际分工的低层次地位。传统理论对国际分工关系的分析，往往是发展中国家从事农业、一般制造业，而发达国家从事现代工业，因而发展中国家处于供给分工的不利地位。这种分工格局在今天发生了显著的变化。经济全球化正在导致一种新的国际分工格局：发达国家主要发展知识密集型的高技术产业和服务业，而将越来越多的劳动密集型产业以及污染环境的企业向发展中国家转移。广大发展中国家除继续作为原材料、初级产品的供应者外，还成为越来越多的工业制成品的生产基地。

（3）在产品价值链的中下游地位。当代国际分工包含着不同产业之间、相同产业不同产品之间和相同产业内不同工序、不同增值环节之间等多个层次的分工，价值链上的国际分工是国际分工深化和经济全球化的崭新结果。新兴的附加值高的产业只被部分发达国家掌握，与以往在各个国家进行产业间的分工不同，经济全球化的推进，使跨国公司可以将一个产品的不同生产环节按照成本最低的原则在全球范围内配置。在产品的价值链上，发达国家往往控制着具有核心技术意义的主要零部件的生产制造，处于价值链的上游；而发展中国家则处于产品价值链的下游，这就可能进一步加重发展中国家产业改革的难度，使发展中国家处于从属、依附的地位。

（4）在知识经济结构中的弱势地位。国际分工发展表明，体现先进生产力和生产方式的要素始终表现出较高的稀缺性。知识经济对于工业化经济是一场历史性的变革，这场变革使知识劳动力、知识、信息、金融、创新能力及核心技术诸要素凸显，决定了一个国家在国际分工中的地位。在知识经济时代，一般劳动力会因经济全球化而供给过剩，土地与自然资源要素也不再重要，资本在国际市场上已易于获得，知识经济的生产要素在当代具有显著的稀缺性。由于资本要素作用的相对下降，新兴市场经济国家、转型经济国家和一些发展中国家尽管发展了资本密集型产业，甚至积累了资本，但仍然不能在世界经济中占据主导地位。

（5）在国际经济秩序中的受支配地位。在当今世界经济秩序下，西方发达国家在资金、技术、人才、管理，以及贸易、投资等方面都占有优势，控制着世界商品市场、金融市场及绝大部分国际贸易和金融机构，掌握着国际经济的游戏规则，通过抬高发达国家制成品和高精尖产品的出口价格并压低发展中国家初级产品的进口价格，进行不平等交换，使发展中国家在国际经济关系中处于受支配地位。1997 年东亚金融危机的爆发，诚然与东亚国家自身的内部问题分不开，但从另一方面来看，这场金融危机也是西方发达国家利用所控制的国际金融体系和发展中国家不熟悉的金融衍生工具对发展中国家的金融进行掠夺的结果。如果国际社会不采取有效措施，发达国家将会成为国际金融投机家的赌场，国际社会的财富会进一步向发达国家聚集，发展中国家总体上可能在国际经济体系中更趋于"边缘化"。

▶ **2. 当代国际分工体系的缺陷**

如上所述，发展中国家与发达国家在当代国际分工体系中所处的地位有着明显差别。

随着当代国际分工的发展，国际间协调机制也面临更高的要求，而传统意义上的世界市场，由于它的不完全以及市场机制本身的内在缺陷，难以适应这一新的要求。

(1) 世界经济财富的总量增长与国际经济主体间的社会分配失衡。由于发达国家和跨国公司控制着全世界的大部分资本、制造业生产能力及高素质的劳动力等重要资产，因此，国际分工所导致的利益分配就会向一方倾斜，而发展中国家在利益分配上处于不利地位。1998 年全世界的国民生产总值为 28.86 万亿美元，占全世界人口 83% 的发展中国家，仅占世界总值的 21%。1980—1997 年，发达国家（OECD 成员国）人均国民生产总值从 10 450 美元提高到 26 380 美元，发展中国家从 810 美元提高到 1 250 美元，两者差距从 12.9∶1 扩大到 21.1∶1。

(2) 发展中国家的贸易环境趋于恶化。当今世界，发达国家拥有全球生产总值的 86% 和出口市场份额的 82%，而广大的发展中国家仅分别拥有 14% 和 18% 的份额，并且主要集中在发展水平较高的国家和地区。虽然"二战"以后发展中国家的出口产品结构发生了重大变化，初级产品出口只占出口总额的 40%，60% 以上是半成品，但是半成品主要是劳动密集型产品和中低档产品，附加值不高，初级产品的价格近 20 年来一直在低水平上波动。随着高科技产业和知识经济的发展，初级产品的需求将继续相对下降。另外，第三世界国家长期充当发达国家的廉价资源产地、商品销售市场和廉价劳动力的来源地，由于资源的过度开采，乱采滥伐，水土流失严重，水资源缺乏，生态平衡打破，工业污染严重，生态环境急剧恶化。

▶ 3. 发展中国家的自我修正

世界经济一体化是历史发展的产物，它的发展同时也促进了国际分工的深化。面对国际分工体系的缺陷，发展中国家应积极寻找对策，对国际分工体系的缺陷进行自我修正。例如，积极引进外资，利用比较优势和后发优势，改善国际分工体系；加强合作，推动国际经济游戏规则的改革和调整；提高本国企业的国际竞争力和核心竞争力，加强自主技术创新，实施"走出去"战略。

经济全球化使国际分工正在加快深化，发展中国家若不调整战略，改变在国际分工中的不利地位，在国际贸易的经济利益分配中的份额就会越来越小，导致贫困化加剧。因此，发展中国家要广泛参与更深层面的国际分工，并致力于国际分工地位的提高和国际分工体系的修正。

五、中国与国际分工体系

在经济全球化的当代，中国作为最大的发展中国家之一，同所有国家（地区）一样，不能脱离国际分工而独自地进行社会生产。1979—2000 年，全球出口额增长了 3.3 倍，而中国的出口额增长了 13.5 倍。2002 年，中国实际利用外资金额首次跃居全球第一位。各国相互依赖的加深，对促进各国经济发展具有一定的积极作用。中国加入世界贸易组织是一件具有深远影响和历史意义的事件，意味着一个新成员在更高的开放程度上参与到国际分工体系中去。

▶ 1. 参与世界范围内新一轮的产业结构调整

"入世"使中国的产业结构调整真正依据市场经济规律，符合国际市场的运行趋势。这次调整是深层次的国际分工调整，那些在中国有生存优势的产业在自身机体健全（企业改革完成）的前提下，会迅速发展壮大，而那些夕阳产业则最终会被淘汰。"入世"对各产业的影响表现为机遇和挑战并存。

同时，中国"入世"意味着参加国际范围内的产业分工原则。"入世"意味着必须按市场经济规律调整产业，存在于国企改革深处的产业结构问题会通过市场经济规律得到解决。从国际分工的角度来看，在我国不再占优势的产业应按国际分工原则向次级国家输出，从而为我国的优势产业发展腾出空间。

▷ 2. 积极参与而不是被动接受国际分工

中国"入世"意味着更大范围、更深层次地参与国际分工，作为发展中国家的中国在国际分工中处于弱势地位，这也是国际分工理论遭受批判的焦点所在。然而，国际分工理论毕竟说明了分工的内在基础，是市场经济条件下产业调整的重要依据。因此，首先，应积极面对中国的发展现实并参与国际分工，调整产业结构；同时，又不应完全被动接受现有国际分工的格局。从国际分工理论可知，生产要素禀赋是分工的基础，而高技术及高技术人才是提高分工层次的重要因素。因此，从根本上调整我国的要素分布状态，从而争取在国际分工中提高层次并占据有利地位，是我国参与国际分工应持的积极态度。随着当今世界逐步进入知识经济时代，国际分工也不断向高级化方向拓展，这也是各国参与国际分工时发展本国经济的主要方向。

第二节 世界市场

一、世界市场的形成与发展

世界市场是世界各国交换商品、服务、科技的场所，由世界范围内通过国际分工联系起来的各个国家内部以及各国之间的市场综合组成。

世界市场这一概念是由其内涵和外延两方面构成的。世界市场的内涵是指与交换过程有关的全部条件和交换的结果，包括商品、服务、技术转让、货币、运输、保险等业务，其中，商品是主体，其他业务是为商品交换服务的。世界市场的外延是指它的地理范围。世界市场的地理范围要比一国的市场范围大，前者包括世界各国之间的商品和劳务交换；后者只包括一国疆域之内的商品和劳务交换。

世界市场并非自古就有，纵观世界近代史，世界市场的产生和形成过程，正是国际贸易从西欧，从环地中海区域逐渐扩展到非洲、亚洲、南北美洲及大洋洲的历史。所以，世界市场是国际市场的总和，是国际贸易发展到全球规模的结果。从原始社会末期开始，许多民族和地区纷纷突破国家疆界，出现了对外贸易。埃及、巴比伦、印度、中国、希腊及罗马等地都有一定规模的对外贸易，中国经由西域的"丝绸之路"，欧洲的香槟集市和汉萨同盟对国际贸易都产生过巨大的影响。不过，总体来看，因社会生产力较为低下，科技落后，东西方的洲际贸易在规模、范围、品种和数量上都有明显的局限性。这种局限贸易，还不可能产生世界市场。

▷ 1. 世界市场的初步形成

十四五世纪资本主义手工工厂时期，西欧各国封建经济结构日益解体，农产品不断商品化，资本主义萌芽兴起。资本主义工商业的发展，强烈刺激着对外贸易。但奥斯曼土耳其的崛起，使地中海贸易出现严重危机。15世纪末16世纪初，新航线的开辟，揭开了国际贸易向世界规模发展的序幕；"地理大发现"使国际贸易发生了革命性突破——欧洲商业革命。国际市场的规模日益扩大为世界市场。具体表现为以下几方面。

（1）国际市场已向全球扩展。商品流通、贸易往来及货币支付等活动，遍及五大洲（亚洲、非洲、欧洲、大洋洲和美洲）。以前时代隔绝、相距极其遥远的地区和民族，从此发生了各种经济往来。

（2）进入国际流通的商品种类与数量大增。大宗烟草、玉米和橡胶等新物产出现于欧洲市场。商业已经开始供应多数人的需要，开始依靠大众的消费，逐渐进入普通人的日常生活之中。大批非洲黑人被贩卖到美洲大陆为奴隶。

（3）开始出现固定组织的市场——商品交易所、证券交易所及拍卖市场。商品交易所从事品种单一、规格标准的大宗商品交易，最早诞生于 1531 年安特卫普。此后，阿姆斯特丹出现了粮食交易所。17 世纪，伦敦证券交易所成为国际证券交易中心。

（4）世界贸易及航运中心的变更。因海上新航线的开辟，洲际贸易由陆路转向海路，由地中海转向大西洋。葡萄牙、西班牙、法国和英国等相继成为国际贸易与航运中心，通商范围遍及五大洲。

▶ 2. 世界市场的迅速发展

18 世纪 60 年代进入工业资本主义时期，产业革命从英国迅速扩散到欧洲大陆和北美洲。机器大工业把所有地方性的小市场联合成为一个世界市场。欧洲的资产阶级，尤其英国人奔走于世界各地，到处扩张，进一步拓展了世界市场。

（1）进入世界市场的商品结构有了重大变化。作为国际商品流通主流的是大宗的大机器制品，如皮棉、棉纱、纺织品、铁和铁制品、煤炭、运输工具、各种工业半制成品、农产品和矿产品，最突出的是，世界商品结构主要由纺织品、纺织原料和粮食组成。

（2）世界各国的贸易额急剧增长。18 世纪 60 年代比 50 年代增长了 1 倍，比 20 年代则翻了两番。

（3）贸易组织形式进一步发生变化。商品交易所的数量及规模都有了长足进展，大宗商品几乎全在交易所成交，现场看货的传统方式让位于凭样签约，期货交易额增长很快。各殖民地、附属国出现了许多大型的商品交易。证券交易所日趋正规化、大型化。伦敦皇家证券交易所大厦于 1733 年正式开业。

（4）各国开始签订各种贸易协定以确保海外市场的巩固和扩大。世界强国英国在1846 年和 1849 年先后废除了谷物法和航海法，全面实施自由贸易政策，并和一些国家签署了贸易协定，如希腊（1837 年）、土耳其（1838 年）、中国（1840 年、1842 年）和日本（1858 年）等，其中绝大多数是不平等的贸易协定。这个时期的世界市场可以概括为：以拥有"世界工厂"称号的英国为中心，其他农业国环绕其四周的格局。世界市场的拓宽，使一切国家的生产和消费都成为世界性的了。

延伸阅读 2-1

石油输出国组织

1960 年 9 月，伊朗、伊拉克、科威特、沙特、委内瑞拉五国宣布成立石油输出国组织（Organization of Petroleum Exporting Countries，OPEC），共同对付西方石油公司，维护石油收入。目前成员国达到 13 个国家。随着成员国的增加，欧佩克已经发展成为联合亚洲、非洲和拉丁美洲的主要石油生产国的国际性石油组织。欧佩克总部设在维也纳。欧佩克的宗旨为通过消除有害的、不必要的价格波动，确保国际石油市场上石油价格的稳定，保证各成员国在任何情况下都能获得稳定的石油收入，并为石油消费国提供足够、经济、长期的石油供应。欧佩克成员国石油储量约占世界石油总储量的 70%，其中排在前三位的成员国分别是沙特阿拉伯、伊朗和尼日利亚。

欧佩克大会是欧佩克的最高权力机构，各成员国向大会派出以石油、矿产和能源部长（大臣）为首的代表团。大会每年召开两次，如有需要还可以召开特别会议。大会奉行全体成员国一致原则，每个成员国均为一票，负责制定该组织的行动方针，并决定以何种方式加以执行。

欧佩克理事会由各成员国提名并经大会通过的理事会组成，每年为一届。理事会负责管理欧佩克的日常事务，执行大会决议，起草年度预算报告，并提交给大会审议通过。理事会还审议由秘书长向大会提交的有关欧佩克日常事务的报告。

欧佩克秘书处依据欧佩克组织条例，在理事会的领导下负责行使该组织的行政职能。

欧佩克条例要求该组织致力于石油市场的稳定与繁荣，因此，为使石油生产者与消费者的利益都得到保证，欧佩克实行石油生产配额制。如果石油需求上升，或者某些产油国减少了石油产量，欧佩克将增加其石油产量，以阻止石油价格的飙升。为阻止石油价格的下滑，欧佩克也有可能依据市场形势减少石油的产量。

欧佩克并不能控制国际石油市场，因其成员国的石油、天然气产量分别只占世界石油、天然气总产量的40%和14%。但是，欧佩克成员国出口的石油占世界石油贸易量的60%，对国际石油市场具有很强的影响力，特别是当其决定减少或增加石油产量时。欧佩克旨在保持石油市场的稳定与繁荣，并致力于向消费者提供价格合理的、稳定的石油供应，兼顾石油生产国与消费国双方的利益。欧佩克通过自愿减少石油产量，或在市场供应不足时增加石油产量的方法来达成上述目标。

二、世界市场的确立

19世纪末20世纪初，第二次产业革命的发生是世界市场形成的根本动力。这一时期，垄断代替了竞争，资本主义生产力得到飞跃性的发展，资本输出成为争夺世界市场的一个重要手段。在此期间世界贸易量增长很快，1865—1915年，世界贸易总额增长了4倍多，而19世纪90年代至第一次世界大战前，世界出口总额增长了1.5倍。世界市场确立的主要标志有以下几方面。

（1）世界市场地理界限的扩展已经基本告终，资本主义经济体系已经囊括全球，各个落后民族和部落都在为世界市场而生产。世界资本主义处于向垄断阶级过渡的过程中，欧美列强掀起瓜分世界的高潮，世界领土瓜分殆尽，世界各地的市场均为帝国主义强国所分割。世界五大洲被帝国主义势力纳入资本主义经济体系，世界市场笼罩全球。

（2）全球的交通运输、通信体系形成，真正把各地的市场紧密地联合成统一的世界市场。轮船不断出新，航速大为提高。许多大运河陆续开通，加强了洲际间的联系，苏伊士运河于1869年开通，巴拿马运河于1914年竣工。铁路密布全球，洲际铁路开通的有1869年美国横贯北美洲的大铁路与太平洋铁路接轨、1888年欧洲—君士坦丁堡大铁路、1903年俄国—西伯利亚大铁路、1910年阿根廷—智利的南美洲大铁路。世界通信网形成，20世纪60年代有线电报的使用已经越出国界；1901年无线电波成功飞越大西洋；20世纪初全世界已经有200万辆汽车奔驰在交通运输线上。

（3）资本输出成为国际经济往来的主要特征，商品输出已失去往日的作用和意义。对外经济扩张的重要手段已经是通过资本输出来开辟商品销售市场，带动商品输出。早在19世纪上半期，英法等国就有资本输出，但数量小，意义不大。到20世纪初，资本输出的规模迅速发展。英国第一，达40亿英镑，相当于其他各国资本输出之总和。而英国资本的绝大部分都输往殖民地，这就使那些殖民地日益陷入世界市场的旋涡中。资本输出的强化，反映了世界市场的深化。

（4）世界性经济危机的出现呈周期性，资本主义经济的运行呈整体化。1857年，爆发了第一次世界性经济危机，这次危机首先开始于英国，然后蔓延到其他国家。由于危机的实质是市场的实现问题，世界性危机的成熟即标志着世界市场已高度统一。世界各地生产过程的联系已在一个市场机制的驾驭之下，紧密相依。从此，世界各国经济的发展，陷入了周而复始的同步波动，每隔10年左右出现反复震荡。

世界市场的最终确立，客观上便于巨额资本的输出，促进自由竞争向垄断过渡，促使资本主义世界经济体系的形成，充当了历史进步的"不自觉的工具"。世界市场的最终确立，推动了新技术的发明和传播、科学管理方法的扩散，加速了第二次工业革命的进程。世界市场的产生和形成进程中，加强了世界各国的联系，使各国能够互通有无，扬长避短，从而促进了各国经济的发展。所以说，世界经济的整体性发展是一个历史的进步过程。

三、世界商品市场

世界商品市场是指世界各国之间所进行的商品交换，即通过国际间的买卖而使世界各国的国内市场相互联系起来的交换领域。目前世界商品市场主要包括商品交易所、国际拍卖、国际贸易博览会和展览会等。

▶ **1. 商品交易所**

商品交易所是世界市场上进行大宗商品交易的一种典型的具有固定组织形式的市场。它一般具有以下特点：必须在规定的时间和地点进行交易；必须通过交易所内特定的交易人员进行交易；通常是根据商品的品级标准或样品进行交易。成交后，无须交割实物，卖方只是把代表商品所有权的凭证转让给买方。

世界上最早的交易所是1531年在比利时安特卫普建立的。商品交易所主要设在发达国家的城市。交易所交易的商品主要是大宗初级产品，如谷物、棉花、食糖、油料、黄麻、橡胶、羊毛、茶叶、可可、咖啡、有色金属等。国际上有50多种农产品和原料是在交易所进行交易的，其成交额约占世界出口贸易额的15%～20%。世界上最大的商品交易所设在美国的纽约和英国的伦敦。

在交易所进行的商品买卖可以分为实物和期货两种。实物交易可以是现货交易，也可以是未来交货。其交易的特点是进行实际的商品买卖活动，合同的执行是以卖方交货、卖方收货付款来进行的；期货交易是指对处于运输途中，或者须经一定时间后才能装运的货物的期货合同进行的交易。期货交易绝大多数只是期货合同的倒手，目前，商品交易所进行的交易中约80%是期货交易。

▶ **2. 国际拍卖**

国际拍卖是一种在规定的时间和场所，按照一定的规章和程序，通过公开叫价竞购，把事先经买主看过的货物逐批或逐件地卖给出价最高者的交易过程。以拍卖方式进入世界市场的商品，大多数属于品质不易标准化、易腐烂不易储存、产地分散且生产厂家众多的商品，如羊毛、鬃毛、毛皮、茶叶、烟草、蔬菜、水果、鱼类、工艺品、地毯、石油、黄金等。一些国家在处理库存物资或海关及其他机构处理没收货物时，也常常采用这种交易方式。

目前主要通过拍卖成交的商品都设有固定的国际拍卖地，如羊毛的国际拍卖地为伦敦、利物浦、开普敦、墨尔本、悉尼；毛皮的国际拍卖地为纽约、伦敦、蒙特利尔、哥本哈根、奥斯陆、斯德哥尔摩等；茶叶的国际拍卖地为伦敦、加尔各答、科伦坡等；烟草的国际拍卖地为纽约、阿姆斯特丹、不来梅、卢萨卡等。

▶ **3. 国际贸易博览会、展览会**

国际贸易博览会又称国际集会，是开展国际贸易和经济交流的重要场所，是指在一定的地点定期举办的有众多国家、厂商参加，展、销结合的国际市场。举办博览会的目的是使参加者展示科技成就、商品样品，以便进行宣传，发展业务联系，促成贸易。展览会一般是不定期举办的，它与博览会的区别在于只展不销，通过展览会促成会后的交易。

从商品和举办的范围来看，博览会和展览会的种类较多。综合性博览会如历史悠久的米兰、莱比锡、巴黎等地的国际博览会，规模大，产品齐全，且会期较长。专业性国际博览会如科隆博览会，每年举行两次，一次展销纺织品，另一次展销五金制品，其规模小，会期较短。创办于 1879 年的计算机代理分销业展览会，是目前世界上规模较大、影响力较强的 IT 展会，其组织者以其领先的技术产品、良好的组织运作和优质的服务展示活动，每年都吸引着数以千计来自世界各地的参展企业，并已成为世界性的专业品牌展览会。

四、国际贸易的主要形式

国际贸易形式是指国际贸易中采用的各种方法，即国际间商品流通的做法和渠道。它包括单纯的商品购销、包销、代理、寄售、招标投标、期货交易、对销贸易、补偿贸易、加工贸易、电子商务等。

▶ **1. 单纯的商品购销**

单纯的商品购销方式是世界上最普遍的国际贸易交易方式。单纯的商品购销方式是指交易双方不通过固定市场而进行，而是通过独立洽商而进行商品买卖的活动。其一般原则是：买卖双方自由选择成交对象，对商品的品质、规格、数量、价格、支付、商检、装运、保险、索赔、仲裁等方面都要进行谈判，在相互意见一致的基础上签订成交合同。

▶ **2. 包销**

包销(exclusive sales)指卖方给予国外买方即包销人在约定的地区和期限内独家经营某种商品的权利的贸易方式。在包销这种方式下，卖方保证在指定地区只将指定商品销售给包销人，包销人则往往要承担只向卖方购置指定商品的义务，并限定在约定的地区内销售；卖方要保证根据协议，按时按质按量供应指定商品，而包销人一般要按期完成确定的销售任务，并提供商情、宣传和必要的售后服务。

除了当事人双方签有买卖合同外，还须在事先签有包销协议，两者签订的买卖合同也必须符合包销协议的规定。包销协议一般包括包销商品、包销地区、包销期限、包销数量或金额、专营权以及有关广告宣传、市场报告、售后服务等内容。例如，有些包销协议规定："买方负责和出资在其包销地区为卖方的机器设备举办展览，招揽订单，在当地报刊上登载广告。"

包销当事人双方的关系是买卖关系。包销人以自己的名义和资金买下卖方供应的商品，并以自己的名义在指定地区销售，在购销经营中自负盈亏，自担风险。

▶ **3. 代理**

国际贸易中的代理是委托人委托独立的代理人在约定的时间和地区内，以委托人的名义和资金从事业务活动，并由委托人直接负责由此而产生的权利与义务的贸易方式。在国际货物买卖中的代理一般是指卖方作为委托人通过其委派的代表，即代理人在国外向客户招揽生意、订立合同或办理与贸易有关的其他事宜的销售代理。

委托人与代理人之间的关系属于委托买卖关系。代理人在代理业务中，只是代表委托人行为，如招揽客户、招揽订单、代表委托人签订买卖合同、处理委托人的货物、收受货款等，他本身并不作为合同的一方参与交易，代理人赚取的报酬即为佣金。

在出口业务中，代理与包销有相似之处，但从当事人之间的关系来看，两者却有根本区别。包销人与供货人之间是买卖关系，包销人完全是为自己的利益购进货物后转售，自筹资金，自负盈亏，自担风险。而在代理方式下，代理人只是代表委托人从事有关行为，两者建立的契约关系是属于委托代理关系。代理人一般不以自己的名义与第三者订立合同，只居间介绍，收取佣金，并不承担履行合同的责任，履行合同义务的双方是委托人和当地客户。

在国际货物买卖中，代理按委托人授权的大小可以分为以下三种：一是总代理，是在指定地区委托人的全权代理，它除了有权代理委托人进行签订买卖合同、处理货物等商务活动外，也可进行一些非商业性的活动。二是独家代理，是指在指定地区和期限内单独代表委托人从事代理协议中规定的有关业务的代理人。委托人在该地区内，不得委托其他代理人。三是一般代理，是指在同一代理地区、时间及期限内，委托人可同时委派几个代理人代表委托人行为，代理人不享有独家经营权。

代理协议是明确协议双方，即委托人和代理人之间权利与义务的法律文件。其主要内容包括代理的商品和地区、代理人的权利和义务、委托人的权利和义务、佣金的支付等。其中，佣金条款是代理协议中最重要的条款之一。

▶ **4. 寄售**

寄售（consignment）是一种委托代售的贸易方式，是指寄售人先将货物运往寄售地，委托国外代销人按照寄售协议规定的条件，由代销人代替货主进行销售，货物出售后，由代销人向货主结算货款的一种贸易方式。

寄售时按双方签订的协议进行，寄售人和代销人之间不是买卖关系，而是委托与受托关系，寄售协议属于信托合同性质。代销人也是一个赚取佣金的受托人，其权利义务与代理人相似，但又有区别。最主要的区别是代理人在从事授权范围内的事务时，可以用委托人的名义，也可以用自己的名义，但代销人只能用自己的名义处理信托合同中规定的事务，而且受托人同第三方从事的法律行为不能直接对委托人产生效力。由此可见，寄售既不同于一般的包销，又与一般的代理业务有区别。

寄售与正常的出口相比，具有以下特点：①寄售人与代销人是委托代售关系。代销人只能根据寄售人的指示代为处置货物，在售出之前，货物的所有权仍属寄售人；②寄售是由寄售人先将货物运至寄售地，然后再寻找买主，因此，它是凭实物进行的现货交易；③寄售方式下，代销人不承担任何风险和费用，货物售出前的一切风险和费用均由寄售人承担。

▶ **5. 招标投标**

招标和投标是一种贸易方式的两个方面。招标（invitation to tender）是指招标人发出招标公告或招标通知，提出准备买进商品的名称、规格、数量和其他条件，邀请卖方投标的行为。投标（tosubmit tender）是指投标人应招标人的邀请，根据招标公告或招标通知规定的条件，在规定的时间内向招标人递价，争取中标的行为。招标投标作为一种传统的贸易方式，经常用于国际工程承包和大宗物资的采购业务。

与其他贸易方式相比，招标投标具有以下特点：①不经过磋商。招标投标只按照招标人发出的招标通告所规定的招标条件由多家买主投标，最后由招标人从中选择对其最有利的条件购买。而一般进出口贸易方式是买卖双方通过函电或谈判进行磋商，达成交易，签订合同。②没有讨价还价的余地。招标与投标是由招标人邀请递价，中标与否、是否有竞争性、能否被招标人所接受，取决于投标人所报出的条件，一般没有讨价还价的余地。而一般进出口贸易中通常多由卖方主动报价，买卖双方经多次讨价还价，最后按双方同意的价格成交。③在规定的时间、地点，众多投标人公开竞争。招标投标一般是在规定的时间和地点公开进行的，由于有国内外多家卖主同时参加投标，投标人之间的竞争十分激烈，往往都报出尽可能优惠的条件，以争取中标，故招标人可以争取到比较有利的条件；而一般进出口贸易的做法不具有这样的特点。

▶ 6. 期货交易

期货交易是一种特殊的交易方式。期货交易（futurestransaction）是指在期货交易所内，按照一定规章制度进行的期货合同的买卖。

期货交易的特点可以概括为以下几点：①交易标的为标准期货合同。标准期货合同是由各期货交易所制定的。商品的品质、规格、数量以及其他交易条件都是统一拟定的，买卖双方只需治定价格、交货期和合同数目。②特殊的清算制度。期货交易所内买卖的期货合同由清算所进行统一交割、对冲和结算。清算所既是所有期货合同的买方，也是所有期货合同的卖方。交易双方分别与清算所建立法律关系。③严格的保证金制度。清算所都按当日结算价格核算盈余，如果亏损超过规定的百分比，清算所即要求追加保证金。该会员须在次日交易开盘前缴纳追加保证金，否则清算所有权停止该会员的交易。

期货交易的主要作用：第一，转移价格风险。经营者利用期货市场可以随时转卖或补回期货合同，利用套期保值转移价格风险。第二，期货价格是现货交易重要的参考价格。国际期货交易所公布的成交价格是公认的国际市场价格，是现货交易的重要参考数据，对世界各地的生产、分配、交换以及证券市场等产生重要的影响。第三，提高企业经营效率。由于期货交易所的清算所对每笔交易的买卖双方都负有担保责任，交易双方在买卖期货合同时，无须考虑对方的资信条件，清算时稳妥、可靠、简便、快捷，有利于提高企业的经营效率。

▶ 7. 对销贸易

对销贸易（counter trade）又称返销贸易、方向贸易或互抵贸易，它是在易货贸易的基础上发展起来的。对销贸易是指在互惠的前提下，有两个或两个以上的贸易方达成协议，规定一方的进口产品可以部分或者全部以相对的出口产品来支付。

对销贸易归纳起来主要有三种，即易货贸易、反购或互购、回购。现代的易货贸易，都采用比较灵活的方式，双方将货值记账，相互抵冲，或通过对开信用证来结算货款。需要说明的是，这种做法仍是以货易货，而非现汇交易；所谓反购或互购是指出口方在出售货物给进口商时，承诺在规定的期限内向进口方购买一定数量或金额的商品。互购贸易涉及两个既独立又相互联系的合同，每个合同都以货币支付，金额不要求等值；回购又称补偿贸易，指交易的一方在向另一方出口机器设备或技术的同时，承诺购买一定数量的由该项机器设备或技术生产出来的产品。

我们一般可以把对销贸易理解为包括易货、记账贸易、互购、产品回购、转手贸易等属于货物买卖范畴，以进出结合、出口抵补进口为特征的各种贸易方式的总称。

▶ 8. 补偿贸易

补偿贸易又称产品的返销，其基本含义是指交易的一方在对方提供信贷的基础上，进口设备或技术，而用向对方返销进口设备或技术所生产的直接产品或相关产品或其他产品或劳务所得的价款分期偿还进口价款。

一般补偿贸易具有以下特点：一是补偿贸易必须是在信贷基础上进行的。这是构成补偿贸易的条件。信贷的提供可以体现为商品信贷，也可以是银行信贷或其他方式的贷款，然后由买方从第三方用现汇购入设备。二是设备供应方必须承诺回购产品或劳务的义务。这是构成补偿贸易的必备条件，也是补偿贸易与延期付款的根本区别。

▶ 9. 加工贸易

加工贸易是指一国的企业利用自己的设备和生产能力，对来自国外的原材料、零部件或元器件进行加工、制造或装配，然后再将产品销往国外的贸易方式。

加工贸易又分为进料加工、来料加工两种。两者的共同点是"两头在外"，即原料来自国外，成品又销往国外。进料加工一般是指从国外购进原料，加工生产出成品再销往国外；来料加工在我国又称为对外加工装配业务，是指由外商提供一定的原材料、零部件、元器件，由我方按对方的要求进行加工装配，成品交与对方，我方按照约定收取工缴费作为报酬。

▶ 10. 电子商务

电子商务包括两个方面的内容：电子方式和商贸活动。1997年11月国际商会对电子商务的定义为：电子商务是指实现整个交易活动的电子化，即交易双方以电子方式进行的各种形式的商业交易。现在，电子商务主要是通过电子数据交换、互联网来进行的商务活动。

电子商务按照不同的商务活动群体的业务性质分为以下4种。

（1）商业机构对商业机构的电子商务（B to B 或 B2B）。它主要是指企业与企业之间进行的电子商务活动，如工商企业利用计算机网络向供应商进行采购。这样不仅能降低投资和运营的成本，扩大交易伙伴的范围，而且能使电子商务的参与形式多种多样，更灵活方便，速度也更快。

（2）商业机构对消费者的电子商务（B to C 或 B2C）。这类电子商务主要指企业利用互联网向消费者提供服务或产品。这类电子商务的发展速度很快，潜力巨大。

（3）商业机构对行政机构的电子商务（B to A 或 B2A）。这类电子商务仍处于起步阶段。典型的例子是政府采购，也就是政府将采购的细节在互联网上公布，通过网上竞价的方式进行招标，企业也要通过电子方式进行投标。其主要目的是降低成本，使政府支出和内部管理更加有效。

除此之外，政府还可以通过此类电子商务实施对企业的行政上网管理，如政府用电子方式发放进出口许可证、开展统计工作，企业可以通过网络缴税和退税等。

（4）消费者对行政机构的电子商务（C to A 或 C2A）。这类电子商务是指政府通过互联网来管理国民，如通过网络来发放养老金、收税、年检车辆等。

随着信息技术，特别是网络与计算机技术在国际经贸领域的运用，传统的国际贸易交易方式日益受到挑战，电子商务作为一种新型的交易方式在国际贸易领域中越来越显示出它的优势。利用现代信息技术，逐步实现国际贸易活动的网络化、信息化、无纸化，已经成为当代国际贸易的一大趋势。

美国是最早开展电子商务的国家，于1997年颁布了联邦政府促进、支持电子商务发展的"全球电子商务框架"，提出了发展电子商务的五项原则和九项政策建议。英国政府于2002年开始建设"电子政府"。日本于1997年制定了《改善电子商务环境》等有关文件，并于 2000 年正式启动电子政府工程。新加坡于 1998 年发表了《电子商务政策框架》，并于 2002 年 1 月公布了"资讯通信科技 21 世纪蓝图"，希望将新加坡发展成为一个国际电子商务枢纽。

世界贸易组织从 1998 年起将电子商务作为全球贸易的一部分来对待，并于同年 3 月发布了《电子商务和世界贸易组织的角色》的报告，强调电子商务为世界各国，尤其为发展中国家提供了巨大的发展潜力和机遇。

五、当代世界市场的主要特征

第二次世界大战后，在第三次科技革命的推动下，社会生产力进一步得到提高，国际分工也进一步加深，使当代世界市场呈现出新的特征。

▶ 1. 国际贸易方式多样化

科学技术的飞速发展，使社会生产力迅速提高，国际分工进一步向深度和广度发展，国际贸易方式呈现出多样化的特点。随着信息技术特别是网络通信与计算机技术在国际经贸领域的运用，电子商务作为一种新型的交易方式在国际贸易领域越来越显示出它的优势。

▶ 2. 商品结构复杂化

由于科学技术水平的提高，社会劳动生产率的提高，使商品生产对原材料的消耗相对降低，而对原材料的加工程度和综合利用程度大幅度提高了，在国际贸易中形成了工业制成品贸易扩大、初级产品减少的商品结构。

▶ 3. 区域集团化趋势进一步加强

区域集团是指同一地区的一些国家在维护共同利益的基础上加强经济合作，通过条约或协定方式组成贸易集团。其目的是巩固和扩大集团内部市场，增强经济实力，加强对外部世界的竞争力。"二战"后出现了一系列的经济贸易集团，如欧洲经济共同体、北美自由贸易区、东南亚联盟、中非关税和经济同盟、中美洲共同市场、加勒比共同体、拉丁美洲一体化联盟、西非经济共同体等。区域贸易集团对世界市场的影响主要表现在：由于交易市场内部化和技术转让内部化，使集团内部的贸易量不断扩大，这种集团化使后来者被排斥于平等交易之外，在竞争中处于不利地位。

▶ 4. 跨国公司迅速发展

跨国公司作为"二战"后科技发展的重要力量，在全球范围内所进行的国际化生产范围越来越广，生产分工协作越来越细，引起的国际贸易总额越来越大；同时，跨国公司利用其雄厚的资本、先进的科学技术、强大的科研和发展能力、遍及世界的推销网和信息网、高超的组织管理技能，通过横向和纵向垄断、限制性商业惯例、内部定价等做法，使其在国际贸易中的垄断地位不断加强。

▶ 5. 市场竞争激烈化

在生产国际化的条件下，竞争显得更加激烈。在新技术革命的推动下，国际贸易得到迅速发展，使世界市场由卖方市场转向买方市场，于是，世界市场的竞争比以前更加激烈。各国为争夺世界市场采取了各种各样的手段，从传统的价格竞争发展到非价格竞争。产品能否在国际市场的竞争中取胜，质量是决定性因素。各国为参与世界市场的竞争，制定了鼓励出口、限制进口的对外贸易政策，但公平竞争依然是世界市场竞争的主流。

本章小结

　　国际分工是国际贸易的基础，没有国际分工就不会产生国际贸易。国际分工是指各国或地区之间的劳动分工，是一国内部社会分工向国外的延伸和继续。它表现为生产的国际化和专业化。国际分工的形成与发展经历了4个阶段：“地理大发现”出现国际分工的萌芽、第一次产业革命开始了国际分工的形成阶段、第二次产业革命使国际分工进入发展阶段、第三次产业革命开始了国际分工的深入阶段；国际分工加速了国际贸易的发展，扩大了国际贸易的规模，改变了国际贸易的地区分布，优化了国际贸易的商品结构。

　　世界市场是世界各国交换商品、服务和技术的场所。世界市场的形成与发展过程正是国际贸易从西欧扩展到非洲、亚洲、南北美洲及大洋洲的历史。当代世界市场的主要特征包括国际贸易方式多样化、国际贸易商品结构复杂化、区域集团化趋势加强、跨国公司发展迅速以及市场竞争激烈化。目前世界商品市场主要包括商品交易所、国际拍卖、国际贸易博览会（展览会）。

复习思考题

1. 国际分工是如何形成和发展的？
2. 国际分工对国际贸易的影响如何？
3. 发展中国家在国际分工格局中的地位怎样？
4. 当代世界市场的主要特征有哪些？
5. 电子商务在国际贸易中将发挥怎样的作用？

延伸阅读 2-2

为什么耐克公司不生产耐克鞋？

　　美国耐克公司是全球最大的体育用品企业，耐克品牌是妇孺皆知的品牌。2000年仅在运动鞋市场上耐克公司的销售额就达到56.9亿美元，市场份额为35%，稳稳占据全球名牌运动鞋市场的龙头宝座。它被公认为是20世纪下半叶除计算机行业外发展最快的企业之一。

　　耐克公司是在1964年由美国俄勒冈大学长跑运动员费尔·纳代和其教练比尔·波曼合伙创建的。自从1958年费尔跟波曼练习长跑以来，费尔经常抱怨买不到高质量的运动鞋。为了保证费尔能出成绩，波曼教练根据长跑运动的特点设计了一种新式球鞋，但是图纸送到美国的几家大鞋厂后，竟没有一家愿意接受试制。于是，费尔和波曼在1964年组建了“蓝带体育用品公司”，每人投资300美元，委托日本一家鞋厂按波曼的图纸试制了300双球鞋。球鞋以希腊神话中长跑报捷的胜利之神“耐克”为名，商标图案是花35美元请一个学生设计的。最初的球鞋储存在费尔父亲家的地下室里，每逢比赛，由费尔和波曼带到田径运动场上去推销。1972年，奥运会田径预赛在美国俄勒冈举行，费尔和波曼说服了部分马拉松赛跑运动员穿耐克球鞋参赛。结果，其中有4名进入了预赛前七名。费尔和波曼趁机大做广告，耐克球鞋从此名声大振，公司不断发展壮大。

令人称奇的是，虽然耐克公司占据着全球高档运动鞋市场的霸主地位，但耐克公司本身并不制造耐克球鞋。从耐克公司的最初发迹到以后的成长发展，靠的都不是球鞋的制造环节。事实上，耐克公司只有一家规模很小的制鞋厂，97%以上耐克球鞋的生产都采取在发展中国家合同承包、加工返销的方式进行，然后由耐克公司收购，独家在世界各国销售。

耐克公司赖以成长壮大的奥秘之一，在于其对产品设计和广告营销环节的控制。其原因主要是高档球鞋行业的战略环节是产品设计和营销控制，而制造环节相对简单，创造价值主要取决于新产品的研发和营销组织管理。耐克球鞋在市场上主要靠其"最佳设计"和高档名牌为号召，雇用各领域的专家，包括设计专家、材料专家专门从事研究工作，聘请教练员、运动员、足病医生、整形大夫等组成顾客委员会，审核各种设计方案。巨款聘请著名体育明星，在美国电视节目收视率最高的黄金时间做广告，成功地塑造和保持了耐克球鞋的高档名牌形象，使耐克球鞋售价长期保持在100多美元一双的高价位。1993年，美国最著名的篮球明星迈克尔·乔丹穿着耐克球鞋率领美国芝加哥公牛队第三次蝉联美国男子篮球职业联赛（NBA）冠军，为耐克公司提供了其他竞争者难以企及的影响，进一步巩固了耐克公司作为美国体育行业头号企业的地位。

耐克公司成长壮大的奥秘之二，在于价值链的全球配置。按照波特理论，价值链上的每一个环节都创造价值，但所创造价值占总价值的比例是不对称的。数据表明，在一双耐克鞋的成本结构中，劳动力成本的比例还不到10%，有的甚至不到5%。以耐克公司在我国青岛的加工厂为例，一双耐克鞋的全部成本，包括原材料（不含核心技术部件）、劳动力、运输费用等总计不到80元人民币，但在我国售价700～1 000元。可见生产环节创造的价值是相当有限的。但它对价值创造的贡献终究还是要借助生产来实现。它采用OEM方式，把生产外包给东南亚等地的发展中国家。具体做法是，耐克公司将设计图纸交由生产厂家，让他们严格按照图纸试样进行生产，并保证相应的质量，然后耐克公司再将自己的品牌赋予这些产品，并在统一的策划下通过耐克公司的全球营销网络销往世界各地。

资料来源：李桂芳.为什么耐克公司不生产耐克鞋？[J].管理现代化，2003(5).

延伸阅读 2-3

产业结构调整影响下的广东外贸

广东省作为我国对外贸易发展的排头兵，开拓国际市场的能力不断增强，正在形成出口市场多元化的格局。根据海关统计，2000年广东省外贸进出口总值比上年增长21.2%，低于全国进出口平均增长速度10.3个百分点。广东省外贸进出口增长已连续几年低于全国平均水平。

业内人士分析，出现这种现象从表面看主要是因为：广东省外贸进出口的基数大，多年来一直占全国同期的1/3以上，2000年广东省外贸进出口总值为1 701亿美元，占全国进出口总值的35.9%。而国内多数省份以前的外贸进出口数量较小，近年来随着产业政策的调整、国企改革的逐步深入、西部大开发的全面展开，内地经济增长速度加快，许多外资企业纷纷投资内地，客观上促进了内地外贸的增长。所以会出现广东省外贸增长率低于全国平均水平的现象。

而更加深刻的原因是，近几年来，广东省把握世界产业结构调整的机遇，加大企业结构调整的步伐，由传统的加工型、劳动密集型、低附加值企业向高科技产业迈进，对污染企业及国家限制的加工贸易类企业进行严格限制。这种产业结构的调整在短期内将无疑影响广东省外贸出口的增长速度。

2000年，广东省的外贸仍以加工贸易为主。全年进口总额为523.2亿美元，占进口总额的 66.9%。其出口额为 719.9 亿美元，占出口总值的 78.1%。近几年来，广东省政府相继出台了一些政策，鼓励引进一些附加值高的高科技企业来广东省投资，而对一些作坊式的小型加工企业原则上不再增加。以黄埔海关为例，2000 年新备案企业 1 544 家，其中有一半属于高科技行业或是其下游企业。

据海关统计，广东省出口商品结构明显优化：主要出口商品中，机电产品 499.8 亿美元，增加 28.6%，占出口总值的 54.4%，占全国机电产品出口值的 47.5%。而一些传统的出口产品增长缓慢，其中，服装及衣着附件 99 亿美元，增长 0.3%；鞋类 46.8 亿美元，增长 7.6%；纺织纱线、织物及制品 33.5 亿美元，增长 12.1%。

高科技产品在出口中所占比例呈大幅上扬趋势：2000 年广东省出口高新技术产品 170.2 亿美元，占全国高新技术出口额的 46%，比 1999 年增长 41.1%，其增幅远高于全省出口的平均水平，其中计算机与通信技术产品 141.5 亿美元，增长 44.5%。

第三章
自由贸易理论

本章导读

本章主要学习自由贸易理论，包括亚当·斯密的绝对优势理论、大卫·李嘉图的比较优势理论、俄林的要素禀赋理论和里昂惕夫之谜四种传统自由贸易理论。正确和理解上述理论对于理解国际贸易发展将会起到积极作用。

学习目标

通过本章学习，应达到以下目的和要求：

1. 掌握绝对优势理论的基本内容及其历史贡献。
2. 掌握比较优势理论的基本内容及其历史贡献。
3. 掌握要素禀赋理论的核心内容。
4. 了解各种自由贸易理论的代表人物和其理论产生的历史背景。
5. 了解里昂惕夫之谜的基本内容及其意义。

重要概念

自由贸易理论，绝对优势，比较优势，要素禀赋，里昂惕夫之谜

国际贸易理论是长期以来国际贸易实践的经验总结，是各国制定对外贸易政策和措施的主要依据之一。国际贸易理论来源于国际贸易实践，又指导国际贸易实践。在不同历史时期和不同国家，经济学家从不同的历史特点和不同的国家利益出发，提出了各种具有不同侧重点的国家贸易主张。

任何贸易理论均需解决两个问题：第一，国家间为什么要进行贸易，即国际贸易是否具备存在的经济合理性。第二，如果对第一个问题的回答是肯定的，那么，如何从事生产，怎样进行贸易才能使贸易各国获得最大的贸易利益，即贸易利益最优化的途径是什么。赞成自由贸易的经济学家以他们独特的理论分析，对这两个问题做出了解答。他们的

解答也构成了自由贸易理论的两个核心内容：第一，贸易利益的研究重点——讨论自由竞争条件下贸易利益的起因；第二，贸易方式的研究重点——说明贸易各国应当依据比较优势的准则参与国际分工从事国际贸易。

自由贸易理论(The Theory of Free Trade)，主张政府不必干预国际贸易，使各个国家或地区的商品在世界市场上自由竞争。自由贸易理论是国际贸易理论的主流学说与核心内容。西方国际贸易理论体系的建立是从绝对优势理论的提出开始的，这一理论为比较优势理论的创立铺平了道路。

第一节　绝对优势理论

一、绝对优势理论的产生

18世纪中叶，英国的产业革命逐渐展开，资产阶级的原始资本积累已经完成，"世界工厂"的地位已经确立并得到巩固，在此情况下，新兴的资产阶级迫切要求扩大对外贸易，以便从其他国家获得生产所需的廉价原料，并为其工业产品寻找市场。但此前英国奉行的重商主义的保护贸易理论和政策，严重阻碍了新兴的资产阶级对外扩张愿望的实现。一些经济学家发现重商主义已不再适应对外贸易发展的需要，他们试图从理论上说明自由贸易对经济发展的好处。

绝对优势理论是由亚当·斯密提出的。亚当·斯密是英国工场手工业和产业革命时期的经济学家，是国际分工和国际贸易理论的创始者，是倡导自由贸易的带头人。1776年，亚当·斯密出版其代表作《国民财富的性质和原因的研究》(简称《国富论》)，他批判了重商主义，创立了自由放任的自由贸易理论，系统地提出了绝对优势理论。亚当·斯密认为国际贸易和国际分工的原因及基础是各国间存在的劳动生产率和生产成本的绝对差别。

延伸阅读 3-1

亚当·斯密

亚当·斯密(Adam Smith，1723—1790)，英国政治经济学家。1723年出生于苏格兰，父亲是律师兼海关官吏。他17岁获格拉斯哥大学硕士学位，又入牛津大学学习，1746年毕业。先后在爱丁堡大学和格拉斯哥大学任教授、副校长，讲授自然哲学、伦理学、法学、政治学。1759年他出版了自己的第一部著作《道德情操论》，确立了他在知识界的威望。1762年获格拉斯哥大学博士学位。1776年出版《国民财富的性质和原因的研究》(简称《国富论》)。该书一举成功，使他在余生中享受着荣誉和爱戴，后被选为格拉斯哥大学名誉校长。

亚当·斯密并不是经济学说的最早开拓者，他最著名的思想中有许多也并非新颖独特，但是他首次提出了全面系统的经济学说，为该领域的发展打下了良好的基础。因此，完全可以说《国富论》是现代政治经济学研究的起点。

《国富论》的伟大成就之一是摒弃了过去的许多错误概念。亚当·斯密驳斥了旧的重商学说，认为这种学说片面强调国家储备大量金币的重要性。他否定了重农主义者的土地是价值的主要来源的观点，提出了劳动的基本重要性。亚当·斯密重点强调劳动分工会引起生产的大量增长，抨击了阻碍工业发展的一整套腐朽的、武断的政治限制。

　　亚当·斯密的经济思想体系结构严密，论证有力，使原有的经济思想学派在几十年内就被抛弃了。实际上，亚当·斯密把他们所有的优点都吸入了自己的体系，同时也系统地披露了他们的缺点。亚当·斯密的接班人，包括像托马斯·马尔萨斯和大卫·李嘉图这样著名的经济学家对他的理论体系进行了精心的充实和修正（没有改变基本纲要），从而建立了今天被称为经典经济学的体系。虽然现代经济学说又增加了新的概念和方法，但这些大体说来仍是经典经济学的自然产物。在一定意义上来说，甚至卡尔·马克思的经济学说都可以看作是经典经济学的积蓄。

　　除了亚当·斯密观点的正确性及对后来理论家的影响之外，就是他对立法和政府政策的影响。《国富论》一书技巧高超，文笔清晰，拥有广泛的读者。亚当·斯密反对政府干涉商业和商业事务、赞成低关税和自由贸易的观点在整个 19 世纪对政府的政策都有决定性的影响。事实上他对这些政策的影响至今人们仍能感觉出来。

　　资料来源：〔美〕迈克尔·H.哈特.历史上最有影响力的100人［M］.苏世军，周宇译.武汉：湖北教育出版社，1988.

二、绝对优势理论的主要内容

　　所谓绝对优势，是指某两个国家之间生产某种产品的劳动成本的绝对差异，即一个国家所耗费的劳动成本绝对低于另一个国家，在利益上具有绝对优势，则该国就应专门生产该种产品并对外出口，反之就该进口。

　　亚当·斯密的绝对优势理论主要阐明了如下内容。

　　▶ 1. 分工可以提高劳动生产率

　　亚当·斯密认为，人类有一种天然的倾向，就是交换，而人类交换的倾向又会引起分工，分工可以大大提高劳动效率。这是因为：第一，分工能增进劳动者的熟练程度，专业化使劳动者的生产技能不断提高；第二，分工能使每个人专门从事某项工作，避免了在不同工作之间进行的转移，可以节省与生产没有直接关系的时间；第三，分工可以使专门从事某项操作的劳动者比较容易改良工具和发明机械，提高劳动效率。他以当时的制针业为例，在没有分工的情况下，一个粗工每天至多只能制造 20 枚针。而在分工之后，平均每人每天可制造 4 800 枚，每个工人的劳动生产率提高了几百倍。可见，分工可以提高劳动生产率，增加国民财富。

　　▶ 2. 国际分工的原则是成本的绝对优势或绝对利益

　　每个国家都有其适宜于生产某些特定产品的绝对有利的生产条件，如果每一个国家都按照其绝对有力的生产条件（即生产成本绝对低）去进行专业化生产，然后彼此进行交换。这样就比由各国生产自己所需要的一切商品更为有利。换句话说就是，如果外国的产品比自己国内生产的要便宜，那么最好是输出在本国有利的生产条件下生产的产品，去交换外国的产品，而不要自己去生产。亚当·斯密举例说，在气候寒冷的苏格兰，人们可以利用温室种植出葡萄，并酿出与国外一样好的葡萄酒，但要付出比国外高 30 倍的代价。他认为，如果真的这样做，显然是愚蠢的行为。

　　▶ 3. 实行自由贸易政策

　　亚当·斯密主张自由放任的贸易思想，认为只有在自由贸易条件下，政府不干预国际贸易，让各国家或各地区的商品在世界市场上自由竞争，这样，各国的资源都能被充分有效利用，贸易双方国家较之各自在闭关自守时获得更多的商品量，才能合理配置自然资源和生产资源，才能使国家的物质财富的产出达到最大。

亚当·斯密的绝对优势理论有以下前提：①两个国家和两种可贸易产品；②两种产品的生产都只有劳动这一种要素投入；③两国的劳动生产率不同；④生产要素（劳动）的供给是给定的，且要素在国内不同部门之间可以自由流动，但在国家之间则完全不能流动；⑤规模报酬不变；⑥完全市场竞争；⑦无运输成本；⑧两国之间贸易平衡。

三、对绝对优势理论的评价

亚当·斯密是国际贸易理论的创始人，他的绝对优势理论在古典经济学说取代重商主义思想的过程中起了关键作用，在历史上具有伟大意义。

▶ 1. 绝对优势理论的科学性

该理论深刻揭示出分工对于提高劳动效率的巨大意义，各国之间根据各自优势进行分工，通过国际贸易使各国都能得到利益，从而揭示了国际贸易的利益分配问题。该理论揭示了国际贸易产生的原因及开展国际贸易的动机和目的。该理论反对重商主义希望国家严格控制对外贸易政策，主张主要依靠市场调节的自由贸易政策。这些观点虽然经历了200多年的历史，但仍没有过时，特别是在当今全球经济背景下，各国积极对外开放，参与国际分工，推动了贸易自由化的进程，说明该理论仍然有指导意义。

▶ 2. 绝对优势理论的错误性

该理论错误地认为交换会引起社会分工，而交换又是由人类本性所决定的。事实上，交换是以分工为前提的，在历史上分工早于交换。秘鲁人的分工很早就出现了，但那时并没有私人交换；印度共同体内部有严密的分工的时候，也并无商品交换。同时，交换也不是人类本性的产物，而是社会生产方式和分工发展的结果。

▶ 3. 绝对优势理论的局限性

该理论只说明了生产成本有绝对优势的国家才能通过参加国际分工和国际贸易而获得利益，这在国际贸易实践中缺乏普遍性。如果一个经济不发达的国家，所有产品生产的绝对成本都高，能否参加国际分工和国际贸易呢？绝对优势理论无法回答这个问题。

第二节　比较优势理论

比较优势理论是对绝对优势理论的继承和发展，它进一步完善了古典学派的国际贸易理论，标志着西方传统国际贸易理论体系的形成。它由英国古典经济学派的另一位著名代表人物大卫·李嘉图创立。

大卫·李嘉图是英国产业革命深入发展时期的著名经济学家，也是英国古典政治经济学的完成者。他继承和发展了绝对优势理论，在1817年出版的《政治经济学及赋税原理》（*The Principles of Political Economy and Taxation*）一书中，提出了完整的比较优势理论。

一、比较优势理论产生的背景

大卫·李嘉图的比较优势理论的产生既是客观实践的要求，也是理论发展的需要。

从实践上看，比较优势理论是在英国资产阶级争取自由贸易的斗争中产生和发展的。

1815 年，英国政府为维护土地贵族阶级的利益而修订实施了《谷物法》，其颁布之后，由于限制谷物进口，引起英国国内粮价上涨，地租猛增，昂贵的谷物迫使工业资产阶级提高工人的工资，使成本上升，利润减少，削弱了产品竞争的能力；同时，粮价的上涨也增大了居民的购粮支出，从而相应地减少了对工业品的购买；在对外贸易方面，由于《谷物法》限制外国粮食的进口，也必然导致外国对进口英国工业品的报复。这些都极大地伤害了英国工业资产阶级的利益，他们迫切要求废除《谷物法》。而土地贵族阶级为了维护他们的利益，极力维护《谷物法》的存在。于是，围绕《谷物法》的存废问题，英国工业资产阶级和土地贵族阶级展开了激烈的斗争。工业资产阶级的代表人物李嘉图认为《谷物法》有极大的危害性，应积极地实行谷物自由贸易。英国不仅要从国外进口粮食，而且还要大量进口，因为英国在纺织品生产上的优势比在粮食生产上的优势更大，所以，英国应专门发展纺织生产，以纺织品出口换取粮食进口，这样国家就可获得更多的利益。为此，李嘉图提出了比较优势理论。

延伸阅读 3-2

重商时期的法规举例

　　1815 年，在土地贵族把持的国会推动下，英国政府颁布《谷物法》，规定只有当国内市场上的粮价达到 80 先令 1 夸脱时，才准许外国粮食进口。结果粮食价格上涨，地租上升，对地主阶级有利；但对工业资产阶级来说，工人工资上涨，成本增加，利润减少；对其他阶级来说，用于粮食的开支增加，用于工业品消费的支出减少。在国外，该法还招致别国对英国的工业品征收高额关税。《谷物法》大大损害了新兴资产阶级的利益，因此他们迫切需要找到自由贸易的理论依据。

　　资料来源：董骏 . 国际贸易理论与实务[M]. 北京：机械工业出版社，2006.

　　从理论上看，比较优势理论是在绝对优势理论的基础上，对绝对优势理论不断完善和发展过程中产生的。亚当·斯密的绝对优势理论隐含着一个基本假设，即国际贸易双方各有一种产品的成本低于另一方，各自具有绝对优势，经过分工和交换，双方才能获得利益。但是，如果经济不发达国家生产的各种产品的成本都高，即都处于劣势，而发达国家生产的各种产品的成本都低，即都处于优势，在这种情况下，国际贸易是否会发生？如果发生，是否对双方都有利？各国是否还应该执行自由贸易政策？斯密在绝对优势理论中没有回答这些问题。这样，专门研究这些问题的比较优势理论就应运而生了。

延伸阅读 3-3

大卫·李嘉图

　　大卫·李嘉图（David Ricardo，1772—1823）于 1772 年出生于英国伦敦一个富有的交易所经纪人家庭，17 个孩子中排行第三，他所接受的学校教育不多，14 岁就开始跟随父亲在交易所做事。后来因婚姻和宗教问题与父亲脱离关系，自己经营交易所，10 年之后就拥有了 200 万英镑的财产。他在证券交易所的工作使他非常富有，42 岁便退休了。1819 年，李嘉图在议会上院购买了一个代表爱尔兰的席位。他占据这个席位直到他 51 岁去世。作为议员，李嘉图支持自由贸易和废除《谷物法》。

　　1799 年，李嘉图偶然得到一本《国富论》，由此对经济学产生了兴趣，几乎涉猎了经济学中的所有方面，如货币问题、价值理论和贸易理论。李嘉图对国际贸易理论有开创性的贡献，是贸易自由理论的坚决支持者。在他的主要著作《政治经济学及赋税原理》中，李嘉图以有关国际贸易一般理论支持了自己的观点，该理论包括了比较优势理论，在"对外贸易"一章中，他对苏格兰和葡萄牙的外贸进行了研究，用精彩的例子"葡萄酒"和"棉布"

说明了比较成本，并得到了贸易的结果使贸易参与国更加富裕的结论，即后来的比较优势原则。这个基本思想在后来被无数经济学者们引用并发表。

终其一生，李嘉图以其严谨的思维、数学的逻辑性和精确性著称。他是古典政治经济学的集大成者。他发展了亚当·斯密的工资、利润和地租的观点。他认为地租只是从利润中扣除的部分，从而利润被说成是收入的最初的基本形式，而资本是收入基础，即利润实质上就是剩余价值。这又是他在科学上取得的光辉成就之一。1817年4月出版的《政治经济学及赋税原理》，包含了他丰富的经济思想，在经济学史上有着很重要的地位。

资料来源：新帕尔格雷夫经济学大辞典(第4卷)[M]．北京：经济科学出版社，1992：196-214．

二、比较优势理论的主要内容

所谓比较优势，是指某两个国家之间生产某种产品的劳动成本的比率与生产另一种产品的劳动成本的比率的比较。比较优势理论的要点如下。

▶ 1. 国际分工和贸易的原则是按成本的比较优势或比较利益

亚当·斯密的绝对优势理论认为，由于自然禀赋和后天的有利条件不同，各国均有一种产品的生产成本低于他国而具有绝对优势，按绝对优势原则进行分工和交换，各国均可获益。大卫·李嘉图发展了亚当·斯密的观点，认为各国不一定要专门生产劳动成本绝对低（即绝对有利）的产品，而只要专门生产劳动成本相对低（即利益较大或不利较小）的产品，便可进行对外贸易并能从中获益和实现社会劳动的节约。

李嘉图认为，在国际分工和国际贸易中起决定作用的不是绝对成本而是比较成本。其基本原则是"两优取其重，两劣取其轻"。根据这一原则，各国集中生产和出口比较成本低的产品，可以增加产品数量，节约劳动成本，形成互惠互利的国际分工和贸易。即使效率最低，成本最高的国家也有自己的比较优势，也能从对外贸易中获利；即使最先进和最落后国家之间也存在互惠互利的国际分工和国际贸易。

▶ 2. 实行自由贸易政策

与亚当·斯密一样，李嘉图同样主张自由放任的贸易思想，认为只有在自由贸易条件下，政府不干预国际贸易，使商品在世界市场上自由竞争。这样，通过国际分工和贸易，资源将被充分有效利用，贸易双方都将获得更多利益。

李嘉图还举了一个已经成为经典的例子，假定英、葡两国同时生产呢绒和酒，其成本见表3-1。

表 3-1　英、葡两国分工

国　别	呢绒（1 单位）	酒（1 单位）
葡萄牙	90 天	80 天
英国	100 天	120 天

表3-1说明，葡萄牙生产1单位呢绒需要劳动时间90天，生产1单位酒需要劳动时间80天；而英国生产上述产品则分别需要100天和120天。

按照亚当·斯密的理论，在以上的情况下，英、葡两国之间不会发生贸易，因为英国生产两种产品的劳动成本都绝对高于葡萄牙，英国没有什么东西可以卖给对方。但是，经过李嘉图的分析，即使在这种情况下，英、葡两国仍能进行对双方都有利的贸易。比较成本的结果，葡萄牙生产呢绒和酒的成本比率分别是：

$$\frac{90}{100}=0.9 \qquad \frac{80}{120}=0.67$$

可见，葡萄牙生产这两种产品的成本都比英国低，但两相比较，酒的成本最低，优势最大，所以葡萄牙应该生产酒，以酒交换英国的呢绒有利；相反，英国生产这两种产品的成本均高，分别为1.1和1.5（上述成本比率的倒数），即都处于劣势，但两相比较，呢绒成本高得少些，所以英国应生产呢绒，以呢绒交换葡萄牙的酒有利。上述即为"两优取重，两劣择轻"的分工和贸易原则。

李嘉图进一步解释说，对于葡萄牙来说，与其用90天生产1单位呢绒，不如用80天生产1单位酒去交换英国的1单位呢绒，因为这样它能节约10天劳动时间；如把这10天也用来生产酒，一定得到更多的酒；而对英国来说，与其用120天劳动时间去生产1单位酒，还不如用100天劳动时间生产1单位呢绒去交换葡萄牙的1单位酒，这样可节省劳动时间20天，如把这20天用于生产呢绒，一定能得到更多的呢绒。这样，英国分工生产呢绒，即把生产酒的劳动时间也用来生产呢绒，共生产2.2单位；葡萄牙分工生产酒，共生产2.125单位。可见，产品总量比分工前增加了，呢绒增加0.2单位，酒增加0.125单位。

假定单位呢绒与单位酒在两国间进行交换后，英国得到1.1单位的呢绒和1.1单位的酒；葡萄牙得到1.1单位的呢绒和1.025单位的酒。两国两种产品的消费量都比分工前的消费量增加了。可见按照"两优取重，两劣择轻"的原则分工和交换，对两国都是有利的。

与亚当·斯密的绝对优势理论假设基本相同，大卫·李嘉图的比较优势理论以一系列假定为前提，对复杂的经济情况做了一些简化：①只有两个国家，只生产两种产品；②自由贸易；③劳动在国内具有完全的流动性，但在两国之间则完全缺乏流动性；④每种产品的国内生产成本都是固定的；⑤没有运输费用；⑥不存在技术变化；⑦贸易按物物交换方式进行；⑧劳动价值论——劳动是唯一的生产要素；所有劳动都是同质的；每单位产品生产所需要的劳动投入维持不变。故任一商品的价值或价格都完全取决于它的劳动成本。

三、对比较优势理论的评价

▶ **1. 比较优势理论的科学性**

（1）比较优势理论在历史上曾起过进步作用。它为英国工业资产阶级争取自由贸易政策提供了理论依据，促进了当时英国资本积累和生产力的发展。在这个理论的影响下，1846年英国议会废除了《谷物法》，之后的数十年，一直是英国工业资产阶级的黄金时代，使英国成为"世界工厂"，在世界工业和贸易中占据首位。这是19世纪英国自由贸易政策所取得的最伟大胜利。

（2）比较优势理论比绝对优势理论更全面、更深刻地揭示了国际贸易的产生。该理论揭示了比较利益原则，证明了国际贸易的产生不仅在于绝对成本的差异，而且在于比较成本的差异。这为处于不同发展阶段的国家，特别是落后国家参与国际贸易和国际分工提供了理论基础。

▶ **2. 比较优势理论的局限性**

（1）比较优势理论并没有从根本上揭示国际分工形成、发展的原因。该理论认为成本差异是国际分工形成和发展的根本原因。而事实上，成本差异对国际分工的形成和发展虽有一定影响，但并不是最主要的、根本的，社会生产力才是国际分工形成和发展的最重要原因。

（2）比较优势理论与现实的国际贸易在某些方面不相符合。按照这一理论，比较利益越大，则发生贸易的可能性越大，从这一点出发，贸易最容易发生在发达国家和发展中国家之间，而现实中，国际贸易主要还是发生在发达国家之间；按照这一理论，国际贸易双方是互利的，不存在国际剥削，甚至相对落后的国家通过国际贸易也可以得到更多的实惠，这与现实中富国剥削穷国的事实相悖。

第三节　要素禀赋理论

要素禀赋理论是西方现代国际贸易理论的开端，在此基础上形成了国际贸易理论研究的一个新阶段。

一、要素禀赋理论的产生

大卫·李嘉图认为，比较利益是发生国际分工和国际贸易的基础，而产生比较利益的原则是各国间劳动生产率的差异及由此产生的劳动成本差别。但是，劳动成本的差别又是因何而产生的呢？李嘉图对此未给出实质性的答案，而赫克歇尔和俄林从各国资源禀赋和生产要素供给情况不同的角度出发，具体分析了国际分工的原因、国际贸易的格局和国际贸易的商品结构。他们的理论故被称为"赫克歇尔—俄林理论"，又称要素禀赋理论或要素比例说，简称赫—俄(H-O)理论。

赫克歇尔—俄林理论是由当代著名的瑞典经济学家伊利·赫克歇尔和伯利蒂·俄林提出的。赫克歇尔于1919年发表了《对外贸易对收入分配的影响》的著名论文，提出了要素禀赋理论的基本要点。他从李嘉图的假设出发，对比较成本的原因问题进行分析，认为如果两个国家的要素禀赋都一样，各个生产部门的技术水平也相同，再假设没有运输成本，那么两国进行国际贸易的结果，对任何一个国家既不会带来利益，也不会造成损失。由此可见，比较优势产生必须有两个前提：一是两个国家的生产要素禀赋程度不同；二是不同的产品再生产过程中所使用的要素比例不同。只有满足这两个条件，才会存在比较成本差异，各国之间才会产生贸易。

俄林在继承其老师赫克歇尔理论的基础上，1933年出版了《域际贸易与国际贸易》(*Interregional and International Trade*)一书，创立了要素禀赋理论。

延伸阅读 3-4

要素禀赋理论创始人

1. 伊利·赫克歇尔(E. Heckscher, 1879—1952)

赫克歇尔出生于瑞典斯德哥尔摩的一个犹太人家庭。1879年起，在乌普萨拉大学跟耶尔纳学习历史，跟戴维森学习经济，并于1907年获得博士学位，是瑞典著名的经济学家。他对经济学的贡献主要是在经济理论上的创新和在经济史研究方面引入了新的方法论——定量研究方法。他在1919年发表的《外贸对收入分配的影响》(*The Effect of Foreign Trade on the Distribution of Income*)是现代要素禀赋理论的起源，他集中探讨了各国资源要素禀赋的构成与商品贸易模式之间的关系，并且，一开始就运用了一般的均衡分析方法。他认为，要素绝对价格的平均化是国际贸易的必然结果，他的论文具有开拓性的意义，其后，这个理论由他的学生俄林进一步加以发展。在经济史方面，赫克歇尔更享有盛誉。他是瑞典学派的主要人物之一。

2. 伯利蒂·俄林（B. Ohlin，1899—1979）

俄林也是瑞典经济学家。1899年4月俄林出生于瑞典南方的一个小村子，于1917年在隆德大学获得数学、统计学和经济学学位。1919年在赫克歇尔指导下获得斯德哥尔摩大学工商管理学院经济学学位，1923年在陶西格与威廉斯的指导下获得美国哈佛大学文科硕士学位，1924年在卡塞尔指导下获得斯德哥尔摩大学博士学位。毕业后，俄林先后执教于丹麦的哥本哈根大学与瑞典的斯德哥尔摩大学，曾在美国弗吉尼亚大学和加利福尼亚大学任客座教授。俄林最杰出贡献在于为国际贸易理论提供的现代分析，1924年出版《国际贸易理论》，1933年出版其名著，即由美国哈佛大学出版的《域际贸易和国际贸易》，1936年出版《国际经济的复兴》，1941年出版《资本市场和利率政策》等。俄林受他老师赫克歇尔关于生产要素比例的国际贸易理论的影响，并在哈佛大学教授威廉的指导下，结合瓦尔拉斯和卡塞尔德一般均衡理论对国际贸易进行分析论证，在《域际贸易和国际贸易》中最终形成体系，因此与詹姆斯·米德共同分享了1977年度的诺贝尔经济学奖。1979年8月于书桌前逝世。

由于赫克歇尔—俄林理论将贸易中国际竞争力的差异归于生产要素禀赋的国际差异，人们又称该理论为要素禀赋理论。此外，该理论特别强调不同国家可利用生产要素的比例——要素充裕程度和生产相同产品所使用的生产要素比例——要素密度之间的相互作用，故人们也称赫克歇尔—俄林理论为要素比例理论。

资料来源：梁小民. 话经济学人[M]. 北京：中国社会科学出版社，2004；新帕尔格雷夫经济学大辞典[M]. 北京：经济科学出版社，1992，第2卷和第3卷.

二、要素禀赋理论的主要内容

▶ 1. 要素禀赋理论的要点

俄林认为，国际贸易是在国家（地区）之间展开的，而国家（地区）的划分标准是生产要素禀赋。所谓生产要素禀赋，是指生产要素在一个国家（地区）中的天然充裕程度。俄林所说的生产要素是指劳动力、资本和土地三大类，当然，每一种生产要素又可以细分。他认为，如果在一国的生产要素禀赋中某种要素供给所占的比例大于别国同种要素的供给比例，而价格相对低于别国同种要素的价格，则该国的这种要素相对丰裕；反之，如果在一国的生产要素禀赋中某种要素供给所占的比例小于别国同种要素的供给比例，而价格相对高于别国同种要素的价格，则该国的这种要素相对稀缺。

根据要素禀赋理论，一国的比较优势产品是应出口的产品，它是在生产上密集使用该国相对充裕而便宜的生产要素生产的产品，而进口的产品是在生产上密集使用该国相对稀缺而昂贵的的生产要素生产的产品。简言之，劳动丰富的国家出口劳动密集型商品，而进口资本密集型商品；相反，资本丰富的国家出口资本密集型商品，进口劳动密集型商品。

▶ 2. 要素禀赋理论的理论分析

俄林认为，同种商品在不同国家的相对价格差异是国际贸易的直接基础，而价格差异则是由各国生产要素禀赋不同，从而导致要素相对价格不同决定的，所以要素禀赋不同是国际贸易产生的根本原因。俄林在分析、阐述要素禀赋理论时层层深入，在逻辑上比较严谨。

（1）各国所生产的同一产品价格的国际绝对差异是国际贸易发生的直接原因。在没有运输费用的假设前提下，从价格较低的国家输出商品到价格较高的国家是有利的。

（2）商品价格的国际绝对差异来自生产相同产品成本的国际绝对差异，即同种商品价格的国家之间的差异，主要是它们成本间的差异（在完全竞争市场条件下，商品价格等于生产成本）。所以，成本的国际绝对差异是国际贸易发生的第一原因。

（3）两国国内各种商品成本比例不同是国际贸易发生的必要条件。如果两国国内成本比例是相同的，一个国家的两种商品成本都按同一比例低于另一个国家，两国间将只能发生暂时的贸易关系，当两国的汇率变化使两国商品的单位成本完全相等时，这两国将不会发生贸易。

（4）各国商品价格比例不同是由要素价格比例不同决定的。因为各国国内各种生产要素的价格比例不同，不同商品是由不同生产要素组合生产出来的。在每个国家，商品的成本比例反映了生产诸要素的价格比例关系，也就是工资、地租、利息之间的比例关系。由于各国的生产要素价格不同，导致了成本比例的不同。

（5）要素供给比例的不同是决定要素价格比例不同的因素。在各国要素需求一定的情况下，各国的要素禀赋不同，导致要素价格的不同。一些供给丰富的生产要素价格便宜，稀缺的生产要素则价格昂贵。由此得出，要素价格比例不同是由要素供给比例不同决定的。

从以上分析可以看出，俄林从商品价格出发，分析了商品成本的国际差异，又从成本的国际差异探讨不同的成本比例，由此推导出各国生产要素的价格差异，由要素的价格差异最后归结到生产要素的供给和需求的不同。这样他的整个推理过程就形成一个环环相扣的链条，在这一链条中，俄林认为，最重要的一环就是要素的不同供给比例，即各国不同的资源丰裕程度，这是国际贸易之所以存在的根本原因。

▶ 3. 要素禀赋理论的主要结论

（1）每个国家或地区在国际分工和国际贸易体系中应该生产和输出本国丰裕要素密集的商品，输入本国稀缺要素密集的商品。

（2）区域贸易或国际贸易的直接原因是价格差别，即各个地区或国家间的商品价格不同。

（3）国际贸易趋向于消除工资、地租、利息、利润等生产要素收入的国际差异，使生产要素收入趋同。

三、对要素禀赋理论的评价

▶ 1. 积极方面

（1）要素禀赋理论把传统的比较优势理论中的一种生产要素投入（劳动）的假定扩展至两种或两种以上的要素投入，进而提出了生产要素的组合比例问题，使国际贸易理论的分析更加符合现实。

（2）要素禀赋理论从国家最基本的经济资源出发，用资源禀赋的差异说明国际贸易的产生、贸易的商品结构与地理方向，在一定程度上反映了国际贸易对经济结构的影响。

▶ 2. 不足之处

（1）忽视社会生产力，特别是科学技术对国际贸易产生和发展的决定性作用。在当代国际分工和国际贸易中，技术进步、技术革新可以改变成本比例，从而改变比较成本。该理论没有考虑技术因素，因此影响了其广泛适用性。

（2）要素丰裕程度是一个模糊概念。

延伸阅读 3-5

中国农产品贸易的比较优势

中国的人均可耕地面积是全世界最少的国家之一。根据大卫·李嘉图的比较优势理论，中国的农产品出口应该是处于劣势，农产品对外贸易方面应该主要以进口为主。但是事实却不是这样，中国的农产品出口每年都以两位数的速度增长，以 2004 年为例，我国农产品进出口总额达 514.2 亿美元，比上年增长 27.4%，其中，出口 233.9 亿美元，进口 280.3 亿美元，均实现连续五年快速增长，创历史新高，在世界上的排名仅次于美国、欧盟和日本，中国成为全球第四大农产品贸易国。那么，中国出口农产品的比较优势在哪里？

1. 中国出口农产品的分析

一个国家对外贸易的比较优势不是从某一方面来考虑的，而应该把各种生产与要素综合起来全面考虑。比如中国的农产品出口，如果从人均可耕地面积的角度考虑，中国处于劣势，但是，如果从劳动力的角度来考虑，中国处于绝对优势。根据 H-O 模型，产品的价格是由要素成本决定的，中国具有劳动力成本低的优势。所以中国可以选择劳动密集型的产品出口，而进口一些土地密集型或资源密集型的产品。

我国当前的农产品大致可以分为两大类：一是劳动密集型产品，即以劳动力资源为基础的农产品，这类农产品主要有畜牧产品、水产品、园艺产品、加工食品等；二是土地密集型农产品，即以土地为基础的大宗农产品，主要是指粮食、棉花、油料、糖类等。我国人口众多的资源禀赋决定劳动密集型的农产品具有比较优势，而土地密集型农产品如粮、棉等由于成本的上升，比较优势已经消失。

2. 农产品出口比较优势依然存在

(1) 禀赋优势。一个国家的资源禀赋状况，直接影响其对外经贸活动的内容和地位。从土地、资本和劳动力三大生产要素的供给状况比较，中国劳动力资源具有明显优势。据统计，中国劳动力资源分别是美国、欧洲、日本的 5 倍、4 倍和 13 倍；而在劳动力人均土地的拥有量上，美国、欧洲分别是中国的 14 倍和 5 倍；在劳动力人均资本拥有量上，美国、欧洲和日本分别是中国的 52 倍、65 倍和 128 倍。然而需要注意的一个情况是，发达国家的果树生产和畜牧生产已经广泛采用了资本密集型技术，资本替代劳动不仅在一定程度上消除了由于发达国家劳动力成本过高造成的竞争劣势，而且便于质量监控，能够向消费者提供卫生、安全的食物产品。相比之下，在不便于采用机械化的蔬菜生产上，发达国家的产品则缺乏竞争力。另外，园艺产品和畜牧产品属于高价值农产品，需求的收入弹性高，这使得目前国际市场上的主要进口者是发达国家。由于发达国家的消费者对产品的安全非常关注，这些国家普遍实行严格的卫生检疫和技术标准，这一状况使发展中国家的园艺产品在进入发达国家市场时受到技术性壁垒的限制。我国的劳动密集型农产品出口就面临着这样的局面。

中国耕地资源相对匮乏，并且随着经济继续增长和城市化的发展，耕地面积将会进一步下降。资源禀赋的这种变化将导致土地密集型农产品的比较优势呈现下降的趋势，在开放贸易的条件下，这将表现为国际竞争力的降低。

(2) 出口商品类别优势。为了便于比较，我们将农产品分为土地密集型和劳动密集型产品。其中，土地密集型产品主要是指大宗农产品(如粮食、谷物、油籽、棉花、烟草等)，劳动密集型产品主要是指中间产品(如畜产品、水产品、蔬菜、水果等)和消费者导向产品(如肉类加工品、水产加工品、食糖、谷物加工品、蔬菜与水果加工品、饮料等)。按出口商品类别比较，最具优势的出口产品为劳动密集型的中间产品。2004 年，随着中国调整农产品出口结构步伐的加快，水海产品、畜禽、水果、蔬菜、花卉等优势产品的国际竞争力迅速提高，占中国农产品出口的比重超过一半，成为拉动中国农产品出口持续增长的主力。

（3）出口商品品种优势。按出口商品品种优势，具有明显出口竞争优势的主要是劳动力资源密集型的农产品，依次为畜产品、水产品、蔬菜、肉类和水产品加工制品等。目前，我国已发展成为世界上第一渔业生产大国。但土地资源密集的大宗产品如食糖、饮料、棉花和谷物等，仅占较低的出口比重，为主要进口商品。

因此，我国的农业有着自己的特殊国情，在对待我国农产品出口问题上，必须扬长避短，分清我们的优势和劣势，有所为，有所不为。

资料来源：张峰. 我国农产品国际贸易变化分析[J]. 中国宏观经济信息，总第 405 期.

第 四 节　里昂惕夫之谜

里昂惕夫之谜又称里昂惕夫悖论，是针对要素禀赋理论所进行的最著名的一个理论验证后所提出的一种质疑，它的提出成为西方传统微观国际贸易理论在当代新发展的转折点。

一、里昂惕夫之谜的产生

俄林理论创立后，被西方经济学家普遍接受，其后的 20 年一直为西方经济学家所推崇。直到第二次世界大战后，美国经济学家里昂惕夫利用投入—产出分析法对该理论进行检验，其检验结果与要素禀赋理论的判断完全相反，从而使要素禀赋理论受到挑战。

延伸阅读 3-6

瓦西里·里昂惕夫

瓦西里·里昂惕夫（W. W. L eontief，1906—1999），俄裔美国经济学家，生于圣彼得堡。1925 年获列宁格勒大学文学硕士学位，同年留学德国，1928 年获柏林大学哲学博士学位。曾任德国基尔大学世界经济研究所研究助理、中国国民党政府铁道部顾问。1931年由德国移居美国，先后任美国全国经济研究局助理、哈佛大学经济学教授、纽约大学经济学教授和经济分析研究所所长。1973 年获诺贝尔经济学奖。

里昂惕夫最重要的贡献是从 20 世纪 30 年代开始研究投入—产出分析法，即在编制反映各部门间产品量交流情况的投入产出表的基础上，用数学方法研究各部门产品生产和分配的关系。这种方法在世界各国迅速传播并广泛运用，并被联合国规定为国民经济核算体系中的一个重要组成部分。他在 20 世纪 70 年代领导一个小组，从事世界经济模式的研究，对 2000 年的世界经济情景进行了预测。主要著作有《美国经济结构，1919—1929》《美国经济结构研究：投入产出分析中理论和经验的探索》《投入产出经济学》《经济学论文集：理论与推理》《经济学论文集：理论、事实与政策》等。

根据要素禀赋理论的观点，一个国家出口的应当是密集地使用了本国丰富生产要素生产出来的产品，进口的应当是密集使用本国稀缺生产要素生产出来的产品。里昂惕夫对此深信不疑。

里昂惕夫根据美国的实际情况，于 1953 年运用投入—产出法对美国对外贸易的统计资料进行分析，以期证实要素禀赋理论的结论。众所周知，美国是资本丰富而劳动力相对稀缺的国家，按要素禀赋理论的观点，毫无疑问地可以推断，美国的贸易结构应是出口资本密集型产品而进口劳动密集型产品。但里昂惕夫通过检验却得出了与此完全相反的结论，即美国出口的是劳动密集型产品，而进口的却是资本密集型产品。里昂惕夫得出的与要素禀赋理论截然相反的结论就是著名的里昂惕夫之谜。

里昂惕夫调查了美国 200 家企业，用资本劳动的比率衡量商品的要素密集程度。他对 1947 年美国生产每百万美元出口商品和每百万美元进口商品所需的资本和劳动力数量进行了计算，其结果见表 3-2。

表 3-2　里昂惕夫对美国 1947 年和 1951 年进出口的计算

年份 项目	1947		1951	
	出口商品	进口商品	出口商品	进口商品
资本（美元）	2 550 780	3 091 339	2 256 800	2 303 400
劳动力数量（人年）	182	170	173	167
人均年资本量（美元）	14 015	18 184	12 977	13 726

资料来源：卜伟，叶蜀君．国家贸易与国际金融[M]．北京：清华大学出版社，2005：10．

1947 年美国每出口 100 万美元的商品，用资本 2 550 780 美元，用工 182 人，每人每年耗资 14 015 美元。与此同时，每进口 100 万美元的商品，用资本 3 091 339 美元，用工 170 人，每人每年耗资 18 184 美元。由此可知，1947 年，平均每人每年耗资表示的进口商品的资本/劳动（18 184）和出口商品的资本/劳动（14 015）之比为 1.30，即高出 30%，也就是说，美国进口的是资本密集型商品，而出口的却是劳动密集型商品。这一检验结果与要素禀赋理论的结果大相径庭，也完全出乎里昂惕夫本人的预料。

1956 年，里昂惕夫用同样的方法再一次对美国 1951 年的贸易结构进行了验证，得到的进口商品的资本/劳动（13 726）和出口商品的资本/劳动（12 977）之比为 1.06，即高出 6%，这与 1953 年的结论基本一致（见表 3-2）。据此，显然可以认为美国的出口商品具有劳动密集型特征，而进口商品更具有资本密集型特征。

里昂惕夫之谜的研究结果发表在《国内生产和对外贸易：美国资本状况的再检验》一文中，引起学术界的极大反响，许多经济学家也效仿里昂惕夫的做法对本国的国际贸易状况进行检验，不少人得出了与里昂惕夫之谜同样的结论，如在日本、印度及加拿大等国。这种探索行动推动了第二次世界大战后国际贸易理论的巨大发展。

里昂惕夫之谜的内容可以概括如下：

（1）根据要素禀赋理论，一个国家应该出口密集地使用本国相对丰裕的生产要素生产的产品，进口密集地使用本国相对稀缺的生产要素生产的产品。

（2）"二战"后，人们认为美国是一个资本丰裕而劳动力稀缺的国家，按照要素禀赋理论，美国应该出口资本密集型产品，进口劳动密集型产品。

（3）里昂惕夫对美国出口商品和进口替代品的资本/劳动比率进行计算，目的是验证要素禀赋理论，但是结果发现美国出口的是劳动密集型产品，进口的是资本密集型产品，与理论推理结果正好相反。

上述矛盾即为里昂惕夫之谜。

二、里昂惕夫之谜的各种解释

里昂惕夫之谜不仅促成了一些类似的研究工作，也引起了经济学家们对"谜"做出的不同解释。其中有代表性的主要有以下几种。

▶ **1. 劳动效率的差异**

里昂惕夫认为各国的劳动生产率是不同的，1947年美国工人的生产率大约是其他国家的3倍，因此，在计算美国工人的人数时应将美国的实际人数乘以3。这样按生产效率计算的美国工人数与美国拥有的资本量之比，较之于其他国家，美国就成了劳动力丰富而资本相对短缺的国家，所以它出口劳动密集型产品，进口资本密集型产品，与要素禀赋理论提示的内容是一致的。

这种解释，实际上认为复杂劳动是简单劳动的倍加。但是，它显然是行不通的，后来里昂惕夫自己也否定了这种解释。因为，如果说美国的生产效率高于他国，那么工人人数和资本量都应同时乘以3，这样美国的资本相对丰裕程度并未受到影响。

▶ **2. 人力资本的差异**

以克拉维斯(Kravis)为代表的一批经济学家认为，里昂惕夫在计算资本时只考虑了物质资本，忽略了人力资本。人力资本是指所有能够提高劳动生产率的教育投资、工作培训、保健费用等开支。人力资本应该追加到有形资本当中去。因为美国的劳动力比国外劳动力包含更多的人力资本，所以能够得出美国出口资本密集型产品，进口劳动密集型产品的结论。但是，由于人力资本很难进行准确的测算，因此这种解释并未得到普遍接受。

▶ **3. 关税壁垒的存在**

这种解释认为，"谜"产生的原因是由于市场竞争不完全引起的。国际间商品流通因受贸易壁垒的限制而使要素禀赋理论提示的规律不能实现。有人认为，美国政府为了解决国内就业，制定对外贸易政策时有严重保护本国非熟练劳动的倾向。如果实行自由贸易或美国政府不实行这些限制的话，美国进口商品的劳动密集型程度必定比实际高。鲍德温的研究成果表明，如果剔除了美国进口限制的因素，则1947年进口商品中资本和劳动之比率将比实际进口所计算的比例低5%。这一结果只能对"谜"做出部分解释，但仍不能改变其结论。

▶ **4. 自然资源因素被忽视**

该学说指出里昂惕夫之谜的根源在于：其统计只考虑了资本和劳动两种要素的投入，而忽略了自然资源要素，如土地、矿藏、森林、水资源等。有证据表明，美国出口的产品消耗了大量的自然资源，其开采、提炼与加工均有大量资本投入，如果加入这部分资本投入量，里昂惕夫之谜就不会出现。

▶ **5. 要素密集度逆转说**

该学说认为，要素禀赋理论的另一个假定是要素密集度不发生逆转，即如果在一种要素价格比率下，一种商品较之其他另一种商品是资本密集型的，那么它在所有要素价格利率下，也都是属于资本密集型。但在现实中，要素密度是会发生逆转的，即同一种产品在劳动丰富的国家属于劳动密集型，而在资本丰富国家又会属于资本密集型。例如，同是小麦生产或大豆生产，美国更多地使用化肥、农药、机械及烘干设备，因而是资本密集的生产过程，小麦、大豆就是资本密集型产品。但在多数发展中国家，其生产过程主要是人力耕作、除草、施肥、脱粒和晾晒，因而是典型的劳动密集的生产过程，小麦、大豆就是劳动密集型产品。在这种情况下，同样一种产品是属于资本密集型还是属于劳动密集型，没有一个绝对的界限或标准。在美国国外属于劳动密集型的产品，在美国国内就可能是资本密集型产品。

但在现实生活中，要素密度逆转发生的概率极小，里昂惕夫曾做过定量分析，发现在他的研究资料中只有1%发生了要素密度逆转。

三、对里昂惕夫之谜及其解释学说的评价

（1）里昂惕夫之谜的现实意义。里昂惕夫提供了检验国际贸易理论的工具，对要素禀赋理论的检验具有重大的理论意义，推动了"二战"后国际贸易理论的新发展。他首次运用投入—产出分析法，有机地结合了经济理论、数学和统计三种方法，对美国的贸易结构进行计算分析，开辟了用统计数据全面检验贸易理论的道路。

（2）里昂惕夫之谜及其解释是对传统国际分工和国际贸易理论的继承和创新。理论上，继承了传统的比较优势理论，把双因素分析扩展为自然资源、劳动效率和人力资本等多因素分析；在方法上，将定性分析和定量分析、理论研究与实证研究结合起来，这些都是对传统理论的继承和创新。

本章小结

国际贸易理论是各国制定对外贸易政策的主要依据，它源于国际贸易实践，又指导国际贸易实践。自由贸易理论主张政府不干预国际贸易，使各个国家或地区的商品在世界市场上自由竞争。比较具有代表性的自由贸易理论包括绝对优势理论、比较优势理论、要素禀赋理论和里昂惕夫之谜。绝对优势理论是由英国经济学家亚当·斯密提出的，他是国际分工与国际贸易理论的创始者，他认为国际分工应该按照地域、自然条件所形成的绝对成本差异进行，即一个国家输出的商品一定是生产上具有绝对优势，生产成本绝对低于他国的商品，通过自由贸易，使交换双方都获得利益。大卫·李嘉图的比较成本理论则进一步发展了这一观点，他认为每个国家不一定要生产各种商品，而应集中力量生产那些利益较大或不利较小的商品，而后通过自由贸易使交换双方都获得利益。俄林的要素禀赋理论则认为，在国际贸易中每个国家都应该生产和出口要素丰裕的商品，而进口要素稀缺的商品，可以获得更大的贸易利益。里昂惕夫根据美国的实际情况，运用投入—产出法对美国对外贸易统计资料进行分析，得出了与要素禀赋理论完全相反的结论，即美国出口的是劳动密集型产品，而进口的却是资本密集型产品，因此被称为里昂惕夫之谜。

复习思考题

1. 什么是绝对优势？绝对优势理论是谁提出来的？绝对优势理论的基本内容是什么？
2. 什么是比较优势？比较优势理论是谁提出来的？比较优势理论的基本内容是什么？
3. 什么是要素禀赋？要素禀赋理论是谁提出来的？要素禀赋理论的基本内容是什么？
4. 什么是里昂惕夫之谜？如何解释里昂惕夫之谜？
5. 里昂惕夫之谜与要素禀赋理论之间是否存在理论原则上的对立？为什么？
6. 什么是"世界工厂"？试分析作为"世界工厂"的比较优势是什么？

第四章
贸易保护理论

与自由贸易不同，贸易保护理论主张政府干预国际贸易，通过各种政策措施限制外国商品进口来保护本国市场；通过政策优惠甚至补贴鼓励本国的出口活动。贸易保护理论始于重商主义，经过汉密尔顿、李斯特、凯恩斯、普雷维什等人的发展，形成了一个与自由贸易理论相对立的国际贸易理论。贸易保护理论是贸易保护政策的理论基础。

第 一 节 贸易保护理论的演进

一、重商主义

15—17世纪是西欧从封建社会向资本主义社会过渡的时期。为适应商品经济迅速发展的需要，产生了一种新的经济理论即重商主义。重商主义认为，财富就是金银。金银是货币的唯一形态。根据对待金银的态度和获取金银的手段不同，重商主义可分为早期和晚期两个阶段。

早期的重商主义又称货币差额论，其主要代表人物是英国的威廉·斯坦福（W. Stafford，1554—1612）。早期的重商主义认为，积累财富的主要途径就是获得对外贸易顺差，因此在对外贸易活动中必须使每笔交易和对每个国家都保持顺差，以使金银流入本国，并将其储存起来，不再投入对外贸易中。同时，为了增强国力，应阻止本国的金银货币外流，禁止金银输出。在贸易保护的政策主张上，大多奉行出口垄断、进口高关税和外汇管制等举措。

晚期的重商主义又称贸易差额论，其主要代表人物是英国的托马斯·孟。他批评了早期的重商主义禁止货币流出，将货币储藏起来的不明智做法，主张将货币投入有利可图的对外贸易中，认为货币产生贸易，贸易增多货币，只有保持贸易顺差，才可能增加货币并使国家富足。但一国追求贸易顺差的办法应是保持本国对外贸易总额的顺差，而不必是对每个国家的每笔交易都保持顺差。为了实现对外贸易顺差，托马斯·孟提出发展英国工场手工业、航运业、殖民扩张以及保护贸易等政策主张。并同时增加了以优惠条件鼓励工业原料进口、以退还税款的方式鼓励商品输出以及对出口生产厂商发放奖金或补助等辅助性措施。

延伸阅读 4-1

托马斯·孟

托马斯·孟（Thomas Mun，1571—1641）是晚期重商主义最突出的代表人物，英国贸易差额论的典型代表。他是英国的一个大商业资本家，是东印度公司的董事和政府贸易委员会委员。1621年他发表了《论英国和东印度公司的贸易》一书，后来由其子约翰改写后，于1664年以新的书名出版，书名为《英国得自对外贸易的财富》。该书对英国及西欧若干国家产生了巨大的影响，一直被看作是重商主义的圣经。托马斯·孟反对早期重商主义禁止货币输出的观点，要求取消禁止货币输出的法令。他指出，禁止货币输出，会失去许多赚取更多货币的机会。

资料来源：卓骏.国际贸易理论与实务[M].北京：机械工业出版社，2006：40.

二、自由竞争时期的贸易保护理论

18世纪后期—19世纪中期是资本主义自由竞争时期。西欧各国和美国相继完成了产业革命。当时英国的工业水平最高，在国际市场上的竞争力最强，需要在世界范围内获取丰裕而廉价的原料，需要开拓新的销售市场，极力倡导实行自由贸易政策。而当时工业处于落后地位的美国和德国的经济学家极力主张实施贸易保护政策。当时贸易保护理论的主要代表人物是美国的汉密尔顿和德国的李斯特。汉密尔顿（Hlexander Hemilton，1757—1804）是美国独立后的首任财政部长。当时，美国刚从英国殖民统治下获得独立，由于殖民统治的影响，特别是受到战争的破坏，经济凋敝，工业落后，在与英国的贸易中，仍保留着出口本国农林等初级产品，进口本国所需工业制成品的格局。这种格局有利于南方种植园主的利益，汉密尔顿在1791年向国会提交《保护制造业的报告》中，极力主张以较高的关税保护美国的制造业。汉密尔顿指出美国的经济情况不同于欧洲先进国家，其工业基础薄弱，技术水平落后，工业生产成本高，实行自由贸易政策，将断送美国工业的发展，进而威胁美国在经济和政治上的独立地位。因此，必须采取关税措施保护美国的工业特别是制造业，使之生存、发展和壮大。

后来这一思想得到李斯特的进一步发展。李斯特于1841年出版《政治经济学的国民体系》一书，该书是幼稚产业保护论的代表作，书中系统阐述了这一学说。

三、垄断资本主义时期的贸易保护理论

19世纪末20世纪初，进入垄断资本主义时期。垄断资本的统治加强了对外贸易政策的扩张性。20世纪30年代，资本主义经济陷入严重危机。自由放任经济的信条受到批判，国家干预经济思潮风行，贸易保护理论甚至被理论学者奉行为经济建设中无所不能的灵丹妙药，在贸易保护的具体政策主张上，他们除了继续强调对传统的关税壁垒设置之外，对进口配额和其他非关税壁垒的设置也给予广泛的认同。凯恩斯的对外贸易乘数理论称为超贸易保护主义的理论基础。普雷维什用中心—外围理论强调发展中国家应该采取贸易保护政策，以求经济上的自主发展和政治上的真正独立。

第二次世界大战后，世界经济与贸易高速发展。20世纪70年代中期，由于石油危机、货币危机，加剧了世界经济发展的不平衡性，只是世界经济进入滞胀阶段，国际贸易中出现了传统自由贸易理论无法解释的新现象，贸易保护理论有了新的发展。凯恩斯的新重商主义就是这个时期具有代表性的理论。

四、当代西方贸易保护理论

20世纪80年代，伴随经济全球化和科学技术的发展，全球竞争日趋激烈，发达国家之间的贸易摩擦日益增多，管理贸易理论、战略性贸易理论等应运而生。美国经济学家瓦尔德曼(R. J. Waldman)在1986年出版了《管理贸易》一书，将管理贸易定义为政府为了更好地"管理"国家经济和国家间的经济，而在贸易和投资领域里的直接介入，从而使政府对贸易、投资以及企业决策日益加强控制。而战略性贸易理论强调政府对本国战略性产业的扶持。这些理论从不同方面阐述了国家运用多种手段干预对外贸易、增强国际市场竞争能力的重要性。

第 二 节　幼稚产业保护论

一、汉密尔顿的贸易保护思想及实践

汉密尔顿是美国贸易保护主义的始祖。美国在独立以前的很长时期内，一直受到英国殖民统治的政治上控制和经济上的剥削，美国实际上不过是英国政治上的附庸和经济上的原材料供应市场以及工业品销售市场，美国经济发展尤其是工业的发展受到严重制约，经

济发展水平十分落后。1776 年，美国宣布独立，但却遭到英国的极力阻挠。在经过长达 7年之久的独立战争后，美国以经济上毁灭性破坏的巨大代价换取了真正的独立。独立后的美国面临发展经济方面的严重困难，而最根本的问题就是美国应当选择什么样的经济发展道路。北方工业资产阶级极力主张独立自主地发展本国工业特别是制造业，以彻底摆脱来自欧洲的经济束缚和控制；而南方种植园主则坚持出口本国的初级产品，进口本国所需的工业品。上述两种经济发展道路的不同选择直接关系美国对外贸易政策的制定，即是实行保护贸易政策，扶持本国工业发展，还是沿袭自由贸易政策，继续保持经济发展的单一性？

汉密尔顿作为美国的开国元勋、政治家和金融家，第一届政府的首任财政部长，坚定地站在了工业资产阶级的一边，极力主张实行贸易保护政策，扶持本国工业特别是制造业的发展。汉密尔顿的贸易保护主张集中在他于 1791 年向国会递交的一份题为《关于制造业的报告》之中。他在报告中主张，要排除外国竞争，以保护本国市场，发展本国工业。

汉密尔顿的贸易保护论主要是围绕制造业展开分析的，他认为，制造业在国民经济发展中具有特殊的重要地位。在国民经济各部门中，制造业具有许多突出的优点：一是制造业能够为其他部门提供先进的、效率更高的生产工具和技术设备，从而提高国家总体的机械化水平，并由此带动专业分工和协作的深化，进一步提高劳动率；二是制造业需要消耗大量的原材料和中间产品以及生活日用品，因而促进了其他相关部门的发展和壮大；三是制造业可以吸收大量劳动力，吸引外国移民迁入，缓解人口稀缺的矛盾，进而能够加速美国中西部的开发；四是制造业的相当一部分投入品来自农业，这就能保证农产品的销路和价格稳定，从而刺激农业的发展；五是制造业能够提供开创各种事业的机会，因而能够使个人才能得到充分发挥。

汉密尔顿强调，保护和发展制造业对维护美国经济和政治上的独立具有特别重要的意义。他认为，一个独立的国家如果没有自己独立的工业，就等于失去了经济发展的基础，其结果不仅不能使国家强大，而且还可能因此而丧失已经获得的独立地位。汉密尔顿指出，美国工业起步晚，基础薄弱，技术落后，生产成本高，效率低下，因而难以同西欧国家相抗衡，在这种条件下实行自由贸易政策，将断送美国的工业，进而威胁美国经济和政治上的独立地位，因此，必须采用关税措施将美国的工业特别是制造业保护起来，使之生存、发展和壮大。

汉密尔顿认为，保护和发展制造业的关键在于加强国家干预，实行贸易保护制度，具体措施包括：第一，严格实行保护关税制度，以高关税来限制外国工业品的输入，保护国内新兴工业部门特别是制造业的发展。第二，限制国内重要原材料的出口，同时采用免税的办法鼓励本国急需的原材料的进口。第三，限制改良机器等国内先进机器设备的输出。第四，政府采取发放信用贷款的办法来扶持私营工业的发展。第五，政府以津贴和奖金等形式鼓励各类工业生产经营者。第六，建立联邦检查制度，保证和提高产品质量。第七，吸收外国资金，满足国内工业发展的需要。第八，鼓励外国移民迁入，增加国内劳动力供给。

汉密尔顿承认，实行贸易保护将引起价格上涨。但他认为，一旦幼稚工业成长，由于生产的提高，产品价格将会下跌，全社会将享受物美价廉的好处。那时，生产效率提高到可以与外国竞争的水平，关税壁垒就可以拆除，此时，美国就可以实行自由贸易。汉密尔顿的思想对后来李斯特的贸易保护理论产生了巨大影响。

汉密尔顿的贸易保护主张对于美国工业、制造业的发展产生了较大的影响。美国于1789 年通过的第一个关税法案，税率仅为 5%～15%。19 世纪初，为抵御英国工业品的竞争，不断提高关税，1816 年为 7.5%～30%，1824 年平均关税税率达到 40%，1825 年提高到 45％。19 世纪 80 年代，美国工业跃居首位，1900 年在世界对外贸易额中仅次于英国，位居第二。

二、李斯特幼稚产业保护论

▶ **1. 幼稚产业保护论提出的历史背景**

弗里德里希·李斯特是德国著名经济学家。李斯特早年在德国倡导自由贸易，自 1825 年出使美国以后，受汉密尔顿贸易保护思想的影响，并亲眼目睹美国实施贸易保护政策的成效，转而提倡贸易保护。

19 世纪初，德国资本主义发展障碍重重，与英法工业发展相比存在较大的差距。一方面英法工业迅速发展，大量廉价商品冲击德国市场；另一方面德国高额而复杂的关税严重阻碍了本国商品的流通和国内统一市场的形成。面对这两方面的不利情况，新兴的资产阶级迫切要求摆脱外国自由贸易的威胁，扫清发展资本主义道路上的各种障碍。在此情况下，李斯特在德国积极宣传发展本国工业、建立关税同盟，反对自由贸易的主张，并逐步将其思想系统化、理论化，于 1841 年出版了他代表作《政治经济学的国民体系》(*The National System of political Economy*)，提出了保护贸易理论。

延伸阅读 4-2

弗里德里希·李斯特

弗里德里希·李斯特(Friedrich List，1789—1846)，德国 19 世纪著名经济学家，历史学派的先驱者，贸易保护理论的倡导者。1789 年生于一个鞋匠家庭，17 岁考任德国公务员，1817 年被聘为杜宾根大学教授，1829 年当选国会议员，因提出改革方案受迫害，被判处 10 个月监禁。1825 年赴美，任当地德文报纸主笔，1832 年以美国驻莱比锡领事身份回国，继续致力于振兴国家事业。因参与全德关税同盟遭受迫害，1841 年赴英宣传贸易保护，后因病返回德国。最终因生活潦倒，身心憔悴，于 1846 年 11 月 30 日雪夜开枪自杀。

李斯特的主要经济学著作有《美国政治经济学大纲》(1827 年)、《政治经济学的国民体系》(1841 年)、《德国政治经济的国民统一》(1846 年)等。

资料来源：国彦兵. 西方国际贸易理论历史与发展[M]. 杭州：浙江大学出版社，2004：59.

▶ **2. 幼稚产业保护论的主要内容**

李斯特的贸易保护理论是在批判古典自由贸易理论的基础上提出的。他的贸易保护理论主要包括两方面：一是批判古典自由贸易理论；二是提出贸易保护政策。

(1) 获得生产能力的发展比财富本身的增长更重要。比较优势理论认为，每个国家不一定要生产各种商品，而应该集中力量生产那种有利程度大或不利程度小的商品，通过对外贸易进行交换；在他国生产费用较低的商品，不需要在本国生产，而应该从国外进口。李斯特则主张应重视培养创造财富的生产能力。他认为经济落后的国家参加国际分工和国际贸易，目的就是发展本国的生产力。他批评比较优势理论只看重财富本身的增长而忽视了一国生产能力的培养。

就德国而言，从国外进口廉价商品，表面看似乎合算一些，但长此下去，德国的民族工业就不可能得到扶持和发展，只会长期处于落后和依附外国的困境，生产力水平也无法提高。反之如果德国采取贸易保护政策，起初虽然会使工业品的价格提高，但经过一段时间的保护，德国工业就会得到充分发展，生产力水平就会提高，商品的价格就会降低，甚至低于国外进口商品的价格，这样长期收益就可以补偿短期损失而且有余。

（2）各国所处的发展阶段不同，所采取的对外贸易政策也不同。古典自由贸易理论认为，在贸易自由的环境下，各国按比较成本可以形成和谐的国际分工。李斯特认为它抹杀了各国经济发展和历史的特点，错误地以将来才能实现的世界联盟作为研究的出发点。他认为各国经济发展必须经历五个阶段，即原始未开化时期、畜牧时期、农业时期、农工业时期和农工商时期。在不同时期应该实行不同的对外贸易政策。前三个时期要求农业得到发展，应实行自由贸易政策。农工业时期追求工业的发展，必须采取贸易保护政策，确保本国工业的发展。农工商时期追求商业的扩张，应实行自由贸易政策。李斯特认为当时的英国和法国已进入农工商时期，可以实行自由贸易政策，德国和美国正处于农工业时期，必须实行贸易保护政策。

（3）主张国家干预经济。古典自由贸易理论认为，市场机制就像"一只看不见的手"调节着整个社会经济，政府不应当干预经济，应遵循自由放任原则。李斯特则认为，一国经济的增长，生产力的发展，不能仅仅依靠市场机制的自发调节，必须借助国家的力量对经济进行干预和调节。他指出，英国工商业能够迅速发展的根本原因还是当初政府的扶持政策所致，德国正处于类似英国发展初期的状况，所以应实行国家干预下的贸易保护政策。

（4）贸易保护政策的对象和时间。李斯特认为，实行贸易保护政策的目的是促进生产力的发展。他提出保护对象的条件：一是幼稚工业才需保护。农业不需要保护，不主张保护所有工业，只有那些刚刚起步、面临强大竞争压力、经过保护和发展能够被扶植起来并达到自立程度的工业才给予保护。二是保护有一定的期限，李斯特主张以30年为限。

（5）贸易保护政策的主要手段是关税。一是主张采用差别税率。在国内生产比较方便又可用于普遍消费的产品可以征收高额进口关税；对在国内生产比较困难、价值又昂贵又容易走私的产品，税率按程度逐渐降低；对发展本国幼稚工业所需的复杂机器设备和技术的进口则免税或低税。二是采用递增关税。因为突然高额关税就会割断原来存在的国内外商业关系，不利于本国经济的发展，只能随工业的发展和产品的自给程度而逐步提高关税。

三、对李斯特幼稚产业保护论的简评

（1）促进了德国资本主义发展。在李斯特贸易保护政策的影响下，1879年德国改革关税制度，对钢铁、纺织品和化学品征收高额进口关税。1898年修正关税法，德国成为当时欧洲的高度贸易保护国家之一，使德国在短时间内赶上了英、法等发展较早的资本主义国家。

（2）为经济比较落后国家指明了一条切合实际的国际贸易发展道路。李斯特主张保护对象是有前途的幼稚工业，而且主张贸易保护是过渡手段，自由贸易是最终目的。这种观点对今天一些发展中国家发展民族经济仍具有参考价值。

（3）幼稚工业保护论在观点上存在一些缺陷。如对生产力这个概念理解不深，对影响生产力发展的各因素的分析也很混乱，以至于提出"工业生产力比农业生产力高得多"的错误说法。另外，以经济部门作为划分经济发展阶段的基础也是不科学的，因为这不符合社会经济发展的真实过程。

第 三 节　超保护贸易理论

超保护贸易理论是凯恩斯及其信奉者关于国际贸易理论的观点，他将对外贸易与就业

联系起来，从宏观经济的角度探讨贸易问题。

一、凯恩斯超保护贸易理论产生的历史背景

凯恩斯是英国著名的经济学家，是现代资本主义宏观理论及凯恩斯主义的创始人，也是超保护贸易理论的代表人物。1936 年，他的代表作《就业、利息和货币流通论》出版，影响很大，被称为资本主义经济学的"圣经"。其中，贸易保护主义理论占有非常重要的地位。

1929—1933 年的经济大危机，使资本主义国家经济陷入了长期萧条中，国外市场的争夺日益激烈。自由贸易政策显得无能为力，于是资本主义各国相继放弃了自由贸易政策，改为奉行保护贸易政策，开始运用政策力量直接干预对外经济活动，力求通过人为措施，扩大出口，限制进口，以缓和国内危机，保护出口产品在国外市场的竞争力。尽管凯恩斯早年曾是自由贸易论者，在此情况下，也改变立场，开始批评自己以前师承的且极力推行的自由贸易理论，转而推崇早被古典自由学说驳倒的重商主义，并积极为其提供理论依据，这就出现了所谓新重商主义——超保护贸易理论。

延伸阅读 4-3

约翰·梅纳德·凯恩斯

约翰·梅纳德·凯恩斯(John Maynard Keynes，1883—1946)，英国经济学家。1883 年出生于一个大学教授的家庭，他的父亲约翰内维尔·凯恩斯曾在剑桥大学任哲学和政治经济学讲师，母亲弗洛朗斯阿达·布朗是一位成功的作家和社会改革的先驱者。他 7 岁进入波斯学校，两年后进入圣菲斯学院的预科班。几年后他的天才渐渐显露，并于 1894 年以第一名的优异成绩毕业，并获得第一个数学奖。一年后，他考取伊顿公学，并于 1899 年和 1900 年连续两次获数学大奖。他以数学、历史和英语三项第一的成绩毕业。1902 年，他成功考取剑桥大学国王学院的奖学金。

1902 年进入剑桥大学学数学，后又师从马歇尔学习经济学，深受马歇尔的赏识。1906—1908 年在印度事务部任职。1908 年起在剑桥大学任教。1902—1904 年任《经济学》杂志主编。1913—1914 年任皇家印度财政和货币委员会委员。1915—1919 年任英国财政部顾问。1919 年作为财政部的首席顾问出席巴黎和会，同年因写《和平的经济后果》而驰名。1941 年起任英格兰银行董事。1942 年被封为帝尔顿男爵。1944 年出席布雷顿森林会议。他长期从货币数量的变化来解释经济现象的变动，主张实行管理通货的政策以稳定资本主义经济。1929—1933 年世界经济危机后，他提出了失业和经济危机的原因是有效需求不足的理论，鼓吹国家全面调节经济生活。他的经济学说在西方国家有广泛影响，被称为"凯恩斯主义"。

凯恩斯可谓经济学界最具影响力的人物之一。他发表于 1936 年的主要作品《就业、利息和货币流通论》引起了经济学的革命。这部作品对人们对经济学和政权在社会生活中作用的看法产生了深远的影响。凯恩斯还发表了关于生产和就业水平的一般理论。

二、超保护贸易理论的主要内容

超保护贸易理论主要包括两个方面基本内容：一是对古典自由贸易理论的批判；二是对外贸易乘数理论。

▶ **1. 批评古典自由贸易理论**

凯恩斯认为古典自由贸易理论是建立在充分就业的前提下的，不适用于现代社会。凯

恩斯还认为古典自由贸易理论只用"国际收支自动调节机制"来证明贸易顺差、逆差的最终均衡过程，但忽视了国际收支在调节过程中对一国国民收入和就业的影响。他认为贸易顺差能够增加国民收入，扩大有效需求，增加就业；而贸易逆差则会减少国民收入，加重失业。为此，他在一国对外贸易上赞成贸易顺差，反对贸易逆差，提倡运用各种措施，扩大出口，减少进口，以获得贸易顺差。

▶ **2. 支持保护关税制度**

凯恩斯认为，保护关税制度有三个好处：一是可以促使人们增加国内产品的消费，进而增加就业；二是可以减轻本国国际收支逆差的压力，以便腾出一定的资金，偿付在扩张政策下的必要进口量，并对贫困的债务国进行贷款；三是最能得到社会舆论的支持。因此，他曾督促英国政府放弃自由贸易政策，恢复保护关税制度，采取直接措施来限制输入，奖励输出。

▶ **3. 对外贸易乘数理论**

该理论是凯恩斯"乘数理论"在对外贸易方面的应用。为进一步说明投资对就业和国民收入之间的影响，强调政府干预的必要性，凯恩斯提出了乘数理论，即投资量的增加会引起国民收入成倍的增加。他提出，新增加投资会引起对生产资料需求的增加，从而引起从事生产资料生产的人数和工资的增加；人们收入的增加会引起对消费品需求的增加，从而又引起从事消费品生产的人数和工资的增加。其结果是国民收入的总量会等于最初投资增加的若干倍。用公式表示为

$$K = \Delta Y / \Delta I = \Delta Y / (\Delta Y - \Delta C) = 1/(1 - \Delta C / \Delta Y) = 1/(\Delta S / \Delta Y) = \Delta Y / \Delta S$$

式中，K 为投资乘数；ΔY 为国民收入增加量；ΔI 为投资增加量；ΔC 为消费增加量；ΔS 为储蓄增加量；$\Delta C / \Delta Y$ 为边际消费倾向；$\Delta S / \Delta Y$ 为边际储蓄倾向。

从以上公式可以看出，乘数的大小主要取决于边际消费倾向或边际储蓄倾向，它与边际消费倾向成正比，与边际储蓄倾向成反比。如果 $\Delta C / \Delta Y = 0$，则没有倍增作用；如果 $\Delta C / \Delta Y = 1$，则倍增作用为无穷大；在 $0 < \Delta C / \Delta Y < 1$ 时，$1 < K < \infty$。

凯恩斯把乘数理论运用到对外贸易领域，建立了对外贸易乘数理论。他认为，一国的出口与国内投资一样，有增加国内收入的作用；一国的进口与国内储蓄一样，有减少国民收入的作用。为此，只有当国际收支为顺差时，对外贸易才能增加一国的就业量，提高一国的国民收入量。这种贸易顺差的增加会引起国民收入成倍数增加的理论就是凯恩斯的"对外贸易乘数理论"。用公式表示为

$$\Delta Y = [\Delta I + (\Delta X - \Delta M)] K$$

式中，ΔY 为国民收入增加量；ΔI 为投资增加量；ΔX 为出口增加量；ΔM 为进口增加量；K 为乘数。

在 ΔI 与 K 一定时，如果贸易顺差越大，国民收入的增加量就越大；反之，如果贸易存在逆差时，则国民收入的增量要缩小。因此，一国的贸易顺差越大，对本国经济发展的作用越大。由此可见，凯恩斯及其追随者的对外贸易乘数理论为超保护贸易政策提供了理论根据。

三、对超保护贸易理论的评价

（1）凯恩斯超保护贸易理论是传统贸易保护理论的发展。该理论说明发达国家如何通过实施贸易保护政策，实现国内充分就业，提高国民收入水平，以保持其在国际贸易中的竞争优势。该理论不同于传统的贸易保护论，是以保护国内先进成熟的工业，增强其在国

际市场的垄断地位为目标，而不是以保护国内幼稚产业为宗旨；是积极地倡导、大规模地扩张本国商品的出口以最大限度地占领国际市场，而不是只通过抵制外国商品的进口以保护本国市场；是通过对外贸易促进国内经济发展的良性循环，而不是为了简单维持国际收支的平衡。凯恩斯主义代表了垄断资本主义的利益，是发达国家推行超保护贸易政策的理论依据。

（2）凯恩斯超保护贸易理论的一些论点具有研究价值和借鉴意义。该理论把国际贸易作为整个经济运行的一个重要因素，主张通过对外贸易促进国内经济发展的良性循环，扩大就业。对外贸易乘数理论揭示了贸易量与一国宏观经济主要变量之间的相互关系，在一定程度上指出了对外贸易与国民经济发展之间的某些内在规律性。

（3）凯恩斯超保护贸易理论存在一些不足。一是该理论是在资本主义大危机的特定环境下产生的，强调刺激需求问题，忽略了供给问题的重要性。二是一味追求贸易顺差会引起别国的报复，不利于本国经济长远发展。

第 四 节 "中心—外围"理论

劳尔·普雷维什是阿根廷经济学家，被誉为"发展经济学"的十大先驱之一。在1981年获得第一届"第三世界基金奖"。他曾任阿根廷财政部长、农业财政问题顾问、中央银行总裁和联合国拉丁美洲经济委员会执行书记、贸易与发展会议秘书长等职。

一、"中心—外围"理论的主要论点

▶ 1. 世界经济体系分为"中心"和"外围"两部分

普雷维什认为，世界经济体系被分成两个部分：一部分是"工业中心"，指发达国家、工业制成品出口国；另一部分是"外围地带"，指殖民地、附属国、原料出口国。"中心—外围"体系具有以下特点。

（1）整体性。即无论是"中心"还是"外围"，都是世界经济体系的一部分。现存的世界经济体系是工业革命以后，伴随着资本主义生产技术和生产关系在整个世界的传播而形成的，维系这一体系运转的是国际分工。在国际分工中首先取得技术进步的国家就成了世界经济体系的"中心"，而处于落后地位的国家则成为这一体系的"外围"。

（2）差异性。指"中心—外围"之间在经济结构上存在很大的差异性。普雷维什认为，技术进步首先发生在"中心"，并且迅速而均衡地传播到整个经济体系。"中心"国家的生产覆盖了包括资本品、中间产品和最终消费品在内的、相对广泛的领域。"外围"国家的生产资源被用来不断扩大初级产品的生产，而对工业制成品和服务的需求大多依靠进口来满足。并且，在这些"外围"国家，生产技术落后、劳动生产率极低的部门与使用现代化技术、具有较高劳动生产率的部门同时存在。

（3）不平等性。从世界经济"中心—外围"体系的起源、运转和发展趋势上考察，"中心"与"外围"之间的关系是不平等的。

▶ 2."外围"国家的贸易条件不断恶化

1950年，在普雷维什担任联合国拉丁美洲经济委员会执行秘书时，向联合国递交了一份题为《拉丁美洲的经济发展及其主要问题》的报告。他以1876—1938年英国进出口商品的平均价格指数分别代表原料和制成品的世界价格，并以 1876—1880 年的世界价格指数为 100，去计算以后各年的原料价格与制成品价格的比率（即贸易条件）。计算的结果表明，除了 1881—1885 年的比率比 1876—1880 年略有上升（102.4）之外，其余各年的价格比例都是递减。尤以 1936—1938 年为甚，降到 64.1。据此，普雷维什得出结论：发展中国家初级产品的贸易条件不断恶化。

普雷维什认为，"外围"国家贸易条件不断恶化的原因有以下四个方面。

（1）技术进步的利益分配不均。技术进步首先发生在"中心"，它的工业部门容易吸收新技术，因而会提高工业生产率，使工业要素收入增加，并使制成品价格提高。而初级产品部门技术落后，劳动生产率低，投入要素的边际收益递减，从而使初级产品的价格较低。

（2）经济周期对"中心"和"外围"产生的影响不同。在经济周期的上升阶段，工业制成品和初级产品的价格都会上涨，但在经济周期的下降阶段，由于工业制成品市场具有垄断性质，初级产品价格下跌的程度要比工业制成品严重得多。经济周期的反复出现，就意味着初级产品与工业制成品之间价格差距不断拉大，从而使"外围"国家的贸易条件趋于恶化。

（3）工会作用不同。在经济周期的上升阶段，"中心"国家中的工人工资会上涨，部分利润用来支付工资的增加。在危机时期，由于工会的力量，上涨的工资并不因为利润的减少而下调；在"外围"国家，由于初级产品部门的工人缺乏工会组织，没有谈判工资的能力，再加上存在大量剩余劳动力的竞争，"外围"国家的工资和收入水平会在危机期间被压低。这样在工业成本上，经济周期的不断运动使工业制成品的价格相对上升，而初级产品的价格相对下降，其贸易条件的不断恶化就不可避免了。

（4）初级产品的需求收入弹性大大低于工业制成品，这样实际收入的增加就会引起工业制成品需求更大程度地增加。但对于食物和原材料等初级产品的需求不会产生同样效果。由于初级产品的需求不像工业制成品那样能够自动地扩大，而它们的需求收入弹性又比较低，因此，它们的价格不仅呈现周期性的下降，而且还出现结构性下降。

▶ 3."外围"国家必须实行工业化，独立自主发展民族经济

普雷维什认为，"外围"国家由于长期奉行初级产品出口战略，形成了不同于"中心"国家的经济结构，本身缺乏经济增长的动力，初级产品贸易条件存在长期恶化的趋势，这就使"外围"国家的处境雪上加霜。"外围"国家要摆脱由初级产品出口战略导致的不发达状态，必须通过实行进口替代战略来实现工业化，走以增加本国工业生产为基础的发展道路。具体措施包括以下几方面。

（1）采取有节制的和选择性保护主义政策，对"外围"国家的幼稚工业进行必要的保护。普雷维什强调可以通过关税保护，或者限额、多重汇率等非关税保护来促进进口替代工业化的顺利进行。

（2）加强国家在经济增长活动中的作用。如果"外围"国家也像"中心"国家那样采取完全的市场经济体制，由市场力量自由发挥作用，只会对"外围"国家的经济发展造成损害。因此，"外围"国家对经济活动要适当干预。

（3）以增加国内储蓄为主，吸收外国资金为辅，大力提高"外围"国家的投资率。"外围"国家普遍存在"低生产率—低收入—低储蓄率—低投资率—低生产率"的恶性循环。普雷维什提出：一是要通过提高国内储蓄率和资本形成能力，提高国内的投资率；二是要适当吸收外资，以弥补"外围"国家国内资金的不足。

（4）加强"外围"国家之间的经济合作，适当扩大市场规模，为进口替代部门提供更大的活动空间。

二、对"中心—外围"理论的评价

（1）普雷维什的"中心—外围"理论对发展中国家的国际贸易理论做了开拓性的研究。他从发展中国家的利益出发，对当代国际分工体系和国际贸易体系中存在的发达国家控制与剥削发展中国家的实质进行剖析，从理论与实践上揭示了发达国家与发展中国家之间的不平等关系，丰富了国际贸易理论。他关于发展中国家贸易条件不断恶化的论点已得到普遍的证实。他关于发展中国家实施进口替代战略的观点，对"二战"后拉丁美洲和其他发展中国家的经济发展具有积极的指导意义。

（2）某些论点分析与揭示存在局限性。该理论仅从技术进步导致利益分配不均、发达国家工会对产品价格施加影响、工业制成品与初级产品需求收入弹性不同来解释发展中国家贸易条件不断恶化，没有从发达国家实行的贸易政策等方面进行深入分析。实际上，发达国家长期对本国初级产品实行贸易保护政策，人为地压缩了对发展中国家初级产品的需求也是发展中国家贸易条件恶化的重要原因之一。另外初级产品的技术含量低、加工程度低、附加值低和替代产品增加等，也导致了发展中国家贸易条件的恶化。

第 五 节　战略性贸易理论

一、战略性贸易理论的含义

所谓战略性贸易理论，是指一国政府在不完全竞争和规模经济条件下，可以凭借生产补贴、出口补贴或保护国内市场等政府手段，扶持本国战略性工业的成长，增强其在国际市场上的竞争能力，从而谋取规模经济之类的额外收益，并借机掠夺他国市场份额和工业利润。之所以称为"战略性"，是因为这种政策能够改变国内外垄断企业的竞争关系，使本国垄断企业在国际市场的竞争中处于优势地位，并为国内经济获得利益。

二、战略性贸易理论的产生

战略性贸易理论的出现是 20 世纪 80 年代以来，经济学家改变了经济分析方法的结果。该理论由斯潘塞（Barbara Spencer）和布兰德（James Brander）首次提出的，后又经过巴格瓦蒂（Bhagwaiti）和克鲁格曼等人的进一步研究，形成的比较完善的理论体系。

克鲁格曼认为，战略性贸易理论的产生要归结为三个原因：一是贸易在美国以及世界经济中的地位发生了变化。20 世纪 80 年代，无论是在本国市场，还是在国际市场上，美国厂商都要面对外国企业的竞争，此时贸易对其经济发展的作用不容忽视。在此之前，贸易在美国处于次要地位，美国的厂商主要在国内竞争，竞争对手也主要是本国的厂商。面对外国产品的强大竞争力，为维护本国企业的利益，美国政府着手干预贸易；二是此时贸易的特征也发生了一些变化，影响了美国和其他国家；三是经济领域中变化了的观点也影响了经济学家对贸易问题的分析方法。20 世纪 70 年代，出现了分析由相互竞争的少数厂商构成的寡占市场的新方法，产业组织理论取得重大创新，经济学家将这一分析方法引入对贸易问题的分析。在此之前对贸易的分析针对的是完全竞争的市场结构，没有力量能够影响价格和单个企业的国际竞争力。而事实上，很多市场都是不完全竞争的，存在类似波音公司这样的垄断厂商。在很多市场上，事实上是大企业在彼此竞争，呈现寡占的市场结构。在这种情况下，政府的力量可以改变厂商的国际竞争力。

战略性贸易理论与幼稚产业保护论有相似之处，即都主张对具体产业进行保护，而不像贸易乘数理论那样针对的是各产业的全面保护。但战略性贸易理论与幼稚产业保护论有着本质的区别，具体表现为：第一，幼稚产业保护论是建立在完全竞争的市场结构上，而战略性贸易理论是建立在不完全竞争的市场结构上；第二，幼稚产业保护论追求的是受保护产业的成长与独立，而战略性贸易理论还看重受保护企业发展所产生的外部经济效应；第三，幼稚产业保护论多用于解释发展中国家对欠发展产业的保护，而战略性贸易理论更能解释发达国家对某些高新技术产业的保护。

延伸阅读 4-4

保罗·克鲁格曼

保罗·克鲁格曼，1953 年出生，美国麻省理工学院经济学教授，世界著名经济学家。1977 年获麻省理工学院博士学位后，先后在耶鲁大学、斯坦福大学和麻省理工学院任教。1982—1983 年，他曾在美国白宫经济顾问委员会任职，这一经历对其以后的研究工作产生了很大的影响。1991 年他荣获美国经济协会为 40 岁以下杰出经济学家设立的两年一度的"克拉克奖"。

克鲁格曼被《幸福》杂志称为继凯恩斯之后文笔最好的经济学家。他目前编著的书已超过 16 部，并撰写了数百篇论文，其专业著作的内容主要涉及国际贸易及国际金融领域。在国际贸易领域，他发明了"新贸易理论"这一名词，揭示了国际贸易中收益递减和不完全竞争及其后果。

资料来源：毛筠，孙琪. 国际贸易理论与政策[M]. 杭州：浙江大学出版社，2003：44.

三、战略性贸易理论的主要内容

斯潘塞和布兰德认为，传统的自由贸易理论是建立在规模收益不变和完全竞争的理想状态下的，但在现实生活中，不完全竞争和规模经济是普遍存在的现象，在这种情况下，市场本身的运行处于一种"次优"的境界，这种境界不能保证潜在的收益一定能实现，适当的政府干预则有可能改进市场运行的结果。根据战略性贸易理论对贸易利益的着眼点不同，可以将战略性贸易理论分为两个分支。

▶ **1. 利用关税转移外国企业的垄断利润**

在国际市场上，工业制成品市场是不完全竞争的，产品的差异性使各国厂商都可能在某些产品上具有一定的垄断力量，并利用这种力量将产品价格定在高于其边际成本的水平上，以获取超额利润。在国际贸易中，这种利润是由进口国的消费者支付的。在这种情况下，进口国政府可以通过征收关税的办法，将外国厂商从本国消费者身上赚取的超额利润转移到国内。

▶ **2. 通过补贴获得市场份额**

在不完全竞争尤其是垄断寡头的市场上，由于存在很强的规模收益递增现象，市场份额对各国厂商变得更为重要。这时，市场竞争便成了少数几家企业之间的博弈，谁能占领市场，谁就能获得超额利润。在这场博弈中，政府可以通过补贴等手段，影响本国厂商及其外国竞争对手的决策行为，帮助本国厂商在国际竞争中获胜。

四、对战略性贸易理论的评价

▶ 1. 积极方面

（1）战略性贸易理论是以 20 世纪 80 年代发展起来的不完全竞争和规模经济理论为基础的，是国际贸易新理论在国际贸易政策领域的反映和体现。

（2）战略性贸易理论论证了一国可以在不完全竞争的条件下通过实行贸易干预政策，促进本国战略性工业的发展，增强其在国际市场的竞争力。该理论强调了政府干预的重要性，为一国政府发展本国经济与对外贸易提供了有益的指导，因而具有一定的积极意义。

▶ 2. 不足之处

（1）该理论只涉及了不完全竞争和规模经济两个实施战略性贸易政策的必要条件，忽略了其他限制条件。如政府必须拥有充分可靠的信息，接受补贴的企业必须与政府行动保持一致，且能在一个相对较长的时间保持自身垄断地位；保护目标市场不会诱使新厂商加入，以保证企业的规模经济效益不断提高；其他国家不会实施报复措施等。

（2）该理论背弃了传统的自由贸易，采取进攻性的保护措施，掠夺他国市场份额和经济利益，容易成为贸易保护主义者加以曲解和滥用的口实，恶化全球贸易环境。因此，许多经济学家指出，必须全面把握和正确认识战略性贸易理论。

延伸阅读 4-5

战略性贸易政策适用于中国对外贸易

2003 年 6 月 16 日，美国国际贸易委员会通过表决，要求对来自中国和马来西亚的彩电进行进一步的反倾销调查。该委员会初裁认为，过去两年间从这两个国家进口的彩电对美国国内相关制造商造成了实质性损害。其基本依据是，中国和马来西亚的彩电在 2000—2002 年间出口美国市场同比增长了 1 166％，即从 20.988 7 万套激增到 265.645 6 万套。

尽管在美国商务部展开的调查中可以提供大量的证据表明事实，但是就中国而言，有两个问题有待突破，一个是损害程度的认定和损害与所谓倾销的因果关系；另一个就是测定倾销的幅度。我们寄希望于在我们企业的勇敢应诉中，在高水平律师的据理力争中赢得胜利。但事实上，一方面这种官司颇费时日；另一方面我们还是受到了不同程度的出口限制，甚至可能退出美国的彩电销售市场。

我们现在要思考的是，中国能否尽量避免这类限制？

国际贸易政策理论告诉我们，一个国家应该在不完全竞争的市场中通过政府干预使本国获取最大限度的贸易利益。这种理论强调，现代市场经济条件下，企业所追求的不仅是正常的利润，更重要的是通过控制市场销售量或市场价格，获取最大限度的垄断利润或超额利润。因此现代国际贸易不是为了单纯的出口总值的增长，更多的是为了利润的最大化。为此，企业可能选择较少的出口，而不是较多。

然而在出口企业数目较多的情况下，每一家企业都会高估自己在国外市场上的需求量或需求规模，从而高估预测的垄断利润，结果是各家企业竞相出口，以致形成较低的出口价格和过度的出口规模。这种局面不仅造成了肥水外流，还可能引发进口国的反倾销威胁。

一个比较的成熟的市场经济不仅意味着"看不见的手"能够发挥作用，"看得见的手"——政府干预也应该发挥作用。这种作用不仅表现在对进口的某种政府干预上，还体现在对出口的政府干预。这种干预与否的基本尺度是，单纯靠市场因素能否使本国在重要产品的出口上获取最大限度的利润，而不是最大的出口值或出口规模。当本国某种产品的出口增长过快时，政府（还有行业协会）所能做的是，提出预警建议，直至征收出口关税，或采取与征收出口关税具有同等效力的其他措施。其目的是使本国获得出口贸易的利润最大化。相应的，当出口数量被限定在某种数量之内时，其在进口国市场上的价格也会相应上升，客观上避免了进口国同类企业的申诉。这就是所谓的战略性出口政策。

战略性贸易政策的基本含义就是，在不完全竞争的市场条件下，政府通过干预，改变不完全竞争企业的战略性行为，使国际贸易朝着有利于本国企业获取最大限度利润的方向发展。战略性出口政策不仅意味着对某种产品出口的鼓励或支持，还包含着对出口量的限制或抑制。

中国加入世界贸易组织以后，我们减少了许多与世界贸易组织有关协议不一致的行政干预或政府干预。但是选择对外贸易的自由化并非不要政府干预，相反，加入世界贸易组织要求我们政府具有更高超的干预手段，促进贸易利益的最大化。我们今天学习战略性贸易政策可能更具有实际意义。

资料来源：佟家栋. 战略性贸易政策适用于中国对外贸易[N]. 国际商报，2003-6-30.

本章小结

与自由贸易不同，贸易保护理论主张政府干预国际贸易，通过各种政策措施限制外国商品的进口来保护本国市场；通过政策优惠甚至补贴鼓励本国的出口活动。贸易保护理论包括李斯特的幼稚产业保护论、凯恩斯的外贸乘数理论、普雷维什的中心—外围理论和克鲁格曼等提出的战略性贸易理论。李斯特的幼稚产业保护论不赞成效仿英国实行自由贸易，因为各个国家所处的发展阶段不同，他主张国家应积极干预市场，采用关税手段对幼稚产业实施保护，保护期限最长为30年。面对1929—1933年的经济危机，凯恩斯提出外贸乘数理论，他认为自由贸易是建立在充分就业的基础上的，不适合现代社会，应通过保护关税制度鼓励商品出口，这样贸易顺差越大，国民收入增加量就越大。阿根廷经济学家普雷维什提出中心—外围理论，他提出外围国家必须实行工业化，采取有节制的和选择性的保护主义政策，独立自主发展民族经济。以克鲁格曼为代表的战略性贸易理论认为应通过征收进口关税来限制进口商品，通过出口补贴来扩大大市场份额。

复习思考题

1. 重商主义的主要观点是什么？早期重商主义和晚期重商主义有什么区别？
2. 简述汉密尔顿的贸易保护思想。
3. 简述李斯特幼稚产业保护论的主要内容，该理论对发展中国家有何指导意义？
4. 凯恩斯的外贸乘数理论的基本观点是什么？
5. 普雷维什认为外围国家贸易条件不断恶化的原因是什么？发展中国家应采取什么样的策略？
6. 试谈谈你对战略性贸易理论的理解。

延伸阅读 4-6

欧洲对飞机生产的支持

美国在飞机制造方面一直拥有统治地位，这是美国科技实力的显著标志。这一点，对于各国政策制定者来说尤其显而易见，因为他们的很多时间都花在乘坐飞机奔波于会议之间。因此，毫不例外，欧洲各国政府长期以来希望发展本国的飞机制造业，使之能够与美国企业竞争。在20世纪50—60年代，这些努力主要是各个国家单独进行的，结果收效甚微。于是，从20世纪60年代后期开始，欧洲各国政府为合作开发飞机生产进行了两次重要的努力。

其中之一是，英国和法国共同开发协和型超音速飞机。20世纪60年代后期，建造超音速客机在技术上已经可行，但是私营飞机制造企业却不相信开发这种客机有利可图。在美国，企图说服政府为开发这种客机提供资金的政治努力没有成功。然而，在欧洲，英、法政府同意为开发这种客机提供财政支持。这个协议背后的逻辑是复杂的，在一定程度上，人们希望出现大规模的技术外溢，但更重要的是，这个项目能带来名誉并能作为欧洲协作的标志。

从商业角度来看，结果却是灾难性的。协和飞机的运行成本极高，节约几小时的飞行时间，不足以弥补费用的差异。仅卖出的几架协和飞机也是由英国和法国的国有航空公司（英国航空公司和法国航空公司）购买的。协和飞机最重要的贡献是，开发这种飞机的经验可能对欧洲在飞机生产方面的下一步努力，即生产空中客车，产生了技术外溢。

空中客车公司是欧洲各国政府的联合公司，它生产大型客机，直接与美国的飞机竞争。公司的资本费用和其他成本由成员国政府补贴。虽然对欧洲政府支持的规模大小一直存在争论（欧洲政府声称补贴的规模远小于美国的估计），但几乎没有人怀疑空中客车公司计划是世界上最大的战略性贸易政策的例子，可能比所有其他此类项目加起来还要大。而且，它也是获得了一些重要成就的一个项目。与协和计划不同，空中客车公司成功地生产出了商业上可行的飞机。尽管空中客车还不是波音747巨型飞机的对手，但在小型客机中，空中客车公司生产的客机，在性能和运行成本方面，已经能够与美国的飞机一决高低。盈利能力是另外一回事。空中客车公司的账目故意弄得不透明。但有一点则很清楚，至少直到最近，它一直是依靠政府的持续补贴才保持蓬勃发展的势头。欧洲政府投入的资本至今很少得到偿还。

空中客车是一个成功的计划吗？如果用严格的布朗德—斯潘塞分析来看，它显然不是。空中客车公司并未成功地获得超额利润，而事实上得到的利润比资本的市场回报率还要低；也不能简单地把它看作是对其他部门产生了很强的技术外溢。至少根据粗略的观察，飞机工业所用的技术好像非常的专业化，对其他部门并不十分适用。然而，一些分析家认为，基于两方面的原因，空中客车计划对欧洲经济仍然是一个正面因素。第一，空中客车公司的存在，使得飞机市场的竞争更激烈了，它的存在限制了波音公司可能拥有的垄断力量。第二，飞机工业支付工人高工资，从而使工资差别论在此适用。然而，即使根据乐观的估计，空中客车计划的收益和欧洲经济规模相比较也非常的微小。

最后提一下，由于对空中客车计划的兴趣，再加上基本的情况也好像十分简单——两个主要生产者，生产一种范围有限的产品——许多人试图建立可操作的飞机产业的理论模型。但根据大家一致的看法，这些模型在解释该产业的一些主要特征，如价格政策和投资政策等方面非常令人不满意。这段插曲提醒人们，真正地了解一个产业是多么困难；你或许十分了解技术和市场，但也不一定就能转化成有用的政策分析能力。

资料来源：保罗·克鲁格曼．国际经济学[M]．第5版．北京：中国人民大学出版社，2003．

第五章
当代国际贸易理论

本章导读

自 20 世纪 60 年代以来，国际贸易出现了新变化，当代国际贸易理论应运而生。本章主要学习当代主要国际贸易理论，包括新要素学说、产品生命周期理论、产业内贸易理论以及国家竞争优势理论。学习上述理论有助于我们了解国际贸易的发展趋势。

学习目标

通过本章学习，达到以下目的和要求：

1. 熟悉当代国际贸易理论产生的背景。
2. 掌握当代国际贸易理论的主要内容。
3. 了解各种当代国际贸易理论的代表人物及其代表著作。
4. 在理解各种当代国际贸易理论的基础上，学会运用这些理论分析国际贸易实践问题。

重要概念

国际贸易新要素理论，技术差距理论，产品生命周期理论，产业内贸易理论，国家竞争优势理论，模仿滞后，反应滞后，掌握滞后，需求滞后，钻石模型

传统国际贸易理论是建立在完全市场竞争和产业间贸易的基础之上，并且理论分析模型简单。但是，20 世纪 60 年代以来，国际贸易出现了一些新的变化，如不完全市场竞争越来越突出，产业内贸易份额越来越大，新兴工业国家的贸易迅速增长，贸易环境、贸易因素及贸易关系越来越复杂多变等。这些变化导致传统贸易理论对现实经济的解释乏力。针对传统国际贸易理论的不足，现代国际贸易理论应运而生。

第一节 现代国际贸易理论产生的背景

一、知识密集型产品的比重不断上升

在传统国际贸易理论分析中，通常是以有形商品来解释理论内容，可以解释包括以劳动密集型产品、土地密集型产品为主体的初级产品的贸易实践。而在现代国际贸易结构中，初级产品贸易的比例在下降，以资本密集、技术密集、知识密集为特征的产品贸易量在上升，国际竞争力越来越取决于科技竞争力。

知识密集型产品不同于传统的有形商品，主要表现有以下三点：一是知识密集型产品的价格需求弹性较高。单位价格和收入的变动会引发需求量更大程度的变动，同时，这些产品的需求者主要集中在发达国家。二是价格增值效应显著。知识密集型产品在生产中高度使用资本、技术和知识等要素，比劳动、自然资源更具增值空间，甚至可以以极低的边际成本扩大生产和市场规模，如一项技术专利的发明与应用，会给无数拥有专利使用权的厂商带来经济效益。三是使国家间的比较优势动态化，由比较优势向竞争优势转化。知识与技术成为国际竞争力的决定因素，使国家间的比较优势变得更为不确定和动态化，传统的静态比较理论无法解释动态比较优势的变化。

二、发达国家之间的贸易迅速上升

按照要素禀赋理论的观点，国际贸易主要发生在发达国家和发展中国家之间，因为它们之间要素禀赋的差异比较大，因而发生贸易的潜力较大。但是现实的国际贸易中，资本、技术充裕，收入水平相近的发达国家之间的贸易比重却越来越高。在20世纪50年代，国际贸易大多发生在发达国家与发展中国家之间（"南北贸易"）。到了60年代以后，这种格局逐渐改变，发达国家相互之间的贸易（"北北贸易"）量越来越大，20世纪60年代初，北美、西欧和日本相互之间的贸易量约占世界总贸易量的40%；80年代初（1983年）这一比重增加到41%；90年代初（1993年）为47%左右。1999年，全部工业国家73%的出口产品销往其他工业国家，有68%的产品从其他工业国家进口。

三、产业内贸易比重上升

现代国际贸易不仅包括用本国毛呢换取外国葡萄的产业间贸易，而且也包括用本国汽车换取外国汽车的产业内贸易和跨国公司各个分公司之间的公司内贸易，他们的贸易量占全球贸易量的比重日益上升，并成为国际贸易的主导倾向。2005年公司内贸易约占世界贸易的1/3，产业内贸易占世界贸易的60%以上。各国不再追求产品的所有生产环节，而是选择本国最具优势的环节生产，以便获得经济全球化带来的最大收益。

第二节 国际贸易新要素理论

古典国际贸易理论对生产要素的分析仅限于土地、劳动和资本三种，随着现代国际经济的发展，西方经济学认为，生产要素不仅包括土地、劳动和资本，而且还包括技术、人力资本、研究与开发、信息等新型生产要素。新要素理论从要素的国际移动、要素密集型的转变等方面来分析国际贸易的基础和格局的变化。

一、国际贸易新要素理论内容

▶ 1. 技术要素说

传统的生产要素定义为生产过程的投入物，把工艺流程、方式方法等技术排除在生产要素之外。但是，技术在现代经济活动中的地位越来越重要。技术能够提高要素的生产率，节约要素的使用，降低商品的成本和价格，优化产品质量效能，提高生产经营水平，增强国际市场的竞争力。当今国际经济的竞争在很大程度上是技术水平的竞争，技术进步会对各国生产要素禀赋的比率产生影响，从而影响各国的相对优势，进而影响贸易格局的变动。

▶ 2. 人力资本要素说

人力资本要素说(Human Capital Theory)是由美国经济学家舒尔茨(T. W. Schultz)创立的。他用人力资本的差异来解释国际贸易产生的原因和一国的对外贸易格局。

舒尔茨和许多西方经济学家认为，各国劳动要素生产率的差异实质上就是人力技能的差异，因为技能也是一种生产要素。人力技能又可称为人力资本。人力资本丰富的国家，如美国、日本，在知识和技术密集型产品的生产和出口上具有比较优势，反之如大多数发展中国家则处于劣势地位。

根据人力资本要素说，可以把劳动分为两大类：一类是简单劳动，即无须经过专门培训就可以胜任的非技术性的体力劳动；另一类是技能劳动，即必须经过专门培训形成一定的劳动技能才能胜任的技术性劳动。要对劳动者进行专门培训，就必须经过投资，人力资本投资的效果实际上就是人力资本效用发挥的程度。

人力资本赋予状况对国际贸易格局、流向、结构和利益等方面具有重要的影响作用。人力资本者基辛(Kessing)、凯能等认为，资本充裕的国家同时也是人力资本充裕的国家。因此，这些国家的比较优势实际上在于人力资本的充裕，这是它们参与国际分工和国际贸易的基础。在贸易结构和流向上，这些国家往往出口人力资本要素密集型的产品。比如美国最充裕的要素不是物质资本，而是人力资本，于是美国的贸易结构中技能密集型产品出口占主体，比如最先进的通信设备、电子计算机等，而在劳动密集型产品方面进口则占主体。

延伸阅读 5-1

基辛的论证

美国学者基辛根据美国 1960 年的人口普查资料，把企业人员按照技术熟练程度分为 8 个等级：科学家和工程师、技术员和制图员、其他专业人员、经理、机械工人和电工、其他熟练工人、推销人员和职员、半熟练和非熟练工。前 7 级是熟练劳动，第 8 级是非熟练劳动。基辛将这种技术熟练程度的分类应用到美国等 14 个国家的 1962 年进出口情况分析中。基辛计算的美国等五个国家制造出口产品和进口替代产品所使用的熟练劳动和非熟练劳动的比例(其他 9 个国家或地区的比例从略)详见表 5-1。

从表 5-1 可以看出，美国出口产品所使用的熟练劳动比例比进口替代产品所使用的要高(54.6%：42.6%)，所使用的非熟练劳动比例则较低(45.45%：57.4%)。美国也是出口产品中熟练劳动所占比例最高的国家(54.6%),这反映了美国的专业技术人员及熟练工人相对丰富,在技术含量高的生产部门具有比较优势。

表 5-1　美国等五个国家进出口产品所花费的熟练劳动和非熟练劳动的比重　　　%

	出 口 产 品		进口替代产品	
	熟练劳动	非熟练劳动	熟练劳动	熟练劳动
美国	54.6	45.4	42.6	57.4
瑞典	54.0	46.0	47.9	52.1
德国	52.2	47.8	44.8	55.2
意大利	41.1	58.9	52.3	47.7
印度	27.9	72.1	53.3	46.7

资料来源:董瑾.国际贸易理论与实务[M].北京:北京理工大学出版社,2001.

▶ 3. 研究与开发要素说

研究与开发要素说(Theory of Factors of Research and Development)是由西方经济学家格鲁勃(W. H. Gruher)、梅达(D. Mehta)弗农(R. Vernon)及基辛等人提出的。研究是指与新产品、新技术、新工艺紧密相关的基础与应用研究;开发是指新产品的设计开发与试制。该学说认为研究与开发也是一种生产要素,但它不同于生产过程中其他形式的要素投入。研究与开发是以投入到新产品中的与研究和开发活动有关的一系列指标来衡量的。比如可以通过计算研究与开发费用占销售额的比重、从事研究与开发工作的各类科学家和工程技术人员占整个就业人员的比例、研究与开发费用占一国国民生产总值或出口总值的比重等,来判断各国研究与开发要素在经济贸易活动中的重要性。

研究与开发要素对一国的贸易结构有很大的影响。一个国家越重视研究与开发,投入资金越多,其产品中知识与技术密集度就越高,在国际市场竞争中的地位就越有利。

1965 年,基辛在《劳动技能与国际贸易:用单一方法评价多种贸易》一文中,以美国在 10 个主要工业发达国家不同部门的出口总额中的比重代表竞争能力,分析研究与开发要素与出口竞争力的关系。结果表明,美国产品竞争力强而且出口占 10 国出口总额比重大的部门,投入的研究与开发费用占美国销售额的百分比也大,科学家和工程师的人数占美国该部门全部就业人数的比重也大。这就证明了一个国家出口产品的国际竞争能力和该种产品的研究与开发要素密集度之间存在很高的正相关关系。

▶ 4. 信息要素学

西方经济学家认为,在现代经济生活中,企业除了需要土地、劳动力和资本等生产要素以外,更需要信息,信息已成为越来越重要的生产要素。信息要素是指来源于生产过程之外的并作用于生产过程的能带来利益的讯号总称。信息要素是无形的、非物质的,它区别于传统生产要素,是生产要素观念上的重大变革。信息作为一种能够创造价值的资源,和有形资源结合在一起构成现代生产要素。

信息要素具有特殊性,是一种能创造价值并能进行交换的无形资源。一方面,由于信息创造价值的能力难以用通常的方法衡量,所以其交换价值只能取决于信息市场的自然力量;另一方面,由于信息强烈的时效性,所以信息交换也常常带有不可预见的性质。随着市场在世界范围内的拓宽以及各种经济贸易活动的日益频繁,每时每刻都在产生着巨量的信息，这些信息都在不同方面、不同程度地影响着社会经济活动，影响着企业生产经营的决策和行为方式，影响着一个国家的比较优势，从而改变一国在国际分工和国际贸易中的地位。比如信息在日本的综合商社中占据重要地位，日本的综合商社大都在总部设有情报中心，还在世界各地设立众多的办事处或信息中心，从而形成遍布全球的国际通信信息网，以便对世界经济形式及时准确对做出判断。

延伸阅读 5-2

信息技术创造美国新经济奇迹

经济无止境繁荣有几个原因：全球竞争夺走了企业提价的余地，并迫使价格趋于合理化。国家重新掌握财政，财政盈余减少了资本市场的压力。但是很显然，信息技术是产生美国新经济奇迹的更为重要的原因。美国公司在过去几年对信息技术投入了大量资金，例如，1997年的投资为整个国民生产总值的4.5%，其后果如下。

(1) 信息技术领域飞快的革新速度要求雇员有更大的灵活性。美联储主席格林斯潘推断："工作岗位的可靠性显然比提高工资更重要。"

(2) 互联网使制定价格的过程有了更大的透明度。例如，今天已有1/4美国人在买汽车之前会在互联网上了解价格。以往商人可以提高价格，现在这种做法不复存在。

(3) 衰退的一个主要原因即库存周期有了极大的缓和。以往在库存很多的时候，需求往往突然下滑，因此不得不超比例地将生产下调——于是轻微的下降便变成了严重的衰退。但是，现在美国公司大量使用计算机，对需求的预测更加接近当时的实际。"公司仓库储存大量减少，因而整个经济受景气周期影响可能性也大为减少"，加利福尼亚大学经济学家布拉德福的·德朗说。

(4) 此外，计算机信息技术的其他投资在短短几年内便能回收。德朗认为，这种短期性同工业时代相比(当时对钢铁厂或者铁路线的投资需要50年回收期)极大提高了计划的可靠性："投资效益对不可预见的利息变化的依赖性大为降低。"

但最重要的是信息技术革命对生产率带来的巨大推动。劳动生产率的提高多年来在1%左右。

资料来源：米·鲍曼奥·奥格尔泽曼. 提高限速[N]. 德国经济周刊，2002-5-20.

▶ 5. 管理要素说

管理是指在一定的技术条件下保持最优的组织、配置和调节各种生产要素之间的比例关系。管理既可以看成是生产函数的一个单独要素，也可以看成是劳动要素的特殊分类。但是有一点是重要的，那就是管理是生产要素的补充而不是替代，它和其他生产要素之间不存在相互替代关系。

管理需求随生产规模的扩大而增强。在现实经济活动中，管理通过相应的管理人员(如经理等)的工作来体现。西方经济学家认为，管理水平的差异说明了劳动生产率的差异。一般来说，经济水平落后的国家，管理要素都相对稀缺，表现在管理人员比重小和管理水平比较低等方面。哈比逊曾指出，20世纪50年代埃及的工厂在工艺技术上和美国工厂基本类似，但劳动生产率仅为美国的20%上下，其原因就在于埃及的管理资源稀缺、管理方法落后。由于管理资源的丰缺影响到生产效率和生产成本，管理也就直接影响到一国比较优势地位和对外贸易的各个环节。

▶ 6. 规模经济说

规模经济是指随着生产规模扩大而发生的单位成本下降所带来的利益。西方经济学家认为，规模经济可以影响一国的比较优势，因而也是国际贸易的重要基础。

规模经济分为内部规模经济和外部规模经济。内部规模经济是指企业在扩大生产规模时，由于采用效率更高的特种生产要素和进行企业内部的专门化生产，而使企业内部引起的收益增加。外部规模经济是指企业在扩大生产规模后利用企业外部的各种有利条件而获得的利益。

企业要取得规模经济利益，就必须扩大生产规模，而扩大生产规模又必须以广阔的国际市场为条件。由于规模经济能够导致单位产品成本下降，因此，规模经济和资源禀赋一样也应该是国际贸易的基础。

二、对国际贸易新要素理论的评价

国际贸易新要素理论对第三次科技革命所带来的世界经济的飞速发展和世界贸易格局的革命性改变，在理论给予了了新的解释，突破了生产要素的限制，赋予了生产要素以更丰富的新含义，并扩展了生产要素的范围，使对国际贸易的分析更接近现实。

但是，新要素学说就其分析方法而言，只是对传统的要素学说进行了改良，即只从供给方面考察贸易问题，而没有从供求两个方面考察贸易问题。

第 三 节 产品生命周期理论

传统的国家贸易理论虽然早已注意到技术进步的作用，但只是从静态的角度分析，直到技术差距理论和产品生命周期理论产生以后，才将技术的动态变化作为国际贸易的单独因素，从动态的角度分析说明国际贸易格局的变化。

一、技术差距理论

技术差距理论(Theory of Technological Gap)是由美国学者波斯纳(Porsner)和哈弗鲍尔(Hufbauer)在20世纪60年代提出的。他们认为，技术差距产生的主要原因是发达国家的技术创新。已经完成技术创新的国家，不仅取得了技术上的优势，而且凭借技术上的优势在一定时期内在某种产品的生产上取得了垄断地位，从而形成了与未进行技术创新的其他国家间的技术差距，并且导致了该技术产品的国际贸易。随着该技术产品国际贸易的扩大，技术创新国为追求特殊利润，可能经过多种途径和方式进行技术转让。由于该技术(产品)在经济增长中的示范效应，其他国家也会进行技术研究与开发或技术引进，从而掌握该项技术，缩小技术差距，使在该项技术产品上技术引进国与技术创新国间的国际贸易下降。当技术引进国能生产出满足国内需求数量的产品时，两国间在该产品上的国际贸易就会终止，技术差距最终消失。

波斯纳在分析这一过程时，提出了需求滞后和模仿滞后的概念。所谓需求滞后是指创新国出现新产品后，其他国家的消费者从没有产生需求到逐步认识到新产品的价值而开始进口的时间间隔。它的长短取决于其他国家的消费者对新产品的认识与了解。所谓模仿滞后是指从创新国制造出新产品到模仿国能完全仿制这种产品的时间间隔。模仿滞后由反应滞后和掌握滞后所构成。反应滞后指从创新国生产到模仿国决定自行生产的时间间隔。反应滞后的长短取决于模仿国的规模经济、产品价格、收入水平、需求弹性、关税和运输成本等多种因素。掌握滞后指模仿国从开始生产到达到创新国的同一技术水平并停止进口的时间间隔。其长短取决于创新国技术转移的程度、时间，模仿国需求强度以及对新技术的消化吸收能力等因素。该理论表明：

(1) 技术领先国若能有效地反仿制，技术利益能保持较长时间。

(2) 两国技术水平和市场范围差距越小，需求时滞的时间越短，贸易发生就越早，贸易发展的速度也就越快。

(3) 模仿时滞后，追随国的贸易利益取决于低工资成本。

二、产品生命周期理论

产品生命周期理论(Theory of Product Life Cycle)是由美国哈佛大学教授弗农 (R. Vernon)于 1966 年首先提出的，后经威尔斯(Louise. T. Wells)等人不断发展、完善。该理论从产品生产的技术变化出发，分析了产品生命周期各阶段的循环及其对国际贸易的影响。

延伸阅读 5-3

雷蒙德·弗农

雷蒙德·弗农是"二战"以后在国际经济关系研究方面最多产的作者。他的著作反映了其多方面的职业生涯，包括将近 20 年在政府部门供职，短时期从商，担任过 3 年"纽约市区研究"中心的主任，以及从 1959 年开始与哈佛大学有成果的合作，先是在商学院，在那里他是国际商业领域的教学和研究骨干，后来是在约翰 F. 肯尼迪(John F. Kennedy)管理学院，在那里直到退休他一直是克拉伦斯·狄龙国际问题讲座教授。

资料来源：董骏. 国际贸易理论与实务[M]. 北京：机械工业出版社，2006.

弗农把参与国际贸易的国家分为三类：第一类，发明和出口新产品的发达工业国家，如美国；第二类，中等工业发达国家，如日本；第三类，广大发展中国家。同时，他认为，一个新产品的技术发展大致有三个阶段：创新阶段、成熟阶段和标准化阶段。在产品生命周期的不同阶段，各国在国际贸易中的地位是不同的。

第一个阶段是创新阶段。弗农认为新产品最初总是出现在最发达的国家，这是因为在这些发达国家，良好的教育条件与雄厚的科技力量可以充分提供企业创造发明所需的人力资源和科研条件，完备的知识产权保护体系和旨在鼓励创造发明的税收结构与产权制度为新产品的研究与开发提供了宽松的外部环境，且富有创造进取精神的企业家对新机会有把握和利用的能力；同时，由于新产品具有需求价格的弹性较低、收入弹性较高的特点，发达国家的社会要素积累与较高的社会购买力，足以从供给和需求两个方面为新产品的生产提供技术与经济上的支持。在这个阶段，发明国垄断该产品的生产，满足国内消费者的需求。

第二个阶段为成熟阶段。在这个阶段，技术已成熟，产品已定型，生产规模不断扩大，国外的需求也在增加。这个时期，发达国家在向本国消费者提供该种产品的同时，还将产品大量出口到对其产生需求的外围国家(通常是其他工业国)，或者给国外生产者出售生产许可证，或在国外设分厂生产并销售该产品。一些产品进口国能够迅速地模仿、掌握技术进而开始在本国生产该产品并出口到其他国家。

第三个阶段为标准化阶段，在这个阶段，生产技术和产品本身都已经标准化，即不仅在发达国家已告普及，而且已扩展到发展中国家，技术本身的重要性已逐渐消失。此时，新产品的要素密集型易发生变化，即从知识与技术密集型产品转变为资本与非熟练劳动要素密集型产品，产品也已转移到生产成本相对较低的外围国家去生产。随着生产过程的向外转移，贸易的方向也会颠倒过来，即原来出口该新产品的发达国家，将成为该产品的进口国。至此，新产品的技术也完成了其生命周期。

这个过程如图 5-1 所示。

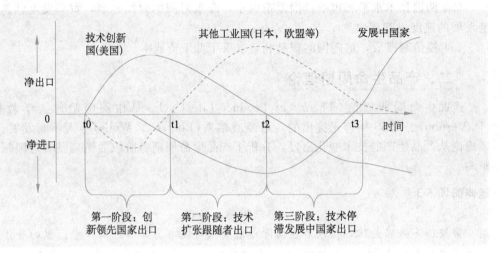

图 5-1　产品生命周期与国际贸易方向变化模式

延伸阅读 5-4

美国自行车"远足"中国，中国电器走向世界

1999 年 10 月初的《参考消息》上连续转载了两篇报道，一篇是美国《芝加哥论坛报》的文章，题目是《赫菲公司开始自行车'远足'》，报道赫菲（Huppy）公司将自行车生产转移到了中国。另一篇是美国《洛杉矶时报》文章，题目是《中国电器走向世界》。

美国自行车从早期生产出口到完全放弃生产，中国电器从进口到出口，都反映了产品技术周期和生产成本比较优势的动态变化。先看美国的自行车生产，自詹姆斯·斯达利在 1873 年发明了自行车后不久，美国人艾伯特·波普在 1878 年就建立了美国第一家生产自行车的工厂。一百多年来，美国一直生产并出口自行车。近年来，随着本国劳动成本的上升，美国逐渐放弃了自行车的生产。1999 年秋，位于俄亥俄州代顿市的美国最大的自行车制造商赫菲公司决定关闭在美国的最后两家自行车工厂。

赫菲公司将自行车生产转移到中国等地的做法在美国并非首次出现。从电视机、打字机到服装等，许多曾经是美国生产并出口的产品，现在纷纷转移到劳动力充裕的国家进行生产。赫菲自行车"远足"中国只不过是一系列产业转移中的一例。

另一方面，中国的家用电器正从原来的进口转为出口。在纽约的市场上，中国的康佳电视机与索尼、菲利浦和三星等品牌同台竞技。5 年前，中国的电视机还有 70% 是外国产的，现在中国产的电视机已在国际市场上占有 80% 的份额。另外，微波炉生产商格兰仕也在大力开发国际市场。格兰仕利用日本的技术，投资 500 万美元建立了微波炉生产线。目前，中国的微波炉生产商已经控制了 70% 的国内市场，并占领了 25% 的欧洲市场。中国电器正在走向世界。

资料来源：参考消息，1999-10-5.

三、对产品生命周期理论的评价

产品生命周期理论结合了市场营销学理论与国际贸易理论，运用了动态的分析方法，从技术进步、技术创新和技术传播各个角度对国际分工的基础和国际贸易格局的演变进行了分析，是"二战"后最具影响力的国际贸易理论之一。

（1）对国际贸易的影响。它引导企业通过产品的生命周期，了解和掌握出口的动态变化，为正确制定对外贸易的产品策略、市场战略提供了理论依据。

（2）对国际投资的影响。它揭示出比较优势是在不断转移的，各国在产品创新、模仿引进或扩大生产时，要把握时机。利用不同阶段的有利条件，长久保持优势。

（3）它还反映出当代国际竞争的特点，即创新能力、模仿能力是获得企业生存能力和优势地位的重要因素。

第四节　产业内贸易理论

传统的国际贸易理论主要是针对不同产品之间的贸易，但自20世纪60年代以来，国际贸易大多发生在发达国家之间，而发达国家间的贸易又出现了既进口又出口同类产品的现象。为了解释这种现象，国际经济学界产生了一种新的理论——产业内贸易理论。

一、产业内贸易理论的内容

美国经济学家格鲁贝尔（H. G. Grubel）等人在研究共同市场成员国之间贸易增长时，发现发达国家之间的大量贸易是产业内同类产品的贸易，因而对产业内贸易进行研究，并解释了产业内同类产品贸易增长的原因及其特点。

从产品内容上看，可以把国际贸易分成产业间贸易（Inter-industry Trade）和产业内贸易（Intra-industry Trade）两种基本类型。产业间贸易是指国家进口和出口的产品属于不同的产业部门，比如出口初级产品，进口制成品；产业内贸易也就是一国同时出口和进口同类型的制成品，比如美国每年要出口大量的汽车，但同时又从日本、德国、韩国进口大量汽车。《国际贸易标准分类》（*Standard International Trade Classification*）中，将产品分为类、章、组、分组和基本项目五个层次，每个层次中用数字编码来表示，产业内贸易的产品指的是至少前三个层次分类编码相同的产品。

产业内贸易理论的假设前提主要有：①从静态出发分析；②分析不完全竞争市场；③经济中具有规模经济效应；④考虑需求情况。显然，产业内贸易理论的前提假设与传统的贸易理论是不同的。

一般来说，产业内贸易具有以下特点。

（1）人均收入水平较高的国家间产业内贸易比重较高，而人均收入水平较低的国家间主要表现为产业间贸易。

（2）产业内贸易的产品具有多样化，既有劳动密集型产品也有资本密集型产品。

（3）产业内贸易的商品必须具备两个条件：一是在消费上能够相互替代；二是在生产中需要相近或相似的生产要素投入。

（4）与产业间贸易相比，是产业内同类产品的相互交换，而不是产业间非同类产品的交换。

二、产业内贸易的发展状况

早在 1978 年，哈弗里列辛和奇范根据 62 个国家的产业内贸易占其总贸易额的测算，得出了产业内贸易额与人均收入水平是正相关的结论。当年这一预见已在 20 世纪 90 年代得到了国际贸易实践的证明。现在产业内贸易占全球贸易的比重已提高到 60% 以上，而且 70% 的产业内贸易是由发达国家的跨国公司完成的。统计数据见表 5-2。

表 5-2　62 个国家产业内贸易量在总贸易量中的比重(1978 年)

国 家 分 组	人均国民生产总值(美元)	产业内贸易量占总贸易量的百分比(%)
15 个低收入国家	261	21.4
18 个中等收入国家	1 273	25.7
6 个新兴工业化国家或地区	1 466	36.6
23 个高收入国家	7 722	60.3
所有 62 个国家	2 909	55.7

注：低收入国家为人均国民生产总值在 600 美元以下的国家，高收入国家为人均国民生产总值在 2 400 美元以下的国家，6 个新兴工业化国家或地区为巴西、墨西哥、新加坡、韩国及中国香港地区、中国台湾地区。

资料来源：世界银行《1980 年世界发展报告》.

20 世纪 60 年代以来，产业内贸易量大大增加，传统的国际贸易模式逐渐改变，产业内贸易量占全球贸易量的比重日益上升，并逐渐成为国际贸易的主要力量。表 5-3 是 1995—2003 年中日制成品产业内贸易状况。

表 5-3　1995—2003 年中日制成品产业内贸易状况

年 份	1995	1997	1999	2001	2003
双边贸易额(亿美元)	574.71	608.33	661.74	877.28	1 335.57
产业内贸易(%)	32.08	37.19	34.95	34.05	33.27

资料来源：范爱军，林琳. 中日产业内贸易实证分析.

三、产业内贸易理论的解释

▶ 1. 规模经济说

20 世纪 70 年代，格雷(Gray)和戴维斯(Davies)等人对发达国家之间的产业内贸易进行了实证研究，从中发现，产业内贸易主要发生在要素禀赋相似的国家，产生的原因是规模经济和产品差异之间的相互作用。这是因为，一方面，规模经济导致了各国产业内专业化的生产，从而使得以产业内专业化为基础的产业内贸易得以迅速发展；另一方面，规模经济和产品差异之间有着密切的联系。正是由于规模经济的作用，使得生产同类产品的众多企业优胜劣汰，最后由一个或少数几个大型厂家垄断了某种产品的生产，这些企业逐渐成为出口商。而产品差异的存在，即使企业走向专业化、大型化，获得经济上的规模效益，同时又为各个企业提供了竞争市场，使消费者能够有多种选择。由此可见，规模经济为产业内贸易提供了基础。

▶ **2. 需求偏好相似说**

瑞典经济学家林德(S. Linder)在 1961 年出版的《论贸易与转变》一书中提出偏好相似理论。林德的基本观点包括：国际贸易是国内贸易的延伸，在本国消费或投资生产的产品才能够成为潜在的出口产品；两个国家的消费者需求偏好越相似，一国的产品也就越容易打入另一个国家的市场，因而这两个国家之间的贸易量就越大。林德认为，影响一个国家需求结构的最主要因素是人均收入水平，人均收入水平的相似性可作为需求偏好的指标。

如果同时考察两个或两个以上国家的供需状况就会发现，不同国家的产品层次结构和消费层次结构存在着重叠。对不同的发达国家来说，由于经济发展水平相近，其产品层次和消费层次结构都大体相同。也就是说，两国厂商所提供的各种档次的同类产品，基本上都能够被对方各种层次的消费者所接受。正是这种重叠导致了发达国家之间的产业内贸易。不仅如此，发达国家与发展中国家的产品层次与消费层级结构也存在部分重叠现象，发展中国家能够为发达国家的消费者提供适合的产品，反过来也能够接受发达国家的部分产品。这种部分重叠为发达国家与发展中国家之间的产业内贸易提供了前提和基础。

可以看出，如果两国人均收入水平相似，则需求偏好就相似，相互需求就越大，两国之间的贸易可能性就越大；如果两国之间人均收入水平有较大的差异，那么需求偏好就会产生差异，两国之间的贸易可能性就小。

四、对产业内贸易理论的评价

▶ **1. 产业内贸易理论更符合实际**

首先，它的假设前提更符合当代实际；其次，如果产业内贸易的利益能够长期存在，那么其他厂商就不能自由进入这一行业，这就说明了自由竞争的市场是不存在的；最后，产业内贸易的利益来源于规模经济，这种分析比较符合实际。

▶ **2. 产业内贸易理论考虑了需求因素**

它从供给和需求两个方面分析了造成产业内贸易现象出现的原因。在供给方面，由于参与国际贸易的厂商通常是处在垄断竞争的条件下，因此产生了同类产品的差异化；在需求方面，消费者的偏好具有多样性，而且各国之间的消费需求常常存在着互相重叠的现象。

▶ **3. 产业内贸易理论对发展中国家具有启示**

一方面，发展中国家要在国际贸易中提高地位，仅仅依靠资源丰富、甚至资本和技术，是远远不够的，必须从规模经济入手提高国际竞争力；另一方面，政府在产业政策、贸易政策等方面加强干预是十分必要的。

延伸阅读 5-5

汽车业产品内分工

汽车行业是 20 世纪最重要的经济部门之一，目前仍是支撑各国经济增长的引擎行业之一。20 世纪初以福特公司为代表的空间高度一体化生产方式，是汽车行业的主导生产模式。"二战"后这一模式发生变化。日本汽车业异军突起，早期得益于产品内分工的"多层次生产方式"创新，美欧汽车厂商也进行类似调整。虽然"二战"后初期西方国家汽车业产品内分工最初主要在国内展开，60 年代开始逐渐出现国际范围内产品内分工的变化趋势。

美国与加拿大由于互相临近的地缘便利条件，较早开始在汽车生产方面进行广泛的国际分工合作，成为汽车产品内分工早期实践的重要事例。随着美加 20 世纪五六十年代汽车产业增长，该行业进行国际合作的需要增加。虽然福特、通用等美国汽车厂早就在加拿大投资设厂生产汽车，但是由于加拿大汽车及其零部件产品的关税很高，所以产品内分工发展受到阻碍并导致"二战"后美加两国之间的贸易摩擦。为了避免贸易保护给两国经济和政治关系造成危害，1965 年 11 月 16 日，两国签署"加—美汽车产品贸易协议"(the Canada-United States Automotives Products Trade Agreement)，又称"美加汽车同盟"(Auto-Pact)，对"原始设备部件"(Original Equipment Parts)以及"除了特殊种类之外的新制造汽车"(all but specialized types of newly manufactured vehicles)实行自由贸易。加—美汽车产品贸易协议主要目的和内容包括：建立更广大的汽车产品市场，从而充分获取大规模的自由化政策，确保两国企业通过公正和平等方式参与开拓整个市场的进程，培养市场机制有效运行的环境，从而在投资、生产和贸易领域创造更具有经济合理性的格局。这一协议以及 1988 年"加美自由贸易协议"(the Contact-U. S. Free Trade Agreement, CUSFTA)有力地促进了美国和加拿大在汽车和其他领域的产品内分工。随着"加美自由贸易协议"1993 年扩大为"美国自由贸易协议"(North American Free Trade Agreement，NAFTA)，墨西哥被接纳为新成员国，汽车业产品内分工在三国间迅速发展。目前美加汽车业产业和贸易结构，充分显示两国在这一行业中已发展起发达的产品内分工体系，2001 年加拿大是全球汽车业第七大生产国，汽车贸易总额达到 1 610 亿加元，其中 98％汽车产品出口到美国，价值约为 863 亿加元。

"二战"以后，日本汽车业的发展显示出与早期福特公司空间高度一体化大相径庭的发展路径。与"灵活生产系统"(Flexible Production System)战略相适应，日本汽车厂商发展出以丰田为代表的新生产方式，其重要特点是生产结构连接成千上万个分布为三个层面的企业群，汽车终端组装厂和制造厂(Final Assembler and Car Makers)控制和协调这些供货企业，形成高度发达的产品内分工体系。虽然日本汽车产品内分工系统最初主要分布在日本国内几个汽车生产聚居区(Cluster)，但是随着国内劳动力成本上升，20 世纪 70 年代后期开始，特别是 80 年代日元升值以后，日本汽车产品内分工逐步加快向国际范围延伸扩展。日本汽车业与国际市场联系，开始于早期从沿海生产基地向国外出口整车。建立海外产品内分工网络的最初触角，是向东南亚地区——特别是东盟四国(马、泰、印、菲)的贸易和投资活动。在 70 年代，日本公司控制了这四个国家汽车产销量九成左右。日本汽车业在北美投资开始于 80 年代早期，关键原因之一是日美贸易盈余带来的调整压力。当时日本在美厂家定位主要是组装而不是全套生产，高附加值零部件如发动机从日本进口，同时在美国生产某些低附加值和能源密集产品，如油漆、电线等。为了进一步转移对美双边贸易盈余，应对日元升值压力，80 年代后日本加大了向东亚的投资力度，到 1986 年在东亚周边地区建立的零部件供应厂家数目达到 256 个，其中布点最多的是中国台湾地区、韩国和泰国。作为北美汽车竞争战略的一部分，80 年代日本汽车厂商向墨西哥大举投资，到 1991 年日本在墨西哥制造业直接投资有 2/3 集中在汽车业。

欧洲汽车产品内分工，在 20 世纪七八十年代主要在西欧国家与南欧较为边缘国家之间进行，90 年代以后随中东国家转型并逐步加入产品内分工系统，南北合作受到东西合作类型竞争。1986—1992 年，位于德国的福特组装厂从德国采购部件比例从 80％下降到 60％，福特英国组装厂从英国国内采购部件从 77％下降到 52％。1990 年，欧洲 8 家主要汽车零部件供应商 25 种产品的国内销售率仅有 35％，到 1994 年这一比率进一步下降到 32％。欧洲汽车生产较多集中在"供应源"(Supply Parks)中。1997 年，41％西班牙汽车部件和系统产品出口到其他欧盟国家。另外，位于西班牙的汽车组装厂使用的 51％部件和子系统产品从其他欧盟国家进口。

资料来源：卢锋."产品内分工：一个分析框架".北京大学中国经济研究中心，2004 年 5 月.

第五节 国家竞争优势理论

20世纪70—90年代，美国哈佛大学商学院教授迈克·波特相继出版了《竞争战略》(1980)、《竞争优势》(1985)、《国家竞争优势》(1990)三本书，引起了西方经济学界和企业界的高度重视。这三本书分别从微观、中观和宏观三个层面较为系统地论述了"竞争"(企业竞争、产业竞争、国家竞争)问题，系统地提出了竞争优势理论(the competitive advantage of nations)。

其中，在《国家竞争优势》一书中，波特将企业竞争战略理论引入对国家竞争优势的分析中指出：一个国家的竞争优势就是企业和行业的竞争优势，一国兴衰的根本原因在于它能否在国际市场中取得竞争优势，而竞争优势形成的关键在于能否使主导产业具有优势，产业的竞争优势又源于企业是否具有创新机制。

一、国家竞争优势理论产生的经济背景

国家竞争优势理论的产生是以美国国际经贸地位的变化为背景的。在"二战"后的20年里，美国的经济实力强盛，遥遥领先于世界各地。但此后，由于其他西方国家的快速增长，美国各项经济指标在世界经济中的比重不断下降。20世纪70年代以来，欧洲共同市场的形成和壮大，日本的崛起，都对美国在国际经贸中的地位构成严重挑战。美国在国际市场上的竞争优势严重削弱，就连新兴工业国家和地区(如亚洲"四小龙")都在夺取美国在世界市场上的份额。到了80年代，世界经济贸易逆差和国际收支赤字有不断增大之势，迈克尔·波特的理论正是在这种情况下产生的。

延伸阅读 5-6

迈克尔·波特

迈克尔·波特(Michael E. Porter)是哈佛大学商学院研究院著名教授、当今世界上少数最有影响的管理学家之一。他曾在1983年被任命为美国总统里根的产业竞争委员会主席。他开创了企业竞争战略理论，引发了美国乃至世界的竞争力讨论。他先后获得过威尔兹经济学奖、亚当·斯密奖，三次获得麦肯锡奖，拥有很多大学的名誉博士学位。到现在为止，他最有影响的著作有《品牌间选择、战略及双边市场力量》(1976)、《竞争战略》(1980)、《竞争优势》(1985)、《国家竞争优势》(1990)等。

迈克尔·波特32岁即获得哈佛商学院终身教授之职，是当今世界上竞争战略和竞争力方面公认的第一权威。他毕业于普林斯顿大学，后获哈佛大学商学院企业经济学博士学位。目前，他拥有瑞典、荷兰、法国等国大学的8个名誉博士学位。

迈克尔·波特博士获得的崇高地位缘于他所提出的"五种竞争力量"和"三种竞争战略"的理论观点。作为国际商学领域最备受推崇的大师之一，迈克尔·波特博士至今已出版了17本书及70多篇文章。其中，《竞争战略》一书已经再版了53次，并被译为17种语言；另一本著作《竞争优势》，至今也已再版32次。

资料来源：许激等.效率管理：现代管理理论的统一[M].北京：经济管理出版社，2004.

二、国家竞争优势理论的内涵

迈克尔·波特的竞争优势理论是从微观企业竞争优势、中观产业优势和宏观国家竞争优势三个层面上讨论的。该理论既探讨了要素、技术及其他因素对国际贸易的影响，又反映了竞争优势与国际贸易的动态变化。

▶ 1. 微观竞争机制

国家竞争优势的基础在于其企业内部的活力。企业缺乏活力则不思创新，国家整体竞争优势就如无本之木。企业经济活动的根本目的在于使其最终产品的价值增值，而增值要通过研究、开发、生产、销售以及服务等环节才能逐步实现。这就要求企业重视各环节的改进和协调，在强化管理、加强研究开发、提高质量、降低成本等方面进行全面改革。

▶ 2. 中观竞争机制

中观层次的分析由企业转向产业、区域等范围。从产业的角度来看，个别企业最终产品的价值增值不仅取决于企业的内部要素，而且有赖于企业的前向、后向和旁侧关联产业的辅助与支持；从空间看，各企业为获得理想的利润和长期发展，需要有一个产业空间，利用产业链构建一个最优的区域组合，以达到降低成本、提高快速反应能力等的目的。

▶ 3. 宏观竞争机制

国家竞争优势并非个别企业、产业竞争优势的简单加总。因此，一国的宏观竞争机制对其是否能取得国家竞争优势有重要的决定性作用。而这取决于四组基本要素：生产要素，需求状况，相关产业和支持性产业，企业战略、结构和竞争对手，这四者组成一个系统，共同决定着国家竞争优势。另外，国家竞争优势还受到机遇和政府作用的影响，但它们都要通过四组基本因素才能影响国家竞争优势，所以属于辅助因素。它们构成著名的"钻石模型"，如图 5-2 所示。

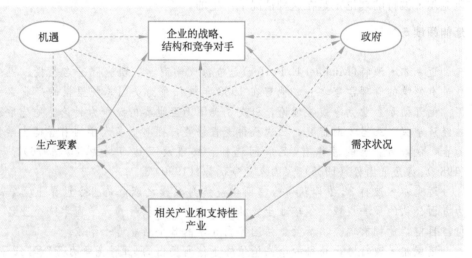

图 5-2　国家竞争优势的决定因素

三、国家竞争优势的决定因素

▶ 1. 生产要素

生产要素是指一个国家在特定产业竞争中有关生产方面的表现，包括可耕土地、自然资源、人力资源、资本资源、知识资源和基础设施等。这些资源可进一步分为基本要素和高级要素两类，前者是指一国先天拥有或不用太大代价就能得到的要素，如自然资源、地理位置、气候、非熟练或半熟练劳动力等；后者是指通过长期投资或培育才能创造出来的要素，如现代化的基础设施、高素质的人力资源或高技术等。在过去，基本要素在许多行业对企业的竞争优势中具有决定性的影响，但现在，其重要性日趋减弱，取而代之的则是高级要素。高级要素的优势是企业国际竞争力在未来持续而可靠发挥的源泉。

▶ 2. 需求状况

需求状况是指本国市场对该项产业提供的产品或服务的需求情况。波特认为，国内需求状况的不同会导致各国竞争优势的差异。国内需求可分为细分的需求、挑剔的需求和前瞻性需求三种。国内需求对竞争优势最重要的影响是通过国内买主的结构和买主的性质体现的。不同的国内需求使厂商对买方需求产生不同的看法和理解，并做出不同的反应。某国的国内需求给当地厂商及早地提供需求信号或给当地厂商施加压力要他们比国外竞争者更快地创新，提供更先进的产品，该国最有可能在该产业获得竞争优势。

▶ 3. 相关产业和支持产业的表现

相关产业和支持产业的表现是指相关产业和上游产业是否具有国际竞争力。一个国家的产业要想获得持久的竞争优势，就必须在国内具有在国际上有竞争力的供应商和相关产业。支持产业以下列几种方式为下游产业创造竞争优势：以最有效的方式及早、迅速地为国内公司提供最低成本的投入品；不断地与下游产业合作，促进下游产业的创新。相关产业是指因共有某些技术、共享同样的营销渠道或服务而联系在一起的产业或具有互补性的产业。一个国家如果有许多相互联系的有竞争力的产业，该国便很容易产生新的有竞争力的产业。因此，有竞争力的几种相关产业往往同时在一国产生。

▶ 4. 企业战略、结构和竞争对手

企业战略、结构和竞争对手是指企业在一个国家的基础、组织和管理形态，以及国内市场竞争的表现，包括公司建立、组织和管理的环境以及国内竞争的性质。不同国家的公司在目标、战略和组织方式上都大不相同。国家优势来自对它们的选择和搭配，国家竞争优势的获得还取决于国内的竞争程度，激烈的国内竞争是创造和保持竞争优势最有力的刺激因素。

▶ 5. 机遇

机遇包括重要的新发明、重大技术变化、投入成本的巨变(如石油危机时)、外汇汇率的重要变化、突然出现的世界或地区需求、外国政府的政治决定和战争等。机遇对于竞争优势也是非常重要的，其重要性在于它可能打断事物的发展进程，改变一个国家在一个产业中的国际竞争地位，使原来处于领先地位公司的竞争优势无效，使落后国家公司能顺应局势的变化，抓住机会获得竞争优势。

▶ 6. 政府

政府对国家竞争优势的作用主要在于对四种决定因素的影响，政府可以通过补贴、对资本市场加以干预或制定教育政策等影响要素条件，通过确定地方产品标准、制定规则等影响买方需求(政府本身也是某些产品或服务的大买主)。政府也能以各种方式决定相关产业和支持产业的环境，影响企业的竞争战略、结构和竞争状况等，因此，政府的作用十分重要。

以上六种因素中，前四种因素是国际竞争优势的决定因素，它们的情况如何直接导致国家竞争地位的变化。后两种因素对国家的竞争优势产生影响。

四、国家竞争优势的发展阶段

波特认为，一国经济地位上升的过程就是其竞争优势加强的过程。国家竞争优势的发展可分为四个阶段：

第一阶段是要素推动阶段。在此阶段，基本要素的优势是竞争优势的主要源泉。

第二阶段是投资推动阶段。在此阶段，竞争优势的获得主要来源于资本要素。持续的资本投入可以大量更新设备、提高技术水平、扩大生产规模、增强企业的竞争力。

第三阶段是创新推进阶段。在此阶段，竞争优势来自创新。企业已具备各种条件，自己能够研究和开发，能够有显著的人员培训效果，能够较好地引进、吸收、消化技术，能够有较强的创新意识和创新能力。总之，依靠将高科技成果转化为商品的努力，增强经济适应能力，就能使企业赢得竞争优势的持续。

第四阶段是财富推动阶段。在此阶段，国家主要靠过去长期积累的物质、精神财富维持经济的运行，产生了"吃老本"的机制，创新的意愿及能力均下降，面临丧失竞争优势的危险。

波特通过研究德国、美国、意大利和日本等国经济发展状况从实证角度对其理论予以说明。他认为，日本经济在20世纪70—80年代正处于创新阶段，经济发展后劲较强；而美国经济在20世纪80年代则处于财富推动阶段，美国许多工业正在衰退，竞争处于垄断状况，经济缺乏推动力。

五、对国家竞争优势理论的评价

（1）国家竞争优势理论是当代国际贸易理论的重大发展。该理论弥补了其他国际贸易理论的不足，提出了国际竞争优势应该是国际贸易理论的核心，而只有建立一国国际竞争优势才能获得持久的比较利益。

（2）国家竞争优势理论在当代国际分工中具有重要的现实意义。伴随着当今经济的一体化到全球化，国际分工日益深入，国际竞争日益激烈，在这种竞争中，任何一个国家不再可能依靠基于禀赋条件的比较优势赢得有利的国际分工地位，而只有通过竞争优势的创造，才能提高自己的竞争力，增进本国人民的福利。波特强调加强国家竞争优势的扶持和培育，这对于发展中国家竞争优势的发展无疑具有积极的指导意义。

总之，国家竞争优势理论超越了传统理论对国家优势地位形成的片面认识，首次从多角度、多层次阐明了国家竞争优势的确切内涵，指出国家优势形成的根本原因在于竞争，在于优势产业的确定。从这个意义上说，国家竞争优势理论摆脱了传统理论的孤立性、片面性，建立了国家竞争优势的概念体系和理论框架。

本章小结

传统国际贸易理论是建立在完全市场竞争和产业间贸易基础之上的。自20世纪60年代以来，为适应不完全市场竞争、产业内贸易等贸易环境变化，当代国际贸易理论应运而生。当代国际贸易理论主要包括国际贸易新要素理论、产品生命周期理论、产业内贸易理论、国家竞争优势理论。古典国际贸易理论对生产要素的分析仅限于土地、劳动和资本，国际贸易新要素理论提出生产要素不仅包括土地、劳动和资本，还包括技术、人力资本、研究与开发、信息、管理等新型生产要素。它赋予了生产要素更丰富的含义,对国际贸易实践的分析更接近现实。美国学者弗农的产品生命周期理论认为,新产品技术发展大致经过三个阶段:创新阶段、成熟阶段和标准化阶段。新产品最初出现在发达国家,并垄断其产品生产,主要满足国内消费者需要。在成熟阶段,发达国家将其技术大量出口到外围国家,一些国家迅速模仿技术、掌握技术进而开始在本国生产产品并出口到其他国家。在标准化阶段,生产技术和产品都已经标准化,产品和技术在生产成本较低国家凸显优势,原来出口该技术的发达国家将成为产品的进口国;格鲁贝尔等提出国际贸易分为产业间贸易和产业内贸易。产业间贸易是指国家进口和出口的产品属于不同的产业部门。产业内贸易就是一国同时出口和进口同类型的制成品,比如发达国家之间。他认为收入水平较高的国家,其产品需求偏好就相似,两国之间产业内贸易的可能性越大。波特的国家竞争优势理论提出,国家竞争优势的决定因素包括生产要素、需求状况、相关产业支持及其表现、企业战略结构和竞争、机遇和政府。学习当代国际贸易理论更有助于我们分析和理解当代的国际贸易实践。

复习思考题

1. 当代国际贸易理论产生的历史背景是怎样的?
2. 国际贸易新要素理论包括哪些新要素?谈谈你的理解。
3. 简述产品生命周期各个阶段的特点及与国际贸易的关系。
4. 按照迈克尔·波特的国家竞争优势理论,一国的竞争优势是由哪些因素决定的?其决定因素是什么?
5. 什么是产业间贸易?什么是产业内贸易?一般产业内贸易的主要特点有哪些?

延伸阅读 5-7

中国制鞋业的比较优势尚未转化为竞争优势

经过几十年的迅猛发展,中国已成为世界第一大鞋类生产国和出口国,但远没有成为世界制鞋强国。统计数字显示,我国鞋的年产量已超过 70 亿双,占全球产量的 50% 以上,其中有 2/3 出口到世界各地,主要是美国和欧盟市场,中国鞋占欧盟进口鞋的比重约为 20%。美国的进口鞋更是 80% 来自中国,鞋类是厦门第一大出口商品,2004 年厦门出口鞋类共计 8.18 亿美元,其中出口欧盟 1.95 亿美元,涉及近 350 家企业。随着欧盟取消对我国鞋类进口的配额限制,我国输欧鞋类更有大幅增长之势。从厦门的统计数据看,2005 年 1—3 月,厦门鞋类出口 2.56 亿美元,比去年同期增长 30.7%,增幅比 2004 年同期高出了 5.2 个百分点,其中出口欧盟 1.08 亿美元,增长 52.3%,增幅更是比 2004 年同期高出了近 20 个百分点,呈现强劲增长态势。

中国是世界制鞋大国,但远没有世界成为制鞋强国。中国制鞋业的比较优势并没有转化为竞争优势。目前我国制鞋行业普遍存在自主研发能力弱、缺乏自由品牌、产品档次不高,以及出口增长主要依靠价格竞争和数量扩张等问题。我国的鞋至今还没有一个在国际上知名的品牌,设计方面也很薄弱。而且,我国鞋类的数量扩张型出口并没有改变。如 2005 年 1—2 月厦门鞋类产品对欧盟的平均出口单价为 3.23 美元/双，虽比 2004 年同期的平均出口单价上升 0.88 美元/双，且比 2005 年 1 月的全国平均单价 3 美元/双高 0.23 美元/双，但总体而言价格仍偏低，出口的增长还是呈数量型扩张态势。这种现状不但制约了我国鞋产品出口贸易的健康发展，也极易引发外国采取贸易保护措施。

资料来源：陈蒋齐. 异质取胜，让中国鞋走遍世界[N]. 厦门日报，2005-05-18.

第六章
国际贸易政策

本章导读

　　本章主要学习国际贸易政策的基本类型，即自由贸易政策、保护贸易政策；各国制定国际贸易政策的主要依据；发达国家国际贸易政策的历史演变，包括强制性贸易保护政策、自由贸易政策、保护贸易政策、超贸易保护政策、贸易自由化以及新贸易保护主义；当代发达国家和发展中国家贸易政策贸易政策的选择；中国对外贸易政策的执行情况。

学习目标

通过本章学习，应达到以下目的和要求：
1. 了解国际贸易政策的含义和构成。
2. 掌握国际贸易政策的两种类型。
3. 熟悉资本主义国家对外贸易政策的演变过程。
4. 掌握重商主义时期贸易保护政策、自由贸易政策、超贸易保护政策、贸易自由化以及新贸易保护主义。
5. 了解当代发达国家对外贸易政策的发展趋势和发展中国家对外贸易政策的选择，并能分析现实问题。

重要概念

　　国际贸易政策，自由贸易政策，保护贸易政策，超保护贸易政策，贸易自由化，新保护贸易主义，管理贸易政策，进口替代，出口导向

　　世界各国政府从本国的国情出发，制定其对外贸易政策以最大限度维护本国的利益。一国对外贸易政策在各国经济增长和经济发展中起着重要作用，对国际贸易的结构以及流向产生极为重要的影响。了解国际贸易政策的基本内容，掌握国际贸易政策的基本走势，

熟悉影响对外贸易政策制定与变化的依据是十分重要的。

第 一 节　国际贸易政策概述

一、国际贸易政策的含义、目的和构成

▶ 1. 国际贸易政策的含义

国际贸易政策是一国政府在一定时期内对进出口贸易活动制定并实行的政策。它是一国总的经济政策的组成部分，是为本国的经济发展和对外政策所服务的，并且随着本国经济的发展水平及其在国际经济中所处的地位的变化而不断变换。它所包含的基本要素为贸易政策主体、贸易政策客体、贸易政策目标、贸易政策内容和贸易政策手段五个方面。贸易政策主体是指贸易政策的制定者和实施者，一般是各国的政府部门；贸易政策客体或政策对象是指贸易政策规范、指导和调整的贸易活动以及从事贸易活动的企业、机构或个人；贸易政策目标是指贸易政策所要达到的目的，它是贸易政策内容制定的依据；贸易政策内容是指贸易政策的倾向、性质、种类和结构；贸易政策手段是指为了实现贸易政策目标而采取的具体措施，如关税、非关税等。

▶ 2. 国际贸易政策的目的

制定对外贸易政策的目的在于以下几方面。

(1) 保护本国市场。

(2) 引进外国资本，引进国外先进的技术知识、管理经验，改善本国的产业结构，促进生产力的发展。

(3) 改善本国进出口商品结构，提高出口产品质量及其在国际市场上的竞争能力，扩大本国出口产品的出口市场。

(4) 维护良好的国际经济与政治环境。国际贸易政策不仅影响着一国的对外贸易活动，而且还会通过对外贸易活动渗透到国民经济的各个部分，同时也会在一定程度上影响其贸易伙伴国的经济贸易发展。因此国际贸易政策的制定既要从本民族的利益和整个国民经济发展的角度出发，但又要考虑国际环境，包括世界贸易组织多边贸易体制的发展与影响，还要协调与贸易伙伴国的经济与政治关系。

▶ 3. 国际贸易政策的构成

(1) 贸易总政策。包括进口总政策和出口总政策。它是一国从整个国家经济发展的角度出发，在一个较长时期内实行的政策。

(2) 进出口商品政策和服务贸易政策。它是根据国际贸易总政策和经济结构、国内市场状况而分别制定的政策。

(3) 国别、地区贸易政策。它是根据国际贸易总政策和对外政治和经济关系而制定的国别和地区的对外贸易政策。

延伸阅读 6-1

美国国际贸易政策的制定与执行

根据宪法，美国国会享有对外贸易立法权和决策权，所有贸易法规的制定和对外贸易

条约的签订，必须得到国会的批准才能生效。特定条件下，国会可授权美国总统全权处理对外贸易谈判。

联邦政府根据国会立法制定和执行国际贸易政策。美国总统掌握着国际贸易政策实施的决策权，包括关税的调整、非关税壁垒削减、保护本国工业，对外谈判签约、实施制裁等各方面。

美国政府中负责对外贸易事务的机关主要有美国贸易代表办公室、商务部、国际贸易委员会和海关。它们直接接受总统领导，但权限由国会确定。

美国贸易代表办公室是美国政府参与对外贸易决策的主要机构。其中，美国贸易代表的职责主要包括以下几个方面：①主要负责美国国际贸易（包括商品问题，与国际贸易有关的直接投资问题）政策的制定、实施和协调。②担任总统国际贸易问题的主要顾问，就美国政府的其他政策对国际贸易的影响向总统提出建议。③作为美国的主要代表，负责包括货物贸易和直接投资等事宜的国际贸易谈判。④和其他部门进行贸易政策的协调。⑤担任总统的国际贸易发言人。⑥就国际贸易协定事宜向总统和国会汇报，并就其实施向总统和国会负责；就非关税壁垒、国际商品协议和与贸易协定相关的其他问题，向总统和国会提供建议。⑦兼任贸易政策委员会主席。

商务部具体负责美国对外贸易法律法规和政策的实施。海关负责关税、进出口监管以及核定审查贸易法规的执行情况。国际贸易委员会不从属于任何政府部门，拥有贸易调查权，对"不正当竞争"行为进行立案调查，裁定其是否对美国国内行业造成损害并确定采取的政策。此外，一些相关部门，如财政部、农业部等，在其相应的职权范围内承担一定的对外贸易管理职能。

美国国际贸易政策制定的基本程序是：首先由贸易政策工作委员会提出制定国际贸易政策的设想及修订政策的意见，经贸易政策审查委员会审议并提出意见，交回贸易政策工作委员会重新研究修改，然后报送贸易政策委员会讨论通过，最后报总统审批后交有关部门执行。有些重大问题，经总统审定后，还要交国会通过，使之形成法案，然后交商务部和有关部门执行。总统对国会提交各种法案，也可对国会制定的法案行使否决权。法案经总统否决后，国会议员要获得2/3以上的多数推翻总统的否决，法案才可生效。

资料来源：张玮．国家贸易原理[M]．北京：中国人民大学出版社，2009：110.

二、国际贸易政策的基本类型

从一国对外贸易政策的内容、结果、实施情况看，各国国际贸易政策可以分为两大基本类型，即自由贸易政策与保护贸易政策。

自由贸易政策（free trade policy）是指国家对进出口贸易不加干涉和限制，也不给予补贴和优惠，允许货物和服务自由输出和输入，使其在国内外市场上自由竞争的一种政策。保护贸易政策（protective trade policy）是指为保护本国产业和市场，国家采取各种措施限制货物和服务的进口，同时对本国出口商给予各种补贴和优惠以鼓励出口的一种政策。

当然，一国实行自由贸易政策，并不意味着完全的自由。从实践上看，西方发达国家在标榜自由贸易的同时，往往或明或暗地对某些产业提供保护。同样，实行保护贸易政策也并不是完全闭关自守，不发展对外贸易，彻底排除国外的竞争，而是对某些领域的保护程度高一些，即将外部的竞争限制在本国经济实力能够承受的范围内。即使采取保护贸易政策，也要在保护国内产业的同时，维护同世界市场的联系。

在国际贸易发展的数百年历史中，世界各国的国际贸易政策总是在自由贸易和保护贸易两种倾向之间变化。就世界贸易发展史来看，大多数国家、多数历史阶段奉行的国际贸易政策均带有鲜明的保护贸易色彩。

三、制定国际贸易政策的主要依据

一国的对外贸易实行自由贸易政策还是保护贸易政策，一般是由以下几个因素决定的。

▶ **1. 生产力和科技发展水平**

通常生产力发展水平高的国家，技术先进，资金充裕，在国际市场的竞争中处于优势地位，其产品具有较强的竞争力，从而，该国政府就会推行自由贸易政策，以期其他国家减少或消除进口限制，其目的是扩大本国产品的出口，同时获得国外廉价的原材料，在国际市场上获取更大的经济利益。相反，生产力和科学技术发展水平低下的国家，由于资金和技术要素处于劣势，现代化工业尚未真正建立，其产品在国际市场上缺乏竞争力，该国政府就会倾向采取保护贸易政策，保护国内竞争力弱的产业，避免国外产品对这些产业的冲击。

▶ **2. 经济发展战略**

一般而言，采取外向型经济发展战略的国家，往往制定较为开放和自由的国际贸易政策。因为对外贸易在一国经济发展中的作用越重要，该国越需要在世界范围内扩大产品的出口，加强与世界各国和地区的经济合作。而采取内向型经济发展战略的国家缺乏同各国发展对外经济贸易关系的紧迫感。为了保护本国产业的成长，还会采取较为强硬的保护贸易政策。

▶ **3. 在国际分工中的地位**

如果一国在国际分工中处于主导地位，国际市场扩张能力强，往往倾向于自由贸易政策；而在国际分工中处于附属地位的国家，国际市场的拓展能力有限，面对国外产品、服务的大举进入，则倾向采取保护贸易政策。

▶ **4. 各种利益集团力量的对比**

一国不同的国际贸易政策对本国不同利益集团产生不同的影响。自由贸易政策有利于出口厂商，但不利于进口集团，而保护贸易政策使国内的竞争型企业得到保护，但消费者利益却受到损害。通常各国直接参与对外贸易的企业集团推崇自由贸易，而那些同进口发生竞争关系的行业及其相关组织则是推行贸易保护主义的主要支持者。不同利益集团的力量对比会影响各国国际贸易政策的去向。

▶ **5. 本国与别国的政治经济关系**

一国愿意同政治、外交关系友好的国家积极发展经济贸易关系，扩大货物与服务的出口，而对政治上、经济上敌对的国家采取保护贸易政策。

▶ **6. 国内的政治和社会因素**

国际贸易政策的制定往往受到政党支持者的影响。每个政党都代表某些特殊集团的利益，而这些利益集团也在竞选中积极支持能考虑它们利益的政党。例如，在美国的两大政党中，工会尤其是劳联和产联一般支持民主党，大财团和企业主一般支持共和党。这些利益集团在国会和总统的竞选中鼎力支持各自党派。而这些党派的候选人一旦当选，就会在自己的职权范围内采取有利于这些利益集团的国际贸易政策。

延伸阅读 6-2

利益集团与美国国际贸易政策

当代国际贸易政策常常围绕着党派之争、总统权位之争展开，这在美国表现得尤为突出。美国是实行两党政治的国家。民主党、共和党每四年就要进行一番总统职位的争夺。而两党总统之位的争夺这种美国国内的政治斗争，又常常把美国对外经贸关系牵扯进来。有的总统候选人甚至把制造对外贸易摩擦、发动贸易战当成其拉选票"出彩"的一个筹码。这种情况不但在美国大选年出现，在一届总统任期内的中期选举中也常常如此，只是没有选举年突出。这种国内政治斗争需要把本可以平等协商解决的贸易问题升格为贸易摩擦，再升格为贸易战的做法在美国对外关系中带有明显的规律性。例如，1996 年美国大选前，克林顿政府为了获得 11 月大选的胜利，在 6 月采取强硬立场，宣布将持续了 20 多年的柯达—富士的纠纷提到世界贸易组织进行仲裁，以缓和国会和共和党的批评，满足产业界的要求，赢得更多的选票。

美国的国际贸易政策的变化也往往是国内利益集团施加压力的结果。2000 年，布什在美国有史以来最为势均力敌的总统大选中险胜对手。连续数月，美国钢铁工业的院外集团一直在对国会议员们进行游说，在这种情况下，布什总统决定对几乎所有钢产品展开了保障性调查。2001 年 10 月，美国国际贸易委员会认定进口钢材损害了美国的钢铁工业。2002 年 3 月 20 日，美国政府正式启动钢铁保护方案"201 条款"，实施为期 3 年的关税配额限制或加征高达 8%～30%的关税。

资料来源：王厚双. 各国贸易政策比较[M]. 北京：经济出版社，2002：39-40.

总之，一国采取那种国际贸易政策是由其经济发展水平、在国际经济中所处的地位及其经济实力决定的。一国在经济发展的初期，一般采取保护贸易政策，随着本国产业竞争实力的增强，保护贸易政策让位于自由贸易政策，而当其竞争地位受到威胁时，贸易保护主义又会抬头。

一国实行哪种国际贸易政策也要考虑其所处的国际环境。在经济全球化的背景下，各国在制定国际贸易政策时，既要考虑积极参与国际分工，又要确保在国际分工中的利益最大化。

第 二 节　国际贸易政策的历史演变

从整个世界范围来看，自资本主义生产方式出现以来，自由贸易政策和保护贸易政策始终相伴随。但在不同的发展时期，国际贸易政策的基调不尽相同，有时以自由贸易政策为主，有时又会掀起保护贸易的浪潮。

一、重商主义的保护贸易政策

16—18 世纪中期，是资本主义生产方式的准备时期，为完成资本主义的原始积累，英法等欧洲国家普遍实行重商主义的保护贸易政策，积极推行国家干预对外贸易的做法，采取奖出限入的办法积累财富。具体措施如下。

▶ **1. 限制外国制成品的进口**

西欧各国采取征收较高关税的办法，限制外国的制成品，特别是奢侈品的进口。法国在 1667 年规定,把从英国、荷兰进口的呢绒和花边等装饰品的税率提高 1 倍,英国在 1692 年规定,从法国进口的全部商品征收 25％的从价税。

▶ 2. 鼓励本国制成品的出口

政府通过减免出口税或出口退税的方法鼓励本国制成品的出口,同时采取强有力的措施奖励出口。禁止重要原料的出口,但对进口原材料减免关税。

▶ 3. 其他措施

(1) 英国政府通过《谷物法》,限制谷物的进口,以保护农业。

(2) 英国政府通过《职工法》,鼓励外国技工的移入,以奖励国内工场手工业的发展。

(3) 英国通过航海法案。规定:一切输往英国的货物必须用英国的船只或原出口国船只装运。对亚洲、非洲及北美洲的贸易必须使用英国或殖民地的船只。

(4) 奖励人口繁殖,充裕劳工来源,以降低劳工成本。

(5) 实行独占性的殖民地贸易政策。设立由独占经营特权的殖民地贸易公司(如英、法、荷等国的东印度公司)在殖民地独占经营贸易与海运,使殖民地成为本国制成品市场和原料供给地。

二、自由贸易政策和保护贸易政策

18 世纪中叶至 19 世纪末,资本主义进入自由竞争时期。在资本主义的经济基础上建立了适合工业资产阶级利益的国际贸易政策。但由于各国工业发展水平不同,所采取的贸易政策也不相同。

▶ 1. 英国为代表的自由贸易政策

英国在产业革命后,工业迅速发展,确立并巩固"世界工厂"的地位,其产品具有国际竞争力;另外,英国需要以工业制成品的出口换取原材料和粮食的进口。为此,英国资产阶级迫切要求国内外政府放松对外贸易的管制。经过不懈斗争,英国逐步实行了自由贸易政策,即国家对进出口贸易不进行干预,让商品在国内外市场自由竞争。具体措施包括以下几方面。

(1) 减少应税商品,逐步降低关税税率。在重商主义时期,英国有关关税的法令多达上千条,内容极其烦琐。1825 年英国开始简化税法,降低关税税率。1841 年英国应税的商品项目有 1 163 种,到 1882 年只有 20 种。工业制成品的平均关税税率为 30％左右,原料的平均关税税率为 20％。

(2) 取消了特权公司。1813 年和 1834 年,英国先后废止了东印度公司对印度和中国的贸易垄断权,从此对中国和印度的贸易向所有英国人开放。

(3) 废除了《谷物法》。《谷物法》是英国政府在 1815 年颁布的限制或禁止谷物进口的法律。它是通过维持较高的国内粮食价格来维护地主阶级的利益。《谷物法》严重阻碍了英国工业资产阶级的发展。1833 年英国纺织业资产阶级组成"反谷物法同盟",展开声势浩大的反谷物法运动。在英国资产阶级的不懈努力下,迫使国会终于在 1846 年通过废除谷物法法案,并于 1849 年生效。

(4) 废除《航海法》。《航海法》是英国限制外国航运业的竞争,垄断殖民地航运的一项法律。随着英国航运业的发展,航运业具有了绝对优势。从 1824 年起到 1849 年在英国与其他国家订立的贸易条约中,废除了原有的《航海法》。英国的沿海贸易和殖民地贸易、航运全部对外开放。

(5) 改变殖民地贸易政策。在 18 世纪英国对殖民地的航运享有特权,殖民地的货物输往英国享受特惠关税待遇。在大机器工业建立之后，英国不再惧怕任何国家的竞争，所以对殖民地的贸易逐步采取自由放任的态度。1849 年航海法废止后，殖民地可以对任何国家输出商品，也可以从任何国家输入商品。通过关税法的改革，废止了对殖民地商品的特惠税率。同时准许殖民地与外国签订贸易协定，殖民地可以与任何外国建立直接的贸易关系，英国不再加以干涉。

（6）与其他国家签订带有自由贸易色彩的贸易条约。从 1860 年起，英国根据自由贸易原则同其他国家签订了一系列贸易条约。1860 年英法之间签订了《科伯登条约》，这是第一个体现自由贸易精神的贸易条约，列有最惠国待遇条款。根据条约，英国降低了对法国的葡萄酒和烧酒的进口税，并承诺不禁止煤炭的出口；法国则保证对从英国进口的一些制成品征收不超过其价格 30％的关税。

在英国的带动下，19 世纪中叶许多国家降低了关税，荷兰、比利时等国相继实行了自由贸易政策。尽管各国的情况不同，但各国都从自由贸易了中获得了经济利益。在自由贸易政策的影响下，国际贸易迅速增长。从 1820 年到 1850 年，国际贸易量增加了 2 倍以上。从 1850 年到 1876 年又增加了 2 倍。

▶ 2. 美国和德国的保护贸易政策

与英国的自由贸易政策不同，这一时期的美国和德国基本上实行的是保护贸易政策。其基本原因在于这些国家的工业发展水平不高，经济实力和商品竞争力都无法与英国抗衡，需要采取强有力的政策措施（主要是保护关税措施）以保护本国的幼稚工业，避免遭受英国的商品竞争，因而逐步实行了一系列鼓励出口限制进口的措施。这时的保护贸易政策就是国家广泛利用各种限制进口的措施，保护本国市场免受外国商品的竞争，并对本国商品给予优待和补贴，以鼓励商品出口。

美国建国后，第一任财政部长汉密尔顿代表独立发展美国经济的资产阶级的要求，在 1791 年 12 月提交的《关于制造业的报告》中提出，为使美国经济独立，应当保护美国的幼稚工业，其主要的方式是提高进口商品关税。美国在 1789 年制定第一个《关税税则》，平均税率为 8.5％，此后历次《关税税则》的修改都在提高关税，到 1816 年，进口平均税率为 20％，其中棉织品的税率为 25％。

德国在 19 世纪 70 年代以后，为使新兴的产业避免外国工业品的竞争，使之能充分发展，便不断实施保护贸易措施。1879 年，俾斯麦改革关税，对钢铁、纺织品、化学品、谷物等征收进口关税，并不断提高关税税率；同时，与法国、奥地利、俄国等进行关税竞争。1898 年，德国又通过修正关税法，成为欧洲高度保护贸易国家之一。

这一时期贸易保护措施主要包括：以高关税和禁止进口限制国内幼稚工业部门产品的进口；以低关税或免税鼓励复杂机器设备、原料等国内无法生产但急需的商品进口；以高关税和禁止出口来限制重要原料出口；向私营工业发放政府信用贷款、津贴、奖金等为其发展提供必要的资金。

值得说明的是，贸易保护是为达到国家的最终发展目标而采取的过渡性措施。在积极采取发展和扶持本国工业的初期，逐步提高进口关税税率，经过一段时间的发展后，随着国内工业部门的建立和竞争能力的提高，开始逐步降低某些商品的进口关税，直至降低整体关税水平。保护贸易政策的实施，成功地促进了这些国家工业的迅速成长。

三、超保护贸易政策

19 世纪末到第二次世界大战期间，资本主义处于垄断时期。这一时期，垄断代替了自由竞争，成为一切社会经济生活的基础。此时，各国普遍完成了产业革命，工业得到迅速发展，世界市场的竞争开始变得激烈。尤其是 1929 年爆发的世界性经济危机，使市场矛盾进一步尖锐化。于是，各国的垄断资产阶级为了垄断国内市场和争夺国外市场，纷纷要求实行超贸易保护政策。许多国家提高了关税，对进口商品实行数量限制，并进行外汇管制。同时国家积极干预外贸，鼓励出口，新重商主义盛行。期间，英国在国际经济贸易中的优势地位逐渐丧失。进入 20 世纪 30 年代后，英国彻底抛弃了自由贸易政策，对许多商品进口实行了高额关税，并采取其他保护贸易措施。

超保护贸易政策是一种侵略性的贸易保护政策，与自由竞争时期的保护贸易政策有着明显的区别。

（1）保护的对象不同。超保护贸易政策不仅保护幼稚工业，而且更多地保护国内高度发展或出现衰落的垄断工业。

（2）保护的目的不同。超保护贸易政策不再是培养自由竞争的能力，而是巩固和加强对国内外市场的垄断。

（3）保护转入进攻性。以前是防御性的限制进口，超保护贸易政策是要在垄断市场的基础上对国内外市场进行进攻性扩张。

（4）保护的措施多样。不仅有关税，还有其他各种各样非关税措施。

（5）保护的阶级不同。它保护的不是一般的工业资产阶级，而是保护垄断资产阶级。

两次世界大战期间的超保护贸易政策造成世界贸易急剧萎缩，以 1929 年世界贸易水平为 100，1932 年降为 39.1，1934 年为 34，直到 1938 年才恢复到 40.5。

四、贸易自由化

第二次世界大战以后到 20 世纪 70 年代初，资本主义世界的经济得到了迅速恢复和发展，美国的经济力量空前提高，其经济实力跃为世界之首。其产品强大的竞争力迫切需要自由竞争的贸易环境，实现对外经济扩张。20 世纪 60 年代初，美国提出了"贸易自由化"的口号，随着西欧和日本经济的恢复和发展，为适应本国垄断资本对外扩张的需要，许多国家也开始推行贸易自由化。这一时期贸易自由化主要表现在两个方面。

▶ 1. 大幅度削减关税

（1）在关税与贸易总协定缔约方范围内大幅度地降低关税。从 1947 年以来，在关税与贸易总协定的主持下，举行了八轮多边贸易谈判。各缔约方的平均进口关税从 50% 左右下降到 5% 以下。

（2）欧洲经济共同体实行关税同盟，对内取消关税，对外通过谈判，达成关税减让的协议，使关税大幅度下降。关税同盟是欧洲经济共同体建立的重要基础，根据《罗马条约》的规定，关税同盟从 1959 年 1 月 1 日起分 3 个阶段减税，至 1970 年 1 月 1 日完成。1973 年 1 月英国、爱尔兰和丹麦 3 国加入欧洲经济共同体。到 1977 年 7 月 1 日，3 国与原 6 国之间在工业品与农产品方面也分别实现了全部互免关税，从而扩大了欧洲经济共同体内部的贸易自由化。

欧洲经济共同体还与地中海沿岸一些国家、阿拉伯国家、东南亚国家联盟等缔结了优惠贸易协定。

（3）通过普遍优惠制的实施，发达国家对来自发展中国家和地区的制成品和半制成品的进口给予普遍的、非歧视的和互惠的关税优惠。这是 1968 年在联合国贸易与发展会议第二届会议上通过的《普遍优惠制决议》后实施的。

▶ **2. 降低或取消非关税壁垒**

第二次世界大战后初期，发达资本主义国家对许多商品进口实行严格的进口限制、进口许可证和外汇管制等措施，以限制商品进口。到 20 世纪 60 年代初，关税与贸易总协定成员国之间的进口数量限制已取消了 90%。随着经济恢复与国际收支状况的改善，发达资本主义国家放松了进口许可证的发放，放宽或解除了外汇管制，恢复了货币自由兑换，实行外汇自由化。

需要说明的是，这个时期的贸易自由化倾向适应了全球一体化的发展，是经济和生产力发展的内在要求。另外，这一时期的贸易自由化倾向是一种有选择的贸易自由化，具体体现为发达资本主义国家之间的贸易超过了他们对发展中国家和社会主义国家的贸易自由化，区域性经济集团内部的贸易自由化超过集团对外的贸易自由化，工业制成品上的贸易自由化超过农产品上的贸易自由化，机器设备的贸易自由化超过纺织品、鞋类、皮革制品等工业消费品的贸易自由化。因此，这种贸易自由化倾向是极不平衡的，在一定程度上是和贸易保护政策的结合。

五、新保护贸易主义

20 世纪 70 年代中期至 80 年代，世界又掀起一股新贸易保护浪潮。在 1974—1975 年和 1980—1982 年两次世界经济危机的打击下，世界经济严重停滞，国际市场的竞争日趋激烈，导致了贸易保护主义的爆发。美国成为贸易保护主义的重要发源地。在各国对外贸易政策的相互影响下，新贸易保护主义不断蔓延与扩大，对国际贸易的正常发展带来了不利影响。新贸易保护主义具有以下特点。

▶ **1. 贸易保护措施的重点由关税措施转向非关税措施**

在《关贸总协定》的主持下，关税减让谈判使各国关税水平大幅度下降，关税对国内市场的保护作用日益减少。随着发达国家争夺市场的矛盾尖锐化，发达国家竞相采取非关税措施以限制商品进口。在 20 世纪 60 年代末，资本主义国家采用的非关税壁垒由大约 850 种增加到 1 000 多种。

▶ **2. 贸易保护范围扩大，从传统的农产品和一般工业制成品转向高级工业制成品和服务部门**

1977—1979 年，美国、英国、法国和意大利限制彩电进口。进入 20 世纪 80 年代后，美国对日本汽车实行进口限制，迫使日本实行"自愿出口限额"。加拿大、德国也相继采取限制汽车进口的措施。此外，在服务贸易领域，发达国家在签证申请、投资条例和收入汇回等方面加强了限制措施。

▶ **3. 贸易保护措施法制化、系统化**

具体表现在两个方面：一是加强贸易立法。20 世纪 80 年代以来，许多发达国家重新修订和补充了原有的贸易法规和条例，使对外贸易有法可依，各国将对外贸易制度和法规制定了更为详细具体、操作性更强的措施。如美国，1974 年贸易法案中的 301 条款对美国总统授权，可以对给予美国出口实施不公平待遇的国家进行报复。二是把贸易问题与非贸易问题结合起来，如海关、商检、进口配额制、进口许可证制、出口管制、反倾销等进一步结合，以便各种管理制度和行政部门更好地配合与协调，加强对进出口贸易更为系统的管理。

▶ **4. 贸易保护的重点从限制进口转向鼓励出口**

20 世纪 70 年代中期以来，随着发达资本主义国家之间贸易战的日益加剧，各国政府仅靠贸易壁垒来限制进口，往往会遭到其他国家的谴责和报复。因此，许多发达资本主义国家把奖出限入措施的重点从限制进口转向鼓励出口，在经济方面，通过采取出口信贷、出口信贷担保、出口补贴、外汇倾销等措施，促进本国商品的出口。在组织方面，发达国家广泛设立各种促进出口机构，协助本国厂商扩大出口。在精神方面，发达国家制定各种评奖制度，对扩大出口成绩显著的厂商给予奖励。

第 三 节　当代国际贸易政策的选择

一、发达国家对外贸易政策的发展趋势

进入 20 世纪 90 年代以后，西方发达国家逐渐走出经济低谷，其贸易政策呈现一些新的特点和趋势。

▶ 1. 管理贸易政策日益成为发达国家的主要贸易政策

管理贸易政策又称协调贸易政策，是指国家制定一系列的贸易政策、法规，加强对外贸易秩序的管理，对外通过签订双边、区域或多边贸易条约或协定，从而协调与其他贸易伙伴的经济贸易关系。

美国先后于 1974 年、1978 年和 1988 年制定了综合贸易法案，开始了其从自由贸易政策向管理贸易政策的转变。克林顿上台后，随着其经济振兴计划的提出，国际贸易政策成为美国新经济政策的主要组成部分，这预示着美国进入一个政府全面干预外贸活动的新时期。在美国的示范和推动下，"管理贸易"已逐渐成为西方发达国家基本的对外贸易制度。各国政府更加强调政府积极介入外贸的作用。由于贸易结构的不断升级，管理贸易所包括的商品种类逐渐增多，20 世纪 90 年代以来，管理的商品不仅包括劳动密集型工业品和农产品，而且包括劳务产品、高科技产品和知识产品等。

管理贸易政策是在 20 世纪 80 年代以来，在国际经济联系日益加强和新贸易保护主义重新抬头的双重背景下逐步形成的。在这种背景下，为了既保护国内市场，又不伤害国际贸易秩序，保证世界经济的正常发展，各国政府纷纷加强了对外贸易的管理和协调，从而逐步形成了管理贸易政策。管理贸易政策是介于自由贸易和保护贸易之间的一种对外贸易政策，是一种协调和管理兼顾的国际贸易体制，是各国对外贸易政策的发展方向。

▶ 2. 对外贸易政策与对外关系相结合的趋势加强

各国把对外贸易看成是处理国家关系越来越重要的手段。美国克林顿政府执政后很快把对外贸易提到"美国安全的首要因素"的高度，并通过调整国际贸易政策的方式来调节对外关系。如美国利用人权、民主、反恐需要等问题干扰贸易的举措时有发生；对社会主义国家不给予普惠制待遇；在中国加入世界贸易组织前对华永久性正常贸易关系(原称最惠国待遇)需年度审核等。这些做法都把贸易政策与其政治目标相结合。可以肯定，西方国家未来的贸易政策势必与其他经济政策和非经济领域的政策更大程度地融合，向着综合性方向发展。

延伸阅读 6-3

着眼于公众的总体利益的欧盟反倾销政策

欧盟最早的进出口贸易反倾销法制定于 1968 年，此后，随着世界贸易组织章程不断修订，欧盟的反倾销法也进行了多次修改变动。欧盟最近一次对反倾销法的修订是在 1995

年年底，根据这个最新的反倾销法，如果存在下面 3 种情况，欧盟会将所涉及的产品纳入反倾销程序。

第一，确认某种商品在欧盟市场上倾销。第二，确认正在欧盟市场上倾销的商品已经对欧盟境内的企业造成了实质性的伤害。第三，拟议实施的反倾销措施不会对欧盟总的经济及其他方面的综合利益造成损害。

欧盟在决定是否将某种商品纳入反倾销程序时，除了要保护受到伤害的欧盟企业的利益，还要考虑其他各方面的利益，如进口商、分销商和消费者的利益，尽可能避免市场的整体利益受到伤害。当市场上确有某类商品正在倾销，并确实对欧盟内的企业造成伤害时，欧盟的主管部门通常就会以发放问卷的方式向本地生产同类商品的企业进行"伤害程度"调查。同时，也要向进口商、分销商和一定数量的消费者进行市场调查，最后将这两方面的调查汇总起来进行分析。

欧盟的反倾销做法有其独到之处，一般来说，实施反倾销措施是为了保护本地企业的利益，而欧盟所采取的反倾销措施则是着眼于一个地区公众的总体利益，这里面既包括了企业的利益，也包括了其他各个方面的利益。当某种商品对本地区企业所造成的损失小于对进口这种商品的进口商、分销商和消费者的利益的时候，欧盟通常不会使反倾销程序进入实施阶段。

资料来源：搜狐财经，2004 年 1 月 8 日．

▶ 3. "公平贸易""互惠主义"成为发达国家对外贸易政策的主旨和原则

第二次世界大战后，以自由贸易为主旨的关贸总协定一直主宰着世界贸易体制。尽管期间各国贸易摩擦不断，但还是以自由贸易为主要原则。近年来，西方发达国家一方面反对贸易保护主义；另一方面又强调贸易的公平性。这种公平贸易不同于高筑壁垒抑制外国竞争的保护主义或放任自流的自由主义，是指在支持开放性的同时，以寻求"公平"的贸易机会为主旨，主张贸易互惠的"对等"与"公平"原则。具体表现为：进入市场机会均等，判定的标准为双边贸易平衡，而不仅仅是以是否满足双方进入要求为标准；贸易限制对等，即以优惠对优惠，以限制对限制；竞赛规则公平。

▶ 4. 非关税壁垒为主要手段

在经济全球化和贸易自由化的大背景下，经过关贸总协定和世贸组织的多轮多边贸易谈判，发达国家的总体关税已降至较低水平，正常关税已起不到保护的作用，非关税贸易壁垒日益成为西方各国贸易政策工具的主体。如西方发达国家不断地采用数量限制和"反倾销"手段来抵制发展中国家劳动密集型产品的进口。不容置疑，在西方发达国家未来的外贸政策中，单纯的关税措施和直接的非关税措施都会相应减少，但各种新型的更灵活和更隐蔽的非关税壁垒会不断被高筑，并成为贸易政策的主体。

▶ 5. 政府积极推动高科技产业发展并鼓励出口

第二次世界大战后，随着国际分工的加深和自由贸易的发展，西方各国对国际市场的依赖性不断加深，从而许多国家把奖出限入的重点从限制进口转到鼓励出口。进入 20 世纪 90 年代，这种政策的发展步伐正在加快。日本历来重视高科技产业的发展与应用，致使欧美在该领域的优势逐步丧失，从而激发了欧美的竞争意识。出于经济利益的驱使，西方各国纷纷制定了促进高科技产业发展的政策。各国政府都在竞相资助研究开发活动，大力鼓励发展高技术部门。因此西方各国的产品竞争优势仍将继续保持。

▶ 6. 组建贸易集团组织，实行共同的对外贸易政策

20 世纪 90 年代以来，区域经济集团化发展迅猛，发达国家通过建立各种集团的形式

加强成员国之间的贸易自由化，并以联合的经济实力和共同的国际贸易政策来对付外界的贸易攻势。随着区域经济集团化的发展，这种区域内采取更加统一的国际贸易政策的趋势将有增无减。

综合以上分析，西方发达国家今后的外贸政策既不可能背离贸易自由化这股世界潮流，甚至还是其推动力量，同时基于各国经济与贸易发展的不平衡，以及追求自身利益的方式和策略的变化，它们又会时常出台一些保护色彩较浓的贸易措施，进一步采取更为隐蔽和巧妙的手段。概言之，它们推行的是一种有管理的、可调节的自由贸易政策。其中，在政策协调的基础上实施某些保护措施，可能成为国际贸易政策的一个特点。不完全的自由贸易政策和不断装饰的保护贸易政策仍将长期并存，不仅在不同情况下发挥着各自的作用，而且有时还交汇融合，共同支配或影响着一个国家的对外贸易活动。

二、发展中国家的对外贸易政策

由于发达国家从国际贸易产生至今，一直居主导地位，因此，发达国家的外贸政策也就代表了国际贸易政策的总体情况。第二次世界大战之后，随着原来殖民地、半殖民地国家相继获得独立，发展中国家在世界经济领域，包括在国家贸易领域的地位日显重要。由于众多发展中国家的经济发展水平相差悬殊，在不同时期内推行的政策措施各有特点，但从总体上可以分为两种基本形式，即进口替代政策和出口导向政策。

▶ 1. 进口替代政策

进口替代政策，就是一国采取关税、进口数量限制和外汇管制等严格的限制进口措施，限制某些重要的工业品进口，扶持和保护本国相关产业发展的政策。实施这项政策的目的在于用国内生产的工业品替代进口产品，以减少本国对国外市场的依赖，促进民族工业的发展。

进口替代政策的一般做法是国家通过给予税收、投资和销售等方面的优惠待遇，鼓励外国私人资本在国内设立合资或合作方式的企业，或通过来料加工和来件加工等贸易方式，提高本国工业化水平。具体措施包括以下几方面。

（1）实行保护关税。对进口商品征收较高的关税限制其进入，而对建立替代工业所需的机器设备、中间产品采取减免关税的方法。

（2）采取进口限额。对某些进口商品规定进口数量，减少进口商品对本国相关工业的冲击。

（3）外汇管制。运用集中的外汇资金，进口国内所需的机器设备。

从20世纪50年代起，许多发展中国家相继实行了进口替代政策。从各国实施的政策来看，由于经济水平和所具备的条件不同，大致可分为两类国家。第一类国家战前就具有一定的工业基础，一般侧重于先建立耐用消费品工业来替代该类产品的进口。第二类国家由于原有的工业基础比较薄弱，它们的进口替代首先从非耐用消费品工业入手。

进口替代政策对于一些发展中国家的进口替代工业部门的发展起到了一定的作用，这些发展中国家初步建立了比较完备的工业体系，摆脱了对发达国家的严重依赖。例如，战后初期泰国只有一些碾米业、锯木业和采锡业，实行进口替代政策后，到20世纪60年代泰国已发展了纺织、制糖、水泥、炼油工业和电器装配工业等。

但是，随着进口替代工业化的发展，进口替代政策面临着一些严重问题。第一，进口替代工业国主要面向国内市场，其发展难免受到国内市场相对狭小的限制，加上一些工业部门的生产率低下，生产成本高，在国际市场缺乏竞争力，难以扩大出口，从而阻碍了进口替代工业的进一步发展。第二，随着进口替代工业的发展，所需的生产设备和某些原材料的进口也相应增加，使生产设备和原材料的进口代替了消费品进口，其结果不仅不能减少外汇支出，平衡外汇收支，反而导致国际收支的恶化。第三，由于政策着眼于进口替代工业，对基础设施的重视不够，特别是忽视农业的发展，严重的削弱着国家的发展后劲，阻碍了整个工业化的进程。

▶ **2. 出口导向政策**

出口导向政策是指一国采取各种措施来促进出口工业的发展，用工业制成品和半制成品的出口代替初级产品出口，促进出口产品的发展多样化，以增加外汇收入，并带动工业体系的建立和经济的持续增长。这项政策又称为出口替代，是外向型经济发展战略的产物。

一般来说，出口导向是进口替代发展的必然趋势。发展中国家进口替代发展到一定程度，就需要寻找国外市场，但是，要从进口替代成功转向出口导向，需要一些先决条件：国内某些工业部门已具备较高的技术水平和生产管理经验，有充分的管理人才和熟练劳动力，广阔的国外市场以及产品有一定的竞争能力，还要制定一套鼓励出口的政策措施。

20 世纪 60 年代中期前后，东亚和东南亚一些国家和地区最先转向出口替代政策。在这些国家的示范影响下，其他国家和地区也相继仿效。由于各国具体条件不同，实施这一政策的措施和策略也不尽相同。大致来看，有三种表现类型：第一种是拉美国家的做法（如巴西、墨西哥、阿根廷等国），它们一般在原进口替代的基础上发展出口替代工业，即把出口替代与进口替代结合起来。第二种是原来出口初级产品的国家，日益增加对初级产品的加工出口，提高附加值，如马来西亚、泰国、科特迪瓦等国。第三种是亚洲"四小龙"，它们地域狭小，矿产资源贫乏，就充分利用劳动力资源发展劳动密集型的装配加工工业。

这些国家（地区）的鼓励出口的政策措施包括以下几方面。

（1）给出口生产企业提供低息贷款，优先提供进口设备、原材料所需的外汇、大力引进资本、技术、经营管理知识，建立出口加工区等，以降低生产成本，提高产品质量，增加创汇能力。

（2）给出口企业提供减免出口关税、出口退税、出口补贴、出口信贷和出口保险等，以降低企业的出口成本，开拓国外市场，增强出口竞争能力。

出口导向政策对一些发展中国家，特别是新兴工业化国家和地区的工业化和工业制成品的出口起到了一定的积极作用，并极大地促进了这些国家的经济发展。1965—1980 年新加坡、韩国、马来西亚、泰国、巴西的国内生产总值年均增长分别为 10%、9.9%、7.4%、7.3% 和 9%，大大超过全世界国内生产总值年均增长 4.1% 的水平。而韩国、马来西亚、泰国、巴西的出口增长速度分别为 27.2%、9.1%、8.6% 和 9.3%，超过全世界同期出口平均增长率 6.7%。

出口导向政策随着出口导向工业的发展也产生了一些问题。第一，由于出口导向政策的主要目标是促进出口，为此而建立的工业严重地依赖世界市场。国际市场的波动，会影响到这些出口导向工业，进而影响国内经济的稳定。第二，以出口为导向，重点扶持国内出口导向产业，加剧了国民经济结构的不平衡性。第三，鼓励出口的措施运用不当，会扭曲国内的激励机制，导致出口导向产业效率低下。特别是 20 世纪 70 年代中期以来，发达国家的贸易保护主义重新抬头，给依赖成品出口的发展中国家带来了严重影响。

▶ **3. 发展中国家国际贸易政策的新趋势**

伴随着经济全球化，广大的发展中国家国际贸易政策发生了较大的变化。

（1）越来越多的发展中国家在世界贸易组织的框架下，进行了以贸易自由化为特征的国际贸易政策的改革，进一步降低关税，减少非关税壁垒措施。国际贸易政策正在向世界贸易组织的规则靠拢。

（2）无论是实行进口替代政策的国家还是实行出口导向政策的发展中国家，在开放经济的条件下，均把利用外资与发展本国经济、扩大进出口贸易有机地结合起来，将利用外资的政策纳入整个国际贸易政策体系中。

（3）注重加强发展中国家的联合，运用共同力量维护和扩大本国的正当利益。1963年，发展中国家在联合国大会上组成"77国集团"，商讨贸易、金融、关税、援助、开发等问题，彼此协调政策，采取共同行动。该集团定期召开全体成员国大会，就一系列重大经济问题进行磋商和协调，以期联合行动。该集团目前约有130个成员，但是仍沿用"77国集团"这个名称。这是因为发展中国家的经济实力相对弱小，在国际社会中的地位相对低下，单个国家的意见很难得到国际社会，尤其是发达国家的真正尊重。正是由于广大发展中国家团结一致、联合斗争，才使得联合国贸发会议和关贸总协定等组织机构在维护和争取发展中国家利益上取得一定成果。

三、中国国际贸易政策

（一）我国国际贸易政策演变过程

▶ 1. 计划经济下的内向型保护贸易政策

从新中国成立初期到1978年，我国建立了外贸经营与管理为一体、政企不分、统负盈亏的外贸管理体制，中央以指令性计划直接管理少数的专业性贸易公司进行进出口，实行国家管制下的内向型的保护贸易政策，贸易目标主要是进出口贸易在总体上达到平衡。在外贸经营体制上高度集中，以行政管理为主；在调节进出口贸易上主要靠计划、数量限制的直接干预，关税不起主导作用；人民币汇率一直高估；不参与世界性的经济贸易组织，搞双边贸易等。这种封闭型的保护贸易政策对于粉碎"禁运""封锁"，顶住外国的经济压力起过积极作用，同时也带来许多副作用，即对国内企业保护过度造成企业的效率不高，国际竞争能力低下；不能积极参与国际分工；外贸事业发展缓慢。

▶ 2. 在有计划商品经济的条件下实行对外贸易开放

1978年12月党的十一届三中全会以后，我国开始实行改革开放的国家战略，进行经济体制改革。在外贸领域，1979—1991年进行了以放开部分贸易经营权以及贸易公司自主化改革为主要内容的外贸体制改革，使外贸体制与外贸政策发生了较大变化。这期间外贸体制改革主要措施包括：第一，政府根据政企分开，外贸实行代理制、工贸结合、技贸结合、进出口结合的原则，下放部分外贸经营权，开展工贸结合试点，简化外贸计划内容，实行出口承包经营责任制。第二，全面推行对外贸易承包经营责任制，地方政府、外贸专业总公司和工贸总公司向中央承包出口创汇、上缴外汇年经济效益指标。承包单位自负盈亏，出口收汇实行差别流程。第三，外贸企业出口实行没有财政补贴的自负盈亏，以完善对外贸易承包经营责任制。为配合外贸企业的改革，国家采取了放宽外汇管制、实行出口退税政策、原外贸部下放部分权力等一系列配套改革的措施。

全面推行外贸承包责任制，调动了中央和地方扩大出口的积极性，增强了企业内部机制，确保了国家的外汇收入。但是，地方利益和部门利益滋生了地方和部门间的封锁和壁垒及不平等竞争，萌生了地方和企业的短期行为。

▶ 3. 按照国际规范改革对外贸易

1992年10月，党的十四大报告提出了"深化外贸体制改革，尽快建立适应社会主义市场经济发展的，符合国际贸易规范的新型外贸体制"。为此，我国按照关贸总协定与世界贸易组织的要求，进行了国际贸易政策的系统调整。

（1）调整进出口管理措施。1992年我国取消进口调节税，1994年取消进出口指令计划。此后多次降低关税，使整体关税水平与国际平均水平十分接近。进口配额以及其他的非关税措施数量也逐年减少。

（2）以国民待遇原则和非歧视原则开放外贸经营权。我国进一步推进了外贸放开经营，授予具备条件的国有生产企业、科研院所、商业物资企业外贸经营权。

（3）开放服务贸易。1992年之后，国家在金融、保险、房地产、商业零售、咨询、会计师服务、信息服务、教育等诸多领域进行试点开放。随着国内服务业改革的深入，我国的电信等敏感部门也开始同外资合作。

（4）改革外汇管理体制。1994年我国进行外汇管理体制改革，实行汇率并轨，建立了以市场供求为基础的、单一的、有管理的浮动汇率制度，实行人民币经常项目下的有条件的可兑换，取消外汇留成制和上缴外汇任务，并建立外汇指定银行间的外汇交易市场。

（5）设立外贸领域法律法规。1994年首次颁布了《中华人民共和国对外贸易法》，并且，更具国际规范，在货物贸易、外资、知识产权、反倾销等各个领域出台了一系列法律法规，同时政府的政策透明度也不断加强。

▶ 4. 实行有管理的贸易自由化政策

2001年12月我国加入世界贸易组织至今，我国在市场准入、国内措施、外资待遇、服务贸易等各个领域较好地履行了自身的承诺和义务。这一阶段我国外贸政策体系已经与国际贸易体制接轨，符合国际规范。

（1）完善对外贸易法律法规。主要包括修改《中华人民共和国对外贸易法》，完善中国对外贸易救济制度，颁布多个开放服务贸易领域的法规。2004年4月6日第十届全国人大常委会第八次会议通过了《中华人民共和国对外贸易法》修订稿。修改了原有法律与我国"入世"承诺和世界贸易组织规则不相符的内容，对我国享受世界贸易组织成员权力的实施机制和程序做了规定；2004年3月31日，修改了《中华人民共和国反倾销条例》《中华人民共和国反补贴条例》和《中华人民共和国保障措施条例》，涵盖金融、贸易、物流、旅游、建设等领域开放服务贸易领域的法规，基本完善了服务贸易领域对外开放的法律体系。

（2）进一步开放货物和服务贸易市场。工业品关税由加入世界贸易组织前的42.9%降到了2005年的9%，农产品关税由54%降到了15.3%。实行主动配额管理的出口商品由2002年的54种，减少到2006年的34种。进口方面，目前除关税配额管理的6种农产品外，其他进口配额管理方式已全部取消。我国在《中华人民共和国加入世界贸易组织议定书》中对服务贸易做出了广泛的承诺。目前基本上依照承诺实施开放市场的政策，进一步拓宽了外国服务者进入我国内地的领域和地域范围，降低了有关行业的准入门槛。例如，零售业已开放，外国寿险公司已获准在更多城市经营。

（3）利用国际规则维护产业安全。在促进贸易自由化的进程中，充分运用反倾销措施，遏制进口产品的不正当竞争。2005年，商务部共对国外产品发起7起反倾销立案调查，反倾销措施取得显著效果。另外，我国的钢铁保障措施有力地促进了钢铁产业的结构调整。

（4）积极推动自由贸易区的建设。2002年11月4日，中国与东盟领导人签署了《中国—东盟全面经济合作框架协议》，确定了2010年建立自由贸易区的目标（注：2010年1

月1日，东盟自由贸易区正式成立）。2004年11月29日，第八次东盟与中国领导人会议在老挝首都万象举行。双方领导人签署了《中国—东盟全面经济合作框架协议：货物贸易协议》等文件。按照协议，从2005年7月1日起，双方的7 000多种产品将逐步削减和取消关税。

（二）改革开放后我国对外贸易政策的主要特点

（1）对外贸易政策调整与完善贯穿我国外贸体制改革的全过程。从上面介绍的内容可以看出，我国对外贸易政策是伴随着我国经济体制改革特别是对外贸易体制改革的进程而不断完善的。我国外贸体制与政策变革主要是根据改革开放的大思路，学习借鉴西方发达国家的先进经验而不断调整。

（2）对外贸易政策内容更加符合市场经济体制和世界贸易组织规则的要求。我国对外贸易制度和管理体制一直朝着市场经济的方向发展，政府对对外贸易的直接控制，如出口限制、非关税措施、外资壁垒与待遇等，一直在逐步减少；与此同时，中央政府的宏观调控能力在逐步增加，例如我国利用国际市场调整粮食、石油的进出口，较好地调节了国内市场的需求并稳定了价格。

（3）对外贸易政策制定的程序更加规范化、民主化。在制定对外贸易政策时注意吸收发达国家的立法经验，广泛听取专家和企业家的意见。例如，在修订《中华人民共和国对外贸易法》时，受全国人大财经委员会和法律工作委员会的委托，中国外商投资企业协会于2004年年初在北京举行座谈会，征求外商投资企业对《中华人民共和国对外贸易法（修订草案）》的意见和建议。50多家跨国公司的近70名代表参加了会议，欧盟商会、德国工商总会、日本国际贸易促进协会等也派代表参加了座谈会。对外贸易政策制定的程序有一套科学的规则，使外贸政策的制定走向规范化。

（4）对外贸易政策实施从主要依靠行政手段向主要依靠法律手段转变。随着改革开放的深入，我国出台了一系列有关对外贸易的法律、法规，形成了符合世界贸易组织规则的对外贸易法律体系。我国对外贸易法律体系以《中华人民共和国对外贸易法》为龙头，并与其他涉及对外贸易管理的法律、法规相配合，各级政府依法管理对外贸易。

本章小结

国际贸易政策是一国政府在一定时期内对进出口贸易活动制定并实行的政策。国际贸易政策主要包括两种类型，即自由贸易政策和保护贸易政策。自由贸易政策是指国家对进出口贸易不加干涉和限制，也不给予补贴和优惠，允许货物和服务自由输出和输入，使其在国内外市场上自由竞争的一种政策。保护贸易政策是指为保护本国的产业和市场，国家采取各种措施限制货物和服务的进口，同时对本国出口商给予各种补贴和优惠以鼓励出口的一种政策。以西方国家为例，国际贸易政策经历了重商主义的贸易保护政策、自由贸易政策、保护贸易政策、超贸易保护政策、贸易自由化以及新贸易保护主义。进入20世纪90年代，西方国家贸易政策呈现出新趋势——管理贸易政策。管理贸易政策又称协调贸易政策，是指国家对内制定一系列贸易政策、法规，加强对外贸易秩序管理，对外通过签订双边或多边贸易条约与协定，以协调与其他贸易伙伴的经济贸易关系。发展中国家对外贸易政策主要以进口替代政策和出口导向政策为主。进口替代政策就是一国采取关税、进口数量限制和外汇管制等措施严格控制进口，限制某些重要的工业品进口，扶持和保护本国相关产业发展的政策。出口导向政策是指一国采取各种措施来促进出口工业发展，用工业制成品和半制成品的出口替代初级产品出口，促进出口产品多样化，以增加外汇收入并带动工业体系建立和经济的持续增长。

复习思考题

1. 国际贸易政策及其构成是什么？
2. 什么是自由贸易政策？什么是保护贸易政策？
3. 一国制定对外贸易政策的主要依据有哪些？
4. 简述发达国家国际贸易政策的历史演变过程。
5. 简述强制性贸易保护与超贸易保护的相同点与不同点。
6. 比较自由贸易政策与贸易自由化政策。
7. 新贸易保护主义的特点是什么？
8. 什么是进口替代政策？什么是出口导向政策？

延伸阅读6-4

韩国成功实施出口导向贸易政策

纵观韩国的发展史，它从一个非常落后的农业国在较短的时间内一举成为一个新兴工业化国家，人均 GDP 由 1960 年的 80 美元攀升到 2005 年的 16 492.90 美元，成为世界上经济增长速度最快的国家之一。

韩国与中国同为赶超国家，20 世纪 50 年代，作为一个发展中国家，韩国一直实行进口替代战略，建立了相对独立的民族工业体系，改变了单一的畸形经济结构和对发达国家的严重经济依附，在一定程度上促进了经济的恢复与发展，并于 60 年代初步完成了产业结构调整。然而新的问题也凸现出来：国内市场狭小，资源匮乏，剩余劳动力需要寻找出路。这促使韩国转变经济发展思路，实行出口导向性发展战略。可以说韩国经济发展神话的缔造与这一成功的转变密不可分。

韩国自 20 世纪 60 年代实施政府主导型市场经济与出口导向性发展战略以来，旨在以国外为原料供应和销售市场，利用扩大出口，带动国内经济的发展，如直接补贴（1964 年停止），免征出口税，对加工进口原材料、半成品免征进口税（后来改为进口退税），减征国内税，对出口企业提供低息贷款等。同时政府放松了金融管制，采用了国际金融惯例，大量引进外资。相对灵活的金融市场，有利于经济稳定、健康地发展和对外贸易的繁荣。以扩大出口为目的的出口导向战略，使得韩国的出口贸易（1960—1980 年）以年均 14% 的速度高速增长。出口产品结构顺利完成了从初级产品到工业制成品的转变，从劳动密集型产品到资本密集型产品的转变。

20 世纪 80 年代以来，随着韩国经济和科学技术的全面进步，出口产品逐渐变为计算机、半导体、汽车、彩色电视机等高技术密集型产品。韩国出口贸易的大发展和出口贸易结构的转变，又通过关联效应对就业和产出产生了相应的影响，极大地带动了经济高速发展，国内生产总值（GDP）持续增长一直延续到 1996 年（GDP 增长率为 7%）。1998 年在亚洲金融危机的重创下，跌至一6.9%，1998年金大中执政后，执行企业、金融、公共部门和用工制度四大改革，在较短时间内克服了金融危机。2001年8月，韩国提前还清了IMF的全部贷款，结束了IMF监管体制。2003年卢武铉执政后，提出把韩国建设成东北亚枢纽国家等政策目标，继续推行经济改革，培育新兴产业，吸引外资。

韩国从自身国情出发，把握历史机遇，及时调整对外贸易发展战略，从进口替代型战略转向出口导向型战略，并取得成功，值得众多发展中国家借鉴。

资料来源：林珏.国际贸易案例集[M].上海：上海财经大学出版社，2001：66-68.

延伸阅读 6-5

加纳与韩国贸易政策比较

1970年时加纳与韩国的生活水平大致相当，加纳的人均国内生产总值为250美元，韩国为260美元。但到了1992年，情况发生了极大的变化：韩国人均国内生产总值达6 790美元，而加纳仅为450美元；加纳1969—1980年间年均国内生产总值增长率为1.5%，1980—1992年间年均国内生产总值增长率高达9%。

加纳原是英国在西非的一个殖民地国家，于1957年独立。其第一任总统K.N提出了泛非洲社会主义理论，对非洲大陆的其他地区产生了很大的影响。对加纳而言，这一理论意味着对很多进口产品征收高关税，实行进口替代政策以促进本国在某些制成品方面的自给自足，并且采取组织、鼓励本国企业进行出口贸易政策。

我们以可可贸易为例来看其国际贸易政策。加纳拥有适宜的气候，肥沃的土壤和便利的海运航线，是世界上最适宜种植可可的地方，这一切决定了它在可可生产方面具有绝对优势。1957年，加纳是世界上最大的可可生产国和出口国。新独立的国家政府创立了一个由国家控制的可可推销委员会，它有权确定可可的价格，并且被指定为加纳生产的所有可可的唯一购买者。该委员会压低可可的国内收购价格，又以市场价格在世界市场上出售。它以每磅25美分的价格从种植者手中获得可可，再以每磅50美分的价格在世界市场上出售。实际上，该委员会付给种植者的价格远远低于世界市场上实际的价值，这样一来就等于对可可出口征了税，而国内收购价与出口价格之间的差额都进入了国库，这笔钱被用于政府的国有化和工业化政策。

1963—1979年，可可推销委员会付给加纳可可种植者的价格增长了6个系数，而加纳的消费品价格增长了22个系数，近邻国家的可可价格增长了36个系数。按实际价格计算，可可推销委员会付给加纳种植者的价格每年都在减少，而世界市场上的价格却在大幅度上升。在这种情况下，加纳的农民纷纷放弃了种植可可，转而生产一些能在国内市场销售的基本粮食作物，这样，在7年的时间内，加纳的可可生产和出口锐减了1/3。与此同时，加纳政府依靠国有企业建立国家工业基础的努力宣告失败。结果，加纳的出口收入减少使本国经济陷入衰退，外汇储备下降，严重限制了该国购买必要进口产品的能力，并且使该国的资源转向没有优势的经济作物。这种资源的低效使用损害了加纳的经济，抑制了该国经济的发展，使该国由当年的非洲最繁荣的国家之一变为当今世界上最贫穷的国家之一。

与加纳不同，韩国政府强调对制成品的进口设置低障碍（对农产品则不同），并采取刺激措施鼓励韩国公司进行出口。从20世纪50年代后期开始，韩国政府逐渐将进口关税的平均水平从进口价格的60%降低到20世纪80年代中期的20%以下，并将大多数非农产品的进口关税降为零。此外受配额限制的进口产品数量也从20世纪50年代后期的90%以上减少到20世纪80年代初的零。同时，韩国政府给出口商的补贴也从20世纪50年代后期的占销售价格的 80％ 逐渐下降到 1965 年得不到 20％，到 1984 年则不给补贴。在除农业部门以外，韩国的贸易政策逐渐向自由贸易的方向发展。韩国的外向型贸易政策取得了成功，该国经济也发生了巨大的转变。最初，韩国的资源从农业方面向劳动力密集型的制造业特别是纺织、服装和制鞋业转移。韩国拥有充足、廉价的而又受过良好教育的劳动力，这是其在劳动密集型的制造业领域建立比较优势的基础。近来，随着劳动力成本的提高，韩国经济已开始向资本密集型制造业领域发展，特别是汽车、航空、家用电器和先进材料等领域。这一切给韩国带来了巨大变化。20 世纪 50 年代后期，韩国 77％ 的劳动力都就业于农业部门，今天这个比例已降至 20％ 以下。同时，制造业在国内生产总值中所占比例从不到 10％ 增长到 30％ 以上，该国国内生产总值的年增长率超过 9％。

第七章
关 税 措 施

本章导读

本章主要学习关税的含义与作用，关税的主要类型，包括进口税、出口税、进口附加税等，关税的征收办法及通关程序。

学习目标

通过本章学习，应达到以下目的和要求：
1. 掌握关税的基本含义以及主要作用。
2. 掌握进口征税的主要种类。
3. 熟悉关税的征收办法和征收依据。
4. 掌握进口附加税的种类及实施情况。

重要概念

关税，海关，进口税，关税壁垒，普通税率，最惠国税率，特惠税率，普惠税率，出口税，过境税，进口附加税，反倾销税，反补贴税，紧急关税，惩罚关税，报复关税，差价税，从量税，从价税，混合税，复合税，选择税，海关税则，单式税则，复式税则，自主税则，协定税则，关税水平，名义保护率，有效保护率，关税结构

关税措施是世界各国贯彻执行对外贸易政策所采用的最主要措施。

第 一 节　关 税 概 述

一、关税的含义

关税是世界各国普遍征收的一个税种。关税（customs duties，tariff）是指一国海关对通过本国关境的进出口商品向本国进出口商人课征的一种税收。进口货物的收货人、出口货物的发货人是关税的纳税义务人。关税的征收对象包括应税货物和应税物品两类。

关税的征收是通过海关来执行的。海关是设立在关境上的国家行政管理机构，是贯彻执行本国有关进出口政策、法令和规章的重要部门。其职责是根据国家的法令，对进出口货物、货币、金银、行李、邮件和运输工具等进行监督管理、征收关税、查禁走私货物、临时保管通关货物和统计进出口商品等。海关还有权对不符合国家规定的进出口货物不予放行、罚款，直到没收或销毁。征收关税是海关的重要任务之一。

海关征收关税的领域叫关境或关税领域。它是海关管辖和执行海关法令和规章的区域。通常关境和国境是一致的，即海关征管的范围就是国家的领土范围。但有些国家在国境内设立了自由港、自由贸易区、出口加工区和保税区等经济特区。这些地区不属于关境范围，这时关境小于国境。有些国家缔结成关税同盟，当参加关税同盟的国家的领土成为统一关境时，关境大于各自的国境。

关税是国家财政收入的一个重要组成部分。它与其他税收一样，具有强制性、无偿性和预定性的特点。强制性是指税收是凭借法律的规定强制征收的，而不是一种自愿献纳，纳税人要按照法律规定无条件地履行自己的义务，否则就要受到国家法律的制裁。无偿性是指征收的税收，是国家向纳税人无偿取得的国库收入，国家不需付出任何代价，也不必把税款直接归还纳税人。预定性是指国家实现预定一个征税的比例或征税数额，征、纳双方必须共同遵守执行，不得随意变化和减免。

关税是一种间接税。因为关税主要是对进出口商品征税，其税负由进出口贸易商垫付，然后把它作为成本的一部分加在货价上，在货物出售给买方时收回这笔垫款。这样，关税最后由买方或消费者承担。

二、关税的作用

关税通过提高进出口的成本发挥作用，它对一个国家的经济产生的作用主要表现在以下几方面。

▶ 1. 增加本国的财政收入

海关征收关税后即上缴国库，成为国家的财政收入。由于关税在组织税收方面比其他税收更为方便，因而对一个国家来说，关税具有特别重要的意义。在西方资本主义发展初期，对进口和出口都征收较高关税，关税成为国家财政收入的主要来源。如1805年美国关税收入占联邦政府收入的90%～95%；1840年英国关税收入占税收总额的46%。那时关税的职能作用是财政作用。随着近代资本主义的迅速发展，国际贸易成为各国经济生活的重要组成部分，关税成为国际贸易发展的障碍，各国政府逐步通过法令以及国家间双边或多边的贸易谈判降低关税，关税作为国家财政收入的作用日益下降。同时，由于各国经济不断发展，税源不断扩大，也使关税在财政收入中的比重下降。以1992年为例，美国关税收入占财政收入的1.2%，新加坡为1.64%，巴西为1.51%，埃及为9.95%。以

1999 年为例，喀麦隆的关税收入占财政收入的 28.26%，中国为 9.5%，印度尼西亚为 2.53%，瑞士为 1.12%，瑞典为 0.07%，奥地利为 0.02%，意大利为 0.01%。现在只有少数发展中国家仍把关税作为财政收入的重要来源。

▶ 2. 调节进出口贸易

许多国家通过制定和调整关税税率来调节进出口贸易。在出口方面，通过低税、免税和退税来鼓励商品出口；在进口方面，通过税率的高低、减免来调节商品的进口。关税对进口商品的调节作用，具体表现在以下几个方面。

（1）对于国内能大量生产或者暂时不能大量生产但将来可能的产品，规定较高的进口关税，以削弱进口商品的竞争能力，保护国内同类产品的生产和发展。

（2）对于本国不能生产或生产不足的原料、半制成品、生活必需品或生产上的急需品的进口，制定较低税率或免税，以鼓励进口，满足国内的生产和生活需要。

（3）对于非必需品或奢侈品的进口制定更高的关税，达到限制甚至禁止进口这些商品的目的。

（4）通过关税调整贸易差额。当贸易逆差过大时，提高关税或征收进口附加税以限制商品进口，缩小贸易逆差。当贸易顺差过大时，通过减免关税，扩大进口，缩小贸易顺差，以减缓与有关国家的贸易摩擦及矛盾。

▶ 3. 保护国内产业

对进口商品征收关税，增加了进口商品的成本，提高了进口商品的价格，削弱其在国内市场的竞争能力，避免本国同类产品或类似产品受到外国竞争者的损害，以保护本国同类或相关产业的生产；对于重要的工农业原材料、国家急需的物资出口，通过征收出口税加以保护，可以防止本国资源和紧缺资源的大量流失，以保证本国市场的供应。

▶ 4. 调节国家的对外经济关系

由于关税的征收与变化直接影响到贸易对方国家的经济利益，进而影响到国家间的经济和政治关系。因此可以利用优惠关税，作为争取友好贸易往来、改善国际关系的手段；也可以利用关税壁垒作为限制对方进口或惩罚对方的手段；也可以利用差别关税，在对外贸易谈判时，以不同的税率为条件，作为迫使对方让步、开拓国外市场的手段等。

▶ 5. 关税的消极作用

由于关税是一种间接税，税负是由进出口商先行支付，最终在商品销售时追加到进出口商品上，它使物价升高，消费者的负担加重；关税是国际贸易发展的障碍，高关税被称为关税壁垒，不利于国际贸易的自由竞争，也容易恶化贸易伙伴关系，导致贸易摩擦；长期使用贸易保护，易导致国内企业没有竞争压力，养成依赖性，长期居于落后水平。

总之，关税在一国的经济活动中有一定的积极作用，但更应该尽量限制和减少它的消极作用。

第 二 节　关税的主要种类

一、进口税

进口税（import duty）是指进口商品进入一国关境时，由该国海关根据海关税则对本国进口商课征的一种税收。进口税又称为正常关税(normal tariff)或者进口正税。通常所称的关税壁垒,是指对进口商品征收高额的进口关税。

进口税一直被各国公认为是一种重要的经济保护手段,各国制定进口税率要考虑多方面的因素。从有效保护和经济发展出发,应对不同商品制定不同的税率。通常进口税税率随着进口商品的加工程度的提高而提高,即工业制成品的税率最高,半制成品次之,原料等初级产品的税率最低甚至免税,这称为关税升级。同样,进口国对不同的商品实行差别税率,如对于国内紧缺而又急需的生活必需品和机器设备予以低关税或免税,对于国内能大量生产的商品或奢侈品则征收高关税。由于各国征收进口税的目的不同,因此,有着各种类型的或名目的进口税。一般进口税率可以分为普通税率、最惠国税率、特惠税率和普惠税率4种。

▶ **1. 普通税率**

普通税率又称一般税率,如果进口国与进口商品的来源国没有签署任何关税互惠贸易条约,则对该进口商品按普通税率征税。普通税率是一国税率中的最高税率,一般比优惠税率高1~5倍。例如,美国在1980年以前对从中国进口的地毯按46%的普通税率征收,而同样产品的最惠国税率仅为6.8%。目前仅有个别国家对极少数(一般是未建交)国家的出口商品实行这种税率,大多数只是将其作为优惠税率减税的基础。因此,普通税率并不是普遍实施的税率。

▶ **2. 最惠国税率**

最惠国税率是一种优惠税率,如果与进口国签有最惠国待遇的双边或多边贸易协定,则对该进口商品按最惠国税率征税。所谓最惠国待遇(most favored nation treatment, MFNT)是指缔约双方实行互惠,凡缔约国一方现在和将来给予任何第三方的一切特权、优惠和豁免,也同样给予对方。最惠国待遇的内容很广,但主要是关税待遇。最惠国税率是互惠的,且比普通税率低,有时甚至差别很大。由于世界上大多数国家都加入了签有多边最惠国待遇的世界贸易组织,或者通过个别谈判签订了双边最惠国待遇条约,因而这种关税税率实际上已成为正常的关税税率。

值得一提的是,最惠国税率并非最低税率。在最惠国待遇中往往规定有例外条款,例如在缔结关税同盟、自由贸易区或有特殊关系的国家之间规定更优惠的关税待遇时,最惠国待遇并不适用。

▶ **3. 特惠税率**

特惠税(preferential duties)又称优惠税,是对来自特定国家或地区的进口商品,给予特别优惠的低关税或免税待遇。特惠税有的是互惠的,有的是非互惠的。特惠税税率一般低于最惠国税率和协定税率。

特惠制最早开始于宗主国与殖民地及附属国之间的贸易,最有影响的是2000年6月23日欧盟15国与非洲、加勒比海及太平洋地区77国签订的科托努协定(前身为《洛美协定》)的特惠税,是欧共体向参加协定的非洲、加勒比海和太平洋地区的发展中国家单方面提供的特惠关税。根据协定,在协定的8年过渡期中,非加太国家96%的农产品和全部工业品可免税进入欧盟市场,而不要求受惠国给予反向优惠。

▶ **4. 普惠制税率**

普惠制是普遍优惠制(generalized system preference)的简称,是发达国家给予发展中国家出口的制成品和半制成品(包括某些初级产品)普遍的、非歧视性的且非互惠的一种关税优惠制度。普惠制税率在最惠国税率的基础上实行减税,通常按最惠国税率的一定百分比征收。

普惠制是发展中国家在联合国贸易与发展会议上长期斗争的结果。目前已有 190 多个发展中国家和地区享有普惠制待遇，给惠国达到 29 个。对于不同给惠国，普惠制的具体执行方法不同。目前共有 15 个普惠制方案，从具体内容看，大多包括给惠产品范围、受惠国家和地区、关税削减程度、保护措施、原产地规则以及给惠方案有效期等。

延伸阅读 7-1

欧盟的普惠制方案

欧盟 2002—2005 年方案由五部分构成：一般安排、保护劳工权利的特殊安排、保护环境安排、欠发达国家特殊安排、反对毒品生产与交易安排。2005 年 7 月欧盟推出新的普惠制方案，适用期为 2006 年 1 月—2008 年 12 月。新方案的目标在于促进脆弱国家经济的持续稳定和有序发展。

新方案由三部分组成。所有符合条件的国家直接受益于一般安排；为促进持续稳定、有序发展安排为那些在发展中积极采用国际标准的国家提供额外的优惠；第三部分是针对欠发达国家的特殊安排，对于欠发达国家的产品进入欧盟提供免税、免配额的待遇。

在一般安排中，进口产品依照敏感、非敏感性进行分类。多数农产品被划入敏感产品范围。非敏感性产品享受免税待遇。敏感性产品适用最惠国从价税率基础上削减 3.5%，从量税基础上削减 30%。对于一些敏感性产品规定有从价、从量税率的情形下，从量税率不作削减；在规定最高和最低税率的情形下，最低税率不做削减。但是，有部分产品，主要是纺织品和服装，适用关税削减 20%。同时，优惠导致从价率在 1% 或以下，从量税额 2 欧元或以下的进口产品免税。一般安排还规定受惠国资格取消标准，即世界银行认定的高收入国家、工业化已经达到某种程度的国家不再享受欧盟的普惠制。一般安排适用原产地规定，承认地区增值累计。

为促进持续稳定、有序发展安排中的国际标准包括：①联合国国际劳工组织宪章下的人权和劳工权利；②与环境和治理相关的国际规范和标准。截至 2008 年 12 月，适用的国家包括玻利维亚、哥伦比亚、委内瑞拉、斯里兰卡等 15 个国家。

针对欠发达国家的特殊安排免除关税和数量限制，武器和弹药除外。

新方案赋予欧盟临时终止受惠国家进口产品享受关税优惠的权利。欧盟一旦发现受惠国有不公平贸易做法、违背国际公约、输出监狱制品等即可终止其享受的关税优惠。

新方案对给惠国也规定有保护措施。当进口产品为欧盟相似产品带来严重困难或产生直接竞争时，允许欧盟国家取消关税优惠。评价严重困难的标准包括欧盟生产商的市场份额、生产量、库存、能力、破产数量、盈利、就业、进口量、价格等。

资料来源：根据欧盟普惠制方案与 2007 年欧盟贸易政策审议报告整理.

二、出口税

出口税（export duties）是指出口国家的海关在本国商品输往国外时，对出口商品所征收的关税。目前大多数国家对绝大部分出口商品都不征收出口税。因为征收出口税会提高出口商品的成本和在国外市场的销售价格，削弱其在国外市场的竞争力，不利于扩大出口。目前只有少数国家对部分商品征收出口税。一些国家对在世界市场上具有垄断地位的商品和国内供不应求的原料品酌量征收出口税，例如，瑞典、挪威对于木材出口征税，以保护其纸浆及造纸工业。另外某些发展中国家，出于增加财政收入的考虑，也对本国资源丰富、出口量大的商品征收出口税，但有逐渐减少的趋势。我国历来采用鼓励出口的政策，但为了控制一些商品的出口量，采用了对极少数商品征出口税的办法。被征出口税的商品主要有生丝、有色金属、铁合金、绸缎等，出口税率为 10％～100％。

三、过境税

过境税(transit duty)又称通关税或转口税，是指一国海关对通过其关境再转运至第三国的外国货物所征收的关税。过境税在交通不发达的重商主义时期盛行于欧洲各国。随着国际贸易的发展，交通运输事业的发达，各国在货运方面的竞争日趋激烈，同时，过境货物对本国生产和市场没有影响，于是到了 19 世纪后半期，各国相继废除了过境税。第二次世界大战以后，关贸总协定规定了"自由过境"原则。目前，大多数国家对过境货物只征收少量的签证费、印花费、统计费及登记费等。

四、进口附加税

进口附加税(import surtax)是指进口国海关对于进口的外国商品除了征收一般进口税之外，出于某种特定目的而额外加征的关税，又称特别关税。其目的主要有：应付国际收支危机，维持进出口平衡；抵制外国产品低价倾销；对某个国家实行歧视或报复政策等。

进口附加税也是限制商品进口的重要手段，在特定时期有较大的作用。一般来说，对所有进口商品征收进口附加税的情况较少，大多数情况是针对个别国家和个别商品征收进口附加税。这类进口附加税主要有反倾销税、反补贴税、紧急关税、惩罚关税和报复关税五种。

▶ 1. 反倾销税

反倾销税(anti-dumping duty)是指对实行倾销的进口商品所征收的一种临时性的进口附加税。根据关贸总协定《反倾销守则》规定，征收反倾销税的目的在于抵制商品倾销，保护本国产品的国内市场。因此，反倾销税税额一般按倾销差额征收，由此抵销低价倾销商品价格与其正常价格之间的差额。而且征收反倾销税的期限不得超过为抵销倾销所造成的损害所必需的期限。一旦损害得到弥补，进口国应立即停止征收反倾销税。另外，若被指控倾销其商品的出口商愿做出"价格承诺"，即愿意修改其产品的出口价格或停止低价出口倾销的做法，进口国有关部门在认为这种方法足以消除其倾销行为所造成的损害时，可以暂停或中止对该商品的反倾销调查，不采取临时反倾销措施或者不予以征收反倾销税。

中国于 1997 年 3 月 25 日颁布实施了《中华人民共和国反倾销和反补贴条例》，这是中国制定的第一个反倾销、反补贴法规。规定进口商品低于其正常价值出口到中国为倾销，反倾销税由海关负责征收，其税额不超出倾销差额。

▶ 2. 反补贴税

反补贴税(counter-vailing duty)又称抵销税、反津贴税或补偿税，是指进口国为了抵消某种进口商品在生产、制造、加工、买卖及输出过程中接受的直接或间接奖金或补贴而征收的一种进口附加税。征收反补贴税的目的在于增加进口商品的价格，抵消其所享受的补贴金额，削弱其竞争能力，使其不能在进口国的国内市场上进行低价竞争或倾销。

关贸总协定的《补贴与反补贴守则》规定，征收反补贴税必须证明补贴的存在及这种补贴与损害之间的因果关系。如果出口国对某种出口产品实施补贴的行为对进口国国内某项已建立的工业造成重大损害或产生重大威胁，或严重阻碍国内某一工业的新建时，进口国可以对该种产品征收反补贴税。反补贴税税额一般按奖金或补贴的数额征收，不得超过该产品接受补贴的净额，且征税期限不得超过 5 年。另外，对于接受补贴的倾销商品，不能既征反倾销税，同时又征反补贴税。

▶ 3. 紧急关税

紧急关税(emergency tariff)是为清除外国商品在短期内大量进口，对国内同类产品的生产造成重大损害或产生重大威胁而征收的一种进口附加税。当短期内，外国商品大量涌入时，一般正常关税已难以起到有效的保护作用，因此，需借助税率提高的特别关税来限制进口，保护国内市场。例如，1972年5月，澳大利亚受到外国涤纶和锦纶进口的冲击，为保护国内市场，政府决定征收紧急关税，在每磅20澳分的正税外另加征每磅48澳分的进口附加税。由于紧急关税是在紧急情况下征收的，是一种临时性关税，因此，当紧急情况缓解后，紧急关税必须撤除，否则会受到别国的关税报复。

▶ 4. 惩罚关税

惩罚关税(penalty tariff)是指出口国某商品违反了与进口国之间的协议，或者未按进口国海关规定办理进口手续时，由进口国海关向该进口商品征收的一种临时性的进口附加税。这种特别关税具有惩罚或罚款性质。例如，1988年日本半导体元器件的出口商因违反了与美国达成的自动出口限制协定，被美国征收了100%的惩罚关税。又如，若某进口商虚报成交价格，以低价假报进口手续，一经发现，进口国海关将对该进口商征收惩罚关税作为罚款。

另外，惩罚关税有时被用作贸易谈判的手段。例如，美国在与别国进行贸易谈判时，就经常扬言若谈判破裂就要向对方课征高额惩罚性关税，以此逼迫对方让步。但随着世界经济多极化、全球化等趋势的加强，这一手段越来越容易导致别国的报复。

▶ 5. 报复关税

报复关税(retaliatory tariff)是指一国为报复他国对本国商品、船舶、企业、投资或知识产权等方面的不公正待遇，对从该国进口的商品所课征的进口附加税。通常在对方取消不公正待遇后，报复关税也会相应取消。然而报复关税也极易引起他国的反报复，最终导致关税战。例如，乌拉圭回合谈判期间，美国和欧盟就农产品补贴问题发生了激烈的争执，美国就提出一个"零点方案"，要求欧盟10年内将补贴降为零，否则除了向美国农产品增加补贴外，还要对欧盟进口商品增收200%的报复关税。欧盟也不甘示弱，扬言反报复，最后双方还是相互妥协。

征收进口附加税主要是为弥补正税的财政收入作用和保护作用的不足。由于进口附加税比正税所受国际社会的约束要少，使用灵活，因而常常会被用作限制进口与贸易斗争的武器。过去，我国在合理地、适当地应用进口附加税的手段方面显得非常不足。比如，因长期没有自己的反倾销、反补贴法规，不能利用反倾销税和反补贴税来抵制外国商品对我国低价倾销，以保护我国同类产品的生产和市场。直到1997年3月25日，我国颁布了《中华人民共和国反倾销和反补贴条例》，才使我国的反倾销、反补贴法制化、规范化。

五、差价税

差价税(variable duty)又称差额税，是当本国生产的某种商品的国内价格高于同类进口商品的价格时，为了削弱进口商品的竞争力，保护本国的生产和国内市场，按国内价格与进口价格之间的差额征收的关税。征收差价税的目的是使该种进口商品的税后价格保持在一个预定的价格标准上，以稳定国内该种商品的市场价格。

由于差价税是随着国内价格差额的变动而变动，因此是一种滑动关税(sliding duty)。对征收差价税的商品，有的规定按价格差额征收，有的规定在征收正常关税以外另行征收，这种差价税实际上属于进口附加税。

差价税的典型表现是欧盟对进口农畜产品的做法。欧盟为了保护其农畜产品免受非成员国低价农产品的竞争，而对进口的农畜产品征收差价税。首先，在共同体市场内部按生产效率最低而价格最高的内地中心市场的价格为准，制定统一的目标价格（target price）；其次，从目标价格中扣除从进境地运到内地中心市场的运费、保险费、杂费和销售费用后，得到门槛价格（threshold price）；最后，若外国农畜产品抵达欧盟进境地的 CIF 价（到岸价格）低于门槛价格，则按其间差额确定差价税率。例如，欧盟对冻牛肉进口首先征收20％的一般进口税，然后根据每周的进口价格与欧盟内部价格的变动情况征收差价税。实行差价税后，进口农畜产品的价格被抬至欧盟内部的最高价格，从而丧失了价格竞争优势。欧盟则借此有力地保护了其内部的农业生产。此外，对使用了部分农畜产品加工成的进口制成品，欧盟除征收工业品的进口税外，还对其所含农畜产品部分另征部分差价税，并把所征税款用作农业发展资金，资助和扶持内部农业的发展。因此，欧盟使用差价税实际上是其实现共同农业政策的一项重要措施，保护和促进了欧盟内部的农业生产。

第 三 节 关税的征收

一、关税的征收方法

关税的征收办法又称征收标准，一般分为从量税、从价税和混合税三种。

▶ 1. 从量税

从量税（specific duties）是指以进口货物的重量、数量、长度、容量和面积等计量单位为标准计征的关税。计算公式为：进口关税税额＝商品进口数量×从量关税税额。其中，重量单位是最常用的从量税计量单位。例如，美国对薄荷脑的进口征收从量税，普通税率为每磅 50 美分，最惠国税率为每磅 17 美分。

重量单位是最常用的从量税计量单位。在实际应用中各国计算重量的标准各不相同，一般采用毛重、净重和净净重。毛重（gross weight）是指商品本身的重量加内外包装材料在内的总重量。净重（net weight）是指商品总重量扣除外包装后的重量，包括部分内包装材料的重量。净净重（net net weight）则是指商品本身的重量，不包括内外包装材料的重量。

采用从量税计征关税的优点在于手续简便，只需核对商品的名称和数量，容易计算，并能起到抑制廉价商品或者故意低瞒报价商品的进口。其缺点是，同种类的货物不论质量好坏、等级高低，均课以同税率的关税，税负不太合理。而且，由于税额是固定的，不能随物价的变动而及时调整。特别是在物价上涨时，关税相对降低，其保护作用和财政作用有所减弱。征收对象一般是谷物、棉花等大宗产品和标准产品。

在工业生产还不十分发达，商品品种规格简单，税则分类也不太细的一个相当长时期内，不少国家对大多数商品使用过从量税。但第二次世界大战后，随着严重通货膨胀的出现和工业制成品贸易比重的加大，征收从量税起不到关税保护的作用，各国纷纷放弃了完全按从量税计征关税的做法。目前，完全采用从量税的发达国家仅有瑞士。

▶ 2. 从价税

从价税(advalorem duty)是以进口货物价格作为计税依据而征收的关税。它是按价格的一定百分比征收。例如，美国对羽毛制品的进口征收从价关税，普通税率为60%，最惠国税率为4.7%。其计算公式为：从价税税额＝进口货物总值×从价税率。

征收从价税的一个重要问题是确定进口商品的完税价格(dutiable value)。所谓完税价格，是指经海关审定的作为计征关税依据的货物价格，货物按此价格照章完税。各国规定不同的估价方法来确定完税价格，目前大致有以下三种：出口国离岸价格(FOB)、进口国到岸价格(CIF)和进口国的官方价格。如美国、加拿大等国采用离岸价格来估价，而西欧等国采用到岸价格作为完税价格。

征收从价税有以下特点：①税负合理。同类商品质高价高，税额也高；质次价低，税额也低。加工程度高的商品和奢侈品价高，税额较高，相应的保护作用较大。②物价上涨时，税款相应增加，财政收入和保护作用均不受影响。但在商品价格下跌或者别国蓄意对进口国进行低价倾销时，财政收入就会减少，保护作用也会明显减弱。③各种商品均可适用。④从价税税率按百分数表示，便于与别国进行比较。⑤完税价格不易掌握，征税手续复杂，大大增加了海关的工作负荷。

由于从量税和从价税都存在一定的缺点，因此关税的征收方法在采用从量税或从价税的基础上，又产生了混合税和选择税，以弥补从量税、从价税的不足。目前单一使用从价税的国家并不太多，主要有阿尔及利亚、埃及、巴西和墨西哥等发展中国家。

▶ 3. 混合税

混合税(mixed duty)是指在税则的同一税目中定有从量税和从价税两种税率，征税时混合使用两种税率计征。混合税又可分为复合税和选择税两种。

(1) 复合税(compound duty)是指征税时同时使用从量、从价两种税率计征，以两种税额之和作为该种商品的关税税额。复合税按从量、从价的主次不同又可分为两种情况：一种是以从量税为主加征从价税，即在对每单位进口商品征税的基础上，再按其价格加征一定比例的从价税。例如，美国进口小提琴每把征税1.25美元，另加征35%的从价税。另一种是以从价税为主加征从量税，即在按进口商品的价格征税的基础上，再按其数量单位加征一定数额的从量税。我国进口征税以从价税为主，1999年起对部分商品征收复合税。

(2) 选择税(alternative duty)是指对某种商品同时制定从量和从价两种税率，征税时由海关选择其中一种征税，作为该种商品的应征关税额。一般是选择税额较高的一种税率征收，在物价上涨时使用从价税，物价下跌时使用从量税。有时，为了鼓励某种商品的进口，或给某出口国以优惠待遇，也选择税额较低的一种税率征收关税。

由于混合税结合使用了从量税和从价税，扬长避短，哪一种方法更有利，就使用哪一种方法或以其为主征收关税，因而无论进口商品价格高低，都可起到一定的保护作用。目前，世界上大多数国家征税时都使用混合税，如主要发达国家美国、欧盟、加拿大、澳大利亚和日本等，以及一些发展中国家如印度、巴拿马等。

二、关税的征收依据

各国征收关税的依据是海关税则。

(一) 海关税则的内容

海关税则(customs tariff)又称关税税则，是一国对进出口商品计征关税的规章和对进出口应税与免税商品加以系统分类的一览表。海关税则是关税制度的重要内容，是国家关税政策的具体表现。

海关税则一般包括两部分：一部分是海关课征关税的规章条例及说明，另一部分是关税税率表。其中，关税税率表的主要内容包括税则号列（tariff no. 或 heading no. 或 tariff item），简称税号、商品分类目录（description of goods）及税率（rate of duty）三部分。

海关税则的商品分类目录将种类繁多的商品或按加工程度，或按商品性质，或按自然属性、功能和用途加以分类，随着经济的发展，各国海关税则的商品分类越来越细，这不仅是由于商品日益增多而产生技术上的需要，更主要的是各国开始利用海关税则更有针对性地限制有关商品的进口和更有效地进行贸易谈判，将其作为实行贸易歧视的手段。

（二）税则制度

各国海关都分别编制本国的海关税则，但由于各国海关在商品名称、定义、分类标准及税则号列的编排方法上存在差异，使得同一种商品在不同国家的税则上所属的类别和号列互不相同，因而给国际贸易活动和经济分析带来了很多困难。为了减少各国海关在商品分类上的矛盾，统一税则目录开始出现并不断完善。相继有《国际贸易标准分类》《海关合作理事会税则商品分类目录》以及《商品名称及编码协调制度》等。

▶ 1.《国际贸易标准分类》

1950 年，联合国经社理事会出于贸易统计和研究的需要，编制并公布了《国际贸易标准分类》（Standard International Trade Classification，SITC）。该目录把全部商品分为 10 类、63 章、233 组、786 分组、1 924 个基本项目。其中 0～4 类为初级产品，5～8 类为制成品。

▶ 2.《海关合作理事会商品分类目录》

1952 年成立海关合作理事会，并在布鲁塞尔制定了《海关合作理事会商品分类目录》（Customs Co-operation Council Nomenclature，CCCN），或称《布鲁塞尔税则目录》（Brussels Tariff Nomenclature，BTN）。该目录是以商品的原料组成为主，结合加工程度、制造阶段和商品的最终用途进行分类，将全部商品分为 21 类、99 章、1 105 个税目。其中前 4 类（1～24 章）为农畜产品，其他 17 类（25～99 章）为工业制成品。该目录曾被 140 多个国家采用。

▶ 3.《协调商品名称和编码制度》

由于上述两种商品分类标准在国际市场上的同时应用给很多工作带来了不便，为了协调和进一步统一这两种国际贸易分类体系，1983 年海关合作理事会协调制度委员会主持制定了《协调商品名称和编码制度》（*The Harimonized Commodity Description and Coding System*），简称《协调制度》（HS）、并于 1988 年 1 月 1 日正式生效。《协调制度》目录将商品分成 21 类，97 章，1 241 个项目号和 5 019 个子目。其中 1～24 章为农副产品，25～97 章为加工制成品，第 77 章金属材料为空章，是为新材料的出现而留空。《协调制度》综合了两种分类标准，同时能满足关税统计和国际贸易其他方面的要求，现在大多数国家和地区使用，中国也于 1992 年正式采用《协调制度》。

延伸阅读 7-2

《协调制度》在我国的应用

1992 年 6 月 23 日，我国海关根据外交部授权，代表中国政府正式签字成为 HS 公约的缔约方。多年来，我国海关积极参与服务分类标准的制定和修订工作，在国际场合争取我国的经济利益，施加我国的影响。

1992 年 1 月 1 日我国海关正式采用 HS，并于 1996 年 1 月 1 日按时实施了 1996 年版

HS 编码。我国海关采用的 HS 分类目录，前 6 位数是 HS 国际标准编码，第 7、8 两位是根据我国关税、统计和贸易管理的需要加列的本国子目。为满足中央及国务院各主管部门对海关监管工作的要求，提高海关监管的计算机管理水平，在 8 位数分类编码的基础上，根据实际工作需要对部分税号又进一步分出了第 9、10 位数编码的 HS 编码制度。

在研究设置本国子目时，充分考虑了执行国家产业政策、关税政策和有关贸易管理措施的需要，具体说来，我国加列的子目主要有以下几种情况。

（1）为贯彻国家产业政策和关税政策，为保护和促进民族工业的顺利发展，须制定不同的税率的商品加列子目，如临时税率商品。

（2）对国家控制或限制进出口的商品加列子目，包括许可证、配额管理商品和特定产品。

（3）为适应国家宏观调控、维护外贸出口秩序、加强进出口管理的需要，对有关主管部门监测的商品加列子目，包括进出口商会为维护出口秩序或组织反倾销应诉要求单独列目的商品（如电视机分规格，电风扇、自行车分品种等）。

（4）出口应税商品。

（5）在我国进口或出口所占比重较大、需分项进行统计的商品，包括我国传统大宗出口商品（罐头、中药材及中成药、编结材料制品等）。

（6）国际贸易中发展较快，且我国有出口潜力的一些新技术产品。

资料来源：海关总署和信息咨询网.

（三）海关税则的种类

▶ 1. 根据海关税则同一税目下税率种类多少，分为单式税则和复式税则

单式税则又称一览税则，是指一个税目只有一个税率，适用于来自任何国家的商品，没有差别待遇。目前只有少数发展中国家如委内瑞拉、巴拿马、冈比亚、乌干达等实行单式税则。

复式税则又称多栏税则，是指在一个税目下有两个或两个以上的税栏，对来自不同国家的进口商品按不同的税率征税，实行差别待遇。各国的复式税则不同，根据需要有两栏、三栏、四栏不等，设有普通税率、最惠国税率、协定税率和特惠税率等。一般普通税率最高，特惠税率最低。

现在，大多数国家都采用复式税则，我国目前采用二栏税则，美国、加拿大等国实行三栏税则，而欧盟采用五栏税则，第一栏是特惠税，实施对象是签订《洛美协定》的国家或地区；第二栏是协定税率，实施对象是与欧盟签订了优惠贸易协定的国家如以色列、埃及等；第三栏是普惠制税率，实施对象是一些发展中国家；第四栏是最惠国税率，实施对象是世贸组织的成员及与欧盟签订双边最惠国待遇的国家；第五栏是普通税率，实施对象是上述国家之外的其他国家和地区。

▶ 2. 根据各国制定税则的权限不同，分为自主税则、协定税则

自主税则又称国定税则，是一国立法机关根据关税自主原则独立制定的一种税则。它不受对外签订的贸易条约或协定的约束。

协定税则，是一国与其他国家或地区通过贸易谈判，以贸易条约或协定的形式而订立的一种税则。它是在本国原有自主税则的基础上，通过与他国进行关税减让谈判而另行规定的一种税率。不仅适用于该贸易条约或协定的签字国，而且某些协定税率也适用于享有最惠国待遇的国家。

三、关税的征收程序

征收关税的程序即通关手续，又称报关手续，是指进出口商或其代理人向海关申报进

口或出口，提交报关单证，接受海关的监督与检查，履行海关规定的手续。办完通关手续，结清应付的税款和其他费用，经海关同意，货物即可通关放行。通关手续通常包括申报、查验、征税和放行环节。现以进口为例进行介绍。

▶ **1. 货物的申报**

申报又称报关，是指在货物运抵进口国的港口、车站或机场时，进口商或其代理人在海关规定的时间内，向海关提交有关单证和填写有关表格，向海关申报进口。一般提交的单据和文件包括：进口报关单、提单、商品发票或海关发票、进口许可证、装箱单、原产地证书、商品检验证书及其他单证和合同等。

▶ **2. 单证的审核**

海关在收到报关人提交的上述单证后，按照海关法令与规定，查审核对有关单证。要求是：应交验的单证必须齐全、有效；报关单填报内容必须正确全面；所报货物必须符合有关政策与法规的规定。海关审核单证时发现有不符合上述规定时，立即通知申报人及时补充或更正。

▶ **3. 货物的查验**

查验又称验关，是通过对进口货物的检查，核实单货是否相符，防止非法进口。查验货物一般在码头、车站、机场的仓库、场院等海关监管的场所内进行。

▶ **4. 货物的征税与放行**

海关在审核单证、查验货物后，根据海关税则，照章办理收缴税款等费用。进口税款用本国货币缴纳，如使用外币，则应按本国当时汇率折算缴纳。当一切海关手续办妥之后，海关即在提单上盖上海关放行章以示放行，进口货物即此通关。

在通关过程中，各国海关都规定有报关的时限，报关人必须在货物到达后按规定办理通关手续。如果进口商对于某些特定的商品，如易腐烂的商品，要求货到即刻从海关提出，可在货到之前先办理提货手续，并预付一笔进口税，日后再正式结算进口税。如果进口商想延期提货，在办理存栈报关手续后，可将货物存入保税仓库，暂时不交纳进口税。在存放仓库期间，货物可再行出口，不必交纳进口税，但如果将货物提出保税仓库运往国内市场销售，则在提货前必须办理通关手续。

货物到达后，进口商如在海关规定的期限内未办理通关手续，海关有权将货物存入候领仓库，一切责任和费用都由进口商负责。如果再超过海关规定的时间仍未办理通关手续，海关有权处置该批货物。

为适应国际贸易发展的需要，世界各国海关不断努力进行谈判，力求简化和协调海关的监管制度和报送程序，于1999年通过了世界海关组织主持修订的新《京都公约》，即《关于简化和协调海关制度的国际公约》。我国于1994年就开始参加公约的修订工作，2000年6月，签署了公约的修正议定书。

第 四 节　关税的保护程度

关税的保护程度是指关税在保护本国生产和市场中所起作用的大小。通常用关税水平、名义保护率、有效保护率和关税结构等指标来综合衡量一国关税保护程度的大小。

一、关税水平

关税水平(tariff level)是指一个国家的平均进口税率。用关税水平可以大体衡量或比较一个国家进口税的保护程度,它也是一国参加贸易协定进行关税谈判时必须解决的问题。例如,在关贸总协定关税减让谈判中,就经常将关税水平作为比较各国关税高低及削减关税的指标。关税水平的计算,可以通过两种计算方法获得:简单平均法和加权平均法。

简单平均法是根据一国税则中的税率(法定税率)来计算的,即不管每个税目实际的进口数量,只按税则中的税目数求其税率的算术平均值。由于税则中很多高税率的税目是禁止性关税,有关商品很少或根本没有进口,而有些大量进口的商品是零税或免税的。因此,这种计算方法将贸易中的重要税目和次要税目均以同样的分量计算,显然是不合理的。因为简单平均法不能如实反映一国的关税水平,所以很少被使用。

加权平均法是用进口商品的数量或价格作为权数进行平均。按照统计口径或比较范围的不同,加权平均法又可分为全额加权平均法和取样加权平均法两种。

(1) 全额加权平均法,即按一个时期内所征收的进口关税总金额占所有进口商品价值总额的百分比计算。计算公式为

$$关税水平=\frac{进口税款总额}{进口总值}\times100\%$$

在这种计算方法中,如果一国税则中免税项目较多,计算出来的数值就偏低,不易看出有税商品税率的高低。因此,另一种方法是按进口税额占有税商品进口总值的百分比计算,这种方法计算出的数值比上述方法高一些。计算公式为

$$关税水平=\frac{进口税款总额}{有税商品进口总值}\times100\%$$

这种方法避免了由于把免税项目计算在内导致的百分比较低,从而掩盖了有税商品实际水平的缺陷。但由于各国的税则并不相同,税则下的商品数目众多,也不尽相同,因而这种方法使各国关税水平的可比性相对较弱。

(2) 取样加权平均法,即选取若干种有代表性的商品,按一定时期内这些商品的进口税总额占这些代表性商品进口总额的百分比计算。计算公式为

$$关税水平=\frac{若干种有代表性商品进口税款总额}{若干种有代表性商品进口总值}\times100\%$$

假定选取 A、B、C 三种代表性商品,详细资料如表 7-1 所示,计算关税水平。

表 7-1 三种商品的详细资料

商品名称	A	B	C
进口值(万元)	80	90	100
税率(%)	10	20	30

则

$$关税水平=\frac{80\times10\%+90\times20\%+100\times30\%}{80+90+100}\times100\%=14.7\%$$

采用这种方法是为了根据不同商品类别进行更具体的比较。通常,各国选取同样的代表性商品进行加权平均,这样对各国的关税水平比较则成为可能。而且选用的商品品种越

多，精确性越高，因此，这种方法比全额加权平均法更为简单和实用。在关贸总协定肯尼迪回合的关税减让谈判时，各国就使用联合国贸易与发展会议选取的504种有代表性的商品来计算和比较各国的关税水平。关税水平的数字虽能比较各国关税的高低，但还不能完全表示保护的程度。

二、名义保护率

根据世界银行的定义，对某一商品的名义保护率(nominal rate of protection，NRP)是指由于实行保护而引起的国内市场价格超过国际市场价格的部分占国际市场价格的百分比。用公式表示为

$$名义保护率 = \frac{进口货物国内市价 - 自国外进口价}{自国外进口价} \times 100\%$$

或

$$名义保护率 = \frac{进口货物国内市场价格 - 国际市场价格}{国际市场价格} \times 100\%$$

与关税水平衡量一国关税的保护程度不同，名义保护率只是一国关税保护的名义水平，衡量的是一国对某一类商品的保护程度。名义关税保护率的高低不能反映出关税对一国生产和市场的实际保护程度。由于在理论上，国内外差价与国外价格之比等于关税税率，因而在不考虑汇率的情况下，名义保护率在数值上和关税税率相同。

三、有效保护率

有效保护率(effective rate of protection，ERP)又称实际保护率，是指各种保护措施对某类产品在生产过程中的净增值所产生的影响。它是征收关税所引起的一种产品国内加工增加值同国外加工增加值的差额占国外加工增加值的百分比。用公式表示为

$$有效保护率 = \frac{国内加工增值 - 国外加工增值}{国外加工增值} \times 100\%$$

或

$$ERP = \frac{V' - V}{V} \times 100\%$$

式中，ERP为有效保护率；V'为保护贸易条件下被保护产品生产过程的增值；V为自由贸易条件下该生产过程的增值。

因此，有效保护主要是反映关税制度对加工工业产品的保护程度。有效保护率计算的是某项加工工业中受全部关税制度影响而产生的增值比。经过简化推导，有效保护率也可用下列公式计算：

$$ERP = \frac{t - a_i t_i}{1 - a_i} 100\%$$

式中，t为进口最终产品的名义关税率；a_i为进口投入系数，即进口投入物在最终产品中所占的比重；t_i为进口投入物的名义关税率。

举例说明：

(1) 某国需要直接进口电冰箱，也需要进口压缩机在国内生产。电冰箱的进口价格为300美元，压缩机的进口价格为150美元，压缩机在电冰箱价格中所占的比重为50%。如果对电冰箱征收进口税税率50%，而压缩机免征进口关税，则本国电冰箱工业享有的有效保护率为

$$ERP = \frac{50\% - 50\% \times 0}{1 - 50\%} \times 100\% = 100\%$$

（2）如果对压缩机征收进口税，但征收的进口税税率低于电冰箱的进口税税率，如取30%，则本国电冰箱工业享有的有效保护率为

$$ERP = \frac{50\% - 50\% \times 30\%}{1 - 50\%} \times 100\% = 70\%$$

（3）如果对压缩机也征收与电冰箱相同的进口税税率，则代入公式后，可得出本国电冰箱工业享有的有效保护率为50%。

（4）如果对电冰箱征收的进口税税率为50%，而对压缩机征收的进口税税率为60%，则本国电冰箱工业享有的有效保护率为

$$ERP = \frac{50\% - 50\% \times 60\%}{1 - 50\%} \times 100\% = 40\%$$

（5）如果对电冰箱征收的进口税税率降为30%，而对压缩机征收的进口税税率提高到70%，则本国电冰箱工业受到负保护：

$$ERP = \frac{30\% - 50\% \times 70\%}{1 - 50\%} \times 100\% = -10\%$$

从以上例子可以看出：一是当制成品的进口税税率高于所用投入品的进口税税率时，有效保护税率大于名义保护税率。二是当制成品的进口税税率等于所用投入品的进口税税率时，有效保护税率等于名义保护税率。三是当制成品的进口税税率低于所用投入品的进口税税率时，有效保护率小于名义保护率。四是当制成品的进口税税率低于所用投入品的进口税税率与投入品在制成品中的比重之乘积时，有效保护率为负保护。负保护说明征收进口税扭曲了制成品和投入品的价格关系，使投入品在国内加工生产为最终产品后不如直接进口制成品，国内生产者无利可图，从而丧失了关税的保护作用。因此，要对本国产业进行有效的保护，就应该设置阶梯关税，即关税的增幅应该从中间投入品到最终产品从低往高提升。所以，我们考察一国的关税结构，不仅要考察商品的进口关税税率，还必须考察其投入品的进口关税税率。

四、关税结构

关税结构又称关税税率结构，是指一国关税税则中各类商品关税税率之间高低的相互关系。世界各国因其国内经济和进出口商品的差异，关税结构也各不相同。尽管世界各国的关税结构不同，但普遍存在关税升级的现象。一般都表现为：资本品税率较低，消费品税率较高；生活必需品税率较低，奢侈品税率较高；本国不能生产的商品税率较低，本国能够生产的商品税率较高。其中一个突出的特征是关税税率随产品加工程度的逐渐深化而不断提高。制成品的关税税率高于中间产品的关税税率，中间产品的关税税率高于初级产品的关税税率。这种关税结构现象称为升级或阶梯关税结构(cascading tariff structure)。

用有效保护理论可以很好地解释关税结构中的关税升级现象。有效保护理论说明，原料和中间产品的进口税率与其制成品的进口税率相比越低，对有关的加工制造业最终产品的有效保护率则越高。关税升级，使得一国可对制成品征收比其所用的中间投入品更高的关税，这样，对该制成品的关税有效保护率将大于该国税则中所列该制成品的名义保护率。以发达国家为例，在20世纪60年代，发达国家平均名义保护率在第一加工阶段为4.5%，在第二加工阶段为7.9%，在第三加工阶段为16.2%，在第四加工阶段为22.2%，而有效保护率分别为4.6%、22.2%、28.7%和38.4%。由此可见，尽管发达国家的平均

关税水平较低，但是，由于关税呈升级趋势，关税的有效保护程度一般都大于名义保护程度，且对制成品的实际保护最强。在关税减让谈判中，发达国家对发展中国家初级产品提供的优惠，远大于对制成品提供的优惠，缘由即出于此。这一分析告诉我们，在考察保护程度时，要把着眼点放在产品生产过程的增值上和分析关税对产品增值部分的影响上。投入品（原料、半制成品）的关税税率越低，关税对产出品的有效保护水平越高，反之，越低，甚至形成关税的负保护。关税应从原料、半制成品和制成品逐步由低到高，形成阶梯结构，并利用阶梯结构向不同行业和不同层次的产品提供不同的有效保护。

本章小结

　　关税措施是世界各国贯彻执行对外贸易政策的最主要措施。关税是指一国海关对通过本国关境的进出口商品向本国进出口商人课征的一种税收。关税的征收能够增加本国的财政收入、调节进出口贸易、保护国内的相关产业、调节对外经济关系。关税主要包括进口税、出口税、进口附加税。进口税的征收分为普通税、最惠国税、特惠税和普惠制。由于世界大多数国家都加入了世界贸易组织，所以执行最惠国税比较普遍。为降低出口商品的成本，增强其在国外市场的竞争力，目前大多数国家对大多数出口商品都不征收出口税。进口附加税是指进口国海关对进口的外国商品在征收了一般进口税之外，出于某种特定目的又加征的关税。进口附加税包括反倾销税和反补贴税。关税的征收办法又称征收标准，一般包括从价税、从量税。从价税是以进口货物价格作为计税依据而征收的关税。从量税是以进口货物重量、数量、长度、容量和面积等计量单位为标准计征的关税。关税征收程序又称通关手续，通常包括申报、查验、征税和放行环节。

复习思考题

1. 什么是最惠国税？为什么说最惠国税是正常关税？
2. 解释特惠税与普惠税。
3. 何为进口关税？一般进口税分为哪几种形式？
4. 一般关税征收办法有几种？目前多数国家使用的哪一种，为什么？
5. 进口附加税的含义及作用。
6. 以进口为例，谈谈通关的主要环节。
7. "关税能为政府带来收入并且能为国内产业提供保护，因此，关税税率越高，政府的收入越多且对国内产业保护越好"。请对该观点进行分析。

延伸阅读 7-3

中国 2002 年部分产品进口关税种类和税率

中国于 2001 年加入世界贸易组织。根据世贸组织透明度原则，对外贸易经济合作部公布出版了《中华人民共和国进出口贸易管理措施：进出口关税及其他管理措施一览表（2002）》中国目前的进出口关税税率设普通税率、最惠国税率、协定税率和特惠税率，见表 7-2。

表7-2 2002年部分进口商品的税率

税则号列	货品名称	最惠国税率	普通税率
		从价税	
08109010	鲜荔枝	36%	80%
33030000	香水及花露水	22.5%	150%
85101000	剃须刀	30%	100%
85191000	真空吸尘器	22.5%	130%
87120030	山地自行车	17.8%	130%
		从量税	
02071200	整只冻鸡	1.6元/千克	5.6元/千克
22030000	啤酒	3元/升	7.5元/升
27090000	石油原油	0	85元/吨
37025520	未曝光的窄长彩色胶卷	16元/平方米	232元/平方米
		复合税	
85211011	广播级录像机	每台完税价格低于或等于2 000美元：执行单一从价税，税率为36%； 每台完税价格高于2 000美元：每台征收从量税，税额5 480元，加上3%的从加税	每台完税价格低于或等于2 000美元：执行单一从价税，税率为130%； 每台完税价格高于2 000美元：每台征收从量税，税额20 600元，加上6%的从加税
85211020	录像机	每台完税价格低于或等于2 000美元：执行单一从价税，税率为36%； 每台完税价格高于2 000美元：每台征收从量税，税额5 480元，加上3%的从加税	每台完税价格低于或等于2 000美元：执行单一从价税，税率为130%； 每台完税价格高于2 000美元：每台征收从量税，税额20 600元，加上6%的从加税
		曼谷协定复合税	
85211011	广播级录像机	每台完税价格低于或等于2 000美元：执行单一从价税，税率为20%； 每台完税价格高于2 000美元：每台征收从量税，税额2 490元，加上3%的从加税	每台完税价格低于或等于2 000美元：执行单一从价税，税率为130%； 每台完税价格高于2 000美元：每台征收从量税，税额20 600元，加上6%的从加税
85211020	放像机	每台完税价格低于或等于2 000美元：执行单一从价税，税率为20%； 每台完税价格高于2 000美元：每台征收从量税，税额2 490元，加上3%的从加税	每台完税价格低于或等于2 000美元：执行单一从价税，税率为130%； 每台完税价格高于2 000美元：每台征收从量税，税额20 600元，加上6%的从加税

资料来源：中华人民共和国对外贸易经济合作部世界贸易司. 中华人民共和国进出口贸易管理措施：进出口关税及其他管理措施一览表(2002)[M]. 北京：工商出版社，2002.

延伸阅读 7-4

发达国家的瀑布式关税结构

在发达国家中，特别是美国、欧盟和日本，成功地实施了瀑布式关税结构保护模式，即随着国内加工程度加深，关税税率不断上升，使国内加工程度越深，有效或实际保护率超出名义关税税率的比例越大，见表 7-3。

表 7-3 美国、欧盟和日本的瀑布式关税结构

美 国				欧 盟				日 本			
产品	初级产品	半成品	最终产品	产品	初级产品	半成品	最终产品	产品	初级产品	半成品	最终产品
羊毛	4	9	11	木材	0	2	4	可可	0	2	25
皮革	0	3	14	纸	0	0	4	黄麻	0	8	20
棉花	2	7	7	锌	0	2	7	铝	0	9	
铁	0	1	4								
铜	0	1	2		—				—		
铅	0	4	8								

资料来源：〔美〕Dominick Salvatore. 国际经济学［M］. 5 版. 北京：清华大学出版社，1998：179.

第八章
非关税壁垒

本章导读

本章主要学习实施非关税壁垒的原因、非关税壁垒措施的主要特点、非关税壁垒的主要形式，以及非关税壁垒发展的新趋势。

学习目标

通过本章学习，应达到以下目的和要求：

1. 掌握非关税壁垒的含义及特点。
2. 掌握非关税壁垒的主要种类。
3. 了解非关税壁垒发展的新趋势。

重要概念

非关税壁垒，进口配额制，绝对配额，关税配额，自愿出口限额，进口许可证，外汇管制，最低进口限价，国内税，进口押金制，海关估价，歧视性政府采购，技术性贸易壁垒，环境贸易壁垒

第一节　非关税壁垒的分类、作用与特点

一、非关税壁垒采用的原因

非关税壁垒(non-tariff barriers)指除关税措施以外的其他一切直接或间接限制进口的措施。它是国家管理对外贸易政策实施的重要手段之一。

采用非关税壁垒措施主要有以下原因。

▶ **1. 世界总体关税水平下降**

第二次世界大战后，在关贸总协定的主持下，经过 8 轮多边谈判，缔约国的平均关税水平已大幅度降低，其中欧美日等发达国的关税税率已降到 5% 以下。随着越来越多的国家加入关贸总协定(1995 年 1 月 1 日起被世界贸易组织所替代)，而且关贸总协定要求各缔约方必须将其关税约束到其承诺的水平，不能任意提高，这一规定使得关税措施的保护作用大大削弱。

▶ **2. 关税措施的应用缺乏灵活性**

由于一国关税法规的制定必须经过该国严格的立法程序，加之关税的调整很容易引起国内相关行业尤其是被保护行业的反对。况且高关税并不一定能杜绝进口，反而容易招致他国报复。因此，许多国家在调整关税政策时十分谨慎。

▶ **3. 关贸总协定对非关税壁垒缺少约束**

特别是 20 世纪 70 年代石油危机以来，市场竞争加剧，贸易保护主义抬头。为保障国内生产和就业，发达国家开始设置各种非关税壁垒，限制外国商品的进口，特别是对发展中国家实行贸易歧视。为回应其贸易保护做法，越来越多的国家纷纷设置非关税壁垒，形成了以非关税壁垒为主、关税壁垒为辅的新贸易保护主义格局。据统计，非关税壁垒从 20 世纪 60 年代末的 850 多项增加到目前的 2 500 多项，且还在不断增加。

二、非关税壁垒的分类

从限制进口的作用来看，非关税壁垒分为直接和间接两类。所谓直接的非关税壁垒，是指进口国直接规定商品进口的数量或金额，或者通过施加压力迫使出口国自己限制商品的出口。如进口配额制、"自动"出口限制、进出口许可证、市场秩序协定等。间接的非关税壁垒，是指对进口商品制定严格的条件和技术标准，从而间接限制进口，如复杂的技术标准、进口最低限价、卫生安全检验和严格的社会标准等。

联合国贸易与经济发展会议(UNCTAD)将非关税壁垒措施分成三类，每一类分为 A、B 两组，其中 A 组为数量限制，B 组为影响进口商品成本的措施(表 8-1)。

表 8-1 联合国贸易与经济发展会议对非关税壁垒的分类

I	为保护国内生产不受外国竞争而采取的商业性措施
A 组	(1) 进口配额
	(2) 许可证
	(3) "自动"出口限制
	(4) 禁止出口和进口
	(5) 国营贸易
	(6) 政府采购
	(7) 国内混合规定
B 组	(8) 最低限价和差价税
	(9) 反倾销税和反补贴税
	(10) 进口押金制
	(11) 对与进口商品相同的国内工业实行优惠
	(12) 对与进口商品相同的国内工业实行直接补贴或间接补贴
	(13) 歧视性的国内运费
	(14) 财政部门对于进口商品在信贷方面的限制

Ⅱ	除商业性政策以外的用于限制进口和鼓励出口的措施	
A 组	(15) 运输工具的限制	
	(16) 对于进口商品所占国内市场份额的限制	
B 组	(17) 包装和标签的规定	
	(18) 安全、健康和技术标准	
	(19) 海关检查制度	
	(20) 海关估价	
	(21) 独特的海关商品分类	
Ⅲ	为促进国内替代工业的发展而实行的限制进口措施	
	(22) 政府专营某些商品	
	(23) 政府实行结构性或地区性差别待遇政策	
	(24) 通过国际收支限制进口	

资料来源：陈宪. 国际贸易：原理·政策·实务[M]. 3 版. 上海：立信会计出版社，2003：191.

三、非关税壁垒的特点

与关税壁垒相似，非关税壁垒也可以通过调解贸易量以实现贸易保护的目的，但又具有其显著特点。

▶ 1. 直接性

关税壁垒的实施是通过征收高出正常水平的关税来提高进口商品的成本，进而削弱其竞争力，但其对进口商品的限制是相对的。当面对国际贸易中越来越普遍的商品倾销和出口补贴等鼓励出口的措施时，关税壁垒也越发显得乏力。同时，外国商品凭借降低生产成本(节约原材料或提高生产效率)甚至直接降低利润率来应对进口国的关税壁垒，也能突破进口国设置的进口限制。而有些非关税壁垒对进口的限制则是绝对的，比如，对进口产品采取配额制，预先设定进口的数量和金额，超过限制的额度即禁止进口。这种方法在限制进口方面更加直接、严厉、有效。

▶ 2. 灵活性

一般来说，各国关税税率的制定必须通过立法程序，且要求具有一定的政策连续性，所以调整关税税率的随意性有限。同时，关税税率的调整直接受到世界贸易组织的约束，各国海关不能随意调整关税水平，所以关税壁垒的灵活性很弱。而非关税壁垒的政策制定和实施通常采用行政手段，制定、改编和调整都迅速、简单，弹性大，在限制进口方面表现出更大的灵活性和时效性。同时，进口国还可以根据实际需要，变换进口限制措施，达到限制进口的目的。

▶ 3. 歧视性

各国的关税税则应体现非歧视性原则，这就要求对所有国家的进口商品采取同等程度的限制。而非关税壁垒可以针对某个或某几个国家的一种或多种商品采取限制措施，具有明显的歧视性。如 1999 年日本政府实施了《节能修正法》新法案。该法案有一规定，到 2010 年，1.250～1.499t 的轿车要实现 30％以上的节能，1.500～1.79t 以上的轿车，分别实现节能 24% 和 9.7%。由于美国和欧洲生产的轿车在日本市场上有近 90% 属于 1.250t 以上的范围，几乎所有的美欧轿车都要在日本市场上受到严格的节能要求。这就有效地限制了欧美轿车的进口。再如，英国生产的糖果在法国曾拥有较高的市场占有率，法国政府即宣布禁止进口含有红霉素的糖果，而英国糖果恰恰是普遍采用红霉素染色的，这样，英国糖果大大失去了在法国的市场份额。

▶ 4. 隐蔽性

试图通过关税壁垒来达到限制进口的目的，唯一的途径就是提高关税税率，而关税税率必须在《海关税则》中公布。非关税壁垒则不同，其措施往往不公开，或规定极为烦琐的程序或苛刻的技术标准，使外国出口商难以应付。非关税壁垒既能以通常的海关检验的名义出现，也可借用进口国其他法令或行政规定，可巧妙地隐蔽在具体操作过程中而不需公开说明。

▶ 5. 合法性

随着经济的发展和人民生活水平的提高，保护消费者的健康、安全，保护自然环境，不但符合社会发展的要求，也符合世界贸易组织的宗旨和规定。因此，以保护消费者健康、保护自然环境为名，制定种类繁多、苛刻的技术标准、检验程序，既可达到限制进口的目的，形式上也是合法的。

正是基于上述特点，非关税壁垒取代关税壁垒成为新贸易保护主义的主要手段，有其客观必然性。

四、非关税壁垒的作用

非关税壁垒对发达国家和发展中国家起着不同的作用。

发达国家的贸易政策越来越把非关税壁垒作为实现其政策目标的主要工具，对它们来说，非关税壁垒的作用主要表现在三个方面：一是作为防御性武器来限制外国商品的进口，以保护国内失去比较优势的产业和部门，或者保护国内垄断资本以获取高额垄断利润；二是在国际贸易谈判中用作砝码，逼迫对方妥协让步，以争夺国际市场；三是用作对其他国家实行贸易歧视的手段，甚至作为实现政治利益的手段。总之，发达国家设置非关税壁垒是为了保持其经济优势地位，维护不合理的国际经济贸易关系。

发展中国家同样也越来越广泛地使用非关税壁垒。与发达国家不同的是，发展中国家设置非关税壁垒的主要目的：一是限制奢侈品的进口，节省外汇；二是限制、削弱进口商品的竞争力，以保护幼稚工业和民族产业；三是作为报复手段，回应发达国家的贸易歧视，不得已而为之。四是合理利用世界贸易组织对发展中国家的优惠待遇条款，发展经济，壮大自己。由于发展中国家与发达国家的经济发展水平相差甚远，因而设置非关税壁垒有其合理性和正当性。总之，发展中国家应根据自己的国情，认真研究并充分利用世界贸易组织对发展中国家的优惠条款，而不是被动模仿发达国家的非关税壁垒。

第 二 节 传统的非关税壁垒

非关税壁垒措施的名目繁多、层出不穷，下面主要介绍几种传统的非关税壁垒措施。

一、进口配额制

进口配额制(import quota system)又称进口限额,是一国政府在一定时期内对某种商品的进口数量或金额所规定的限额。在规定的限额以内商品可以进口,超过限额不准进口或者征收较高的关税甚至罚款。它是进口数量限制的重要手段之一。进口配额可分为两种:绝对配额和关税配额。

▶ 1. 绝对配额

绝对配额(absolute quota),是指在一定时期内,对某些商品的进口数量或金额规定一个最高限额,达到这个限额后,便不准进口。在实施中又主要分为全球配额、国别配额和进口商配额。

(1)全球配额(global quota),是属于在世界范围内的绝对配额,对来自任何国家或地区的商品一律适用。进口国主管当局通常按照进口商申请的先后顺序或过去某一时期内的进口实际额批给一定额度,直到总配额发完为止,超过总配额就不准进口。由于全球配额不限定进口国或地区,因而进口商取得配额后可以从任何国家或地区进口。这样,邻近国家或地区因地理位置较为接近,使其出口更为便捷和迅速,成本也更低,因而更具竞争力。

(2)国别配额(country quota),即在总配额以内按国别或地区分配给固定的配额,超过给各国各地区规定的配额便不准进口。按国别配额进口时,进口商必须提交《原产地证明书》以区分来自不同国家和地区的商品。与全球配额不同的是,实行国别配额可以很方便地贯彻国别政策,具有很强的选择性和歧视性。进口国往往根据其与有关国家或地区的政治经济关系分配给不同的额度。

通常,国别配额又可以分为自主配额和协议配额。自主配额又称单方面配额,是由进口国完全自主、单方面强制规定在一定时期内从某个国家或地区进口某种商品的配额。例如,美国采用自主配额来决定每年纺织品的进口配额。协议配额又称双边配额,是由进口国家或出口国家或民间组织之间协商确定的配额。协议配额如果是通过双方政府协议达成的,一般需将配额在进口商或出口商中进行分配,如果是双边的民间团体达成的,应事先获得政府授权方可进行。由于协议是双方商定的,故执行较为容易。

(3)进口商配额(importer quota),是指进口国为了加强垄断资本在对外贸易中的垄断地位和进一步控制某些商品的进口,而把某些商品的配额直接分配给进口商。往往大型垄断企业分到的配额较多,如日本食用肉的进口配额就是在29家大商社间分配的。

▶ 2. 关税配额

关税配额(tariff quota),即对商品进口的绝对数额不加限制,在规定时期内,对关税配额以内的进口商品给予抵税或免税的待遇,对超过配额的进口商品则征收较高的关税、附加税或罚款。这实际上限制或禁止了超过配额以外的商品进口。例如,澳大利亚从1979年起对来自中国的呢绒实施关税配额,年度配额是全毛精纺200万平方米,混纺呢绒150万平方米,超过上述配额就要征收高关税。韩国对大米、玉米等67种(2001年减至60种)农产品实行关税配额,对其中的部分产品征收很高的配额外关税,其税率一般在200%以上。

关税配额和绝对配额的不同之处在于:绝对配额规定最高限额,不准超额进口,而关税配额在商品进口超过规定的最高限额后,仍可继续进口,只是超过部分被课以较高的关税。可见,关税配额是一种将征收关税同进口配额结合在一起的限制进口的措施。两者的共同点是都以配额的形式出现，可以通过设置并扩大或缩小配额对贸易伙伴施压，成为贸易歧视的一种手段。1995 年世界贸易组织成立后，进口配额的使用受到诸多多边协议的规范。各国进口配额的发放也必须贯彻公开、透明和非歧视原则。

二、"自愿"出口配额制

"自愿"出口配额制（voluntary export quota）也称"自愿"出口限额，是指出口国家在进口国的要求或压力下，"自愿"规定在某一时期内某种商品对该国的出口限额，在限额内自行控制出口，超过限额即禁止出口。

"自愿"出口配额制与进口配额制虽然都是为了限制贸易量，但仍有不同之处：第一，从配额的控制方面看，进口配额制由进口国直接控制进口配额来限制商品进口，而"自愿"配额制则由出口国直接控制配额，限制一些商品对指定国家的出口，因此是一种出口国实施的为保护进口国生产者而设计的贸易政策措施。第二，从配额的形式上看，"自愿"出口配额制表面上好像是出口国自愿采取措施控制出口，而实际上是在进口国的强大压力下采取的措施，并非真正的自愿，是进口国以种种借口并以制裁措施相威胁的结果。第三，从配额的影响范围看，进口配额制通常应用于一国大多数供给者的进口，而"自愿"出口配额制仅针对几个甚至一个国家，具有明显的选择性。第四，从配额的适用时限看，进口配额制适用时限相对较短，往往为 1 年，而"自愿"出口配额制则长得多，往往为 3～5 年。

"自愿"出口配额制主要有两种形式：

（1）非协定的"自愿"出口配额，是指出口国并未受到国际协定的约束，而是迫于进口国的压力，单方面规定出口配额，限制商品的出口。这种配额有的是由政府有关机构规定配额，出口商必须向有关机构申请配额，在领取出口授权文件或《出口许可证》后方可出口。也有出口商在政府的督导下，"自愿"控制出口，以控制恶性竞争。如 1975 年日本政府进行行政上的指导，日本 6 家大钢铁公司依照政府的指导，将 1976 年对西欧的钢铁出口量"自愿"限制在 120 万吨内，1977 年又限制在 122 万吨内。

（2）协定的"自愿"出口配额，是指双方通过谈判签订"自限协定"或"有秩序销售安排"，规定在一定时期内某些商品的出口配额，出口国据此配额发放《出口许可证》或实行出口配额签证制，自行限制这些商品的出口。进口国则根据海关统计进行监督检查。目前，"自愿"出口配额大多属于这一种。如《纺织品服装协定》就是发达国家为阻止来自发展中国家日益增长的纺织品进口而采取的一种有秩序销售安排。再如 1957 年，美国的纺织业因日本纺织品的输入激增而受到损害，要求日本限制其对美纺织品的出口，如日本不允，日本纺织品在美将面临十分严厉的进口限制。日本迫于压力，与美国签订了一个为期 5 年的"自愿限制"协定，"自愿"把对美国的纺织品出口限制在 2.55 亿平方码（1 平方码约合 0.836 平方米）内，从而由美国在世界贸易规则之外，开创了一个要求贸易伙伴国对纺织品出口进行限制的先例。

出口国企业可以通过转移生产国别来回避"自愿"出口配额。例如，在美国要求日本对汽车实行"自愿"出口限额后，日本大量汽车制造公司到美国本土设厂生产，使"自愿"出口限额失效。20 世纪 60 年代中期，美国迫使中国香港地区实行纺织品"自愿"出口限额，因为当时新加坡向美国出口的纺织品还不受配额限制，造成香港纺织企业纷纷去新加坡投资建厂，后来，新加坡也被迫规定出口限额时，这些公司又转移到不受配额限制的泰国和马来西亚投资设立子公司，继续向美国出口。

20 世纪 70 年代以来，随着贸易保护主义的再度兴起，用"自愿"出口限制进行保护的趋势日益加强，且呈现出以下特点：第一，国际贸易日益受其影响，在 20 世纪 80 年代仅有 70 余个"自愿限制"协定，到目前为止，"自愿"出口限制协议多达 200 余个。第二，受"自愿"出口限制的国家日益增多，且基本上为发展中国家，所涉及的行业几乎涵盖了所有发展中国家的优势产业。第三，所涉及的行业从传统劳动密集行业向技术密集型产业扩展，从农业到纺织等向钢铁、汽车乃至电子产品等高端技术密集型产业蔓延。

"自愿"出口限额之所以成为较流行的贸易保护措施，究其原因有以下几方面。首先，关贸总协定（或世界贸易组织）的缔约方在多边谈判中除已达成关税减让等方面的协议外，对一些传统的非关税壁垒如进出口数量限制、海关估价、进出口许可证等的使用进行了限制，它们的使用必然受到国际社会的监督。其次，"自愿"出口限制协定是由两国政府在半公开或不公开的情况下达成的，透明度低，又因其"自愿"性质，法律地位不明确，是"灰色区域措施"。第三，由于国际贸易中不断出现反倾销和反补贴等贸易制裁措施，作为出口国，采用"自愿"限制出口的方式主动化解争端，且不伤和气，能继续维持与进口国的贸易关系；而进口国由于事先与出口国达成协议，故不担心遭到出口国的报复，在避开关贸总协定（或世界贸易组织）有关规则的同时达到限制进口的目的。

三、进口许可证制

进口许可证制（import license system）是指国家为管制对外贸易，规定某些进口商品必须事先领取《进口许可证》，否则一律不准进口的制度。《进口许可证》必须注明有效期、进口商品的名称、来源、数量及金额。进口许可证制是国际贸易中应用较为广泛的非关税措施之一。

《进口许可证》主要有以下两种分类。

▶ 1. 根据进口许可证与进口配额的关系，可以分为有定额的进口许可证和无定额的进口许可证

有定额的进口许可证，即进口国预先规定有关商品的进口配额，然后在配额的限度内，根据进口商的申请对每笔进口货物发放具有一定数量或金额限制的进口许可证。可见，这是一种将进口配额与进口许可证相结合的管理进口的方法，通过进口许可证分配进口配额。如前联邦德国对纺织品进口实行进口配额，每年分 3 期公布配额数量，配额公布后进口商可以提出申请，获得进口许可证即可进口。进口配额一旦用完，进口国就不再发放进口许可证。

无定额的进口许可证，即进口许可证不与进口配额相结合，进口国在个别考虑的基础上决定对某种商品的进口发给许可证。由于这种许可证的发放权完全由进口国主管部门掌握，没有公开的标准，因此其限制进口的作用更大。

▶ 2. 根据进口商品的许可程度，可以分为一般许可证和特种许可证

一般许可证又称公开一般许可证（open general license，OGL）。它对进口国别没有限制，凡列明属于一般许可证的商品，进口商只要填写一般许可证后，即可获准进口，不包括对进口的任何限制，只是一种申报程序。属于这种许可证的商品是"自由进口"的商品。填写许可证的目的不在于限制进口，而在于管理进口，如海关可得到进口统计数字和其他必要的信息。

特种商品进口许可证（specific license，SL）又称非自动进口许可证。属于特种许可证的商品，如烟、酒、武器、麻醉品或通常禁止进口的商品，进口商必须向政府有关机构提出申请，经逐笔审查批准后方可进口。特种进口许可证对进口的管理最严，往往都指定进

口国别或地区。

《进口许可证》的使用已经成为各国管理进口贸易的一种重要手段。它便于进口国政府直接控制进口，因而在国际贸易中越来越广泛地被用作非关税壁垒措施。有的国家为了阻碍商品进口，制定烦琐复杂的申领程序，使得进口许可证成为一种拖延或限制进口的措施。

进口许可证制是与 GATT 或世界贸易组织的基本原则相违背的，如果这种做法运用不当，不仅会妨碍贸易的公平竞争，还容易导致出口国实行歧视待遇。而且特种许可证的发放如果没有法律保障，就很容易成为进口国有关机构腐败的温床。所以，世界贸易组织要求，如果有关成员国因特殊情况要采用进口许可证制，也要使用一般许可证，并且发放程序要透明。"乌拉圭回合"谈判规定，各缔约方有义务简化许可证程序，确保进口许可证本身不会构成对进口的限制，并保证进口许可证的实施透明、公开、公正。

四、外汇管制

外汇管制（foreign exchange control）也称外汇管理，是指一国政府通过法令，对国际结算和外汇买卖进行限制，以平衡国际收支和维持本国货币汇价的一种制度。其目的是控制外汇的使用，限制外汇资本的流动，稳定货币汇率，改善或平衡国际收支。

外汇管理与对外贸易的关系密切，因为出口必然要收汇，进口必然要付汇。因此，对外汇进行有目的的干预，可以直接或间接影响进出口。在外汇管制下，进口商必须向外汇管理机构（如我国的外汇管理局）指定的银行申请进口用汇；外汇在该国禁止自由买卖，本国货币的携出入境受到严格限制。这样，政府就可以通过控制外汇的供应数量来掌握进口商品的种类、数量和来源国别，从而起到限制进口的作用。

一般外汇管制主要有三种方式。

▶ 1. 数量性外汇管制

它是国家外汇管理机构对外汇买卖的数量直接进行限制和分配。其目的在于集中外汇收入，控制外汇支出，以达到限制商品进口品种、数量和国别的目的。一国实行数量性外汇管制时，往往规定进口商必须获得进口许可证，方能获得所需的外汇。

▶ 2. 成本性外汇管制

它是指国家外汇管理机构对外汇买卖实行复汇率制度，利用外汇买卖成本的差异间接影响不同商品的进出口。所谓复汇率，是指一国货币对外有两个或两个以上汇率。其目的是利用汇率的差别限制和鼓励某些商品的进口或出口。实行外汇管制的国家对于国内需要而又供应不足或不能生产的重要原料、机器设备和生活必需品，使用较为优惠的汇率；对于国内能大量供应或者不很重要的原料或机器设备，使用一般的汇率；对于奢侈品和非必需品则使用最不利的汇率。

▶ 3. 混合性外汇管制

它是指同时采用数量性和成本性外汇管制，对外汇实行更为严格的控制，以影响商品的进出口。

第二次世界大战后，由于外汇储备短缺，国际收支长期失衡，许多国家实行外汇管制政策。20 世纪 50 年代后，许多国家的国际收支逐渐好转，逐步放宽了外汇管制，最后实现了货币的自由兑换。一般来说，现在实行外汇管制的国家，或者由于本国的金融体系还不健全，不能马上实现货币的自由兑换；或者由于频繁经历金融危机，国际收支长期失衡，不得已而实行外汇管制。

五、最低进口限价

最低进口限价(minimum price),是指一国政府规定某种进口商品的最低价格,凡进口商品的价格低于这个标准,就加征进口附加税或禁止进口。

最低进口限价一般是由于进口国生产的同类产品的价格较高,通过限定最低价格来削弱进口商品的竞争力。一国便可有效地抵制低价商品的进口或以此削弱进口商品的竞争力,保护本国市场。1978年1月,美国实施了"启动价格制",来限制欧洲国家和日本低价钢材和钢制品的进口。"启动价格"是以当时世界上效率最高的钢材生产者的生产成本为基础计算出来的最低限价,当进口价格低于这一限价时,便自动引发对该商品征收进口附加税或罚金。这种价格也是一种最低限价制。欧共体(欧盟)对进口农产品制定的"闸门价"(sluice gate price)事实上也是一种最低进口限价。它规定了外国农产品进入其市场的最低限价,即闸门价。如果外国产品的进口价格低于闸门价,就要征收附加税。

按照1981年正式生效的新估价法规的要求,最低限价的估价方法在关贸总协定成员国中被禁止使用。这是因为最低限价是对以成交价格为估价基础的估价制度的否定,违背了新法规确立的估价原则。但是,在新估价法规议定书中,发达国家成员国对发展中国家成员国就这一问题做了让步,同意发展中国家在过渡时期内保留最低进口限价的做法,以缓和因实施新法规而引起的财政收入减少的矛盾。

六、国内税

国内税(internal taxes)是指一国政府对本国境内生产、销售、使用或消费的商品所征收的各种捐税,如周转税、零售税、消费税、销售税等。任何国家对进口商品不仅要征收关税,还要征收各种国内税。在征收国内税时,对进口商品征收高于国内商品的税费,从而达到限制进口的目的。例如,泰国对香烟征收消费税,国内商品征收60%、进口商品80%。再如美国和日本进口酒精饮料的消费税都高于本国同类商品。歧视性的国内税与世界贸易组织的国民待遇原则是相违背的,但是,由于国内税的制定和执行完全属于进口国政府,通常不受贸易条约与协定的约束,因此,是一种比关税更灵活和更容易伪装的非关税壁垒措施。

七、进口押金制

进口押金制(advanced deposit),又称进口存款制或进口担保金制,是指进口商在进口商品前,必须预先按照进口金额的一定比例在规定时间内,在指定的银行无息存入一笔现金的制度,以增加进口商的资金负担,达到限制进口的目的。例如,意大利政府从1974年5月—1975年3月曾对400多种商品实行进口押金制度。它规定,凡项下商品进口,进口商都必须向中央银行预交相当于总货值一半的金额,无息冻结半年。据估计,这项措施相当于征收至少5%的进口附加税。又如巴西政府规定,进口商必须预先交纳与合同金额相等的为期365天的存款方可进口。

很明显,这种制度增加了进口商的资金负担,影响了资金的周转,从而起到了限制进口的作用。芬兰、新西兰等国也实行这种措施。

八、专断的海关估价

海关估价是指海关按照规定对申报进口的商品价格进行审核,以确定或估计其完税价格。但在实践中它经常被作为一种限制进口的非关税壁垒措施。专断的海关估价措施是有些国家根据国内某些特殊规定，违背《海关估价协议》，提高某些进口商品的海关估价，增加进口商品的关税负担，来阻碍商品进口。各国专断的海关估价制度中，以所谓的"美国售价制"最为典型。"美国售价制"是指美国对与其商品竞争激烈的进口商品征收关税，使进口税率大幅度提高。由于受到其他国家的强烈反对，美国不得已在1981年废止了这一估价制度。

九、通关环节壁垒

通关环节壁垒，是指进口国有关机构在进口商办理通关手续时，要求提供非常复杂或难以获得的资料，甚至商业秘密资料，从而增加进口商品的成本，影响其顺利进入进口国市场；或者通关程序耗时冗长，使得应季进口商品失去贸易机会；或者对进口商品征收不合理的海关税费等。1982年10月，为了限制日本等主要出口国向法国出口录像机，法国政府规定，所有录像机进口必须到普瓦迪埃海关接受检查，普瓦迪埃是个内地小镇，距最近的港口数百英里。海关人员很少，仓库狭小，同时还规定了许多特别繁杂的海关手续，对所有伴随文件都要彻底检查，认真校对录像机序列号，查看使用说明书是否为法文，结果极大地拖延了通关时间。加上要求在该口岸过关的消息是在一个不为人注意的小报上公布的，许多日本出口商根本不知道这条消息，还是把货物运到了原来的口岸，然后不得不再转运到普瓦迪埃。严重影响了日本录像机的进口，限制了其在法国市场的份额，进口量由原来的每月6万余台下降至不足1万台。

十、歧视性政府采购

歧视性政府采购政策（discriminatory government procurement policy），是指世界贸易组织成员在采购公共物品时违犯最惠国待遇，对不同国家的商品采取差别待遇，优先购买本国货，从而构成对特定国家商品的歧视。

世界贸易组织通过谈判，制定了《政府采购协议》。协议规定，协议的签署方必须保持政府采购的透明度，并给其他成员在参与政府采购方面同等的待遇。但在实践中，一些成员国往往以不太透明的采购程序阻碍外国商品公平地参与采购。这种政策实际上起到了限制进口的作用。

美国从1933年开始实行、并于1954年和1962年两次修改的《购买美国货物法案》是最为典型的政府采购政策。该法案规定，凡是美国联邦政府采购的商品，都应该是美国制造的，或是美国原料制造的，商品的成分50%以上是本国生产的。以后又做了修改，规定只有在美国生产数量不足或国内价格过高，或不买外国商品有损美国利益时，才可以购买外国商品。该法案直到关贸总协定的"东京回合"，美国政府签订了政府采购协议后才废除。英国、日本等国也有类似的制度。

延伸阅读 8-1

世界贸易组织政府采购协议的主要内容

1. 适用范围

签约方在各自承诺清单中列出的政府采购实体。

2. 采购限额

当政府采购金额达到协定规定的最低限额，或成员方谈判达成最低限额时，政府采购活动受到协议的约束。

3. 采购活动遵守的原则

（1）非歧视原则：签约方采购实体在进行采购时，不应在外国产品、服务、供应商之间实施差别待遇；同时给予外国产品、服务和供应商以不低于本国产品、服务和供应商所享受的待遇。

（2）透明度原则：签约方的政府采购实体应在向世界贸易组织通告的刊物上发布政府采购信息，包括通知、程序与要求；签约方每年需向世界贸易组织通告列入清单采购实体的采购统计数字，以及未达到"最低限额"的采购统计数字。

（3）公平竞争原则：政府采购实体的采购活动应为供应商提供公平的竞争机会，实行招标的做法，公开招标应成为首选。

第三节 非关税壁垒的新发展

从国际贸易壁垒的发展趋势看，随着传统贸易壁垒逐步走向分化，关税、配额和许可证等壁垒逐渐弱化，反倾销等传统贸易壁垒虽然在相当长时间内仍继续存在，而以技术性贸易壁垒为核心的新贸易壁垒将不断发展，逐渐取代传统贸易壁垒成为国际贸易壁垒中的主体，成为实行贸易保护主义的主要手段和高级形式。

延伸阅读 8-2

欧盟对进口蜂蜜产品的要求

欧盟是我国蜂蜜的主要销售市场。欧盟从 1999 年 1 月 1 日起对蜂蜜产品实施卫生监控计划，对四环素、链霉素、磺胺、螨克等药物和杀虫剂提出严格的限量要求。此外，国外一些客商还要求对苯酚、硫黄、C13、酵母菌等进行检验控制，这将使我国出口蜂蜜面临前所未有的严峻挑战，该监控计划还要求出口蜂蜜到欧盟各成员国的第三国，都必须在此之前提交对蜂蜜中残留物质进行监控的保证计划，否则欧盟将禁止该国蜂蜜进口。

资料来源：钟昌标. 国际贸易[M]. 北京：中国科学技术出版社，2006.

一、技术性贸易壁垒

技术性贸易壁垒（technical barriers to trade），又称技术性贸易措施或技术壁垒，是指进口国为保护人类和动植物的生命和健康、保护环境等，制定强制性和非强制性的苛刻烦琐的技术法规、标准以及合格评定程序，从而提高商品进口的要求，增加进口难度，最终达到限制进口的目的。这类壁垒以技术面目出现，属于人为的、技巧性的，而不是自然科学意义上的技术。

世界贸易组织关于技术性贸易壁垒的文件是《技术性贸易壁垒协议》（TBT 协议），于1995 年 1 月 1 日起开始执行。该文件承认了技术型贸易壁垒措施存在的合理性和必要性，允许各国可以基于维护国家安全、人类的安全与健康、动植物安全与健康、环境保护和防止欺诈行为等正当理由而采取技术性贸易壁垒措施。根据协议，技术性贸易壁垒措施分为三类，即技术法规、标准和合格评定程序，并把符合《技术贸易壁垒协议》原则的技术法规、标准和合格评定程序视为合理的、允许的，不构成贸易壁垒，而把不符合《技术贸易壁垒协议》原则的技术法规、标准作为贸易壁垒，要求消除。

▶ **1. 技术性贸易壁垒的分类**

综观世界各国(主要是发达国家)的技术性贸易壁垒,其限制商品进口方面的技术措施主要有以下几种。

(1)严格、繁杂的技术法规和技术标准。随着竞争的加剧,发达国家对于许多商品规定了极为严格的技术标准,有意识地利用技术标准作为竞争手段,把技术标准中的技术差异作为贸易保护主义的措施。有些标准的规定甚至是经过精心策划的,专门用以针对某个国家的出口商品。以欧盟进口的肉类食品为例,不断要求检验农药的残留量,还要求检验出口国生产厂家的卫生条件,这让一般发展中国家的商品望尘莫及。美国为了阻止墨西哥的土豆输入,对土豆的标准规定有成熟性、个头大小等指标,这就给墨西哥种植的土豆销往美国造成了困难,因为要销往美国的土豆不能太熟就得收获,否则易烂,这样又难以符合成熟性的要求。

在国际贸易中,发达国家常常是国际标准的制定者。他们凭借着在世界贸易中的主导地位和技术优势,率先制定游戏规则,强制推行根据其技术水平定出的技术标准,使广大经济落后国家的出口厂商望尘莫及。而且这些技术标准、技术法规常常变化,使发展中国家的厂商要么无所适从,要么付出较高的成本,削弱商品的竞争力。

(2)复杂的合格评定程序。许多国家规定对影响人身安全和健康的商品实行强制性认证。这些商品未经政府授权的机构进行认证,未佩戴特定的认证标志,不准在市场上出售。在贸易自由化渐成潮流的形势下,质量认证和合格评定对于出口竞争能力的提高和进口市场的保护作用愈益突出。目前,世界上广泛采用的质量认定标准是 ISO 9000 系列标准。此外,美国、日本、欧盟等还有各自的技术标准体系。例如,对于电器商品,前联邦德国规定必须获得联邦德国电气工程师协会的标志。

(3)严格的包装、标签规则。为防止包装及其废弃物可能对生态环境、人类及动植物的安全构成威胁,许多国家颁布了一系列包装和标签方面的法律和法规,以保护消费者权益和生态环境。从保护环境和节约能源来看,包装制度确有积极的作用,但这些规定内容繁杂、手续麻烦,出口商为了符合这些规定,不得不按照规定重新包装和改换标签,费时费工,增加了成本,削弱了商品的竞争力,失去不少贸易机会。

▶ **2. 技术性贸易壁垒盛行的原因**

(1)科学技术的进步导致技术性贸易壁垒的强化。随着经济的发展和产业结构的升级,技术密集型产品占世界贸易的比重进一步上升。科技进步的结果,给发达国家限制商品进口提供了新的手段和快速、准确的数据。为了在国际市场竞争中取胜,发达国家利用其先进的技术水平,制定名目繁多的技术法规、标准、认证制度和检验制度等,使其他国家特别是发展中国家难以适应,从而达到限制进口的目的。

(2)世界贸易组织的例外规定使技术性壁垒可以"合法"存在。TBT 协议规定,要保证技术法规和技术标准不给国际贸易造成不必要的障碍,允许各参加方为提高商品质量、保护人类健康与安全、保护动植物生命与安全、保护环境或防止欺骗行为等,可以有例外规定。此类例外规定给设置技术性壁垒提供了"合法"空间。

(3)消费观念的改变和环保意识的增强推动了技术贸易壁垒的产生。商品品质直接影响消费者的利益,随着消费者自我保护意识的增强,对商品质量的要求越来越高,对卫生、安全指标的要求越来越严格;不仅要提高生活水平,更要提高生活质量,当然包括环境质量。因此,要求制定相应技术标准的呼声越来越强烈。各国政府及民间组织顺应潮流,制定了各种各样的技术法规和标准。

▶ **3. 技术性贸易壁垒的影响**

技术性贸易壁垒具有双重性，它既有合法的一面，又有易被贸易保护主义利用的一面。合理制定和实施技术法规、标准、合格评定程序等可以维护国家经济安全，保障人类的健康和安全，保护生态环境，促进经济和社会的可持续发展。事实上，一开始，技术性贸易壁垒措施都是为了保护本国消费者的利益而被各国采用的。但是，随着关税大幅度降低和传统非关税壁垒不断被消除和规范，技术性贸易壁垒措施越来越被滥用，成为替代关税和一般非关税壁垒的最重要的贸易壁垒，成为发达国家实行贸易保护主义手段的高级形式。

从结果看，技术性贸易壁垒是一把"双刃剑"，既能对各国的经济发展产生积极影响，也会产生消极影响。

合理运用技术性贸易壁垒措施对国际贸易活动的积极影响。合理的技术性贸易壁垒措施可以保障人类的健康和安全，提高生活质量；建立有效的技术性贸易壁垒体系可以帮助一国维护国家的基本安全，促进科技进步，促进调整和优化产业结构；维护生态环境，实现可持续发展；采取合理的技术性贸易壁垒措施，特别是采用国际标准和取得国际认证，是调整和优化企业出口产品结构的重要手段，是进入国际市场的通行证，也是提升出口竞争力的重要工具。

滥用技术性贸易壁垒对国际贸易活动的消极影响。越来越多的技术性贸易壁垒（如各国的标准条例、技术法规、合格评定程序等）阻碍着国际贸易的自由发展，不利于世界资源的自由流通和优化配置，增加了贸易成本；由于利益不同，评判方法也难以统一，且技术性贸易壁垒非常容易被贸易保护主义利用，极易引发贸易争端；技术性贸易壁垒大多由发达国家制定，而发展中国家由于技术水平相对落后，致使发展中国家受到的损害最为严重。在很长一段时间内，发展中国家在国际贸易格局中将会处于越来越不利的地位。

二、环境贸易壁垒

所谓环境贸易壁垒（environmental trade barriers）也称绿色壁垒，是指在国际贸易活动中，一国以保护环境为由而制定的一系列环境贸易措施，使得外国商品无法进口或进口时受到一定限制，从而达到保护本国商品和市场的目的。

由于发达国家的商品科技含量和公众的环境意识普遍提高，他们对环境标准的要求非常严格，不仅要求末端商品符合环保要求，而且规定从商品的研制、开发、生产、包装、运输、使用、循环再利用等整个过程均须符合环保要求。这无疑会给发展中国家商品的出口带来了障碍。

▶ **1. 环境贸易壁垒的形式**

（1）国际型和区域性的环保公约。国际和区域性的环保公约种类繁多，如《保护臭氧层维也纳公约》《关于消耗臭氧层物质的蒙特利尔议定书》及其修正案、《控制危险废物越境转移及其处置巴塞尔公约》《濒危野生动植物物种国际贸易公约》《生物多样性公约》及《生物安全议定书》《联合国气候变化框架公约》《里约环境与发展宣言》《21世纪议程》等，无不对国际贸易中不利于环境的因素予以限制，它是形成环境贸易壁垒的国际法基础。

（2）国别环保法规、标准。发达国家在空气、噪声、电磁波、废弃物等污染防治、化学品和农药管理、自然资源和动植物保护等方面制定了多项法律法规及环境标准。这些严格的法律法规阻碍了发展中国家的商品进入发达国家市场。如1994年美国国家环保署为9大城市出售的汽油制定了新的环保标准，规定汽油中有害物质的含量必须低于一定水平，美国生产的汽油可逐步达到有关标准，而进口汽油必须在 1995 年 1 月 1 日该规定生效时达标，否则禁止进口。

（3）自愿性措施——ISO 14000 环境管理体系和环境标志。国际标准化组织于 1996 年制定并实施了 ISO 14000 系列标准，对企业的清洁生产、产品生命周期评价、环境标志商品、企业环境管理体系加以审核，要求企业建立环境管理体系，并通过经常的检查和评审，使得环境质量有持续性地改善。其目的在于激发企业自觉采取预防措施及持续性改善措施来改善环境，这是一种自愿性标准。ISO 14000 对国际贸易的影响早已开始，发达国家政府或跨国公司普遍对供应商提出有关环境保护的要求。通过 ISO 14000 认证已成为进入国际市场的通行证。

环境标志是贴在商品或其外表上的一种图形，是根据有关的环境标准和规定，由政府管理部门或民间团体依据严格的程序和标准，向有关申请者颁发其商品或服务符合环保要求的一种特定标志，标志获得者可把标志印在商品和包装上。目前已有 40 多个国家和地区推行了环境标志制度。

（4）绿色补贴制度。由于污染治理费用通常十分昂贵，导致一些企业难以承担此项开支。当企业无力投资新的环保技术、设备或无力开发清洁技术产品时，政府可以采用环境补贴来控制污染。按照《补贴与反补贴措施协定》，这类补贴属于不可诉补贴范围，因而被越来越多的国家和地区采用。

（5）绿色包装制度。对绿色包装，目前尚无统一的定义和明确的范围，通常认为，绿色包装是指包装材料节省资源，用后可以回收利用，焚烧时不产生毒害气体，填埋时占地少，并能生物降解和分解的包装。由于这些规定是按照西方国家国内资源优势、消费偏好等因素确定的，发展中国家或是难以适应，或是增加改装成本，从而起到了贸易限制的实际效果。

2. 环境贸易壁垒盛行的原因

（1）可持续发展战略的确立。随着生态环境的持续恶化，保护人类赖以生存的自然环境和生态环境已经引起世界各国的广泛关注，追求经济社会和环境协调发展的可持续发展战略已成为世界各国经济发展的主题。体现在国际贸易领域，许多国家和一些国际组织制定了相关的环境保护法规和贸易规则，有力地促进了维护环境的商品贸易，使对环境有害的国际货物贸易受到限制和阻止，从而构成了国际贸易中的绿色壁垒。

（2）"绿色消费"观念的确立和流行。随着全球环保意识的增强，人们对商品的内在和外在的环境质量要求越来越高，人们的思维方式、价值观念、消费心理都产生了变化，"绿色消费"作为一种消费理念已经深入人心，市场上兴起了"绿色消费"的热潮，由此出现了环保产品、环保科技和环保服务构成的潜力巨大的新型市场。

（3）国际公约的不完善使其存在具有合法性。以世界贸易组织的政策环境为例，尽管世界贸易组织在环境贸易规则制定方面有了很大的进步，但依旧存在许多问题，对发展中国家来说，更存在许多不合理之处。世界贸易组织的环境规范强调了各会员国的"环保例外权"，但对行使此项权利缺乏有效的约束，结果必然为贸易保护主义所滥用，并为其提供合法外衣。另外，在环保方面客观上存在着南北差异，而世界贸易组织环境规则并未对发展中国家做出差别或优惠安排，使得发展中国家处于不利的国际竞争地位。

3. 环境贸易壁垒对国际贸易产生的影响

绿色壁垒的积极影响。第一，有利于保护环境，推动对外贸易的可持续发展。保护环境是全人类共同的事业，实现贸易与环境的协调发展是可持续发展战略的必然要求。发达国家的环保技术和环境管理领先世界，设置环境贸易壁垒作为一种外援性的强制措施，迫使发展中国家以可持续发展战略为基本战略，转变增长方式，变传统的粗放型发展模式为集约型的发展模式，提高资源的利用效率，降低消耗，加强生态环境保护，促进经济、贸易与环境的持续、稳定和协调发展。第二，促进环保产业的发展和绿色商品的出口。环境法规和措施的实施，促进了环保产业和绿色商品的出口。据统计，全球绿色消费总量已达2 500亿美元，在未来10年内，国际绿色贸易将以12%～15%的速度增长。第三，促使企业树立绿色营销观念。发达国家的环境法规和措施，也促使企业由过去的市场营销理念转变为社会营销理念。企业提供产品，不仅要满足消费者的需要与欲望，而且要符合消费者和社会的长远利益，将企业利润、消费需要和社会利益三个方面统一起来。

绿色壁垒的消极影响。第一，发达国家日趋严格的环保法规直接限制了许多商品的出口。联合国国际贸易中心于2001年10月完成的一个研究报告就环境有关的贸易壁垒对贸易的影响做了全面的评估。其结论是：环境贸易壁垒几乎影响了所有的贸易商品。世界进口总额的一半受环境保护主义的影响，直接受到限制的进口额达1 100亿美元。第二，为了增加出口，发展中国家必须满足发达国家的环境标准要求，在生产中不得不考虑环境因素，因此必然会增加成本，从而影响其国际竞争力。环境措施所带来的费用增加包括直接费用与间接费用，如生态环境标志制度所带来的直接费用就是收取的标志申请费和标志使用的年限费。这些费用的数额一般是根据标志商品年销售量的百分比进行计算，费用对发展中国家的申请者是个负担。环境措施带来的间接费用，是指生产企业通过要把较大份额的环境费用内部消化，由此增加其生产成本和商品价格。如商品要满足众多的环境标准，必须从设计到生产投入相当的调整费用，包括使用替代化学品和有关原材料所涉及的费用，投资、试验和核实费用，引进的技术费用等。第三，严重损害了发展中国家的利益。发展中国家的主要出口对象是美国、日本和欧盟等发达国家和地区，这些国家的环境保护较早，公众环境意识强、环境标准严、环保技术先进，但是发展中国家与发达国家在科技水平和环保要求上存在的巨大差异，使发展中国家商品的出口市场范围逐渐缩小，由此严重损害了发展中国家的利益，阻碍了发展中国家的贸易发展。

延伸阅读8-3

世界各国的技术贸易壁垒

由于各国采用不同的技术标准，提高了商品贸易的成本，对各国商品的自由贸易形成了一定程度的障碍，一些国家甚至还有意通过不同标准来设置贸易壁垒。以下是几个技术标准不同导致贸易障碍的典型例子。

1. 欧盟的技术贸易壁垒

欧盟对进口商品实行的技术标准达10多万个，从不同层面限制着进口商品。例如，对进口花生及其制品实施"自动报警制度"，即一旦任何欧盟国家发现进口的花生中黄曲霉素超标，则其他欧盟国家自动关闭花生进口市场；针对进口蜂蜜则自1997年开始检验链霉素的含量；对电器商品则强制推行CE标志；对于含有偶氮染料的纺织品和服装则禁止进入欧盟市场等。

2003年2月欧盟正式公布了《关于限制在电气、电子设备中使用某些有害物质的指令》和《关于废弃电气、电子设备的指令》。前者规定，欧盟成员国确保从2006年7月1日起，投放市场的新电气、电子设备不得包括铅、汞、镉、六价铬、用作阻燃剂的多溴联苯和多溴联苯基醚6种有害物质。后一指令要求欧盟各成员国必须保证"生产商"在2006年12月31日前实现大型家用电器的回收率增加至每件平均重量的80%以上。配件、材料的再利用率将增加至每件产品的75％。小型家用电器的回收率增加至每件平均重量的70％以上，配件、材料的再利用率将增加至每件产品的50％。"生产商"包括：以自己的品牌生产并销售电器者、定牌生产并销售者以及专业从事从成员国进口或向成员国出口电子电器设备者。对于收集、回收和处理这些废弃电气、电子设备的资金，该指令规定"生产责任制"。据估计，这两项指令的实施将减少中国对欧盟出口的30％。

2. 美国的技术贸易壁垒

美国的技术法规和政府采购细则涉及的技术标准有4万多项，而私营标准机构和协会等出台的技术标准则高达5万多项。这还不包括一些约定俗成的行业标准在内。例如，向美国出口木质或金属梯子，至少会遇到40多个相关的法规和标准，涉及材料、用途、包装等方面。而这些标准是由不同机构制定的，有些是强制执行的，有些则是自愿执行的，稍有不慎就容易"犯规"。

美国的技术合格评定程序也非常负责，对贸易存在明显的阻碍作用。美国普遍使用"第三方评定"，即由独立实验室和测评机构测评之后，再提供有关商品是否符合技术标准的结果。

近年来，美国的技术型贸易壁垒措施呈现一个加速出现的时期。以2003年为例，美国共发出技术贸易壁垒和动植物卫生检疫措施281件。前者着重于机电（11件）、食品（11件）和程序性法规（10件）三个方面，后者突出了农药和售药残留（170件）、市场准入法规（24件）、食品药品（17件）、动植物检疫（13件）、植物检疫（10件）等。

3. 日本的技术贸易壁垒

日本的技术贸易壁垒主要体现在技术标准与法规、产品质量认证制度与合格评定程序以及绿色技术壁垒三个方面。日本的技术标准与法规名目繁多，然而尽管日本新制定的国家标准有90％以上采用国际标准化组织等的标准，但仍有不少技术标准和法规与国际通行标准不一致。如日本要求进口化妆品与之制定的化妆品成分标准、添加剂标准和药理标准一致，只要其中一项不合要求，商品就将被拒之门外。

日本对进口农产品、畜产品及食品类的检疫防疫制度非常严格。对于入境农产品，首先由农林水产省下属的动物检疫所和植物检疫所从动植物病虫害角度进行检疫。有时，由于农产品中很大部分用于食品，在接受定植物检疫之后，还要由日本厚生劳动省下属的检疫所对具有食品性质的农产品从食品角度进行卫生防疫检查等。

在产品质量的认证和合格评定程序方面，凡进入日本市场的各国商品，日本的进口部门均对其国内生产、消费、需求领域做动向调查，并由商品流通业界做定性分析。只有对比性、代表性、适用性、流通性，且多样化、个性化、感性化和市场畅销率高的商品才能获准进入日本市场。日本目前有25项认证制度，如适用于玩具的"ST"认证，适用于婴幼儿及老年人用品、家庭用品、运动休闲等产品的"SG"认证。对某些产品，日本进口商在进口前不仅对国内市场进行动态调查，做出定性定量分析，还要对商品进行质量认证，或对其生产工艺和生产方法进行合格评定。

日本的认证制度与合格评定程序分强制型和自愿型两类。强制型认证和合格评定以法律形式颁布执行，其认证评定对象主要是消费品、电器产品、液化石油器具和煤气用具等。自愿型认证由企业自愿申请，适用于强制型以外的商品，采用"GIS"认证标志。日本质量认证与合格评定由政府部门管理，并使用各自设计和发布的认证标志。在日本，最大的质量认证部门是经济产业省，它所管理认证的商品占全国认证商品总数的90％左右。

4. 中国小麦进出口检验

美国太平洋西北部的七个州小麦区有一种称为"矮腥黑穗病"的小麦病害，小麦感染病害后会造成减产和商业价值损失。中国并没有这种小麦病害，为了防止这种病害传入中国，从1972年开始，中国一直对美国七个州生产的小麦实行进口禁运，直到1999年11月的"中美农业合作协议"才对这项严格禁运措施做出调整。

资料来源：卜伟，叶蜀君. 国际贸易与国际金融[M]. 北京：清华大学出版社，2005：71.

本章小结

非关税壁垒是指除关税措施以外的其他一切直接或间接限制进口的措施。它是国家管理对外贸易的重要手段。与关税措施比较，非关税措施具有直接性、灵活性、歧视性、隐蔽性和合法性的特点。非关税壁垒措施名目繁多、层出不穷，传统的非关税壁垒主要包括进口配额制、"自愿"出口限额、进口许可证、外汇管制、最低进口限价、进口押金制、海关估价、通关环节壁垒、歧视性政府采购等。从国际贸易壁垒的发展趋势看，传统的贸易壁垒形式虽然会在相当长时间内继续存在。

复习思考题

1. 与关税壁垒相比，非关税壁垒有什么特点？
2. 非关税壁垒有哪些具体措施？请简要叙述各非关税壁垒措施的特点及应用。
3. 你对非关税壁垒呈现出的新趋势有怎样的认识？
4. 我国商品频繁遭遇外国非关税壁垒的原因是什么？
5. 我国商品出口如何能减少外国非关税壁垒的影响？试谈一下你的看法。

第九章
鼓励出口与出口管制

本章导读

本章主要学习国家除了利用关税与非关税措施以外，还采取了鼓励出口的各种政策措施、经济特区的措施，出于政治、经济或军事方面原因，对一些物资实施出口管制措施。

学习目标

通过对本章学习，应达到以下目的与要求：
1. 掌握鼓励出口措施的主要做法以及实施条件。
2. 区分不同类型的经济特区的含义及主要特征。
3. 了解出口管制的各种措施及实施。

重要概念

出口信贷、卖方信贷、买方信贷，出口信贷国家担保制，出口补贴，直接补贴，间接补贴，商品倾销，偶然性倾销，掠夺性倾销，持续性倾销，外汇倾销，经济特区，自由港，出口加工区，保税区，自由边境区，出口管制，一般许可证，特种许可证

各国除了利用关税和非关税措施以外，还采取各种措施扩大本国商品的出口。限制进口和促进出口是国际贸易政策相辅相成的两个方面。目前，大多数国家都积极采取各种措施促进本国出口。此外，由于政治、经济或军事方面的原因，一些国家对某些主要物资和战略物资实行出口管制，限制或禁止出口。无论采取自由贸易政策还是保护贸易政策的国家，都无一例外地会采用这些奖出限入的政策措施发展对外贸易。

延伸阅读 9-1

捷克政府制定促进出口的长期政策规划

为进一步推动捷克产品的出口，捷克政府出台了酝酿已久的、以支持中小企业出口为

主的 2003—2006 年促进出口政策，作为政府的一项长期规划，捷克政府以及企业界均认为，从长远角度来讲，这一政策对促进捷克外贸出口具有重要意义。该项规划以支持中小企业出口为主，包括以下主要内容。

第一，提供政府长期信贷。对 5 000 万美元以内的企业出口项目，捷克政府将为其提供长期信贷，当时预计 2004 年的信贷总额为 5 亿克朗(约合 0.17 亿美元)，2005 年将达到 15 亿克朗(约合 0.5 亿美元)。规划指出，为企业出口提供政府优惠信贷的做法符合经合组织(OECD)的有关原则，但其前提是国家预算中有足够的资金用于信贷支持。

第二，国家专项财政拨款将大幅增加。捷克政府用于支持出口的财政拨款在 2006 年将达到 14 亿克朗(约合 0.47 亿美元)，2007 年为 26 亿克朗(约合 0.87 亿美元)，重点支持中小企业的出口，主要用于为企业提供出口信息、培训服务和组织与国外企业的洽谈会等。

第三，规划确定了鼓励出口的重点地区，即中国、美国、俄罗斯、意大利和法国。规划认为，这些国家或者是捷克外贸逆差的主要来源国，或者其未来的经济发展前景十分广阔，捷克扩大对其出口有很大的潜力。

第四，规划强调继续重视欧盟市场。对欧盟出口占到捷克外贸出口总额的 2/3，欧盟是捷克最重要的贸易伙伴，因此，捷克政府提出今后要继续加强向欧盟国家出口的力度。

第五，规划强调加强与印度和巴西等发展中国家的合作，促进捷克机械设备对其出口；同时，通过对一些国家如越南提供发展援助的形式，让当地消费者更多地了解捷克的机械产品。

2006 年 1 月以来，捷克的外贸赤字大幅减少，根据捷克国家统计局公布的数据表明，在西欧国家市场需求持续低迷的状况下，由于捷克产品的竞争力不断提高，其对西欧出口仍然强劲，1 月的外贸逆差大幅减少，仅为 38 亿克朗(约合 1.27 亿美元)，比 2005 年同期减少了 20 亿克朗(约合 0.67 亿美元)。捷克贸易局局长特拉帕认为，这一政策将会大大促进捷克的外贸出口，同时他表示，捷克人均外贸出口额仅为 3 000 欧元，而丹麦、奥地利和瑞典等国家为 11 000～15 000 欧元，因此，捷克的外贸出口尚有极大的发展空间。

第 一 节　鼓励出口措施

鼓励出口措施是指出口国家政府通过经济、行政和组织等方面的措施，促进本国商品的出口，开拓和扩大国外市场。各国促进出口的措施很多，既有宏观的，也有微观的。本节将从国家宏观经济政策方面论述鼓励出口的措施。

一、出口信贷

(一) 出口信贷的定义

出口信贷(export credit)是一种国际信贷方式，也是一国为支持和扩大本国大型机械、成套设备的出口，增强商品的竞争力，通过银行对本国出口商品提供利率较低的贷款，以解决本国出口商资金周转的困难。它是一国的出口商利用本国银行的贷款扩大商品出口，特别是金额较大、期限较长，如成套设备、船舶等的出口的重要手段。对银行而言，这就是出口信贷业务，用于促进和扩大出口。

延伸阅读 9-2

中国对船舶出口提供的第一笔出口买方信贷

2001 年 11 月，中国进出口银行与挪威索莫盖斯有限公司（Somargas Limited，Norway）在北京签署了贷款总额为 6 250 万美元、为期 10 年的出口买方信贷协议，这是中国对船舶出口提供的第一笔出口买方信贷。

中国进出口银行此次为船舶出口提供的出口买方信贷，将用于支持索莫盖斯公司向中国船舶工业贸易公司购置四艘 8 900 立方米的液化石油汽船。该项目是属于典型的国际合作项目。除贷款行中国进出口银行外，船东方面由挪威斯考根船运公司、美国 GATX 公司作为发起人，金融界由挪威 CBK 银行、荷兰 NIB 银行作为还款担保人，中国船舶工业贸易公司、沪东-中华造船厂分别作为船舶出口商和生产商。

中国进出口银行表示，出口买方信贷是当今国际上通行的出口信贷融资方式，在资本性货物出口、对外承包工程、船舶出口融资等方面被广泛采用，随着国际经济一体化的不断深入，这一信贷方式已呈现良好的发展趋势，越来越多地被进出口双方接受和采用。在中国造船业逐渐跨入国际市场之时，出口买方信贷作为国际船舶融资的一种通行方式，必将获得更大的发展机会。

资料来源：中国新闻网．

（二）出口信贷的形式

常用的出口信贷主要是卖方信贷和买方信贷两种形式。

▶ **1. 卖方信贷**

卖方信贷（supplier's credit）是指出口方银行向出口商提供的贷款。这种贷款协议由出口厂商与银行签订。卖方信贷常用于机器设备、船舶等的出口。由于这些商品出口所需的资金较大、时间较长，进口商一般都要求采用延期付款。而出口商为了加速资金周转，往往需要取得银行的贷款。出口商付给银行的利息、费用有的包括在货价之内，有的在货价之外另加，并转嫁给进口商负担。因此，卖方信贷是银行直接资助本国出口商向外国进口商提供的延期付款，以促进商品出口的一种方式。它在出口信贷发展初期占据主要地位。

在采用卖方信贷的情况下，通常在签订买卖合同后，进口商先支付货款 5％～15％的订金，作为履约的一种保证金，在分批交货、验收和保证期满时，在分期支付 10％～15％的货款，其余的货款在全部交货后若干年内分期支付，并付给延期付款期间的利息。所以，卖方信贷实际上是出口商从贷款银行取得贷款后，再向进口商提供延期付款的一种商业信用。

2. 买方信贷

买方信贷（buyer's credit）是指出口方银行直接向外国的进口商（即买方）或进口方银行提供的贷款。其附带条件就是贷款必须用于购买债权国的商品，因而起到促进商品出口的作用，这就是所谓的约束性贷款。它在出口信贷发展成熟时期占据主要地位。

在采用买方信贷的条件下，当出口方供款银行直接贷款给外国进口商时，进口商先用本身的资金，以即期付款方式向出口商先缴纳买卖合同金额 15％～20％的订金。其余货款以及其付款方式将银行提供的贷款付给出口商，然后按贷款协议所规定的条件，向供款银行还本付息。当出口方供款银行贷款给进口方银行时，进口方银行也以即期付款的方式代进口商支付应付的货款，并按贷款协议规定的条件向供款银行归还贷款和利息等。至于进口商与本国银行的债务关系，则按双方商定的办法在国内结算。卖方信贷不仅使出口商可以较快地得到货款和减少风险，而且使进口商对货价以外的费用比较清楚，便于与出口商讨价还价。因此，这种方式目前较流行。

（三）出口信贷的主要特点

出口信贷主要具有以下特点：

（1）出口信贷必须联系出口项目，即贷款必须全部或大部分用于购买提供贷款国家的出口商品。

（2）出口信贷利率低于国际金融市场贷款的利率，其利差由出口国政府给予补贴。

（3）出口信贷属于中长期贷款，贷款期限一般为5～8年，最长不超过10年。

（4）出口信贷的发放与出口信贷担保相结合，以避免或减少信贷风险。

（5）出口信贷的贷款金额，通常只占买卖合同金额的85％左右，其余10％～15％由进口商先支付现汇。

"二战"后，随着国际市场"贸易战"的加剧，发达国家的出口信贷业务逐渐扩大。许多发达国家以延长出口信贷期限、降低贷款利率等措施，进行"信贷战"。为了缓和在发放出口信贷上的矛盾，1976年西方7国（美国、英国、德国、法国、意大利、日本和加拿大）在巴黎举行首脑会议，达成一项出口信贷"君子协定"。1977年年底，经济合作与发展组织把该协定用作协调成员国的出口信贷条件，对成员国出口信贷的最低利率、信贷期限等做了统一的规定和调整。

为做好出口信贷，发达国家一般都设立专门银行办理此项业务。例如美国的进出口银行、日本的输出银行、法国的对外贸易银行等。它们除对成套设备、大型交通工具等商品的出口提供国家出口信贷外，还向本国私人银行提供低利率贷款或给予贷款补贴，以资助它们的出口信贷业务。

二、出口信贷国家担保制

出口信贷国家担保制（export credit guarantee system），是指一国政府为了扩大本国商品的出口，设置专门的机构或专业银行，当外国债务人拒绝付款时，对提供出口信贷的本国出口商或商业银行进行按照承保的数额进行担保的一种方式。这是国家替代出口商承担风险、扩大出口和争夺国际市场的一种重要手段。美国的进出口银行、法国的对外贸易银行等都不同程度上为本国的供款银行承担保险责任以减少贷款银行的风险。

▶ 1. 担保的项目与金额

通常商业保险公司不承保的出口风险项目，都可向担保机构进行投保。出口风险一般有两类。

（1）政治风险。进口国发生政变、战争、革命、暴乱以及政府实行禁运、冻结资金或限制对外支付等政治原因所造成的损失，可给予补偿。对于政治风险的承保金额一般为合同金额的85％～95％。

（2）经济风险。进口商或借款银行因破产倒闭无力偿还时，货币贬值或通货膨胀等经济原因所造成的损失，可给予补偿。对经济风险的担保金额一般为合同金额的70％～80％，有时甚至达到100％。

▶ 2. 担保对象

出口信贷国家担保制的担保对象主要有两种。

（1）对出口商的担保。出口商在输出商品时向进口商所提供的短期或中、长期信贷可向国家担保机构申请担保。有些国家的担保机构本身不向出口商提供出口信贷，但它可以为出口商取得出口信贷提供有利条件。如采用保险金额的抵押方式，允许出口商所获得的承保权利，以"授权书"的方式转移给供款银行而取得出口信贷。这使银行提供的贷款得到安全保障，一旦债务人不能按时付款或拒绝付款时，银行可从担保机构得到补偿。

（2）对银行的直接担保。银行所提供的出口信贷通常均可申请担保，这种担保是担保机构直接对供款银行承担的一种责任。有些国家为了鼓励出口信贷业务的开展和提供贷款安全保障，往往给银行更加优厚的待遇。

对出口信贷进行担保往往要承担很大的风险。由于该措施旨在扩大出口提供服务，收费并不高，以免加重出口商的成本负担，因此，往往会因保险费收入总额不抵偿付总额而发生亏损。如英国出口信贷担保署亏损 11.99 亿美元，美国进出口银行亏损 3.33 亿美元，这样，私人保险公司不愿也无力经营，对出口信贷进行担保只能由政府来经营和承担经济责任。目前，世界上有些发达国家和许多发展中国家都设立了国家担保机构，专门办理出口信贷保险业务，如英国的出口信贷担保署、法国的对外贸易保险公司等。我国的中国进出口银行除了办理出口信贷业务外，也办理出口信用保险和信贷担保业务。

三、出口补贴

出口补贴（export subsidies）又称出口津贴，是一国政府为了降低出口商品的价格，以增强其在国际市场上的竞争力，在出口某商品时给予出口商的现金补贴或财政上的优惠待遇。

▶ 1. 出口补贴的方式

政府对出口商品提供补贴的范围非常广泛，通常采用直接补贴和间接补贴两种方式。

（1）直接补贴。直接补贴是指政府在商品出口时直接付给出口商的现金补贴。第二次世界大战以后，美国和一些西方发达国家对某些农产品的出口就采用这种补贴。在这些国家，农产品的价格一般比在国际市场上销售的价格高。按国际市场价格出口时就会出现亏损，这种差价或亏损部分则由政府给予补贴。如欧盟国家根据共同农业政策的规定，对向第三国出口谷物、奶制品、肉类、食糖等过剩农产品时，可向共同农业基金申请出口补贴，以消除由于欧盟农产品的成本高于国际市场价格水平而对出口者产生的不利因素。这种补贴的幅度和时间的长短，一般随着国内市场与世界市场之间差价的变化而变化。有时，为鼓励某种商品的出口，补贴金额还可能大大超过实际的差价。这包含出口奖励的意味，同一般的出口补贴不可同日而语。

（2）间接补贴。间接补贴是指政府对某些商品的出口给予财政上的优惠，以帮助出口商人为降低生产成本。如政府退还或减免出口商品的直接税，对进口机器、设备、修理工具等资本品减免关税，对出口商提供低息优惠贷款，提供比在国内销售货物更优惠的运费等。

▶ 2. 禁止使用出口补贴的情况

"乌拉圭回合"谈判中达成的《补贴与反补贴协议》将补贴分为禁止使用的补贴、可申诉的补贴和不可申诉的补贴，并规定除农产品以外任何出口商品的下列补贴，均属于禁止使用的出口补贴。

（1）政府根据出口实绩对某一公司或生产企业提供直接补贴；

（2）外汇留成制度或任何包含有奖励出口的类似做法；

（3）政府对出口商品的国际运输和运费提供了比国内更为优惠的条件；

（4）政府为出口商品生产所需的产品和劳务提供优惠的条件；

（5）政府为出口企业的商品，全部或部分免除、退还或延迟缴纳直接税或社会福利税；

（6）政府对出口商品或出口经营，在征收直接税的基础上，对出口企业给予的特别减让或超过对国内消费的产品所给予的减让；

（7）对出口商品生产和销售的间接税的免除和退还，超过用于国内消费的同类产品的生产和销售的间接税的免除和退还；

（8）对于被结合到出口商品上的货物的先期积累间接税给予免除、退还或延迟支付，仍属于出口补贴之列；

（9）超额退还已结合到出口商品上的进口商品的进口税；

（10）政府或由政府控制的机构所提供的出口信贷担保或保险的费率水平极低，导致该机构不能弥补其长期经营费用或造成亏本；

（11）各国政府或政府控制的机构以低于国际资本市场利率提供出口信贷，或政府代为支付信贷费用；

（12）为公共利益的目的而开支的项目，构成了总协定第 16 条意义上的出口补贴。

可申诉补贴是政府通过直接转让资金、放弃财政收入，提供货物或服务和各种收入支持和价格支持，对某些特定企业提供补贴。

不可申诉补贴制是普遍性实施的补贴和实际上并没有向某些特定企业提供的补贴。

四、商品倾销

商品倾销（dumping），就是出口商以低于该商品国内市场的价格，甚至低于商品生产成本的价格，在国外市场大量销售商品的行为。其目的是为了打击竞争对手，以扩大和垄断国外市场。

这种倾销通常与政府的支持是分不开。一些国家设立专门机构直接对外进行商品倾销。例如，美国政府设立商品信贷公司，以高价在国内收购农产品，而按照比国内价格低一半的价格在国外倾销农产品。

按照商品倾销的具体目的和时间不同，商品倾销可分为以下几种。

▶ 1. 偶然性倾销

偶然性倾销通常是因为销售季节已过或公司改营其他业务，将在国内市场上不能售出的"剩余货物"或库存积压，以倾销方式在国外市场抛售。这种倾销对进口国的同类产品生产当然会造成不利的影响，但由于时间短暂，进口国通常较少采用反倾销措施。

▶ 2. 掠夺性倾销

掠夺性倾销又称间歇性倾销，是以低于国内价格甚至以低于成本价格，在某一国外市场上销售商品，挤垮竞争对手后以垄断力量提高价格，以获取高额利润。这种倾销较严重影响进口国的市场，因而进口国一般都必须采用反倾销的措施加以抵制。

▶ 3. 持续性倾销

持续性倾销又称长期性倾销，是在较长时期内以低于国内市场价格在国外市场出售商品。这种倾销具有长期性，主要通过扩大销售量、实现规模经济效益、降低单位产品成本的办法，或通过或区本国政府的补贴来得以补偿。

商品倾销由于实行的是低价策略，必然会导致出口商的利润减少甚至亏损。他们一般采用以下办法得到补充：①国家提供出口补贴以补偿该企业倾销时的亏损；②企业在国外市场倾销，挤垮国外竞争对手，占领了国外市场后再抬高价格，攫取高额利润，弥补企业倾销时的损失；③在贸易保护下，用维持国内市场垄断高价或压低工人工资的办法，获取高额利润，补偿出口亏损；④出口国政府设立专门机构，对内高价收购，对外低价倾销，由政府负担亏损。

商品倾销是通过人为措施提高商品竞争力、扩大出口的手段，是一种不公平的贸易行为，这种行为受到各国的谴责。世界贸易组织实施的《反倾销协议》对此做出严格规定加以规范，授权进口国可以征收反倾销税进行抵制。

五、外汇倾销

外汇倾销(exchange dumping)，是国家利用本国货币对外贬值的机会向国外倾销商品的一种特殊措施。当一国货币对外贬值后，用外币表示的本国出口商品的价格会降低，该商品的竞争能力相应提高，从而有利于扩大出口。不仅如此，在货币贬值后，货币贬值国家进口商品的价格会上涨，从而削弱了进口商品的竞争力。因此，货币贬值起到了促进出口和限制进口的双重作用。

外汇倾销不能无限制、无条件地进行，必须具备以下两个条件才能起到扩大出口的作用。

（1）货币贬值的程度大于国内物价上涨的程度。货币贬值必然引起一国国内物价上涨。当国内物价上涨的程度赶上或超过货币贬值的程度，对外贬值与对内贬值的差距也就随之消失。外汇倾销的条件就不存在了。但是，国内价格与出口价格的上涨总要有一个过程，并不是本国货币一贬值，国内物价就会立即相应上涨。在一定时期内，它总是落后于货币对外贬值的程度。因此，垄断组织就可以获得外汇倾销的利益。

（2）其他国家不同时实行同等程度的货币贬值和采取其他报复性措施。如果其他国家也实行同幅度的贬值，那么两国货币贬值的幅度就会相互抵销，汇价仍处于贬值前的水平，从而得不到货币对外贬值的利益。如果外国采取提高关税等其他限制进口的报复性措施，也会起到抵销的作用。

六、促进出口的行政组织措施

为了扩大本国商品的出口，许多国家在组织方面采取了各种措施，主要有以下几个方面。

▶ 1. 成立专门组织，研究与制定鼓励出口政策与措施

为了研究与制定出口战略，扩大出口，美国在 1960 年成立了"扩大出口全国委员会"，其任务就是向美国总统和商务部长提供有关改进与鼓励出口的各项措施的建议和资料。1978 年成立了出口委员会和跨部门的出口扩张委员会，附属于总统国际政策委员会。1979 年 5 月，成立了总统贸易委员会，附属于总统国际政策委员会，负责领导美国的对外贸易工作。1992 年成立了国会的"贸易促进协调委员会"。1994 年 1 月成立了第一批"美国出口援助中心"。此外，还成立了一个贸易政策委员会，定期讨论、制定对外贸易政策与措施。日本、欧盟国家也有类似的组织。

▶ 2. 建立商业情报网，加强国外市场信息服务工作

为了加强商业情报服务工作，从而及时向出口商提供所需的商业信息和资料，许多国家设立了官方商业情报机构，在海外设立商情网，负责向出口商提供所需的情报。例如英国设立的出口情报服务处，装备有计算机情报收集与传递系统。情报由英国 220 个驻外商

务机构提供，由计算机进行分析，分成近 5 000 种商品和 200 国家或地区市场情况资料，供有关出口厂商使用。一般国外报送回来的信息在 72 小时内可以送达有关厂商，紧急消息 48 小时内即可送到。又如日本政府出资设立的日本贸易振兴会(前身是"海外市场调查部")，专门从事海外市场调查并向企业提供信息服务。

▶ 3. 设立贸易中心和贸易博览会，向国外推销本国产品

贸易中心是永久性设施，可提供商品陈列展览场所、办公地点和咨询服务。如法国的巴黎展览会、中国的广州出口商品交易会等都很好地展示了本国商品，从而起到推销产品的作用。贸易博览会是流动性的展出。许多国家非常重视这项工作，如有些国家一年组织 15～20 次国外展出，费用由政府补贴，如意大利对外贸易协会对它发起的展出支付 80% 的费用。

▶ 4. 组织贸易代表团出访和接待来访，以加强国际间经贸联系

一些国家为了发展对外贸易，扩大对外交流，经常组织贸易代表团出访，其出国费用大部分由政府补贴，例如加拿大政府组织的代表团出访，政府支付大部分费用。许多国家设立专门机构接待来访团体，例如，英国海外贸易委员会设立接待处，专门接待官方代表团并协助公司、社会团体接待来访的工商界人士，从事贸易活动。

▶ 5. 组织出口厂商的评奖活动

许多国家对出口成绩显著的厂商给予奖励，包括授予奖章、奖状，并通过授奖活动推广他们扩大出口的经验。例如，英国从 1919 年起开始实行"女王陛下表彰出口有功企业的制度"，并规定受表彰的企业在 5 年之内可使用带有女王名字的奖状来对自己的产品进行宣传。再如，日本政府把每年 6 月 28 日定为贸易纪念日，每年在贸易纪念日，由通商产业大臣向出口贸易成绩显著的厂商颁发奖状。

延伸阅读 9-3

美国、加拿大促进农产品出口贸易的措施

美加两国是世界上农产品出口大国，农产品出口贸易在其经济发展中占有十分重要的地位。美国农产品的 50% 以上出口，年出口额 490 亿美元左右；谷物出口量占其生产总量的 40% 以上，占世界粮食市场交易量的 50% 以上。美国的农业均属于出口导向型，在提供就业、增加农民收入、减少农产品过剩等方面发挥了积极作用。美国农产品出口贸易每年为国内 20 万人创造了就业机会，仅加州每年农产品出口值达 61 亿美元。总结美加的做法，主要有以下五个方面。

1. 以政府管理机构为载体，为农产品出口贸易创造条件

两国联邦和地方(州、省)政府均设有农产品出口贸易机构。美国联邦政府成立了包括 14 个部门在内的海外贸易促进委员会，在国内的东北部、中部、南部和西部设立 4 个区域性商品出口服务机构，以及一个由各州参加的全美地区性贸易集团；联邦政府农业部在海外设有海外农业服务局，州政府农业部设有农产品国际营销局。

2. 以政府项目为依托，为农产品出口贸易提供支持

两国联邦政府均设有配套项目(每年 2 000 万～3 000 万美元)，以财政补贴的方式支持农产品出口贸易，主要包括支持开拓新的海外市场、支持技术培训和支持促销活动。

3. 以行业协会为中介，为农产品出口贸易服务发挥重要作用

两国行业协会充分发挥企业与政府间的桥梁作用，企业与农户间的纽带作用，既是行业利益的忠实代表，又为会员企业提供优质的服务：组织实施行业出口计划；组织实施人

力资源培训计划；组织实施农产品安全计划。

4. 以金融服务为手段，为农产品出口贸易降低风险

两国农产品出口贸易所需的金融与投资服务，涉及多个金融或非金融机构，其在各自的职责范围内，按商业规范和市场规则运作。美国政府主要通过进出口银行、海外私人公司、国际金融公司、商业部、农业部等，加拿大政府主要通过政府开办的农业金融服务公司、商业银行、农业与食品部等为农产品出口贸易提供金融服务，主要包括提供信贷担保、提供买方信贷、提供相关服务。

5. 以质量管理体系为支撑，为农产品出口贸易保驾护航

法律法规配套。两国均制定了与农产品质量相关的法规、法则与标准。例如加拿大制定了相关法律 13 部、法规 32 个、农产品质量标准 1 000 多个，且企业标准高于国家和行业标准，以确保农产品的竞争力处于领先水平。

组织机构健全。两国联邦和地方政府设有农产品质量监测检验机构。加拿大食品检验署内设食品安全、动物安全和植物保护 3 个部门，并在 4 大区域设有分部，负责国际间、省际间流通食品质量监测检验；省级农业与食品部设有食品安全处，负责省内流通食品的质量检测。两级机构的基本职能为农产品和食品实施"从田间到餐桌"全程质量控制。

资料来源：浙江农业信息网．2003-09-05.

第二节　经济特区措施

许多国家和地区，为了促进经济和对外贸易发展，采取了建立经济特区的措施。经济特区是一个国家或地区在其关境以外所划出的一定范围内，建筑或扩建码头、仓库、厂房等基础设施和实行免除关税等优惠待遇，吸引外国企业从事贸易与出口加工工业等业务活动的区域。设立经济特区的目的是促进对外贸易发展，鼓励转口贸易和出口加工贸易，繁荣本地区和邻近地区的经济，增加财政收入和外汇收入。因此，建立经济特区是一国实行对外开放政策和鼓励扩大出口的一项重要政策。

目前世界各国经济特区的主要形式有自由港、自由贸易区、出口加工区、保税区、自由边境区等。

一、自由港或自由贸易区

自由港(free port)也称为自由口岸。自由贸易区(free trade zone)也称为对外贸易区、自由区、工商业自由贸易区等。

无论自由港或自由贸易区都是划在关境以外，对进出口商品全部或大部分免征关税，并且准许在港内或区内进行商品自由储存、展览、拆散、改装、重新包装、整理、加工和制造等业务活动，以利于本地区的经济和对外贸易的发展，增加财政收入和外汇收入。

国际上通行的自由贸易区内基本没有关税或其他贸易限制，实施贸易与自由化政策与法规，贸易区内人、财、物与信息的流动都比较自由，程序简便、透明，政府部门的办事效率高，通关速度快以及资金融通便利。自由贸易区通常还有完善的海、陆、空交通基础设施，有发达的国际化各式联运体系和物流体系，有满足现代大型集装箱船舶需要的深水

港及其港务体系，有通向世界各地的航线及发达的内支线。自由港或自由贸易区主要以发展转口贸易、取得商业方面的效益为主。

▶ 1. 自由港或自由贸易区的类型

通常，自由港或自由贸易区可以分为两种类型。

(1) 把港口或设区的所在城市都划为自由港或自由贸易区，如我国的香港地区整个是自由港。在整个香港地区，除了个别商品外，绝大多数商品可以自由进出，免征关税，甚至允许任何外国商人在那里兴办工厂或企业。

(2) 把港口或设区的所在城市的一部分划为自由港或自由贸易区。例如，汉堡自由贸易区是由汉堡市的两部分组成，而只有划在卡尔波兰特(Kohlprand)航道以东的归自由港，和划在卡尔波兰特航道以西的几个码头和邻近地区才是汉堡自由贸易区。这个自由贸易区位于港区的中心，占地5.6平方英里。因此，外国商品只有运入这个区内才能享受免税等优惠待遇，不受海关监督。

▶ 2. 自由港或自由贸易区的管理规定

许多国家对自由港和自由贸易区的管理规定，归纳起来，主要有以下几个方面。

(1) 关税方面的规定。对于允许自由进出自由港和自由贸易区的外国商品，不必办理报关手续，免征关税。少数已征收进口税的商品如烟、酒等的再出口，可退还进口税。但是，如果港内或区内的外国商品转运到所在国的国内市场上销售，则必须办理报关手续，缴纳进口税。

(2) 业务活动的规定。对于允许进入自由港或自由贸易区的外国商品，可以储存、展览、拆散、分类、分级、修理、改装、重新包装、重新贴标签、清洗、整理、加工和制造、销毁、与外国的原材料或所在国的原材料混合后再出口或向所在国国内市场出售。

(3) 禁止和特别限制的规定。许多国家通常对武器、弹药、爆炸品、毒品和其他危险品以及国家专卖品如烟草、酒、盐等禁止输入或凭特种进口许可证才能输入自由港和自由贸易区；有些国家对少数消费品的进口要征收高关税；有些国家对某些生产资料在港内或区内使用也征收关税，例如意大利规定在的里雅斯特自由贸易区内使用的外国建筑器材、生产资料等也包括在应征关税的商品之内。有些国家如西班牙，还禁止在区内零售商品。

世界上自由港、自由贸易区很多，中国拥有世界上最大的自由港——香港。1841年，香港开始成为自由港，这与其资源条件和地理位置有着紧密的关联，生活、生产资料几乎全部靠进口，甚至水资源。香港自由开放的政策吸引着大量外国资本的进入，促进了香港作为贸易转口、物流、金融中心地位的建立。2007年，香港的对外贸易总额达到了7 195亿美元，进口额和出口额分别居世界第12位和第13位，服务贸易进口410亿美元，出口827亿美元，分别居世界第19位和第12位。

二、出口加工区

出口加工区(export processing zone)，是指一个国家和地区在其港口或邻近港口、国际机场的地方，划出一定的范围，新建和扩建码头、车站、道路、仓库和厂房等基础设施以及提供免税等优惠待遇，鼓励外国企业在区内投资设厂，生产以出口为主的制成品的加工区域。

出口加工区是在20世纪60年代后期和70年代初，在一些发展中国家建立和发展起来的。其目的在于吸引外国投资，引进先进技术与设备，促进本地区的生产技术和经济的发展，促进加工工业和加工出口的发展，增加外汇收入。

出口加工区脱胎于自由港和自由贸易区，采用了自由港和自由贸易区的一些做法，但它又与自由港和自由贸易区不同。一般来说，自由港和自由贸易区以发展转口贸易为主，取得商业方面的收益为主；而出口加工区以发展出口加工工业为主，取得工业方面的收益为主。

(一) 出口加工区的类型

(1) 综合性出口加工区。综合性出口加工区即在区内可以经营多种出口加工工业，如菲律宾的巴丹出口加工区所经营的项目包括服装、鞋类、电子或电器产品、食品生产、光学仪器和塑料产品等。目前世界各地的出口加工区大多数是综合性出口加工区。

(2) 专业性出口加工区。专业性出口加工区是在区内只准经营某种特定的出口加工产品，如印度在孟买的圣克鲁斯飞机场附近建立的电子工业出口加工区，专门发展电子工业的生产和增加这类产品的出口。在区内经营电子工业生产的企业可享受有免征关税和国内税等优惠待遇，但所生产的产品必须全部出口。

目前许多国家和地区都选择一个运输条件较好的地区作为设区地点。这是因为在出口加工区进行投资的外国企业所需的生产设备和原材料大部分依靠进口，所生产的产品全部或大部分输往外国市场销售。因此，出口加工区应该设在进出口运输方便、运输费用最节省的地方。通常，在国际港口或在港口附近、国际机场附近设立出口加工区最为理想。

(二) 出口加工区的主要规定

为了发挥出口加工区的经济效果，吸引外国企业投资设厂，许多国家制定了具体的措施，主要包括以下几种。

▶ 1. 对外国企业在区内投资设厂的优惠规定

(1) 关税的优惠规定。对在区内投资设厂的企业，从国外进口生产设备、原料、燃料、零件、元器件及半制成品一律免征进口税。生产的产品出口时一律免征出口税。

(2) 国内税的优惠规定。不少出口加工区对外国投资的企业提供减免所得税、贷款利息税等优惠待遇。

(3) 放宽外国企业投资比率的规定。各国不少出口加工区放宽了对外资企业的投资限制。例如菲律宾规定，外资企业在区外的投资比率不得超过企业总资本的40%，但在区内的投资比率不受此项法律的限制，投资比率可达100%。

(4) 放宽外汇管制的规定。在出口加工区，外国企业的资本、利润、股息可以全部汇回本国。

(5) 投资保证规定。许多国家或地区不仅保证各项有关出口加工区的规定长期稳定不变，而且保证对外国投资不予没收或征用。如因国家利益或国防需要而征用时，政府给予合理的赔偿。

此外，对于报关手续、土地仓库和厂房等的租金、贷款利息、外籍职工的职务及其家属的居留权等给予优惠待遇。

▶ 2. 对外国投资者在区内设厂的限制规定

许多国家和地区虽然向外国投资者提供种种优惠待遇，但并不是任其自由投资，而是既有鼓励又有限制，引导外国企业按照本国的经济和对外贸易发展的需要投资设厂。一般有以下几个方面的规定。

（1）对投资项目的规定。许多国家或地区往往限制投资项目。例如菲律宾对巴丹出口加工区可设立哪些工业都做出规定，划出范围。它规定第一期轻工业部门包括陶瓷或玻璃器皿、化妆品、食品生产、电子或电器产品、光学仪器、成衣、鞋类、塑料和橡胶产品等轻型的、需要大批劳工的、供出口的工业。第二期重工业包括综合性纺织厂、汽车厂、机器厂以及其他确有外国市场、需要用大批劳工、进口原料加工出口的工业。

（2）对投资的审批规定。为了保证投资与加工出口的收益，要求外国投资者必须具备一定的条件。例如菲律宾在审批投资设厂的出口企业时有两项基本条件：一是在经营管理、出口摊销和技术、财务管理方面具有一定基础和经验；二是具有输出商品赚取外汇、吸收劳动力的能力，并能采用国内的原料。

（3）对产品的销售市场的规定。许多国家或地区规定区内的产品必须全部或大部分出口，甚至对次品或废品也禁止或限制在国内市场上出售。即使准许在本国市场上销售，其数量一般不超过总产量的 10%。

为了防止区内产品与区外的同类本国产品在国外市场上竞争，往往采用禁止或限制该产品在区内投资或者对出口市场加以限制的办法。例如斯里兰卡规定，不准区内生产的服装向西欧市场出口，以排除该产品在西欧市场上同本国同类产品的竞争。

（4）对招工和工资的规定。有些国家或地区对此做了统一规定，以解决就业、工资和劳资纠纷等问题。例如菲律宾规定区内工人的最低年龄为 14 岁以上，不同的工种按其技术的熟练程度规定工资标准，并随着生产和生活指数调整工资水平。

（三）出口加工区的管理

有些国家和地区专门设立出口加工区管理委员会。在这个委员会的领导下，设立专门的办事机构，负责办理区内的具体事务。

截至 2008 年，中国有出口加工区 60 个，但功能都比较单一，主要服务于出口加工贸易，区内实施封闭式管理，提供快捷的通关便利，基本实现"一次申报、一次审单、一次查验"的通关要求。

三、保税区

有些国家如日本、荷兰等，没有设立自由港和自由贸易区，但实行保税区制度。保税区（bonded area）又称保税仓库区，是海关设置的或经海关批准注册的，受海关监督的特定地区和仓库。外国商品存入保税区内，可以暂时不交纳进口税；若再出口，不缴纳出口税；若要运进所在国的国内市场，则需办理报关手续，缴纳进口税。运入保税区内的外国商品可进行储存、改装、分类、混合、展览、加工和制造等。此外，有的保税区还允许在区内经营金融、保险、房地产、展销和旅游业务。

因此，许多国家对保税区的规定与自由港、自由贸易区的规定基本相同，起到了类似自由港或自由贸易区的作用。

各国在保税区的仓库，有的是公营的，有的是私营的；有的货物储存的期限为 1 个月到半年，有的可长达 3 年；有的允许进行加工和制造，有的不允许加工和制造。下面以日本保税区为例说明。

通常，日本规定外国货物运入或运出各种保税区，可暂时免征关税，但应预先向日本海关呈交申报单，取得海关的监督，若以后运入日本国内市场时再行缴纳关税。保税区的外国货物若作为样品暂时运出，须经海关批准；保税区的外国货物废弃不用时，应预先向海关申报；保税区的外国货物丢失时，除经海关特别批准之外，均应缴纳关税。按照保税区职能的不同，日本保税区可分为以下 4 种。

▶ 1. 指定保税区

指定保税区(designated bonded area)是为了在港口或国际机场简便、迅速地办理报关手续，为外国货物提供装卸、搬运或暂时储存的场所。指定保税区是经大藏大臣指定而设置的。在这个区内的土地、仓库与其他设施都属于国家所有，并由国家所设立的机构进行管理。因此，指定保税区是公营的。

2. 保税货棚

保税货棚(bonded shed)是指经由海关批准，由私营企业设置的用于装卸、搬运或暂时储存进口货物的场所。其特点是私营的。由于保税货棚是经由海关批准的，因此必须缴纳规定的批准手续费，储存的外国货物如有丢失需缴纳关税。

3. 保税仓库

保税仓库(bonded warehouse)是指经由海关批准，外国货物可以不办理进口手续和连续长时间储存的场所。指定保税区和保税货棚，都是为了货物报关的方便和短期储存而设置的。而保税仓库却是为了使货物能在较长时间内储存和暂时不缴纳关税而建立的。若进口货物再出口则不必纳税，这就便于货主把握交易时机出售货物，有利于贸易业务的顺利进行和转口贸易的发展。在保税仓库内储存货物的期限为两年，如有特殊需要还可以延长。

4. 保税陈列场

保税陈列场(bonded exhibition)是指经由海关批准在一定期限内用于陈列外国货物进行展览的保税场所。这种保税场所通常设在本国政府或外国政府、本国企业组织或外国企业组织等直接举办的博览会、展览会和样品陈列所中。保税陈列场除了具有保税货棚的职能外，还可以展览商品，加强广告宣传，促进交易的开展。

中国在 1984 年提出了设立保税区的设想。进入 20 世纪 90 年代，我国沿海地区逐步建立起保税区。1990 年我国决定开发上海市浦东区时，确定在上海市外高桥设立中国目前最开放、规定最优惠的保税区。1992 年有批准在大连市、海南省的洋浦等地设立保税区。截至 2008 年中国的保税区数目已达 15 个，这标志着保税区在我国对外经济贸易中开始发挥的作用越来越重要。

四、多种经营的经济特区

多种经营的经济特区也称综合性经营特区，是指一国在其港口附近划出一定的范围，新建或扩建基础设施和提供减免税收等优惠待遇，吸引外国或境外企业在区内从事外贸、加工工业、农畜业、金融保险和旅游业等多种经营活动区域。我国所设立的经济特区就属于这一类。从 1979 年以来，我国先后在深圳市、珠海市、汕头市、厦门市和海南省设立这种经济特区。这是我国贯彻于实行对外开放政策所采取的一系列重要措施的组成部分。

以中国为例，多种经营的经济特区的特征主要表现在以下几个方面。

(1) 经营范围多样性，包括工业、农业、商业、房地产、金融保险、旅游和旅游等行业。

(2) 利用外资是特区经济发展的主要资金来源，生产的产品主要供出口。

(3) 为吸引外商投资，在税收和利润汇出等方面给予特殊优惠和方便。

(4) 实行"外引内联"，加强特区与非特区之间的合作，共同促进市场经济发展。

五、自由边境区

自由边境区(free perimeter),过去也称为自由贸易区。一般设在本国的一个省或几个省的边境地区。对于在区内使用的生产设备、原材料和消费品可以免税或减税进口,如从区内转运到本国其他地区出售,则须照章纳税。外国货物可在区内进行储存、展览、混合、包装、加工和制造等业务活动,其目的在于利用投资开发区的经济。

与出口加工区的主要区别在于:自由边境区的进口商品加工后大多是在区内使用,只有少数用于再出口。故建立自由边境区的目的是开发边区经济,因此有些国家对优惠待遇规定了期限。当这些边区的生产能力发展后,就逐渐取消某些商品的优惠待遇,直至废除自由边境区。例如,墨西哥设立的一些自由边境区期限到期时,就取消了原有的优惠待遇。中国在中俄边境、中越边境也设有自由边境区。

第三节 出口管制措施

大多数情况下,各国政府是积极鼓励出口的,但对于某些商品或在某些时期或对某些国家也会采取出口管制措施。

出口管制措施(measurement for export control),是指出口国家政府从其本身的政治、军事和经济利益出发,通过各种经济的、行政的办法和措施,对本国出口贸易实行管制的行为。许多国家往往对某些商品,特别是战略物资,实行出口管制,限制或禁止这些商品的出口。出口管制是一国对外贸易政策的组成部分,是实行贸易歧视的重要手段。

一、出口管制的对象

需要实行出口管制的商品一般有以下几类。

(1)战略物资、尖端技术及有关的技术资料。各国尤其是发达国家控制这类物资出口的措施十分严厉,主要是从所谓的"国家安全"和"军事防备"的需要出发,防止它们流入政治制度对立或政治关系紧张的国家。例如美国等西方国家规定,军事设备、武器、军舰、飞机、先进的电子计算机和通信设备及有关资料,必须领取特种出口许可证才能出口。

(2)国内市场紧缺物资。国内紧缺物资即国内生产紧迫需要的原材料和半成品,以及国内供应明显不足的商品。如西方各国往往对石油、煤炭等能源商品实行出口管制。

(3)受"自动"出口限制的产品。为了缓和与进口国贸易上的摩擦,在进口国的压力下,"自动"控制出口的商品,如发展中国家根据纺织品"自限协定"自行控制出口。

(4)历史文物和艺术珍品。各国出于保护本国文化艺术遗产和弘扬民族精神的需要,一般都禁止该类商品输出。

(5)本国在国际市场上占主导地位的重要商品。例如,欧佩克对成员国的石油产量和出口量进行控制,以稳定石油价格。

二、出口管制形式

出口管制的形式主要有两种。

▶ 1. 单方面出口管制

单方面出口管制是指一国根据本国的出口管制法案，出于本国的需要和外交关系的考虑，设立专门机构对本国某些商品的出口进行审批和颁发出口许可证，实行出口管制。以美国为例，美国政府根据国会通过的有关出口管制方案，在美国商务部设立外贸管制局，专门办理出口管制的具体事务，美国绝大部分受出口管制的商品的出口许可证都由这个机构办理。

▶ 2. 多边出口管制

多边出口管制是指两个或两个以上国家的政府，通过一定的方式建立国际性的多边出口管制机构，商订和编制多边出口管制清单，规定出口管制办法等，以协调彼此的出口管制政策和措施，达到共同的政治和经济目的。

三、出口管制程序与手续

一般而言，西方国家出口管制的程序是，其有关机构根据出口管制的有关法案制定出口管制货单（commodity control list）和输往国别分组管制表（export control country group）；而列入出口管制的商品，必须办理出口申报手续，获取出口许可证后方可出口。

以美国为例，美国商务部贸易管理局是办理出口管制工作的具体机构，它负责制定出口管制货单和输往国分组管制表。在出口管制货单中列有各种需要管制的商品名称、商品分类号码、商品单位及其所需的出口许可证类别等；在输往国分组管制表中将商品输往国家或地区分成 Z、S、Y、P、W、Q、T、V 八个组，实行从严到宽不同程度的管制。如把朝鲜、越南等国家列为 Z 组；把苏联和除波兰、罗马尼亚、前南斯拉夫以外的东欧国家列为 Y 组；中国在 V 组。对 Z 组国家所有出口必须领取特种出口许可证，对 Y 组国家的非战略性物资可按一般许可证出口，战略性物资须按特种出口许可证出口，对 P 组管制较 Y 组宽，对 V 组管制较 P 组宽。

对出口受管制的商品，出口商必须向贸易管理局申领出口许可证。美国的出口许可证分为两种。

▶ 1. 一般许可证

一般许可证（general license），也称普通许可证。这种许可证的管理不严格。一般而言，出口这类商品时，出口商在出口报关表上填制货单上这类商品的凭普通许可证编号，再经海关核实就算办妥出口许可证了。

▶ 2. 特种许可证

特种许可证（validated license）。这种许可证必须向有关机构专门申请。出口商在许可证上要填写商品的名称、数量、管制编号以及输出用途，再附上有关交易的证明书和说明书，呈送有关机构审批，获准后才能出口商品。那些涉及所谓"国家安全"的商品，还要提交更高层的机构审批，如不予批准则禁止出口。可见，出口管制成了美国等西方国家对外实行政治歧视和贸易歧视的重要工具。

总之，西方国家的出口管制，不仅是国家管理对外贸易的一种经济手段，也是对外实行差别待遇和歧视政策的政治工具。20 世纪 70 年代以来，各国的出口管制有所放松，特别是出口管制的政治倾向有所减弱，但它仍作为一种重要的经济手段和政治工具而存在。

延伸阅读 9-4

日本的出口管制制度

出于维护贸易秩序、稳定国内经济、遵守国际协定等各种原因，日本也对部分产品的出口实行审批、许可等控制措施。日本以《出口令》为主体的出口管制法律体系，规定了出口限制、技术提供限制和出口的事后审查等制度。

出口限制主要包括：①安全保障出口管制。为了防止武器尤其是大规模杀伤性武器扩散，日本规定武器、与核能相关的产品、化学及生物武器相关的产品、导弹相关产品、常规武器等的出口必须经经济产业大臣的许可。另外，还有"补充性出口管制产品"的规定，产品范围原则上与该表第2～4项相同，但还包括有关参数未达到管制标准的同类产品。只要日本出口部门"认为"有关产品可能被用于开发和生产大规模杀伤性武器，就须经日本经济产业省许可后方能出口。②对联合国决定予以经济制裁的国家实施的出口限制。此类受限制产品主要包括向遭到联合国经济制裁的伊拉克、安哥拉、柬埔寨等出口的有关产品；国内供应不足的产品，如原油、核燃料等；可能引起过度竞争，影响出口秩序的产品，如捕鱼船；禁止出口的产品，如国宝、毒品等；根据国际协定需进行出口管制的产品。此外，某些特殊贸易方式也须经出口审批。日本企业在外国进行委托加工贸易，如其加工产品返销日本将对日本国内的产业造成危害，则其加工原料自日本出口时须由经济产业大臣审批。

技术提供限制使之对于日本国民向非国民提供与特定种类货物（与表9-1中的范围基本重合）的设计、制造或使用有关的技术时，须经出口审批。

表 9-1　日本《出口令》附表

编号	出口管制货物	管制地区
1	常规武器、大规模杀伤武器（与大规模杀伤武器有关的通用物资）	所有地区
2	与核武器相关产品	
3	化学武器相关产品	
3-2	生物武器相关产品	
4	导弹相关产品（与常规武器有关的通用物资）	所有地区
5	尖端材料	
6	机床	
7	电子产品	
8	计算机	
9	通信设备	
10	传感器	
11	导航装置	
12	海洋相关设置	
13	推进装置	
14	其他通用物资	
15	特别是其中的精密产品	
16	与大规模杀伤武器相关的补充性出口管制产品	所有地区

资料来源：商务部.2003国别贸易投资环境报告[M].北京：人民出版社，2003：27-28.

本章小结

  奖出限入是许多国家采用的国际贸易措施。鼓励出口是指国家通过经济、行政和组织等方面的措施，促进本国商品的出口，开拓和扩大国外市场。包括出口信贷、出口信贷国家担保、出口补贴、商品倾销、外汇倾销以及促进出口的行政组织措施；经济特区是一个国家或地区在其关境以外所划出的一定范围内，建筑或扩建码头、仓库、厂房等基础设施，在区域内实行免除关税等优惠待遇，吸引外国企业从事贸易与出口加工工业等业务活动。目前世界各国的经济特区主要形式有自由港、自由贸易区、出口加工区、保税区、自由边境区等；出口管制措施是指出口国家政府从其本身的政治、经济和军事利益出发，采用经济、行政的办法和措施，对本国出口贸易实行管制的行为。出口管制的商品通常有战略物资、尖端技术、历史文物和艺术珍品，以及国内紧缺商品。

复习思考题

  1. 当代鼓励出口的主要措施有哪些？这会对国际贸易产生怎样的影响？

  2. 什么是出口信贷？出口信贷有哪些种类？

  3. 达到商品倾销和外汇倾销需要什么条件？

  4. 什么是出口加工区？它与自由边境区有怎样的区别？

  5. 需要实行出口管制的商品一般有哪几类？

  6. 促进对外贸易发展的经济特区的形式有哪几种？

  7. 简述商品倾销的含义及种类。

延伸阅读 9-5

发展中的中国出口加工区

  国务院自 2000 年 4 月起，相继在全国批注设立了 39 个出口加工区。这是我国规范加工贸易管理、推动加工贸易转型升级而采取的重要举措。这些出口加工区是目前政策优惠、通关快捷、管理简便、设施完善的海关特殊监管区域，已成为吸引投资的最新亮点。

  出口加工区实行特殊的税收优惠政策，对国内原材料进入出口加工区视同出口，即办理出口退税。海关、工商、税务、外汇管理局和检验检疫等部门为出口加工区实施简便、高效的管理办法。近 5 年来，全国陆续建成了一批高质量、高标准、具有良好基础设施和运行条件的出口加工区。

  2004 年，33 个已封关运作的出口加工区进出口总值达 354 亿美元，同比增长 96%，占 2004 年全国加工贸易进出口总值的 6.2%。实践证明，国务院批准设立出口加工区的决策是正确的，出口加工区这一新型加工贸易管理模式正以倍增的实绩和明显的社会经济效益显示出它的生命力。体现出以下四个方面的作用。

  第一，促进了进出口增长，带动了国内原辅料出口。全国出口加工区不仅对所在省（自治区、直辖市）发展加工贸易贡献突出，更重要的是出口加工区企业所需的原材料、零配件、包装物料等 50% 来自境内采购，拉动了国内企业的间接出口。

第二，推动了国内产业结构升级，带动了产业链形成。截至 2004 年年底，全国出口加工区共引进企业 806 家，出口产品 90% 为机电产品。在达丰、英特尔、本田、日立等一批超大型项目的示范带动下，形成了 IT 和制造产业的集群。因而吸引了众多的配套厂商在周边地区投资落户。在江苏昆山，出口加工区内一家笔记本计算机厂商，在区外就有 200 多家企业为之做配套产品。在上海松江，出口加工区外已聚集了 613 家配套厂商。广州、深圳、成都出口加工区引进本田汽车、日立环球、英特尔芯片后，产业聚集效果明显增强。

第三，提供了众多就业岗位，培养了大批技术工人。目前，仅上海松江、江苏昆山两个出口加工区已有近 5 万从业人员，其中大部分是经过专门培训的高科技企业技术工人。据测算，一个产业工人约带动 7 个为之配套服务的从业人员，这两个出口加工区就创造了约 35 万个就业岗位。从两个出口加工区的情况看，一个 3 平方千米的出口加工区全部建成后，一般能够提供 10 万～15 万个就业岗位。

第四，创造集约用地新模式，单位面积产出新亮点。目前，全国出口加工区已引进投资 97.48 亿美元，其中上海松江、江苏昆山两个出口加工区引进投资约 25 亿美元，每平方公里的投资密度约 5 亿美元。2004 年两区每平方公里的出口货值约 31.4 亿美元。这不仅表明出口加工区单位面积的投资密度在国内较高，还预示着出口加工区潜在着巨大的经济效益和社会效益。由此可以说明，出口加工区的建设改变了我国发展经济粗放型用地的格局，为我国合理利用土地发展经济探索出一条可借鉴的经验。

10 第十章 世界贸易组织

本章导读

本章主要学习关税与贸易总协定产生与发展、关税与贸易总协定对国际贸易与世界经济的重要作用。乌拉圭回合谈判的目标和议题。世界贸易组织的宗旨与职能，世界贸易组织的特点，世界贸易组织的基本原则。中国加入世界贸易组织的权利与义务。

学习目标

通过本章学习，应达到以下目的和要求：

1. 了解关税与贸易总协定产生的背景。
2. 掌握关税与贸易总协定的含义、宗旨以及对世界经济的主要贡献。
3. 掌握乌拉圭回合谈判的主要成果。
4. 掌握世界贸易组织的宗旨和基本原则。
5. 了解我国加入世界贸易组织的权利和义务。

重要概念

关税与贸易总协定，乌拉圭回合，世界贸易组织，最惠国待遇，国民待遇，贸易自由化原则，政策透明度原则，公平竞争原则

为创造良好的国际贸易环境，需要全球多边贸易体制对各国的对外贸易政策与措施进行协调与约束，以减少贸易摩擦与冲突，推进国际贸易自由化进程，促进国际贸易的发展。1995 年 1 月 1 日世界贸易组织（World Trade Organization，WTO）的建立，取代了1947 年创建的关税与贸易总协定（General Agreement on Tariffs and Trade，GATT），成为世界多边贸易体制的法律和组织基础。

第 一 节　关税与贸易总协定概述

一、关税与贸易总协定的产生

▶ 1. 关税与贸易总协定的概念与宗旨

关税与贸易总协定是第二次世界大战后美国联合 23 个国家于 1947 年 10 月 30 日在日内瓦签订，并于 1948 年 1 月 1 日临时生效的一个关于调整和规范缔约国之间关税水平和经贸关系方面的相互权利和义务的多边协定。

世界贸易组织正式运行之前，1947 年《关税与贸易总协定》（简称《关贸总协定》）是协调、处理缔约方之间关税与贸易政策的主要多边协定。其宗旨是通过多边贸易谈判，达成互惠互利的协议，逐步降低关税并消除各种非关税壁垒，实现国际贸易自由化，扩大世界资源的充分利用以及发展商品的生产与交换，保证充分就业，保证实际收入和有效需求的巨大持续增长，以达到提高生活水平，加速世界经济发展的目的。

▶ 2. 关税与贸易总协定的产生

"二战"结束后，世界经济遭受重创，各国为了实现经济重建，纷纷实行贸易保护主义，以保护本国的生产和就业。而美国由于战争远离本土，经济急剧膨胀而成为战后最强大的国家。

为了打破其他国家的贸易保护，以便为自己谋取更多的利益，美国在战后积极推动建立一个全球性国际贸易组织，在国际经济领域专门协调各国间的贸易关系。1945 年 12 月，美国发表了《扩大世界贸易与就业法案》，向联合国经济及社会理事会建议召开世界贸易与就业会议，并建立国际贸易组织。1946 年 2 月联合国经济与社会理事会通过了美国的建议，并成立了由 19 个国家组成的筹备委员会，着手筹建国际贸易组织。由于当时关税壁垒盛行，建立正式的国际贸易组织需要一段时日，为了尽快解决各国在贸易中的摩擦，包括美国、英国、法国、中国、印度等的 23 个国家便主张把在联合国经社理事会第二次筹委会通过的，由美国起草的《国际贸易组织宪章草案》中的贸易政策部分，和他们各自在双边谈判基础上达成的关税减让协议加以合并，形成了《关税与贸易总协定》（GATT），作为国际贸易组织成立之前各国相互处理贸易纠纷的临时性根据。1947 年 10 月 30 日，23 个国家在日内瓦正式签署了《临时适用议定书》，决定《关税与贸易总协定》从 1948 年 1 月 1 日起临时生效。

当时，由于《国际贸易组织宪章》对美国原先的草案做了大量修改，与美国的利益相去甚远，美国国会没有通过，美国政府也就放弃了成立国际贸易组织的努力。其他国家受美国的影响也持观望态度，致使国际贸易组织的建立成为泡影。这样，GATT便作为一个临时性的应急协定而一直沿用至 1995 年 1 月 1 日世界贸易组织（WTO）的成立。

尽管《关税与贸易总协定》设立的初衷是作为管理多边贸易的临时性工具。但是从 1948 年 1 月 1 日《关税与贸易总协定》开始实施到 1995 年 1 月 1 日被世界贸易组织所替代，《关税与贸易总协定》作为国际贸易领域唯一的一项多边协定，形成了一套指导缔约方贸易行为的国际贸易准则，为各国在经济贸易方面提供了谈判和对话的场所，削减了关税，降低了非关税壁垒，促进了许多国家与地区的繁荣与发展。

▶ 3.《关税与贸易总协定》的主要条款

《关税与贸易总协定》(以下简称《总协定》)分为序言和四大部分,共计38条,另附若干附件和一份《临时适用议定书》。总协定的第一部分为第1条和第2条,主要规定缔约国之间在关税与贸易方面相互提供无条件最惠国待遇和关税减让事项;第二部分为第3~第23条,规定国内税和国内规章的国民待遇,取消进出口数量限制和在某种商品大量进口使某缔约国的同类产品遭受重大损害和威胁时,该缔约国可以采取的紧急措施;第三部分为第24~第35条,规定《总协定》的使用范围,参加和退出总协定的手续和程序等方面的问题;第四部分为第36~第38条,这部分是在1965年增加的,主要规定发展中国家的贸易与发展方面尽量给予关税和其他方面的特殊优待等。《总协定》附件主要对条款做注释、说明和补充规定。《临时适用议定书》中主要规定各缔约国全面实施第一、第三部分,并在各国现行法令许可的范围内实施第二部分。

随着国际经济和贸易形势的发展,《总协定》中的一些条款已不能适应新的形势变化。在乌拉圭回合多边贸易谈判中,对《总协定》中的某些条款进行了修改,成为《1994年关税与贸易总协定》(GATT 1994)。现在GATT 1994成为世界贸易组织有关协定和协议的组成部分,继续作为国际货物贸易的重要法律准则。

二、关税与贸易总协定的发展历程

关贸总协定1948~1995年的47年发展历程中,共主持了八轮多边贸易谈判。促使缔约方之间的关税水平大幅度下降,非关税措施受到约束,推动了贸易自由化进程。

关贸总协定第一轮至第五轮多边贸易谈判致力于关税的削减,使世界平均关税水平大幅度下降。第六轮谈判在关税大幅度减让的同时第一次涉及非关税措施,主要就美国的海关估价及各国的反倾销制度进行谈判,美国、英国与日本等21个缔约方签署了第一个有关反倾销的协议,该协议于1968年7月1日生效。

第七轮谈判在发展和完善关贸总协定体制方面做了更进一步的尝试,谈判范围远远超出前几轮,在继续大幅度削减关税的同时还达成了只对签约方生效的一系列非关税措施协议,包括反倾销协议、反补贴协议、政府采购协议、海关估价守则、进口许可证程序协议、技术性贸易壁垒协议、牛肉协议、国际奶制品协议以及民用航空器贸易协议等。这次谈判还通过了对发展中缔约方的授权条款,要求发达缔约方给予发展中缔约方优惠待遇,发展中缔约方可以在实施非关税措施协议方面享有差别和优惠待遇。

关贸总协定第八轮多边贸易谈判从1986年9月开始启动,到1994年4月签署最终协议,历时八年。这是关贸总协定的最后一轮谈判,因发动谈判的贸易部长会议在乌拉圭的埃斯特角城举行,故称"乌拉圭回合"。乌拉圭回合的谈判范围包括传统议题和新议题,其中传统议题涉及关税、非关税措施、热带产品、自然资源产品、纺织品与服装、农产品、保障条款、反补贴措施以及争端解决等;新议题涉及服务贸易、与贸易有关的投资措施以及与贸易有关的知识产权等。乌拉圭回合谈判在上述各项议题上达成了框架性协议,是关贸总协定所主持的历次多边关税与贸易谈判中涉及的范围和内容最广、参与谈判的国家和地区最多,以及涉及全球贸易金额最多的一次谈判。此外,乌拉圭回合取得的另一项重要成果是建立世界贸易组织取代临时性的关贸总协定。

历次谈判的具体时间、地点和主要成果见表10-1。

表 10-1　关贸总协定历次多边贸易谈判情况

谈判回合	谈判地点和时间	参加方（个）	谈判主要成果
第一轮	瑞士日内瓦 1947 年 4 月—10 月	23	达成 45 000 项商品的关税减让，使占应税进口值 54% 的商品平均降低关税 35%
第二轮	法国安纳西 1949 年 4 月—10 月	33	达成近 5 000 项商品的关税减让，使占应税进口值 56% 的商品平均降低关税 35%
第三轮	英国托奎 1950 年 9 月—1951 年 4 月	39	达成 8 700 多项商品的关税减让，使占应税进口值 11.7% 的商品平均降低关税 26%
第四轮	瑞士日内瓦 1956 年 1 月—5 月	28	达成近 3 000 项商品的关税减让，使占应税进口值 16% 的商品平均降低关税 15%
第五轮 狄龙回合	瑞士日内瓦 1960 年 9 月—1962 年 7 月	45	达成 4 400 项商品的关税减让，使占应税进口值 20% 的商品平均降低关税 20%
第六轮 肯尼迪回合	瑞士日内瓦 1964 年 5 月—1967 年 6 月	54	以关税统一减让方式就影响世界贸易额约 400 亿美元的商品达成关税减让，平均降低关税 35%，通过了第一个反倾销协议
第七轮 东京回合	瑞士日内瓦 1973 年 9 月—1979 年 4 月	102	以一揽子关税减让方式就影响世界贸易额约 3 000 亿美元的商品达成关税减让，关税水平下降 35%，达成多项非关税壁垒协议和守则，通过了给予发展中国家优惠待遇的"授权条款"
第八轮 乌拉圭回合	瑞士日内瓦 1986 年 9 月—1994 年 4 月	123	达成了 28 个内容广泛的协议，货物贸易减税幅度近 40%，减税商品涉及贸易额高达 1.2 万亿美元，近 20 个产品部门实行了零关税，农产品非关税措施实行关税化，纺织品的配额限制在 10 年内取消，GATT 扩大到服务贸易、知识产权和与贸易有关的投资措施协议，建立 WTO 取代 GATT

三、关税及贸易总协定的贡献

关税与贸易总协定历时 47 年(1948 年 1 月 1 日—1995 年 1 月 1 日)，作为一个临时性的协定，它虽不是一个权力机构，在国际上也没有法人资格，但它在战后国际贸易中发挥了重要的作用。其缔约方从成立之初的 23 个发展到 123 个。共主持了八轮全球性多边贸易谈判，开展了各项有关削减关税、消除非关税壁垒、取消贸易中的歧视待遇、解决国际贸易争端等活动，取得了卓有成效的结果，对促进国际贸易和世界经济的发展起到了重要的作用。

▶ 1. 推动了贸易自由化进程

(1) 大幅度地削减关税。在总协定的主持下，通过历次(八轮)多边贸易谈判，大幅度地降低了世界各国进口关税水平。据有关资料统计，发达国家的平均关税水平已从 40% 下降到 4%～5%，发展中国家的平均关税水平也降到 13%～15%，并在近 20 个产品部门实行了零关税。

（2）积极地限制各种非关税壁垒。在第七轮"东京回合"谈判中，非关税壁垒成为重要的谈判议题，并最终达成了《海关估价标准》《反倾销守则》《贸易技术壁垒协议》《补贴与反补贴守则》《进口许可证手续协议》和《政府采购协议》六项协议。"乌拉圭回合"谈判中，非关税壁垒得到了更高程度的重视，也制定了限制非关税壁垒的《技术标准协议》《原产地规则协议》和《装船前检验协议》等一系列协议。

（3）总协定谈判议题不断扩大。从开始时单一的关税减让，扩展到非关税壁垒的限制，进而到"乌拉圭回合"，把服务贸易、知识产权、投资措施以及纺织品贸易、农产品贸易都纳入到关贸总协定的规则中，并协议成立了一个具有全球代表性的世界贸易组织负责管理世界经济和贸易秩序，更有利于国际贸易的发展、并将为经济全面合作开创了新纪元。

▶ **2. 调整和规范缔约方对外贸易活动和政策**

关贸总协定规定了有关国际贸易政策的各项基本原则，如非歧视原则、关税保护和关税减让原则、禁止采用进口数量限制原则、禁止倾销和限制出口补贴原则等，加上总协定在历次多边贸易谈判中达成的一系列协议，形成了一套关于关税和贸易政策措施的国际法规。关贸总协定要求各缔约方在从事对外贸易活动、制定或修改对外贸易政策与措施，以及在处理缔约国之间的经济贸易关系等方面，遵循这些法规。这些法规已成为调整和规范缔约方的国际贸易活动和政策的依据，在一定程度上起了世界性的国际贸易法的作用。

▶ **3. 充当国际"商务法庭"，发挥贸易仲裁作用**

关贸总协定运用它的"以调停为主，采取报复为辅"的争端解决机制，有效地解决了众多的国际贸易纠纷和争端，减少了国与国之间的贸易摩擦。虽然关贸总协定所做出的裁决不可能像法院那样具有权威性，但仍具有一种道义上的约束力，任何一国都不愿因违反关贸总协定而受到缔约国全体的公开谴责。可见，关贸总协定为各国提供了经济贸易谈判和对话的场所，解决贸易争端，暂时缓和缔约方之间在贸易上的某些矛盾，为国际贸易的发展创造了一个较为稳定和宽松的外部环境，对促进国际贸易发展起了重要的作用。

▶ **4. 推动发展中国家的经济贸易发展**

随着形势的发展，越来越多的发展中国家加入了关贸总协定，经过不懈的努力，发展中国家的贸易利益逐渐受到重视。关贸总协定于 1964 年 11 月 26 日通过了题为"贸易与发展"的第四部分。这反映了发展中国家地位的提高，更重要的是确认了非互惠原则，为发展中国家的初级产品进入世界市场提供了有利条件和稳定、公平、有利的价格，为发展中国家某些加工品或制成品尽最大可能地增加进入市场的机会以及扩大优惠范围等，并为以后的普遍优惠制的建立提供了法律依据。

1971 年 6 月，关贸总协定缔约国大会批准发达国家对从发展中国家进口的制成品和半制成品实行普遍优惠制（又称普惠制，generalized system of preferences，GSP）。普遍优惠制待遇是发达国家单方面给予发展中国家的普遍的、非歧视的和非互惠的关税待遇。

1979 年 11 月 28 日"东京回合"中，缔约方又通过了"授权条款"，即授权缔约发达国家无须申请解除义务，就可给发展中国家普遍优惠制待遇，而不受关贸总协定最惠国待遇条款的约束。

"乌拉圭回合"签署的一些协定中规定了对发展中国家采取区别对待和更为优惠的待遇，尤其注意到了最不发达国家的特殊情况，在一些主要条款的实施规则中，明确地规定了发展中国家和最不发达国家更长的履约时期和承诺较低水平的义务或减免某些义务，目的是采取各种措施，使这些国家的经济和贸易有进一步的发展。

第二节 乌拉圭回合多边贸易谈判

一、乌拉圭回合的目标和议题

▶ 1. 乌拉圭回合的目标

1986年9月15—20日通过的《乌拉圭回合部长宣言》提出：制止和扭转贸易保护主义，消除贸易扭曲现象；维护关税与贸易总协定的基本原则和促进关税与贸易总协定的目标；建立一个更开放、具有生命力的、持久的多边贸易体制。

在启动乌拉圭回合的部长宣言中，明确了这轮谈判的主要目标：一是通过减少或取消关税、数量限制和其他非关税措施，改善市场准入条件，进一步扩大世界贸易范围；二是完善多边贸易体制，将更大范围的世界贸易置于统一的、有效的多边规则之下；三是强化多边贸易体制对国际经济环境变化的适应能力；四是促进国际合作，增强关税与贸易总协定同有关国际组织的联系，加强贸易政策与其他经济政策之间的协调。

▶ 2. 乌拉圭回合的议题

《乌拉圭回合部长宣言》确定该回合谈判分两部分，共15个议题。

第一部分为货物贸易，共14个议题，分别是：①关税；②非关税措施；③热带产品；④自然资源；⑤纺织品与服装；⑥农产品；⑦关税与贸易总协定条款；⑧保障条款；⑨多边贸易谈判协议和安排；⑩补贴与反补贴措施；⑪争端解决；⑫与贸易有关的知识产权问题，包括冒牌贸易问题；⑬与贸易有关的投资措施；⑭关税与贸易总协定体制的作用。

第二部分为服务贸易，只有1个议题，即通过服务贸易谈判制定处理服务贸易的多边原则和规则的框架，包括对各个部门制定可能的规则，以便在透明和逐步自由化的条件下扩大服务贸易的范围，并以此作为促进包括发展中国家在内的所有贸易伙伴的经济发展的一种手段。

二、乌拉圭回合多边贸易谈判的主要成果

乌拉圭回合谈判达成了28个协议与协定，谈判成果显著，其主要内容如下。

（一）货物贸易方面

乌拉圭回合有关货物的谈判内容，包括关税减让谈判和规则制定谈判。

▶ 1. 关税减让方面

发达成员国总体关税的削减幅度在37%左右，加权平均税率从6.3%减为3.8%。发达成员国承诺关税减让的税目占其全部税目的93%，占84%的贸易额。其中承诺减让到零的关税税目比例由乌拉圭回合前的21%增长到32%。15%以上的高峰税率比例由23%下降为12%，涉及的贸易额为5%，主要为纺织品和鞋。从关税约束范围方面分析，发达成员国承诺关税约束的税目由78%上升为99%，涉及的贸易额由94%增长为99%。

发展中成员国的关税减让幅度在24%左右，加权平均税率由15.3%减为12.3%。从

约束关税范围上分析，发展中成员国税目约束比例由 21％ 上升为 71％，涉及的贸易额由 13％ 增长为 61％。大部分发展中成员国在乌拉圭回合后全面约束了关税，如智利、墨西哥、阿根廷等，韩国、尼西亚、马来西亚、泰国约束关税的比例在 90％ 左右。

无论发达成员国还是发展中成员国，均全面约束了农产品的关税，并承诺进一步减让，农产品关税的减让从 1995 年 1 月 1 日开始，发达成员国的实施期为 6 年，发展中成员国的实施期为 10 年。

▶ 2. 制定规则方面

乌拉圭回合达成的协议主要分为四组。

第一组是《1994 年关税与总协定》（简称 GATT 1994），它是对原来的《关税与总协定》（简称 GATT 1947）的修改版本，和如何履行谅解和减让表的《1994 年关税与总协定马拉喀什议定书》。

第二组包括两项部门协议，即《农业协议》和《纺织品与服装协议》。

第三组包括《技术性贸易壁垒协议》《海关估价协议》《装运前检验协议》《原产地规则协议》《进口许可程序协议》《实施卫生与植物卫生措施协议》和《与贸易有关的投资措施协议》7 项协议。

第四组包括《保障措施协议》《反倾销协议》和《补贴与反补贴协议》3 项贸易救济措施协议。

（二）服务贸易方面

过去关税与贸易总协定只涉及货物贸易领域，服务贸易不属于关税与贸易总协定多边体制的管辖范围，因此，许多国家在服务贸易领域采取了一些保护措施，明显制约了国际服务贸易的发展。为了推动服务贸易的自由化，在乌拉圭回合谈判中，发达成员国提出将服务业市场准入问题作为谈判的重点，经过 8 年的谈判，最后签署了《服务贸易总协定》（简称 GATS），并于世界贸易组织成立的 1995 年 1 月 1 日起正式生效。

（三）与贸易有关的知识产权方面

知识产权是个人或单位基于智力创造性活动的成果所产生的权利。与货物贸易中的有形物质相比，知识产权是一种看不见、摸不着的"无形"资产，括专利权、商标权、版权和商业秘密等。

知识产权的一个重要特点是地域性，即一个国家的法律给予知识产权的保护权在本国范围内有效，在别的国家不产生效力。为了便于一个国家的自然人或法人的知识产权在国外也能够取得法律保护，世界各国通过签订双边或多边条约，逐步建立起国际知识产权保护制度。

乌拉圭回合谈判达成《与贸易有关的知识产权协定》，明确了知识产权国际法律保护的目标和动机；扩大了知识产权保护的范围，加强了相关的保护措施；强化了对仿冒和盗版的防止和处罚；强调对反竞争行为和歪曲的控制；规定了对发展中国家提供特殊待遇的过渡期安排；规定了与有关的知识产权机构的职责，以及相互之间合作的安排。该协定是乌拉圭回合一揽子协议的重要组成部分，所有世贸组织成员都受其规则约束。

（四）完善和加强多边贸易体制

突破原有的议题，根据国际贸易发展的需要，达成《建立世界贸易组织协定》，通过建立世界贸易组织，取代"1947 年关税与贸易总协定"，完善和加强了全球多边贸易体制，为执行乌拉圭回合的谈判成果，奠定了良好的基础，这是乌拉圭回合取得的最突出的成果。

第 三 节　世界贸易组织

世界贸易组织成立于 1995 年 1 月 1 日，其前身是关税与贸易总协定（GATT），总部设在瑞士日内瓦。世界贸易组织是世界上最大的多边贸易组织，目前已经拥有 139 个成员，另有约 30 个国家和地区正在申请加入，成员的贸易量占世界贸易的 95% 以上，被誉为真正意义上的"经济联合国"。世界贸易组织与世界银行、国际货币基金组织并称为当今世界经济体制的"三大支柱"。

一、世界贸易组织的产生

世界贸易组织的建立是乌拉圭回合多边贸易谈判的一项重大意外成果。

▶ 1. 世界贸易组织产生的原因

1986 年乌拉圭回合谈判启动时，拟订的 15 项谈判议题中没有涉及建立世界贸易组织的问题，只是设立了一个完善关税与贸易总协定体制职能的谈判小组。但是由于乌拉圭回合谈判不仅包括传统的货物贸易议题，而且还涉及服务贸易、与贸易有关的知识产权以及与贸易有关的投资措施等新议题，这些新议题的谈判成果能否在关税与贸易总协定的框架内付诸实施，关税与贸易总协定能否有效地贯彻执行乌拉圭回合的各项协议就格外受到谈判各方的关注。关税与贸易总协定虽然取得了巨大成就，但由于它毕竟只是一项临时性的多边协议，缺乏一定的组织框架，法律地位不明确，又缺乏强有力的约束机制，而且它对贸易争端的解决主要采用协商形式，因此规则并没有得到普遍遵守。由于这种先天不足，关税与贸易总协定显然已无法适应日趋复杂的国际经济与贸易现实，在新的使命面前力不从心，因此有必要在其基础上建立一个正式的国际贸易组织来协调、监督和执行乌拉圭回合的谈判成果。

▶ 2. 世界贸易组织产生的过程

1990 年年初，当时任欧共体轮值主席国的意大利首先提出了建立一个多边贸易组织的倡议，同年 7 月欧共体把这一倡议以 12 个成员的名义向乌拉圭回合体制职能谈判小组提出。随后加拿大、瑞士与美国也分别向关税与贸易总协定体制职能小组提出设立一个体制机构的设想，这些设想从不同的角度提出未来国际贸易组织机构的职责及性质。联合国贸发会议也认为加强多边贸易领域的国际组织是联合国有效实现世界经济持续发展目标的重要组成部分。经过反复磋商，1990 年 12 月，布鲁塞尔贸易部长会议决定责成关税与贸易总协定体制职能小组负责"多边贸易组织协议"的谈判。经过历时一年的紧张谈判，该小组于 1991 年 12 月形成"关于建立多边贸易组织协议"草案。时任关税与贸易总协定总干事的阿瑟·邓克尔将该草案和其他议题的案文汇总，形成"邓克尔最后案文"。后又经过两年的修改、完善和磋商，最终于 1993 年 11 月形成了"多边贸易组织协议"。

1993 年 12 月 15 日，根据美国的动议，"多边贸易组织"易名为"世界贸易组织"。1994 年 4 月 15 日，在摩洛哥马拉喀什部长会议上，104 个缔约方政府代表（包括中国政府）通过并签署了《建立世界贸易组织的马拉喀什协议》（简称《建立世界贸易组织的协议》），它与其他附件协议和部长宣言及决定共同构成了乌拉圭回合多边贸易谈判的一揽子成果。根据该协议，世界贸易组织于 1995 年 1 月 1 日正式成立，在与关税与贸易总协定并存一年后，自 1996 年 1 月 1 日起完全担当起全球经济与贸易组织管理者的角色。

它作为一个正式的国际组织，同世界银行和国际货币基金组织一起成为世界经济的三大支柱，这标志着世界经济和贸易进入一个新的发展时期。

二、世界贸易组织协定的宗旨与职能

（一）世界贸易组织的宗旨

根据乌拉圭回合达成的《建立世界贸易组织的协议》的内容，世界贸易组织的宗旨是通过建立一个开放、完整、健全、持久的多边贸易体制与促进世界货物贸易与服务贸易的发展以及有效合理地利用世界资源来改善生活质量，扩大就业，确保实际收益和有效需求的稳定增长。

（二）世界贸易组织的主要职能

（1）制定和规范国际多边贸易规则，对世界贸易组织协定及其附件中协议的贯彻与运行进行监督、管理；

（2）为实施世界贸易组织协定及其附件中的协议提供统一的体制框架；

（3）组织多边贸易谈判，为多边贸易谈判提供论坛和场所；

（4）解决成员之间的贸易争端和审议成员的贸易政策和规章；

（5）与国际货币基金组织和世界银行等国际经济组织合作，协调全球经贸政策。

（三）世界贸易组织的组织结构

▶ **1. 部长会议**

部长会议由全体成员代表组成，是世界贸易组织的最高决策权力机构，至少每两年召开一次会议，可对多边贸易协议的所有事务做出决定。

延伸阅读 10-1

世界贸易组织部长级会议

第一次部长级会议于 1996 年 12 月 9 日—13 日在新加坡举行。来自世界贸易组织的 128 个成员和相关国际组织的 2 800 多名代表参加了会议。会议主要审议了世界贸易组织成立以来的工作及上一轮多边贸易谈判即乌拉圭回合各项协议的执行情况，并决定成立"贸易与投资""贸易与竞争政策"和"政府采购透明度"三个工作组，同时将贸易便利化纳入了货物贸易理事会的职责范围。会议最后通过了《新加坡部长级会议宣言》。

第二次部长级会议于 1998 年 5 月 18 日—20 在瑞士日内瓦召开。会议主要讨论了已达成的贸易协议的执行情况、既定日程和未来谈判日程等问题以及第三次部长级会议举行的时间和地点。会议的主要目的是为第三次部长级会议启动新一轮多边贸易谈判做准备。

第三次部长级会议于 1999 年 11 月 30 日—12 月 3 日在美国西雅图召开。会议的主要任务是确定新一轮多边贸易谈判也是世界贸易组织成立以来第一轮多边贸易谈判的框架、议题和时间表。会议召开前 50 多个世界贸易组织成员和一些地区组织正式提交了 150 多份提案。与会期间，各成员主要围绕农业、乌拉圭回合各项协议的执行、市场准入以及新议题四个主题展开磋商。由于有关各方均提出了代表各自利益的谈判方案，在诸多问题上不愿让步，尤其是在农业、非农产品关税和纺织品等一系列问题上存在严重分歧，最终会议陷入僵局，未能启动新一轮多边贸易谈判。

第四次部长级会议于 2001 年 11 月 9 日—14 日在卡塔尔首都多哈举行。142 个成员、37 个观察员和 50 多个国际组织参与了此次会议。会议通过了《多哈部长级会议宣言》，一致同意开始新一轮多边贸易谈判，从而启动了被称为"多哈发展议程"的多哈回合谈判。会议的另一个重要成果是批准中国加入世界贸易组织。会议还通过了《关于乌拉圭回合协议执行问题的决定》和《关于知识产权与公共健康问题的宣言》。

第五次部长级会议于 2003 年 9 月 10—14 日在墨西哥坎昆召开。根据议程，会议的目标是对多哈回合谈判进行中期评估，内容涉及乌拉圭回合各项协议的执行、农产品出口补贴、服务贸易、非农产品市场准入、与贸易有关的知识产权、世界贸易组织规则、贸易争端解决机制、贸易与环境以及贸易与投资等多方面内容。由于各成员在一些关键领域不愿妥协，尤其是发达成员与发展中成员在农业问题以及"新加坡议题"上存在巨大分歧，最终导致会议无果而终。

第六次部长级会议于 2005 年 12 月 13—18 日在中国香港举行。来自世界贸易组织的 149 个成员的近 6 000 名代表和几百名非政府组织代表参加了此次会议。经过谈判各方的努力和妥协，通过了《香港宣言》。此次会议在农业、非农业产品、棉花以及发展问题上都取得了一些进展。

▶ 2. 总理事会

部长会议下设总理事会，由各成员国代表组成，负责日常监督各项协议和部长会议所做决定的贯彻执行情况，并作为统一的争端解决机构和贸易政策评审机构发挥作用。

▶ 3. 秘书处和总干事

总理事会下设秘书处，处理日常工作。由总理事会任命一名总干事担任世界贸易组织秘书处的首长。总干事的权力职责、服务条件与任期由总理事会决定。总干事根据总理事会批准的规则任命秘书处的工作人员，规定其职责与服务条件。世界贸易组织历任总干事见表 10-2。

表 10-2　世界贸易组织历任总干事

姓　　名	国　　籍	任职年限
皮特·萨瑟兰	北爱尔兰	1994—1995 年
瑞纳托·鲁杰罗	意大利	1995—1999 年
麦克·穆尔	新西兰	1999—2002 年
素帕猜·巴尼巴滴	泰国	2002 年 9 月—2005 年 8 月
帕斯卡尔·拉米	法国	2005 年 9 月至今

资料来源：根据世界贸易组织官方网站有关资料整理.

▶ 4. 分理事会和专门委员会

总理事会下设有货物贸易(Goods Council)、服务贸易(Services Council)、知识产权(TRIPs Council)三个分理事会，分别监管货物贸易、服务贸易和知识产权协议的贯彻执行情况，并履行由总理事会所赋予的其他职责。总理事会下还建立负责处理相关事宜的贸易与发展、国际收支、行政预算三个委员会。三个分理事会也设立相应的附属机构即次一级的专门委员会，以处理更为具体的专门问题和监督协议的履行。此外，总理事会、分理事会及专门委员会视需要可设立临时性工作组或专家小组等。

三、世界贸易组织的主要特点

从世界贸易组织协定的条款看，与关税与贸易总协定相比，具有以下几方面的特点。

▶ **1. 组织机构正式**

从法律上来讲，世界贸易组织是被正式批准生效并成立的国际组织，具有独立的国际法人资格，是一个常设的、永久性存在的国际组织，有着良好的法律基础、健全的机构，享有执行其职责需要的特权、豁免权。而关税与贸易总协定则是"临时适用"的协定，并不是一个正式的国际组织，是随着形势的发展才在其基础上逐渐形成了一个临时性的国际经济组织，它与联合国有关，但又不是联合国的专门机构。

▶ **2. 管辖的范围广泛**

世界贸易组织的多边贸易体制不仅包括已有的货物贸易规则，而且包括服务贸易的国际规则、与贸易有关的知识产权保护的国际规则。而关税与贸易总协定的多边贸易体制所制定的一整套国际贸易规则，只适用于货物贸易。表明世界贸易组织所管辖的内容更广泛。

▶ **3. 权利与义务统一**

世界贸易组织要求缔约方必须无选择地以"一揽子"方式签署乌拉圭回合达成的所有协议，即必须全部接收或全部拒绝，不能只接受一部分，拒绝另一部分。从而加强了缔约方的权利和义务的统一性和约束性，维护了多边贸易体制的完整性。关税与贸易总协定在1979年东京回合达成的9个协议以及多边纺织品协议却是选择性的，即这些协议可由关税与贸易总协定缔约方和非缔约方自行选择签署参加，因而缔约方在关税与贸易总协定中的权利和义务就不平衡。

▶ **4. 争端解决机制更有效**

世界贸易组织的争端解决机制建立在一整套严谨的条款之上，对争端的解决和监督履行都有明确的规定，而且世界贸易组织的法人资格也使其对争端的调解更具法律约束力，从而使争端解决机制的运行更为有效。关税与贸易总协定原有的争端解决机制存在缺陷，如争端解决的时间拖得很长，专家小组的权限很小，监督的后续行动不力等。截至2003年9月11日，世界贸易组织共对301起贸易争端适用了争端解决程序，平均每年处理30多起争端。而关税与贸易总协定在近半个世纪的时间里共处理了238起争端，平均每年处理5起争端。

四、世界贸易组织的基本原则

世界贸易组织与关税与贸易总协定之间有着继承和发展的关系，因为世界贸易组织协定所适用的基本原则，主要来自于1994年的关税与贸易总协定、服务贸易总协定以及历次多边贸易谈判，特别是乌拉圭回合谈判所达成的一系列协议，因此，世界贸易组织主要有如下原则。

▶ **1. 非歧视贸易原则**

这一原则是世界贸易组织最为重要的原则，是世界贸易组织的基石。在世界贸易组织中，非歧视原则是通过最惠国待遇和国民待遇两个条款来体现的。

（1）最惠国待遇。最惠国待遇是指缔约国双方在一定经济和贸易关系上给予任何第三国的任何贸易特权和优惠利益必须立即无条件地给予缔约方。世界贸易组织的最惠国待遇条款是多边的、无条件的。它要求每一个缔约方在进出口方面应该以相等的方式对待其所有的其他缔约方，而不得以任何政治或经济要求为先决条件。据此，一缔约方可根据最惠国待遇条款，享受任何缔约方通过谈判达成的所有关税减让和其他贸易上的优惠待遇。

（2）国民待遇。国民待遇就是缔约国一方保证缔约国另一方的公民、企业和船舶在本国境内享受与本国公民、企业和船舶同等的待遇。国民待遇原则对最惠国待遇原则起着补充作用。世界贸易组织的国民待遇条款要求每一成员对任何其他成员的产品进入其国内市场时，在国内税费等经济权利方面应与本国产品享受同等待遇，不应受到歧视。国民待遇条款要求，一旦某种商品经过海关进入一成员的国内市场，其各种待遇不能低于国内生产的相应产品。

▶ 2. 贸易自由化原则

世界贸易组织积极倡导并致力于推动贸易自由化。贸易自由化原则是指通过多边贸易谈判，实质性的削减关税和减少其他贸易壁垒，扩大成员方之间的货物和服务贸易来实现的。

（1）削减关税。关税透明度高、易衡量，高关税是制约货物在国际间自由流动的重要壁垒。因此，世界贸易组织要求成员方实行关税减让，即指各成员方之间，在互惠互利的基础上，通过谈判降低进出口关税的总体水平，承担约束某种商品的关税税率的义务，以不断推动贸易自由化进程。"关税约束"是指成员方承诺把进口商品关税限定在某个水平，不再提高。

（2）减少非关税壁垒。在世界贸易组织中，除了继续坚持以关税作为货物贸易的主要保护手段原则以外，在取消数量限制方面取得了很大进展。根据世界贸易组织规定，首先，逐步减少配额和许可证，逐步取消纺织品和服装贸易中的数量限制；其次，从取消数量限制向取消其他非关税壁垒延伸。在世界贸易组织负责实施的货物贸易协定，诸如原产地原则、装船前检验、反倾销、技术贸易壁垒、进口许可证程序、补贴与反补贴、海关估价、政府采购等协议中，通过制定新规则和修订原有规则，约束各种非关税壁垒实施的条件；最后，把一般取消数量限制原则扩大到其他有关协定。如服务贸易总协定中规定，不应限制服务提供者的数量，不应采用数量配额方式限制服务的总量等。

（3）开放服务市场。国际服务贸易迅速发展，客观上要求各国相互开放服务领域。但各国为了保护本国的服务业，对服务业的对外开放采取了诸多限制措施。包括限制服务提供者的数量，限制服务交易或资产总值，限制特定服务部门或服务提供者的雇用人数，限制外国资本投资总额或参与比例等。这些限制不仅对服务贸易本身，而且对货物贸易乃至世界经济发展都构成了不利影响。《服务贸易总协定》要求，成员方为其他成员方的服务产品和服务提供者提供更多的投资与经营机会，分阶段逐步开放商务、金融、电信、分销、旅游、教育、运输、医疗保健、建筑、环境以及娱乐等服务领域。

▶ 3. 公平竞争原则

在世界贸易组织的框架下，公平竞争原则是指成员方应避免采取扭曲市场竞争的措施，纠正不公平贸易行为，在货物贸易、服务贸易和与贸易有关的知识产权领域，创造和维护公开、公平、公正的市场环境。世界贸易组织主张公平竞争，反对采取不公平的贸易手段进行竞争，反对倾销和出口补贴等不公平的贸易做法，允许成员方采取措施来抵消倾销行为和出口补贴对进口国造成的损失。

▶ 4. 贸易政策透明度原则

政策透明度原则主要体现在世界贸易组织的主要协定、协议中。根据该原则，世界贸易组织成员有义务将有效实施的现行贸易政策法规公布于世。

根据透明度原则，公布贸易政策法规包括：①海关法规，即海关对产品的分类、估价方法的规则，海关对进出口货物征收的关税税率和其他费用；②有关进出口管理的法规和行政规章制度；③有关进出口商品征收国内税的法规和规章；④有关进出口商品的检验、检疫的法规和规章；⑤有关进出口货物及其支付方面的外汇管理和对外汇管理的一般法规和规章；⑥利用外资的立法及规章制度；⑦有关知识产权保护的法规和规章；⑧有关出口加工区、自由贸易区、边境贸易区、经济特区的法规和规章；⑨有关服务贸易的法规和规章；⑩有关仲裁的裁决规定；⑪成员国政府及其机构所签订的有关影响贸易政策的现行双边或多边协定、协议；⑫其他影响贸易行为的有关国内立法或行政规章。

世界贸易组织要求，所有成员对以上这些规则的公布应该是及时的。

第 四 节　中国与世界贸易组织

一、中国从"复关"到"入世"的历程

（一）中国是关税与贸易总协定最早的缔约方

1948 年 4 月 21 日，中国政府签署了关税与贸易总协定《临时适用议定书》，同年 5 月 21 日，中国正式成为关税与贸易总协定缔约方。1950 年 3 月 6 日，中国台湾当局在未得到中国唯一合法政府——中华人民共和国授权的情况下，照会联合国秘书长，决定退出关税与贸易总协定。1965 年 1 月 21 日，中国台湾当局提出观察关税与贸易总协定大会的申请，同年 3 月，第 22 届缔约方大会接受中国台湾当局派观察员列席缔约方大会。

1949 年 10 月 1 日，中华人民共和国成立。1971 年 10 月，联合国大会通过了关于恢复中华人民共和国合法席位的第 2758 号决议，恢复了中华人民共和国在联合国的合法席位。关税与贸易总协定按照政治上服从联合国决议的原则，于 1971 年 11 月 26 日终止了中国台湾当局的"观察员"地位。1972 年 5 月，中国成为联合国贸发会议和关税与贸易总协定下属机构国际贸易中心的成员。

1981 年，中国代表列席了关税与贸易总协定纺织品委员会第三个《多种纤维协议》的谈判，并于当年 5 月获得了纺织品委员会观察员的资格。1984 年 1 月，中国正式参加了第三个《多种纤维协议》，并成为关税与贸易总协定纺织品委员会成员。

1982 年 11 月，中国第一次派代表团以观察员身份，列席了关税与贸易总协定第 36 届缔约国大会。1984 年 11 月，作为观察员，中国获准出席关税与贸易总协定理事会及其附属机构的会议。此后，中国每年都列席关税与贸易总协定缔约方大会。

（二）中国从复关到入世的过程

▶ 1. 酝酿、准备复关阶段（20 世纪 80 年代初—1986 年 7 月）

1985 年 4 月，中国成为关税与贸易总协定发展中国家非正式磋商小组的成员。1986 年 1 月 10 日，关税与贸易总协定总干事邓克尔来华访问，当时的国务院总理代表中国政府正式表示，中国希望恢复自己在关税与贸易总协定的缔约国席位。1986 年 7 月 10 日，中国驻日内瓦联合国常驻代表团代表钱嘉东大使向关税与贸易总协定总干事邓克尔提交中国政府关于恢复中国在关税与贸易总协定中缔约国席位的申请。申请照会中表示，中国政府基于中国是关税与贸易总协定创始缔约国之一这一事实，决定申请恢复它在关税与贸易总协定中的席位。中国改革的进程有助于扩大它同缔约各方的经济和贸易联系。中国作为

一个缔约国参加关税与贸易总协定工作将有助于促进关税与贸易总协定目标的实现。

▶ 2. 审议中国经济贸易体制阶段(1986年7月—1992年10月)

从1986年7月10日提出恢复关税与贸易总协定申请到1989年5月中美第五轮双边磋商达成了谅解，而且中国工作组通过连续召开7次会议，也已基本结束了对中国外贸制度的答疑和综合评估工作，中国复关议定书已基本成型，无论是在多边谈判，还是双边磋商中已基本形成共识。这一时期美欧对中国复关谈判的要价主要集中在贸易政策的透明度与统一实施、关税与非关税措施的减让、价格改革的时间表和选择性保障条款等中心问题上。可见，谈判涉及的问题是集中在中国贸易管理体制方面。各方面反映表明，中国复关指日可待。

1989年6月—1992年2月，以美国为首的西方国家对中国实行经济制裁，把暂时不让中国复关作为其经济制裁的一项主要内容，加之国内经济处于治理整顿阶段，复关谈判涉及的双边磋商和以日内瓦工作会议形式进行的多边谈判实施上陷入停顿，而且还危及中国复关谈判前一时期所起得的成果，致使这一阶段的复关谈判陷入停顿。

▶ 3. 实质性谈判阶段(从1992年10月—2001年9月)

1993年11月，江泽民在第一次参加在美国西雅图举行的亚太经合组织领导人非正式会议时，提出了著名的中国复关"三原则"：第一，关税与贸易总协定没有中国的参与是不完整的；第二，中国必须以发展中国家的身份复关；第三，中国复关坚持权利与义务的平衡。这期间，因1992年邓小平南行讲话而引发的深化改革和全方位对外开放为中国经济的高速发展注入了新的推动力，十四大的召开为中国经济体制改革确立了建立社会主义市场经济和现代企业制度的目标，并相继实现了一系列深化改革的重大举措。

由于冷战后出现的新国际形势，中美三个备忘录(劳改产品、知识产权和市场准入)的相继签署以及人权、贸易等问题，美对华贸易政策中唯一可以向中国施压的就是复关谈判。主要西方国家开始对中国经济贸易的迅猛发展将对多边贸易体制上的影响进行重新认识，致使谈判内容增加，谈判时间延长，致使主要缔约国对中国复关谈判采取了"滚动式要价"的做法。他们无视中国现阶段的经济发展水平，要求中国提前从发展中国家行列中"毕业"，承担发达国家在关税与贸易总协定中所承担的义务。为及早摆脱这一谈判怪圈，中国于1994年年11月28日及时明智地做出了"1994年年底为结束中国复关实质性谈判最后期限"的重大决定，以增加各方的责任感和紧迫感。但谈判仍未能达成协议。

1998年美国总统克林顿首次访华，中国入世问题再次成为世人关注的焦点。然而中美谈判并未取得实质性的成果。1999年，中美双边谈判可谓是一波三折，通过双方的共同努力，终于在1999年11月15日正式签署了关于中国入世的双边协议。2001年9月17日，世界贸易组织中国组第18次会议在世界贸易组织总部举行正式会议，通过了中国加入世界贸易组织的所有法律文件，包括中国工作组报告书、中国入世议定书、货物贸易减让表和服务贸易减让表。中国长达15年的入世谈判宣告完成。

2001年11月10日，世界贸易组织第四次部长级会议在卡塔尔首都多哈以全体协商一致的方式，审议并通过了中国加入世界贸易组织的决定。2001年11月11日，中国政府代表签署中国加入世界贸易组织协定书，并向世界贸易组织秘书处递交中国加入世界贸易组织批准书。2001年12月11日，中国正式成为世界贸易组织成员。

二、我国入世的权利和义务

▶ 1. 我国加入世界贸易组织的权利

(1) 全面参与多边贸易体制。包括：全面参与世界贸易组织各理事会和委员会的所有正式和非正式会议，维护中国的经济利益；全面参与贸易政策审议，对美、欧、日等重要贸易伙伴的贸易政策进行质询和监督；其他成员对中国采取反倾销、反补贴和保障措施时，可在多边框架体制下进行磋商；利用世界贸易组织的争端解决机制解决双边贸易争端；全面参与新一轮多边贸易谈判，参与制定多边贸易规则；对现在或将来与中国有重要贸易关系的申请加入方，要求与其进行双边谈判，并通过多边谈判解决一些双边贸易中的问题。

（2）享受多边的、无条件的和稳定的最惠国待遇和国民待遇。世界贸易组织的基本原则之一就是非歧视原则，主要通过最惠国待遇和国民待遇体现出来。中国加入世界贸易组织后，世界贸易组织各成员方都应该向中国提供这种待遇，这将使中国产品可以在最大的范围内享受有利的竞争条件。

（3）享受普惠制及其他发展中成员的特殊优惠。中国加入世界贸易组织的一个重要前提条件就是以发展中国家地位进入世贸组织的多边贸易体系，根据世界贸易组织的发展中国家例外的原则，中国可以享受许多特殊的优惠和照顾。如可以享受更为广泛的普遍优惠制，使中国的出口商品可以以更低的关税进入发达国家的市场；中国可以在过渡期内保护本国的幼稚工业；在国际收支恶化时可以实行数量限制；在服务贸易开放中可以采取"循序渐进和适度保护"的政策；在贸易救济政策中可以实施对本国更有利的贸易措施等。

（4）享受世界贸易组织成员开放市场的利益。根据世界贸易组织的自由贸易原则，中国入世后，其出口产品进入各成员国市场的贸易壁垒将不断减少和降低，主要产品的进口关税越来越低，各种非关税壁垒也逐步减少和取消。特别是中国有一定竞争优势的纺织品和服装，根据世界贸易组织《纺织品和服装协议》，长期实行的配额制度全部取消和贸易自由化的实施，就极大地刺激了中国纺织品和服装的生产、出口和就业。

（5）利用世界贸易组织争端解决机制，公平、客观、合理地解决与其他国家的经贸纠纷，营造良好的经贸发展环境。加入世界贸易组织之前，我们只能采取与有关国家双边谈判的方式，由于很多国家长期对中国实行的歧视性贸易政策，往往使中国处于不利地位。中国入世后可以通过世界贸易组织争端解决机制和程序，比较公平地解决贸易争端，维护中国的贸易利益。

▶ **2. 我国加入世界贸易组织后要承担的义务**

（1）降低进口关税。世界贸易组织的自由贸易原则要求各成员方应该不断开放国内市场，提高市场准入度。为适应世界贸易组织的相关规定，中国承诺保证将中国进口关税降低至发展中国家水平。在1986年中国申请恢复关税与贸易总协定缔约国地位之前，中国的进口关税总水平为44%，显然不符合世界贸易组织的要求。关税的不断降低将使中国的许多产业直接面临国际产品的竞争，同时国家财政收入也会减少，但最终可以使国内的消费者受益。

（2）逐步取消并规范非关税措施。中国的非关税种类繁多，很多是在计划经济时期为保护国内产业而制定的严格限制进口的措施。因此，在加入世界贸易组织以后，大多数非关税措施将要逐步取消，有一些政策允许的措施也要严格限制和规范。中国在过渡期内对部分产品可以实行配额制度，但要逐步减少。

（3）逐步扩大服务市场开放度。根据乌拉圭回合的协议，要逐步放开国内的服务市场，允许各成员方进入中国的银行、保险、运输、建筑、旅游、通信、法律、咨询、商业批发、零售等领域，并给予和国内同行业同等地位的国民待遇。对各服务市场的投资方式、投资比例、区域限制和数量限制，也采取循序渐进的策略。如对外资银行的地域限制逐步减少直到最后取消。

（4）确保贸易政策的透明度。在这里，所谓透明度，即要求各缔约方公布各种有关经济贸易的数据、法规、条例、决定等，对一些主要成员，要求经常提供报告。世界贸易组织还要定期检查其透明度状况。中国以往除公开一些重要法律、条例外，一般习惯于制定若干内部决定，因此被认为在贸易上缺乏透明度。

（5）扩大对知识产权的保护范围。由于一些发达国家拥有先进的科技和工艺的专利、名牌的商标、科技文化著作以及在计算机软件等方面的优势，扩大对知识产权的保护无疑是符合发达国家愿望的。中国作为发展中国家，在知识产权方面还很落后，和发达国家相比尚有很大差距。中国入世后，要遵守世界贸易组织有关知识产权的协议。知识产权扩大保护范围后，中国的有关企业必须支付专利许可证费用来合法地购买西方发达国家的专利，中国政府也要禁止任何有损国家和企业名誉的侵权行为。

三、中国入世承诺

为了符合世界贸易组织对其成员国的要求，中国在入世谈判中做出了一系列的承诺，主要包括降低贸易壁垒和开放服务业市场两个方面。

▶ **1. 降低贸易壁垒**

中国承诺进一步开放国内市场，包括关税的大幅下降和非关税壁垒的取消，为外国商品和投资进入中国市场提供更多的机会。根据承诺，到 2008 年中国的关税总水平将由 2000 年的 15.6％降至 10％。其中工业品的平均税率由 14.7％降低到 9.2％，农产品的平均税率相应地由 21.3％降低到 15.1％。与 20 世纪 90 年代初 40％左右的关税率相比，中国关税的下降幅度很大，但仍高于世界贸易组织成员 6％的平均关税。

在降低关税的同时，中国已经并且还将取消许多非关税壁垒，主要包括进口配额、投标资格、贸易经营权、国产化要求、技术转让要求以及政府采购等。入世后，民航、医疗器械和 IT 产品的所有进口配额立即被取消，汽车等产品的进口配额也将以每年 15％的速度递增直到全部取消。自 2002 年 1 月 1 日起，中国已取消了粮食、羊毛、棉花、腈纶、聚酯切片、化肥以及部分轮胎等产品的配额许可证管理。

▶ **2. 开放服务业市场**

入世后，中国的服务业将成为开放幅度最大的领域。电信、金融、保险等服务业采取渐进式的开放，由管制较严的"试点"或部分禁入，到可预见的逐步准入，到完全开放。可以预见的是，开放后的服务业市场将成为中国吸引外资最诱人的增长点。

（1）电信业。遵循惯例，考虑到电信产业的特殊性，采用逐步开放形式，即先开放增值电信业务，然后开放数据和移动通信业务，最后开放基础电信业务和基础通信设施。中国开放电信市场的特点概括为：业务分层次，地域分东西，时间分先后，外资有限制。

（2）银行业。中国银行业开放的内容和时间：入世 5 年内，取消外资银行在中国经营人民币业务的地域限制。入世 5 年内，允许外资银行对中国居民提供人民币业务。入世 5 年内，取消所有现存的对外资银行所有权、经营和设立形式的限制。外资银行可在入世 5 年内向中国居民个人提供汽车信贷业务。

（3）保险业。中国保险业开放的内容和时间：入世时起外资在人寿保险领域可占到 50％，在非人寿保险领域可占到 51％（2 年后可占到 100％）。3 年内取消外国保险公司在中国开展业务的地域限制。3 年内开放 85％的保险业务范围。

（4）证券业。入世 5 年后，中国将全面开放金融证券业。具体包括开放银行、保险、证券和金融信息市场；允许外国在中国建立金融服务公司并按竞争原则运行；外国公司享受同国内公司同等的进入市场的权利；取消跨境服务的限制；允许外国资本在投资中的比例超过 50％等。

（5）商业。商业是中国对外开放时间较早、力度较大的行业之一。中国承诺入世后 3 年内，逐步取消对合营公司的数量、地域、股权和企业设立方式方面的限制；入世后 5 年内，除烟草批发和零售、食盐批发和零售以外，逐步取消对其他商品的经营限制。

据统计，截至 2009 年，我国关税总水平已经由 2000 年的 15.6％降至 9.8％，已经低于一般发展中国家的关税水平。银行、证券、分销、法律、旅游以及教育等服务业市场进一步开放，2009 年全年进口额达 10 056 亿美元，利用外资继续保持世界领先地位。

本章小结

关税与贸易总协定是 1947 年签署，处理缔约方之间关税与贸易政策的多边协定，其宗旨是通过多边贸易谈判，达成互惠互利的协议，逐步降低关税并取消各种非关税壁垒，实现国际贸易自由化，扩大世界资源的充分利用以及发展商品生产与交换，保证充分就业，保证实际收入和有效需求的巨大持续增长，以达到提高生活水平，加速世界经济发展目的。关税与贸易总协定历时 47 年，推动了国际贸易自由化的进程、调整和规范了缔约方对外贸易活动与政策、解决了各国的贸易争端、推动了发展中国家的经济贸易活动；乌拉圭回合谈判成果显著，包括货物贸易方持续关税减让、签署了《服务贸易协定》、达成《与贸易有关的知识产权协定》、完善和加强了多边贸易体制。世界贸易组织成立于 1995 年，是目前最大的多边贸易组织。与关税与贸易总协定相比其组织机构正式、管理范围广泛、权利义务统一、解决争端有效的特点。世界贸易组织延续关税与贸易总协定的原则，包括非歧视贸易、贸易自由化、公平竞争、政策透明等。中国于 2001 年加入世界贸易组织，促进了中国对外贸易发展与贸易体制改革。

复习思考题

1. 乌拉圭回合谈判成功地降低了货物贸易关税和非关税壁垒，为什么还要成立世界贸易组织？
2. 举例说明最惠国待遇和国民待遇。
3. 我国加入世界贸易组织有哪些权利和义务？
4. 世界贸易组织的主要特点有哪些？
5. 为什么说世界贸易组织是关税与贸易总协定的延续？
6. 世界贸易组织的基本原则有哪些？

延伸阅读 10-2

多哈回合的新进展

按照香港会议约定，2006 年 4 月 30 日应该就农业和非农业产品市场准入问题达成初步协议。但因为农业和非农业两个主要谈判领域缺乏足够的进展，因此使计划落空，之后的谈判也未能达成协议。

2007 年 1 月 31 日，世界贸易组织在日内瓦总部召开全体成员参加的会议，与会大使一致表示支持日前达沃尔会议的决定，同意全面恢复多哈回合各个议题的谈判。4 月 11—

12 日，欧盟与美国、印度和巴西代表在新德里举行部长级磋商，寻求打破多哈回合谈判目前的僵局。12 日发表共同声明，各方将加快在有关农产品补贴等方面的谈判，并可以在 2007 年年底达成一致，结束多哈回合谈判。但他们在德国波茨坦举行的谈判再次破裂。

2007 年 7 月 17 日，世界贸易组织负责农业谈判和非农业市场准入谈判的两位官员分别向世界贸易组织成员散发了关于上述谈判的妥协方案，希望各成员在这两个方案的基础上弥合分歧，最终达成一项全面的多哈回合全球贸易协议。

根据农业谈判小组主席福尔克纳起草的农业谈判妥协方案，美国应该把其造成贸易扭曲的国内农业支持年度限额降低 66%～73%，降到 130 亿～164 亿美元的水平。而美国目前支持的水平为 170 亿美元。方案同时要求欧盟把其内部农业支持最高限额降低 75%～85%，降到 165 亿～276 亿欧元。此外，欧盟还需把农产品进口关税降低 52%～53.5%，这基本上在欧盟目前的让步范围之内。其他发达成员如日本也需降低国内农业支持水平。

根据非农产品市场准入谈判小组主席斯蒂芬森起草的非农产品市场准入问题妥协方案，主要发展中成员，如巴西和印度等应同意把工业品进口关税税率降到 19%～23%，而目前这两个成员坚持的税率是 30%。

世界贸易组织总干事拉米对福尔克纳和斯蒂芬森起草的妥协方案表示支持，认为，妥协性建议为多哈回合最终达成提供了基础。他敦促世界贸易组织成员以这两个方案为基础弥合分歧，最终达成协议。

按照世界贸易组织的工作安排，全体成员将在第二周就两位主席散发的妥协性方案进行初步讨论，自 2007 年 9 月初开始进行谈判。

2007 年 10 月 9 日，拉米在召开的世界贸易组织总理事会会议上说，他相信多哈回合谈判是可以达成协议的，但必须加快谈判步伐。达成多哈回合协议的任务仍非常艰巨，虽然美国前不久表示可以接受福尔克纳方案中提出的农业补贴削减幅度，但美国坚持要求发展中成员接受斯蒂芬森方案中提出的削减工业品关税方面的要求。而许多发展中成员对此表示反对。

世界贸易组织成员必须在 2007 年年底或 2008 年年初之前完成多哈回合谈判。否则，2001 年年底开始的这轮谈判将面临长期被冻结的危险。各方都在为 2007 年 11 月 20 日举行的世界贸易组织部长级会议努力，希望能让多哈回合重现生机。不幸的是，这届部长级会议也没有取得实质性成果。

2008 年 2 月和 5 月，世界贸易组织成员进行了两次会谈，取得了一些进展，2008 年 7 月 21 日至 30 日，各国部长聚集在日内瓦，就 The July 2008 Package 的主要内容进行讨论，该一揽子文件以 2008 年 2 月和 5 月的谈判成果为基础，继续对农业和非农业产品的市场准入问题进行讨论。该文件是多哈回合最终文件的雏形，尽管部长级会议没有对文件的全部内容达成一致意见，但还是取得了一些进展，缩小了差距。

资料来源：世界贸易组织官方网站.

第十一章
国际货物贸易

本章导读

本章主要学习国际货物贸易发展的主要特征，包括工业制成品贸易、农产品贸易和矿产品贸易，并对中国货物贸易的发展态势进行初步分析。

学习目标

通过本章学习，达到以下目的与要求：

1. 掌握货物贸易的含义及特征。
2. 掌握国际货物贸易发展的主要特征。
3. 了解工业制成品贸易的发展。
4. 了解农产品贸易的发展。
5. 了解我国货物贸易的发展趋势。

重要概念

货物贸易，一般贸易，加工贸易，工业制成品贸易，农产品贸易，矿产品贸易，钢铁贸易，化工品贸易，办公和通信设备贸易，纺织品和服装贸易

当代国际贸易包括国际货物贸易、国际服务贸易和知识产权贸易。从国际贸易的产生和发展来看，最早产生的就是国际货物贸易。最初的服务贸易行业——航运业，就是作为国际货物贸易的附属物而产生的，航运业是在资本主义生产方式的准备时期，随着新大陆的发现而兴起的。知识产权贸易是随着世界科学技术革命的发生和国际间科学技术的传播而出现的。虽然从第二次世界大战以后，特别是 20 世纪 90 年代以来，国际服务贸易和知识产权贸易得到了蓬勃发展，但是，在当前的国际贸易中，国际货物贸易一直占有重要位置，是国际贸易的主体。2005—2007 年，世界货物贸易大约占全球贸易的 80%，2008 年美国爆发金融危机进而引发的全球经济危机造成了全球的经济大萧条，

2012—2014 年，全球货物贸易增长速度缓慢。中国在 2012—2014 年间货物贸易出口一直稳居第一。

第一节　国际货物贸易概述

一、货物贸易的含义和特点

(一) 货物贸易的含义

在国际贸易中，商品的形式和内容是以有形产品表现的，这种贸易就是货物贸易。也就是说，贸易的商品是有形的、看得见、摸得着的具体产品，如纺织品、服装、农产品、水产品、矿产品、机电产品(包括飞机、汽车、机床、船舶等)就都属于货物贸易的交易产品。

货物贸易主要分为一般贸易、加工贸易。一般贸易，是某个国家(或地区)正常的进出口贸易，即出口国利用本国的资源、技术、设备生产国外需要的产品，然后通过不同的贸易渠道出口到国外市场。一般贸易应该是一个国家的最主要的贸易方式。加工贸易，则是该国或该地区通过进口原材料及零部件在国内加工组装成产品后再出口的业务。世界上大多数国家在开放初期都以加工贸易为主，特别是资源稀缺的国家和地区更是如此。

除了一般贸易和加工贸易外，还有少量的灵活的贸易方式，如补偿贸易、易货贸易、租赁贸易、寄售贸易以及对销贸易等。

(二) 货物贸易的特点

货物贸易与服务贸易相比较，主要有以下不同点。

▶ **1. 有形性**

贸易的商品是具体的，看得见、摸得着的产品，生产者和消费者可以就某一种产品的式样、图样或说明书进行交易；而服务贸易的产品是无形的，看不见、摸不着，仅是一种劳务或服务。

▶ **2. 可储存性**

货物贸易的产品是可以储存的，一般都是生产者首先生产，而后进行一段时间的储存，然后再销售给消费者；而服务贸易是不能储存的，服务的生产和消费一般是同时进行的。正因为货物贸易的可储存性，所以商人们就可以利用其价格的变动进行投机活动，以获取利益。期货交易就是由此产生的。

▶ **3. 贸易规模的统计**

货物贸易由于其有形性，因此，其进出口都是由所在国的海关进行监督，贸易规模的统计也都是由海关进行的；但是，服务贸易是无形的，海关对此无法进行监管和统计，所以各国对服务贸易的统计多由外汇管理部门进行。

▶ **4. 贸易壁垒**

目前，世界各国为了保护本国国内的工农业，都设置了多种形式的合法的或不合法的贸易壁垒，以限制外国商品的进入。货物贸易的壁垒主要有两种：一种是关税壁垒，即通过对进口产品征收较高的关税，以提高其进口成本并相应降低其竞争能力，达到保护国内市场的目的；另一种是形形色色的非关税壁垒，如通过进口配额、外汇管制、海关估价、技术标准等达到限制进口的目的。服务贸易因为不受海关监管和征税，所以也就不存在关税壁垒和非关税壁垒，它的贸易壁垒一般是通过对外商投资进行限制和国民待遇的不平等来实施的。

二、国际货物贸易的发展概况

国际分工的变化是影响国际货物贸易地理方向发生变化的重要因素。在国际分工中处于中心地位的国家或地区，在国际货物贸易中也占据主要地位。

19世纪，国际分工的主要形式是宗主国同殖民地等落后国家之间的分工，前者出口工业品，后者出口农产品和原材料，国际货物贸易主要发生在西方工业国与广大发展中国家之间。那时，英国处于国际分工的中心地位，其次是法国、德国和美国。1870年，英国在国际货物贸易中的比重达25%，几乎相当于法国、德国和美国的总和。1880—1913年，英国的出口一直位居世界第一位，但在世界货物贸易中所占的份额却不断下降，由23%下降至13.1%。

第二次世界大战后，国际分工发生了变化，从垂直分工变为水平分工。发达国家之间的贸易一直占主导地位，发达国家与发展中国家之间的贸易则居次要地位。越来越多的国家参与国际货物贸易，各种类型国家的对外贸易都有了不同程度的增长。在国际货物贸易中，发达国家占据支配地位。在发达国家中，欧盟、美国和日本是世界货物贸易的三大经济体。据世界贸易组织统计，1950—2001年，在世界货物出口中，发达国家约占2/3以上的份额。1980—2003年，这三大经济体在国际货物贸易总额排名中位居前三位，三者进出口总额占世界货物贸易份额的比重超过50%。1991—2003年美国货物贸易一直保持世界第一位。2005—2008年德国货物出口额跃居世界第一，美国第二。发展中国家在国际货物贸易中的份额增长缓慢。在发展中国家，新兴工业化国家处于领先地位。2008年美国爆发的金融危机进而引发的全球经济危机造成了2009—2011年全球的经济大萧条。2009年，世界贸易进出总额下降了近25%，直到2011年全球货物进出口总额才恢复到2008年的水平。2012—2014年，全球货物贸易增长速度缓慢，不再是经济危机以前15%左右的增长，而是百分之零点几、一点几的增长。但是，中国作为危机后拉动世界经济增长的强大动力，在2012—2014年间国际货物贸易出口一直稳居世界第一，其次是美国和德国；而在国际货物贸易进口方面，美国第一，中国第二，德国第三。

三、"二战"后国际货物贸易发展的主要特征

第二次世界大战以后，国际货物贸易得到蓬勃发展。特别是20世纪90年代以来，国际货物贸易出现了许多令人瞩目的变化。

(一)贸易自由化进程加快，国际货物贸易的发展规模继续扩大

20世纪90年代以来，世界范围的贸易自由化进程明显加快。主要表现为"乌拉圭回合"谈判达成协议，世界贸易组织取代关税与贸易总协定并于1995年1月1日正式成立。世界贸易组织的建立标志着全球贸易自由化进程进入了一个新阶段。1990—2015年，全球货物贸易出口总额从34 490亿美元扩大到184 220亿美元。货物贸易总额占全球贸易总额的份额始终在80%左右，见表11-1和表11-2。

表 11-1 货物贸易占世界贸易总额份额   %

年份	2000	2001	2002	2003	2004	2005	2006	2007	2008	2009	2010	2011	2012	2013	2014	2015
货物贸易所占的份额	74.9	74.8	75.1	74.5	73.8	72.0	72.3	72.1	72.0	79.2	80.7	81.7	81.0	80.3	79.4	77.5

表 11-2 世界货物贸易发展情况   单位：亿美元

年份	1990	1995	2000	2005	2006	2007	2008	2009	2010	2011	2012	2013	2014	2015
货物出口	34 490	51 640	64 560	104 850	121 130	139 500	161 270	121 470	148 550	177 790	178 500	183 000	184 220	160 000
货物进口	35 500	52 840	67 270	108 570	124 280	142 440	164 210	123 850	150 500	180 000	181 550	184 100	185 690	162 990

资料来源：世界贸易组织数据库.

(二) 国际货物贸易结构不断优化

在国际货物贸易中，工业制成品的比重大大增加，其增长速度高于初级产品。1950年，工业制成品出口占世界全部商品出口价值的34.9%。20世纪60年代，这一比例增加到50%以上。20世纪70年代由于世界能源价格上涨，工业制成品的出口比重在50%～60%之间徘徊。到2000年这一比例增加到74.85%，2006年达到73.5%。2008年之后，比例虽然有所下降，但仍然在65%左右。在工业制成品贸易中，曾处于重要地位的纺织品、服装等轻纺工业品和钢铁等金属工业品的地位逐渐下降，取而代之的主要是包括汽车在内的交通和机器设备、电气电子产品以及化工产品。世界工业制成品贸易（出口）在世界货物出口贸易中的份额见表11-3。

表 11-3 世界工业制成品贸易(出口)在世界货物出口贸易中的份额   %

年　份	2000	2006	2007	2008	2009	2010	2011	2012	2013	2014
制成品所占份额	74.85	73.5	69.8	66.5	68.6	67.1	64.6	64.1	64.7	66.2

资料来源：世界贸易组织数据库.

(三) 发达国家是国际货物贸易的主体

由于当代世界各国经济和服务业发展严重不平衡，各国的对外服务贸易水平及在国际服务市场上的竞争实力悬殊，与国际货物贸易领域相比较，全球各地区和各国服务贸易发展的不对称性更加突出。从国际货物贸易的现状来看，发达国家在世界货物贸易中仍处于绝对优势的地位。表11-4列出了2014年国际货物贸易主要进出口国家和地区。

表 11-4 2014年国际货物贸易主要进出口国家和地区   单位：十亿美元

出口国或地区	出口额	占全球出口份额	年均增长率(%)	进口国或地区	进口额	占全球进口份额	年均增长率(%)
中国	2 342	12.4	6	美国	2 413	12.7	4
美国	1 621	8.6	3	中国	1 959	10.3	0
德国	1 508	8.0	2	德国	1 216	6.4	2
日本	684	3.6	−4.	日本	822	4.3	−1

续表

出口国 或地区	出口额	占全球出 口份额	年均增长 率(%)	进口国 或地区	进口额	占全球进 口份额	年均增 长率(%)
荷兰	672	3.6	0	英国	684	3.6	4
法国	583	3.1	0	法国	678	3.6	−1
韩国	573	3.0	2	中国香港	601	3.2	−3
意大利	529	2.8	2	荷兰	588	3.1	6
中国香港	524	2.8	−2	韩国	526	2.8	0
英国	506	2.7	−7	加拿大	475	2.5	2
俄罗斯	498	2.6	−5	意大利	472	2.5	−2
加拿大	475	2.5	4	印度	463	2.4	−1
比利时	471	2.5	1	比利时	452	2.4	0
新加坡	410	2.2	0	墨西哥	412	2.2	5
墨西哥	398	2.1	5	新加坡	366	1.9	−2
阿拉伯联合酋长国	360	1.9	−5	西班牙	358	1.9	5
沙特阿拉伯	354	1.9	−6	俄罗斯	308	1.6	−10
西班牙	325	1.7	2	中国台湾省	274	1.4	2
印度	322	1.7	2	阿拉伯联合酋长国	262	1.4	4
中国台湾省	314	1.7	3	土耳其	242	1.3	−4
总计	13 469	71.2	—	总计	13 571	71.5	—
世界货物贸易总额	18 930	100	—	世界货物贸易总额	19 018	100	—

资料来源：世界贸易组织数据库.

(四) 各国经济对外贸易的依赖程度不断增强

由于科学技术发展日新月异，各国产业结构调整的频率加快，国民经济更加趋向开放。据联合国相关统计，各国(地区)出口总额占全世界国民生产总值的平均比重1970年为11.4%，1980年为14.1%，1990年增加到16.2%。世界贸易组织在《2001年度报告》中指出，1990—2000年世界货物出口量年均增长率为6.8%，而世界国内生产总值年均增长率为2.3%。20世纪90年代以来，每年世界贸易总额占当年国民生产总值的平均比重为16%左右。中国国民经济对外贸易依存度不断攀升，2003—2008年均达到60%以上，其中2004年达到75.1%，2008年全球经济危机之后，我国的国民经济对外贸的依存度大幅度下降，2009—2014年，我国对外贸易依存度在40%~50%之间。部分欧盟成员国与石油输出国的这一比重也已达到50%。世界各国对外贸易依存度不断提高，意味着世界各国国内市场与国际市场的融合度在加深。

延伸阅读11-1

服务贸易的发展速度不再明显优于货物贸易

人们普遍认为，在国际贸易的发展过程中，服务贸易一直比货物贸易发展快，实际上，在 1985—1990 年间，服务贸易比货物贸易发展快，但是此后两者之间的发展趋势并不明显。从总体上来说，1990 年以后，服务贸易和货物贸易两者的增长速度相当。1990—2002 年，二者年均增幅均在 6％左右，服务贸易在国际贸易中的份额也始终保持在 20％左右。

但是，具体到货物贸易和服务贸易内部大类商品和服务项目来说，其历年的变化趋势差别非常大。有些大类商品的增幅超过平均速度，而另一些增幅低于平均速度，有些甚至出现负增长。

在货物贸易中，增长较快的部门是工业制成品，工业制成品在世界出口中的份额从 1985 年的 50.2％增长到 2002 年的 58.2％；降幅最大的是矿产品和农产品，分别由 18.3％和 11.3％降至 9.7％和 7.2％。服务贸易中，交通运输和旅游业以外的其他服务业（包括计算机和信息服务、金融服务、保险、电信及文化娱乐服务）的增幅最大，有 6.3％升至 9.4％；降幅最大的是交通运输业，有 5.5％降至 4.5％。

在所有的货物贸易和服务贸易分类里面，矿产品（包括燃料）贸易的发展变化明显不同于其他类别的变化。矿产品在国际货物贸易中的份额变化的幅度最大，这是因为 1985—2004 年石油价格的起伏造成的。

资料来源：WTO Press Release，2004 年 5 月.

四、国际货物贸易的相关规则和法律

为了使国际货物贸易积极有序的发展，国际社会制定了一系列有关国际货物贸易的规则和法律。世界上第一个全球多边货物贸易的国际规则是 1947 年成立的关税与贸易总协定通过的"1947 GATT"的法律规定。作为货物贸易的实体法《1994 年关税与贸易总协定》的附件，世界贸易组织制定了一系列有关货物贸易的具体协议。与实体法相比，这些具体协议更具体化，又相对独立。当《1994 年关税与贸易总协定》与多边货物贸易具体协议相冲突时，具体协议的规定在冲突涉及的范围内具有优先效力。

(一) 相关非关税壁垒协议

目前世界上流行的非关税壁垒种类非常多，但是大体分为直接非关税壁垒和间接非关税壁垒两种。直接非关税壁垒主要是指配额和数量限制等，这些在自由贸易原则中已经明确提出禁止实施或即将逐步取消，但是，大多数间接的非关税壁垒是不可能立即取消的，只有制定有关规则限制和规范其行为。为此，世界贸易组织已经制定和公布了 6 个重要的非关税措施的多边的有关协议。这些非关税协议是《技术性贸易壁垒协议》《实施动植物卫生检疫措施协议》《海关估价协议》《装运前检验协议》《原产地协议》以及《进口许可证协议》。

(二) 规范特定产品的多边贸易规则

由于历史的原因，一些发达国家为了保护国内的相关产业，专门制定了几个重要的多边贸易协议，主要是《农业协议》《纺织品和服装协议》。《农业协议》和《纺织品和服装协议》出台的主要背景是长期以来，在一些发达国家的要求下对农产品和纺织品及服装实行了公开的数量限制，严重违背了贸易自由化的原则。为此，这两个协议是促使这两个特定产品"回归"到自由贸易的轨道上来，逐步取消数量限制。

(三) 保护国内产业的有关协议

在世界贸易组织的多边贸易协议中还有几个重要的保护国内产业的协议，被称为"安全阀"，使参与货物贸易的各成员方可以合法、适度和有限地保护国内竞争力较弱的产业，这就是《反倾销协议》《反补贴协议》和《保障措施协议》。

（四）对部分国家有约束力的诸边贸易协议

主要包括《政府采购协议》《民用航空器协议》《国际奶制品协议》和《牛肉贸易协议》。但是由于当时实行的是"点菜式"承诺政策，即哪个国家或地区在协议上签字，该协议就对这个国家或地区有约束力，该国或地区就可以享受其权利并承担其义务，反之就不受该协议的约束。因此，以上四个诸边贸易协议在世界贸易组织贸易体制中并不是针对所有成员方的，只是针对当初签字的国家。

第 二 节　工业制成品贸易的发展

工业制成品贸易是国际货物贸易的主要组成部分，占国际货物贸易的 75% 左右。在世界贸易组织的统计中，工业制成品包括钢铁、化工产品、其他半制成品、机械和交通工具（包括汽车产品、办公和通信设备、其他机械和交通工具）、纺织品、服装、其他消费品等。

一、工业制成品贸易概述

▶ 1. 工业制成品贸易在世界货物贸易中的地位

20 世纪 50 年代，初级产品曾是世界货物贸易中的重要种类；20 世纪 60 年代工业制成品贸易发展迅速，其贸易份额超过初级产品。20 世纪 80 年代，工业制成品贸易占世界贸易的 70%；进入 20 世纪 90 年代，工业制成品已成为世界货物贸易赖以发展的基础。1993 年以来，各工业化国家工业制成品出口的增速都高于全部货物出口的增速。2003 年世界货物贸易额为 73 400 亿美元，工业制成品贸易额为 54 370 亿美元，占世界货物贸易额的 74.5%；2004 年工业制成品贸易额为 65 700 亿美元，占世界货物贸易额的 73.8%。

▶ 2. 工业制成品贸易的地区分布

世界工业制成品贸易主要集中在三个地区：西欧、亚洲和北美。这三个地区的工业制成品贸易占世界工业制成品贸易的 90% 左右。其次是拉丁美洲，中东欧、波罗的海、独联体国家，中东和非洲。其中西欧和亚洲工业制成品出口在世界工业制成品出口中的份额超过它们的工业制成品进口在世界工业制成品进口中所占的份额。而北美，拉丁美洲，中东欧、波罗的海、独联体国家，中东和非洲地区工业制成品出口在世界工业制成品出口中的份额低于它们的工业制成品进口在世界工业制成品进口中所占的份额。世界工业制成品贸易（出口）中的地区份额见表 11-5。

表 11-5　世界工业制成品贸易（出口）中的地区分布　　　　　　　　　%

年份	欧洲	亚洲	北美	拉丁美洲	中东欧、波罗的海、独联体国家	中东	非洲
1990	54.2	24.5	15.2	2.3	2.1	0.8	0.9
1995	48.2	29.3	15.4	3.0	2.3	0.9	0.8
1999	54.2	28.1	15.2	2.3	2.9	1.0	0.8

年份	欧洲	亚洲	北美	拉丁美洲	中东欧、波罗的海、独联体国家	中东	非洲
2000	42.3	30.0	17.8	4.7	3.2	1.2	0.8
2001	44.9	27.9	17.0	4.6	3.6	1.2	0.8
2002	45.5	28.8	15.5	4.4	3.8	1.2	0.8
2003	46.5	29.3	13.8	3.9	3.9	1.2	0.9
2004	49.2	30.4	15.4	1.5	1.3	1.3	0.9
2005	47.7	31.6	15.1	1.7	1.3	1.9	0.9
2006	47.1	32.5	14.9	1.6	1.3	1.7	0.9
2007	47.8	32.7	14.1	1.6	1.4	1.7	0.8
2008	47.4	33	13.3	1.6	1.7	2.1	1.0
2009	46.4	34.1	13.5	1.5	1.3	2.2	0.9
2010	43.1	37.3	13.6	1.6	1.4	2.0	1.0
2011	43.2	37.2	13.0	1.7	1.6	2.3	1.0
2012	41.2	38.5	13.8	1.7	1.6	2.3	0.9
2013	41.4	38.6	13.6	1.6	1.5	2.3	0.9
2014	41.6	38.7	13.8	1.4	1.3	2.2	1.0

资料来源：根据世界贸易组织历年《国际贸易统计》有关数据整理.

二、主要工业制成品贸易发展变化

▶ 1. 世界钢铁贸易发展变化

20世纪90年代，钢铁贸易在工业制成品贸易中的增长最慢，年均3%。2001年世界钢铁贸易增长为－6%，2002年恢复了7%，2003年达到26%，2004年达到46%，贸易额为2 660亿美元。1999—2014年世界钢铁贸易在世界货物贸易和工业制成品贸易中所占份额见表11-6。

表11-6　世界钢铁贸易在世界货物贸易和工业制成品贸易中所占份额　　　　　%

年　份	在货物贸易中所占份额	在工业制成品贸易中所占份额
1999	2.3	3.0
2000	2.3	3.1
2001	2.2	2.9
2002	2.3	3.0
2003	2.5	3.3
2004	3.0	4.0

年　　份	在货物贸易中所占份额	在工业制成品贸易中所占份额
2005	3.1	4.4
2006	3.1	4.5
2007	3.3	4.5
2008	3.5	4.6
2009	2.7	3.9
2010	2.8	4.2
2011	3.0	4.6
2012	2.7	4.2
2013	2.5	3.8
2014	2.6	3.9

资料来源：根据世界贸易组织历年《国际贸易统计》有关数据整理.

2002 年世界钢铁贸易额为 1 420 亿美元。世界钢铁贸易额为 1 420 亿美元。2002 年世界钢铁贸易的一个突出特点是我国的进口增长的强劲。我国钢铁进口增长 27%，达 136 亿美元，占世界钢铁进口的 9%，超过了欧盟从第三国的进口，规模上达到了美国的进口。我国钢铁进口的激增维持了亚洲钢铁主要出口国（地区）的恢复，特别是日本和中国台湾地区，两者在 2002 年成功地将对中国的钢铁出口量增加了近 40%。

2003 年钢铁贸易的快速增长，价格上升是一个重要原因，但是最主要的原因是亚洲进口需求的快速增长，与之相反的是，北美洲的进口出现了绝对下降。

▶ **2. 世界化工品贸易发展变化**

2002 年化工品贸易连续第二年成为世界货物贸易中最具活力、增长最为强劲的产品。受到发达国家间药品贸易的推动，世界化工品贸易增长超过 10%，在金额上不仅超过汽车产品的世界贸易额，而且超过农产品的世界贸易额。2002 年世界化工品贸易达 6 604 亿美元，占世界货物贸易的 10.5%，占世界工业制成品出口的 14%。三个主要化工品进口方（欧盟、美国和中国）在 2002 年的进口需求强劲。在出口方面，主要出口方的增长存在很大差异。欧盟、瑞士和新加坡的化工品出口达到了两位数的增长，而北美自由贸易协定国家（美国、加拿大和墨西哥）和韩国的出口大致未变。日本的化工品出口在 2002 年恢复了 8%，但没有完全抵消 2003 年的下降。2004 年，世界化工品贸易的增长速度仍然高于工业制成品贸易的增长速度。2004 年，世界化工品出口增长了 21%，达到 9 760 亿美元，在世界货物贸易中所占的份额首次达到 11%。药品贸易是过去十年来世界化工品贸易中最活跃的部分，2004 年增长率为 22%。

世界化工品贸易的最新变化中有两个因素值得注意。一是近年世界化工品贸易的发展在很大程度上可以归因于药品贸易的快速增长，使 2003 年化工品在世界货物贸易中的份额达到了 10.9% 的新高。主要发达市场中药品旺销、生产共享网络的扩大和复进口的增长维持了全球药品贸易。二是美国自第二次世界大战以来首次在其化工品贸易中出现赤字。尽管如此，美国大致保持了从 20 世纪 90 年代以来在世界化工品出口中的份额。该部门贸易平衡从相当大的盈余转为赤字可以全部归因于美国化工品进口的迅猛增长，2003 年这一进口在世界化工品进口中的份额达 12.7％，几乎是 20 世纪 90 年代以来的两倍。

1999—2014 年世界化工品贸易在世界货物贸易和工业制成品贸易中所占份额见表 11-7。

表 11-7　世界化工品贸易在世界货物贸易和工业制成品贸易中所占份额　　　　　％

年　份	在世界货物贸易中所占份额	在工业制成品贸易中所占份额
1999	9.6	12.6
2000	9.3	12.4
2001	9.9	13.3
2002	10.5	14
2003	10.9	14.6
2004	11	14.9
2005	10.9	15.1
2006	11	13
2007	11.9	19
2008	10.9	15
2009	11.9	17.3
2010	11.5	17.1
2011	11.2	17.4
2012	10.9	17.0
2013	10.9	16.9
2014	11.1	16.8

资料来源：根据世界贸易组织历年《国际贸易统计》有关数据整理.

▶ 3. 世界汽车产品贸易发展变化

世界汽车产品出口增长得益于全球汽车生产/需求的增加。2002 年世界汽车产品贸易额增长 9％，达 6 210 亿美元，占世界货物贸易份额的 9.9％，占世界工业制成品出口贸易额的 13.2％。西欧、东欧和亚洲已成为汽车产品进出口增长最快的地区。欧盟的出口增长 10％，几乎占世界汽车出口的一半。2002 年欧盟对第三国出口的增长已经超过欧盟内部贸易的增长（分别为 16％和 7％）。由于捷克、匈牙利、波兰、斯洛伐克和土耳其的汽车生产日益融入欧洲汽车生产网络，欧盟的出口和进口继续增长。2002 年日本的汽车产品出口从 2001 年的急剧下滑恢复过来，除拉美外对所有地区的出口以两位数增长，实现增长 15％，达 9 250 亿美元，占世界汽车产品出口的 14.9％。日本对亚洲的汽车产品出口增长了近 1/4，对我国的出口量上升了 77％。

2003 年，世界汽车产品出口 7 240 亿美元，增长 15％，超过工业制成品出口的增长速度。世界汽车产品贸易 2004 年增长了 16％，达到 8 470 亿美元。自 1997 年以来，世界汽车产品贸易的增长率首次低于工业制成品贸易的增长率。2004 年欧洲汽车产品出口再次超过世界平均水平，占世界汽车产品贸易份额的 57％。2004 年亚洲汽车出口增长了 20％，达到了 1 725 亿美元。世界汽车产品贸易在世界货物贸易和工业制成品贸易中所占的份额见表 11-8。

表 11-8　世界汽车产品贸易在世界货物贸易和工业制成品贸易中所占的份额　　　　%

年　份	在世界货物贸易中所占的份额	在工业制成品贸易中所占的份额
1999	10	13.1
2000	9.2	12.3
2001	9.4	12.6
2002	9.9	13.2
2003	9.9	13.3
2004	9.5	12.9
2005	9	12.5
2006	10	12.9
2007	9.9	13
2008	11.5	15.7
2009	7.0	10.1
2010	7.4	11.0
2011	7.2	11.2
2012	7.2	11.3
2013	7.4	11.4
2014	7.5	11.4

资料来源：根据世界贸易组织历年《国际贸易统计》有关数据整理．

▶ 4. 世界纺织品和服装贸易发展变化

纺织品和服装贸易是发展中国家与发达国家之间最具有争议的领域之一。对于发展中国家来说，纺织品和服装业是具有比较优势的劳动密集型产业，在国民生产总值及就业人员中占有较大份额，是出口贸易中重要的支柱产业。20 世纪 60 年代以来，发达国家为了保护本国的纺织工业不受冲击，对发展中国家纺织品和服装的出口，采取种种严格的数量配额限制措施。在发展中国家的努力下，关税与贸易总协定乌拉圭回合谈判中达成了《纺织品与服装协定》，将纺织品和服装贸易纳入多边贸易体制的管辖范围，促进纺织品和服装贸易的自由化。2005 年 1 月 1 日，《纺织品与服装协定》期满终止，纺织品和服装贸易配额全面取消，但由于发达国家的阻挠，纺织品和服装贸易自由化的道路还有很长的路要走。世界纺织品和服装贸易在世界货物贸易和工业制成品贸易中所占的份额见表 11-9。

表 11-9　世界纺织品和服装贸易在世界货物贸易和工业制成品贸易中所占的份额　　　　%

年　份	在世界货物贸易中所占的份额	在工业制成品贸易中所占的份额
1999	6.1	7.9
2000	5.7	7.7
2001	5.8	7.7
2002	5.6	7.5

续表

年　　份	在世界货物贸易中所占的份额	在工业制成品贸易中所占的份额
2003	5.4	7.3
2004	5.1	6.9
2005	4.7	6.6
2006	4.7	6.4
2007	4.8	6.3
2008	5.1	6.1
2009	4.3	6.3
2010	4.1	6.0
2011	3.9	6.2
2012	4.0	6.2
2013	4.2	6.5
2014	4.3	6.5

资料来源：根据世界贸易组织历年《国际贸易统计》有关数据整理.

▶ 5. 世界办公和通信设备贸易发展变化

20 世纪 90 年代，世界办公和通信设备贸易增长迅速，年均增速为 12.5%，大约是世界货物贸易增速的两倍。但是，2000—2005 年，办公和通信设备贸易占世界货物贸易的比例从 15.2% 下降到 12.6%。2006 年、2007 年、2008 年逐步回升。在办公和通信设备贸易中，计算机和半导体产品为主要产品，距世界贸易组织估计，2000 年，计算机和半导体产品贸易占办公和通信设备贸易的份额约为 70%。1999—2014 年办公和通信设备贸易在世界货物贸易和工业制成品贸易中所占的份额见表 11-10。

表 11-10　1999—2014 年办公和通信设备贸易在世界货物贸易和
工业制成品贸易中所占的份额　　　　　　　　　　　　%

年　　份	在世界货物贸易中所占的份额	在工业制成品贸易中所占的份额
1999	14.1	18.4
2000	15.2	20.3
2001	13.8	18.5
2002	13.4	17.8
2003	12.8	17.2
2004	12.7	17.3
2005	12.6	17.4
2006	13	17.9
2007	13.1	18
2008	13.9	18.2
2009	10.9	15.8
2010	10.8	16.1
2011	9.4	14.6
2012	9.3	14.6
2013	9.6	14.8
2014	9.7	14.7

资料来源：根据世界贸易组织历年《国际贸易统计》有关数据整理.

第三节　农产品贸易发展变化

农产品贸易是国际货物贸易的重要组成部分。由于农产品贸易具有关系国计民生的战略意义，因此各国长期以来一直对本国农产品的生产和贸易给予高度关注，实施各种各样的保护政策。在乌拉圭回合谈判之前，农产品贸易一直背离关税与贸易总协定的贸易自由化轨道，经过乌拉圭回合艰苦谈判终于达成《农业协定》，从而使农产品贸易纳入多边贸易体制的有效的约束之中。

进入 20 世纪 90 年代以来，随着经济全球化的发展，农产品贸易出现了一些新的特点和发展趋势。

一、农产品贸易在国际货物贸易中所占的份额整体呈下降趋势

20 世纪 90 年代以来，国际货物贸易的商品结构发生了很大的变化，农产品贸易在国际货物贸易中所占的份额整体下降。1963 年，农产品贸易在货物贸易中的份额为 29％，1990 年为 11.9％，而 2004 年降至 8.8％，2008 年为 7.9％。1990—2014 年农产品贸易在国际货物贸易中所占的份额变化见表 11-11。

表 11-11　农产品贸易在国际货物贸易中所占的份额　　　　　　　　%

年　　份	农产品贸易在世界货物贸易中所占的份额
1990	11.9
1995	11.7
1999	9.9
2000	9
2001	9.1
2002	9.3
2003	9.2
2004	8.8
2005	8.4
2006	8.3
2007	8.1
2008	7.9
2009	9.6
2010	9.2
2011	9.3
2012	9.2
2013	9.5
2014	9.5

资料来源：根据世界贸易组织历年《国际贸易统计》有关数据整理.

尽管农产品贸易在国际货物贸易中的份额整体下降，但有两点值得说明：其一，世界农产品贸易额和发展速度在不断增长。在 1990—2002 年上升了 40%，2002 年达到了5 830 亿美元，2003 年世界农产品贸易额为 6 740 亿美元，2004 年为 7 830 亿美元。自 20世纪 90 年代以来，世界农产品贸易的年平均增长速度接近 4%，几乎是农产品生产增速的两倍。农产品贸易在 1990—2002 年的增长速度超过了在 1973—1990 年的增长速度（2.4%），接近 1963—1973 年农产品贸易高速增长时创下的纪录；其二，对很多国家来说，农产品仍是主要出口商品。1990—2001 年，农产品出口在超过 55 个国家（包括发达国家和发展中国家）的货物出口中占到 1/4 以上的份额。对其中 32 个国家来说，农产品出口在货物出口中所占份额超过一半。

因此，农产品贸易在世界货物贸易中的份额降低，是由于农产品贸易的增长速度低于整体货物贸易的增长速度。

二、农产品贸易中加工贸易的比重不断增加

自 20 世纪 90 年代以来，加工农产品在农产品贸易中的份额不断增加，其比重从 1990年的 41.3% 增长到 2001 年的 47.6%（见表 11-12）。

表 11-12　不同加工程度农产品在农产品出口中份额变化　　　　%

年　份	加工农产品	半加工农产品	未加工农产品	总　计
1990	41.3	8.5	50.2	100
1991	43.0	8.1	48.9	100
1992	44.6	8.2	47.2	100
1993	—	—	—	—
1994	44.7	9.2	46.1	100
1995	44.6	8.7	56.7	100
1996	45.3	8.7	46.0	100
1997	45.5	8.8	45.7	100
1998	46.6	8.3	45.1	100
1999	47.2	8.2	44.6	100
2000	46.1	7.8	46.1	100
2001	47.6	7.8	44.6	100

资料来源：联合国贸易数据库和世界贸易组织《2003 年国际贸易统计》.

世界农产品贸易倾向于深加工产品的趋势，与国际货物贸易中工业制成品贸易份额上升，初级产品贸易份额下降的发展趋势是相一致的。主要原因有以下几点。

（1）一般来说，加工过的食品的附加值要远远大于未经加工食品的增加值。随着人均收入水平的提高，人们的消费呈现多样性。并且，家庭规模的小型化和妇女越来越多地走上工作岗位加速了这种趋势，人们更多地购买加工程度高的产品。

（2）相对于未加工的产品来说，加工农产品有更大的产业内贸易的潜力，而且提供了更多的产品差异的可能性。例如，可可豆生产国之间在可可豆方面的双边贸易非常少，而

巧克力类产品生产国有更多的机会相互交换其产品,以满足广泛存在的消费者不同的口味偏好。

三、农产品贸易条件恶化

▶ **1. 农产品国际价格普遍下跌**

价格下降的根本原因包括发达国家的贸易政策、国际农产品市场结构和全球宏观经济条件。发达国家对很多重要农产品的高额农业补贴起到了抑制这些商品的国际价格的作用。发达国家的关税升级增加了发展中国家对农产品出口的依赖,因为关税升级阻碍了原产国对商品的进一步加工。20世纪90年代全球宏观经济的疲软也是一些农产品价格被抑制的因素之一。

从近期看,国际商品价格从2001年年底和2002年年初已经开始恢复,国际农产品价格也出现了不同程度的恢复。其中的原因是多方面的,既有全球性经济复苏的拉动,又有美元贬值的推进,还有包括中国、印度等发展中大国经济快速增长的助推。国际农产品价格的长期前景,将取决于能够增加供应的农业技术进步的速度和世界贸易组织农业新一轮农业谈判的进展及谈判结果。

▶ **2. 农产品贸易收入下降**

尽管农产品贸易的总值上升,但贸易效益普遍下降。尤其是发展中国家,由于以出口资源型农产品为主,技术含量和知识含量水平低,在发达国家主导的以技术和知识产品为市场卖点的交易中,其收入状况不断恶化。

▶ **3. 农产品贸易保护主义盛行**

发达国家为争夺市场,实行出口补贴和国内支持等扭曲的农业政策,排斥、阻碍发展中国家的农产品进入国际市场、参与竞争。发展中国家为保持农产品出口的相对优势,采取高关税政策限制其他国家的农产品进入本国市场,通过一系列办法提高出口农产品的劳动生产率,积极改善贸易条件。双方竞争激烈,贸易摩擦不断。如英法牛肉纠纷、欧盟与拉美香蕉大战等。据世界贸易组织统计,1995—2000年期间,在货物贸易争端中,农产品贸易争端约占1/3强。

延伸阅读 11-2

发达国家对农产品实施保护的原因

虽然保护主义在国际贸易中并不鲜见,但农产品贸易保护仍然有其特殊性。第一,这种保护主要发生在工业发达国家,很少出现在发展中国家。而且,当一国经济起飞,实现工业化之后保护政策也随之而来。显然,农产品保护与一国的经济发展水平有关。第二,农产品贸易保护在工业发达国家非常普遍。不像其他行业,有的国家保护,有的国家不保护,而对农产品几乎所有的发达国家都实行保护,只是方式和程度不同。因此,农产品有与其他产品不同的特殊地位。第三,农产品贸易保护很难取消。其他行业的贸易自由化问题经过国际多边或双边谈判或多或少都有进展,而农产品自由贸易的谈判至今没有什么结果。

究竟怎样来解释这些特点呢?经济学家从不同的角度对农产品贸易保护的原因和特点进行分析。

(1)从农产品供给缺乏弹性出发,强调实行保护对稳定市场价格,保护生产者受益的作用。

（2）从政治观点出发，认为发达国家的农民在其政治制度中有重要地位。由于西方国家政治选举制度按区域划分的做法给了农民相对较大的政治权利，因此，政治家为了当选，不得不照顾农民的利益。

（3）从组织行为出发，认为工业化以后的农业变成了"少数派"。"少数派"一般容易组织起来进行有效的游说活动，而受农业贸易保护的政策伤害的则是"多数"的消费者。"多数派"虽然也想维护自己的利益，但由于每个人的利益"份额"很小，"搭便车"的思想严重，而且人多也不宜组织，自然没有效率。因此，农产品贸易保护被认为是"少数派"有效游说的结果。

不过，既然农产品贸易保护与一国的经济发展水平有关，对其主要原因的分析，还应从经济增长（即工业化）对农产品生产和贸易的影响以及农业本身的性质着手。

首先，应该认识到工业化经济发展对农业生产贸易的影响。一般来说，工业生产多是资本密集型的，而农业生产，尤其是经济起飞前的农业生产都是劳动密集型的。工业化进程中的资本增长和技术发展使得工业生产的机会成本下降，而农业变化不大，其机会成本也就相对上升，贸易中的比较优势也就随着工业劳动生产率的提高而逐渐丧失。而且，工业增长越快，农业的比较优势丧失得也越快。这是一国经济发达后开始保护农产品的基本原因。

但光有这一点还不够，因为在经济发展过程中丧失比较优势的行业很多，并非只有农业。根据比较优势理论，当一个行业不再具有比较优势，就应该让其减少生产增加进口，将资源转移到其他行业去。一个失去比较优势行业的衰落是有利于资源有效利用的。可是，为什么偏偏在农业失去比较优势后，大多数政府却要采取保护措施不让其衰落呢？这里的根本原因就是土地的不可转移性。不像资本和劳动力，绝大多数土地除生产农产品外别无他用，而当农民的收入主要来自农业时，对农产品的保护就直接关系到农民的生存问题。作为政府无论是从土地资源的利用还是从农民的生存角度出发，无论是从经济上还是从政治上，都不得不对农业采取一定的保护措施。

其次，对本国农产品进行保护还有一个条件问题。一般来说，只有实现工业化以后，农业在一国经济中的比重和农民在全国人口中的百分比下降到比较小的时候，一国才有对农产品进行保护的能力。

发达国家的农产品保护，虽然有其内在的、不可避免的原因，但毕竟扭曲了价格，阻碍了资源的最佳利用，政府负担也日益沉重。这种保护政策是消极的，从长期来看，也是行不通的。解决农产品保护问题，一方面需要增加对农业的投资，使农产品变成资本密集型和技术密集型商品，随着资本增长而不断提高对农产品的劳动生产率；另一方面要采取措施让农民逐渐从土地上转移出来，减少农民数量，提高农民的人均土地拥有量，同时要提高农民的多种经营能力，让农民的收入不再主要依靠土地收入。否则，取消农产品贸易保护难有实质进展。

资料来源：董瑾. 国际贸易学[M]. 北京：机械工业出版社，2008：281-182.

第 四 节　矿产品贸易的发展变化

矿产品贸易是国际货物贸易的重要组成部分。矿产品是国际货物贸易中的大类商品之一，特别是由于矿产品中的石油具有重要的地位和特殊性，使国际矿产品贸易具有一些独特性。在世界贸易组织国际货物贸易统计中，矿产品包括矿石及其他矿类物质、燃料、有色金属3类。

一、矿产品贸易在世界货物贸易中所占的份额

▶ 1. 矿产品贸易在世界各地区货物贸易中所占的比重

自20世纪80年代，矿产品在世界货物贸易中的比重呈现下降趋势，从1985年的18.3%下降到2003年的13.2%，2004—2008年逐步回升，2008年达到21%，2012年达到最高为23.1%。1985—2014年矿产品贸易在世界货物贸易和世界初级产品贸易中所占的份额，见表11-13。

表11-13 矿产品贸易在世界货物贸易和世界初级产品贸易中所占的份额　　　%

年　份	在世界货物贸易中所占的份额	在世界初级产品贸易中所占的份额
1885	18.3	—
1990	14.3	—
1995	10.9	—
1999	10.2	50.6
2000	13.1	59.3
2001	13.2	59.1
2002	12.6	57.5
2003	13.2	58.8
2004	14.4	62.1
2005	17.2	67.2
2006	20	71.1
2007	20.9	73.1
2008	21	73.9
2009	18.6	65.9
2010	20.4	69.0
2011	22.5	70.7
2012	23.1	71.4
2013	21.8	69.6
2014	20.5	68.2

资料来源：根据世界贸易组织历年《国际贸易统计》和联合国贸发会议的贸易统计有关数据整理.

在矿产品贸易中，燃料（包括石油）贸易占绝对比重，大部分年份在矿产品贸易中的比重都超过70%，其中2003年为78%，2004年为77.5%。

▶ 2. 矿产品贸易在世界各地区货物贸易中的比重

（1）出口。矿产品贸易在中东地区货物出口中所占比重最大，2003年为73.0%，

2004 年为 74.6%，2010 年和 2014 年为 65%。说明中东地区货物出口主要依靠矿产品出口。矿产品贸易在非洲货物出口贸易中也占据重要地位，2003 年为 54.9%，2004 年为 59.1%，2010 年为 66%，2014 年为 63%。说明非洲货物出口一半以上要依赖矿产品出口。

（2）进口。在矿产品进口在各地区货物进口所占的比重方面，2014 年中国和美国的比重最大，分别为 13% 和 10%。北美洲、拉丁美洲矿产品进口在其他地区货物进口中所占的比重也较高，2003 年分别为 13.1% 和 12.4%，2004 年北美为 13.9%。

二、矿产品贸易增长速度

20 世纪 50 年代以来，世界矿产品贸易的增长速度一直高于矿产品生产和消费的增长速度，这符合国际货物贸易发展中的一个重要趋势，即世界货物贸易增长速度高于世界商品产量增长速度。

三、世界石油贸易

目前世界最大的石油消费地主要集中在 3 个地区，即北美洲、欧洲和亚洲。北美洲既是石油的主要生产地，又是主要消费地，但是由于石油消费增长迅速，本地供给远远满足不了不断提高的需求水平，因此，北美地区也是世界最大的石油进口地区。亚洲目前已超过欧洲成为第二大石油消费地，中国、日本分别是世界第二、第三大石油消费国。日本国内石油资源较少，基本完全依赖进口。中国近年来石油年进口量一般在 7 000 万吨左右，约占国内石油产量的 30%，进口依赖程度很高。欧洲是发达国家密集的地区，石油消费量很高，只有俄罗斯、挪威和英国 3 个重要的石油生产国，石油进口主要来自中东地区。

2008 年世界主要国家或地区石油贸易流向见表 11-14。2015 年世界前十位国家或地区燃料和矿石产品贸易进出口排名见表 11-15。

表 11-14　2008 年世界主要国家或地区石油贸易流向　　　单位：百万吨

国家或地区	进　　口	国家或地区	出　　口
美国	636.6	美国	94.6
加拿大	48.4	加拿大	123.6
墨西哥	26	墨西哥	80
中南美	71.9	中南美	178.6
欧洲	680.9	欧洲	97.6
非洲	73.4	独联体	404.8
大洋洲	43.6	中东	1 000.7
中国	217.8	北非	161.5
日本	244.2	西非	228.8
印度	149.7	东南非	17.8
新加坡	130.9	大洋洲	15.5
亚太其他国家	345.7	中国	18.8

续表

国家或地区	进　口	国家或地区	出　口
世界其他国家	28.6	印度	34.4
		日本	17.1
		新加坡	76
		亚太其他国家	116.5
		其他	31.7
世界总计	2 697.8	世界总计	2 697.8

资料来源：根据WTO网站数据整理.

表 11-15　2015 年世界前十位国家或地区燃料和
矿石产品贸易进出口排名　　　单位：十亿美元

排名	出口国家（地区）	金额	比重（%）	排名	进口国家（地区）	金额	比重（%）
1	欧盟	440	15.5	1	欧盟	741	27.1
2	俄罗斯	195	6.9	2	中国	358	13.1
3	沙特阿拉伯	153	5.4	3	美国	246	9.0
4	美国	145	5.1	4	日本	169	6.2
5	澳大利亚	108	3.8	5	韩国	130	4.7
6	加拿大	104	3.7	6	印度	130	4.7
7	卡塔尔	71	2.5	7	新加坡	70	2.5
8	阿拉伯联合酋长国	68	2.4	8	中国台湾省	50	1.8
9	挪威	66	2.3	9	土耳其	50	1.8
10	中国	55	1.9	10	加拿大	42	1.5

资料来源：根据WTO网站数据整理.

第五节　我国货物贸易的发展

一、我国货物贸易发展概述

新中国成立以后到改革开放前，中国的对外贸易以货物贸易为主，从产品结构和贸易规模上看都是低水平的，最低的时候不足世界贸易的百分之一。但是在改革开放以后，随着市场经济的发展和市场准入度的不断提高，中国的货物贸易每年都保持高速发展，出口商品结构也在不断优化。据统计，2009—2014 年中国连续多年进出口总额占世界出口总额 8% 以上，位列第一位。2012 年至今，中国已成为世界第一大货物贸易国。尽管如此，目前中国在世界货物贸易中仍不能算是世界强国，其贸易结构和贸易方式还存在许多不合理因素。

二、我国货物贸易发展的态势分析

▶ 1. 货物贸易增长态势分析

1949 年新中国成立，此后十年我国对外贸易开始起步，20 世纪 60 年代我国对外贸易发展总体缓慢，20 世纪 70 年代我国对外贸易发展总体呈停滞状态。1953—1978 年，我国出口贸易额占世界出口总额的比重由 1.23% 下降到 0.75%，在世界贸易中所占位次由第 17 位下降到第 32 位。

在中国改革开放以前的近 30 年里，对外贸易的发展是不均衡的，有正常的增长，也有波动甚至是倒退，但是自 1978 年改革开放以后，中国的对外贸易基本上是大幅度增长。从增长势态看，货物进出口贸易几乎是每 5 年翻一番，1978 年为 206 亿美元，2000 年为 4 743 亿美元，2004 年则超过 1 万亿美元，2005 年我国货物贸易进出口总额为 14 221 亿美元，2007 年为 21 738 亿美元，据商务部 2008 年春季《中国对外贸易形势报告》分析，截至 2007 年，我国对外贸易连续六年平均增长在 20% 以上。自 2004 年以来，连续 3 年在世界货物贸易中排名第 3 位。对外贸易依存度由 1978 年的 10.7% 增长到 2004 年的 75%，2008 年仍保持 71.9%，受金融危机影响近几年略有下降，2009—2014 年我国对外贸易依存度在 40%～50% 之间，这在全世界都属于较高水平。

1978—2014 年，中国货物贸易平均增长速度不仅高于中国同期的国民经济的年平均增长速度，而且也高于世界贸易的年平均增长速度。1983 年我国出口额占世界出口总额的比重与在世界贸易中所占的位次恢复到 1953 年的水平。1990—2000 年，我国货物贸易年均增长率高达 15%，大大高于世界和其他国家的年均增长率，2002—2007 年连续 6 年年均增长达到 20% 以上。2004 年我国货物进出口总额为 11 548 亿美元，在世界货物贸易中的地位提高到第 3 位，到 2007 年已连续 3 年保持。2009 年我国进出口总额达到 22 072 亿美元，直到 2014 年，我国进出口贸易总额一直位居世界第一，成为世界第一大货物贸易国。

▶ 2. 货物贸易差额态势分析

一个国家的贸易差额对该国的国际收支和外汇储备发挥着重要作用。20 世纪 90 年代中期以前，中国货物贸易大多数年份是贸易逆差。1992—1993 年，贸易逆差 39 亿美元。大量的贸易逆差使中国的外汇储备长期处于低水平状态。90 年代中期以后，转为贸易顺差。1994 年，贸易顺差 53.9 亿美元；1995 年为 166.9 亿美元，2005 年迅速增加到了 1 018.8 亿美元，在之后的 3 年间都保持了较快增长。2006 年为 1 774 亿美元，2007 年为 2 622 亿美元，2008 年为 2 954 亿美元，2009 年受全球经济危机影响，贸易顺差降低为 1 960 亿美元，之后增长比较缓慢，直到 2013 年贸易顺差才差不多恢复到了危机前的水平，为 2 592 亿美元，2014 年贸易顺差为 3 831 亿美元。我国已连续 20 年保持进出口贸易顺差。持续的货物贸易顺差为中国外汇储备的积累起到了重要的作用，2006 年 1 月，中国的外汇储备超过了 8 000 亿美元，已经超过日本而居于世界第一位。2015 年中国外汇储备达 3.95 万亿美元，居世界第一。日本 1.3 万亿美元，沙特 7 260 亿美元。

中国货物贸易顺差的主要来源地为中国香港地区、美国、欧盟等贸易伙伴；贸易逆差的主要来源地为中国台湾地区、韩国、日本、东南亚国家联盟等贸易伙伴。中国香港是世界上最大的自由港，我们对其出口的许多产品是转口到美国等最终消费地的，中国香港一直是我国内地获取外汇收入的重要市场，所以对中国香港的贸易顺差是正常的。中国对美国和欧洲的长期顺差则是出口市场过于集中的结果，因而经常引发欧美国家对中国产品的限制和报复，如日益严重的反倾销调查、技术性贸易壁垒的限制等。

▶ **3. 进出口商品结构态势分析**

一个国家的出口商品结构的优劣在一定程度上标志着该国的产业结构状况、对外贸易发展状况和科学技术发展的水平。货物出口中初级产品所占的比重越高，说明该国经济水平越落后；反之，该国工业制成品所占的比重越高，则说明该国经济水平越发达。改革开放以前，我国商品出口基本上以初级产品为主，主要是农副产品、水产品、矿产品和少量轻纺产品。20 世纪 50 年代初级产品出口占 90％以上，工业品出口比例为 10％；60 年代初级产品与工业品出口所占比例分别为 80％、20％；70 年代则为 70％、30％。改革开放以后，随着货物进出口贸易规模逐渐扩大，货物贸易的产品结构发生了重大变化。1980 年初级产品出口所占比例 53.4％，工业品出口比例为 46.6％；1990 年分别为 25.6％、74.4％；2000 年是 10.2％、89.8％。从 2001 年工业品出口比例突破 90％，2001—2008 年工业品出口比例一直保持在 90％以上，2014 年更是高达 95.2％。可见，中国出口商品结构的优化速度非常明显，在 1986 年，纺织品和服装取代石油成为中国第一大出口产品，标志着中国摆脱了以资源为主的出口结构，进入了以劳动密集型产品为主导的时代。在 1995 年我国机电产品出口超过了纺织品和服装，成为最大的出口产品，机电产品总体上看是资本和技术密集度较高的产品，这标志着我国出口商品结构的又一次升级。

我国进口商品结构不断改善。初级产品进口的比例逐步上升，制成品进口的比例逐步下降。随着中国经济的快速增长，国内市场的重要能源和原材料已经不能满足国内市场需要，需要进口大量原油、成品油、天然气、铁矿石等能源与矿产品。近几年原油、钢材、成品油和铁矿砂及其精矿在进口中迅速增加。目前中国已经成为除美国之外第二大石油进口国。

▶ **4. 市场结构态势分析**

一般来说，经济和贸易落后的国家或地区，其市场结构往往单一和狭小，进出口市场一般集中在少数国家或地区；而经济与贸易发达的国家和地区，则逐步实现市场的多元化。改革开放以来，我国已与 220 多个国家和地区建立了经济贸易关系，进出口市场从主要西方发达国家向多元化发展。

2004—2010 年，我国货物贸易出口排名前五位的国家和地区是美国、欧盟、中国香港地区、日本、东盟；货物进口排名前五位的国家和地区是日本、欧盟、中国台湾地区、东盟、韩国。进出口综合来看，欧盟、美国、日本、中国香港地区、东盟、韩国、中国台湾地区、俄罗斯、澳大利亚和加拿大为中国前十位贸易伙伴。2006—2010 年，欧盟、美国、日本依次为我国三大贸易伙伴。期间，欧盟继续保持中国第一大贸易伙伴的地位，2009 年中欧双边贸易总值达 3 640.9 亿美元。同期，美国为我国第二大贸易伙伴，中美双边贸易总值为 2 982.6 亿美元。日本为第三大贸易伙伴，2009 年中日双边贸易总值为 2 288.5 亿美元。

2011—2015 年中国主要贸易伙伴排名发生变化，排名前三位的是欧盟、美国和东盟。2014 年中欧双边贸易总值为 6 151.4 亿美元，继续保持中国第一大贸易伙伴的地位。同期，中美双边贸易总值为 5 551.2 亿美元，为中国第二大贸易伙伴。东盟国家跃居第三，中国与东盟的贸易总值达 4 803.9 亿美元。随后，中国内地与香港地区的贸易额 3 760.9 亿美元，中国与日本的贸易额为 3 124.4 亿美元，中国与韩国的贸易额 2 904.9 亿美元，中国大陆与中国台湾地区的贸易额 1 983.1 亿美元，中国与澳大利亚的贸易额为 1 369 亿美元，中国与俄罗斯的贸易额为952.8亿美元，中国与巴西的贸易额为865.8亿美元。随着我国出口市场多元化战略的实施，对主要贸易伙伴国市场的依赖程度有所降低，在继续巩固发达国家市场的同时，我国与东盟国家的贸易发展迅速，与俄罗斯及东欧国家的贸易逐渐展开，与亚洲、拉丁美洲、中东和非洲的发展中国家之间的贸易也广泛的建立起来。近几年，大陆与台湾地区的贸易发展很快，台湾地区已成为大陆主要的贸易伙伴。

自改革开放以来，随着中国经济的迅速发展，中国货物进出口贸易实现了快速、持续增长，已经进入世界贸易大国的行列。尽管如此，我国在货物贸易发展中仍存在很多问题，制约着货物贸易的进一步发展，如出口结构的不合理、缺乏具有国际竞争优势的出口产品、许多劳动密集型产品存在"价低量大"的现象。为此，中国要成为一个真正的货物贸易强国，必须解决这些问题。

本章小结

在国际贸易中，商品的形式和内容是以有形商品表现的，这种贸易就是货物贸易。与服务贸易相比，货物贸易的特点包括有形性、储存性、可统计等特点。

"二战"后，国际货物贸易得到蓬勃发展，特别是20世纪90年代以来，国际货物贸易出现了令人瞩目的变化。贸易自由化加快，国际货物贸易发展规模继续扩大；国际货物贸易结构不断优化；发达国家是国际货物贸易主体；各国经济对外贸易依存程度不断增强。

工业制成品贸易是国际货物贸易的主要组成部分，占国际货物贸易的75%左右。由于农产品贸易具有关系国计民生的战略意义，20世纪90年来以来，农业贸易保护主义盛行。

随着市场经济的发展和市场准入度的不断提高，中国的货物贸易每年都保持高速发展，出口商品结构也在不断优化。自2012年，中国已连续4年成为世界第一大货物贸易国。

复习思考题

1. 国际货物贸易发展的主要特点是什么？
2. 工业制成品包括哪些种类？工业制成品贸易在世界货物贸易中的地位怎样？
3. 谈谈如何看待近年世界化工品贸易的新变化。
4. 简述农产品贸易的发展变化情况。
5. 分析我国货物贸易发展的态势。
6. 我国当前货物进出口贸易中存在的主要问题。

延伸阅读 11-3

2008年我国货物贸易情况

受世界性金融危机和"汶川"大地震影响，2007—2008年我国对外贸易受到影响。2008年，我国货物贸易规模平稳增长。按国际收支口径，货物贸易进出口总值25 085亿美元，比上年增长18%。其中，出口14 346亿美元，增长18%；进口10 739亿美元，增长19%；货物贸易顺差3 607亿美元，增长14%。据海关统计，2008年我国货物贸易呈现以下主要特点。

第一，货物贸易规模继续扩大，顺差明显回落。2008年全国贸易进出口总值25 616亿美元，较上年增长18%。其中，出口14 285亿美元，增长17%，增幅下降9个百分点；进口11 331亿美元，增长19%，增幅下降36个百分点。

第二，一般贸易下降，加工贸易顺差增长放缓。2008年，我国一般贸易出口6 626亿美元，比上年增长23%，增幅比上年下降6个百分点；进口5 727亿美元，增长34%，增幅提高5个百分点；顺差899亿美元，下降18%。加工贸易出口6 753亿美元，比上年增长9%，增幅比上年下降12个百分点；进口3 786亿美元，增长3%，增幅下降23个百分点；顺差2 967亿美元，增长19%，增幅下降13个百分点。

第三，民营企业出口强劲增长，对贸易顺差的贡献率快速提高。民营企业出口3 807亿美元，比上年增长28%，较全国平均增速高11个百分点；进口1 593亿美元，增长26%；贸易顺差2 214亿美元，增长29%，占同期贸易总顺差的75%，较上年提高10个百分点。2008年外商投资企业出口7 906亿美元，比上年增长14%；进口6 200亿美元，增长11%；贸易顺差1 707亿美元，增长25%。国有企业出口2 572亿美元，比上年增长14%；进口3 538亿美元，增长31%；贸易逆差966亿美元，逆差额比上年扩大517亿美元。

第四，与主要贸易伙伴间的贸易增速有所回落。2008年，欧盟继续成为我国第一大贸易伙伴，中欧双边贸易总值为4 256亿美元，比上年增长20%，高于同期中美、中日贸易增速，但增幅较上年下降7个百分点；中美、中日双边贸易总值分别为3 337亿和2 668亿美元，分别增长11%和13%，增幅较上年分别下降4个和1个百分点；我国与东盟国家、俄罗斯、印度的双边贸易分别增长14%、18%、34%，也出现不同程度的回落。从出口情况看，我国对欧盟、美国的出口分别为2 929亿和2 523亿美元，比上年增长20%和8%，增幅较上年下降9个和6个百分点。

第五，机电产品出口增速放缓，高耗能产品出口下降。2008年，我国机电产品和高新技术产品出口分别为8 229亿美元和4 156亿美元，比上年分别增长17%和13%，增幅比上年分别回落10个和11个百分点；机电产品和高新技术产品进口分别为5 387亿美元和3 419亿美元，分别增长8%和4%，增幅分别下降9个和12个百分点。主要高耗能产品累计出口1亿吨，下降16%，其中，钢材出口5 923万吨，下降6%；水泥出口2 604万吨，下降21%；钢坯出口129万吨，下降80%。能源类产品进口继续保持增长，其中，铁矿砂进口4.4亿吨，增长16%；原油1.8亿吨，增长10%；成品油3 885万吨，增长15%。

资料来源：国家外汇管理局，2008年中国国际收支报告.

12 第十二章 国际服务贸易

本章导读

本章主要学习国际服务贸易的含义及特点、当今国际服务贸易的发展现状及原因，国际服务贸易自由化及贸易壁垒，我国服务贸易发展及对外开放的情况。

学习目标

通过本章学习，应达到以下目的和要求：

1. 掌握国际服务贸易的含义、特点。
2. 掌握当今国际服务贸易发展的趋势。
3. 了解国际服务贸易壁垒的主要形式。
4. 了解我国服务贸易发展概况。

重要概念

国际服务贸易，跨境提供，境外消费，商业存在，自然人流动，服务贸易壁垒，《服务贸易总协定》

20世纪70年代以来，国际服务贸易迅速发展，在国际贸易中所占的比重日益上升。特别是20世纪90年代以来，随着世界经济的发展，服务业的发展带动了国际服务贸易的发展。发展服务贸易对一国经济的贡献日益为各国所认知，服务业和服务贸易的发展水平已经成为衡量一国现代化水平的重要标志之一。

第一节 国际服务贸易概述

一、国际服务贸易的基本概念

延伸阅读 12-1

全球现代服务业发展的新趋势

现代服务业又称新兴第三产业,一般包括金融保险业、信息服务业、旅游业、物流业、房地产及社区服务业等,是现代经济的重要组成部分。现代服务业是在工业比较发达的阶段产生的,主要依托于信息技术和现代管理理念而发展起来的,是信息技术与服务产业结合的产物。现代服务业具有高人力资本含量、高技术含量、高附加值的"三高"特征,以及新技术、新业态、新方式的"三新"态势,具有资源消耗少、环境污染少的优点。随着信息技术的快速发展与经济全球化进程的加快,现代服务业的重要性日渐凸显,服务业逐渐取得经济主导地位,并呈现出新的特点与发展趋势。

1. 服务业内部结构升级明显

服务业内部结构升级趋势体现为服务业从劳动密集型转向知识密集型,知识、技术含量高的现代服务业逐渐占据服务业的主导地位。这是全球经济分工带动全球服务业在商品生产体系内部展开的。服务业内部结构的升级趋势在发达国家尤为明显。有研究表明,服务业内部结构呈现升级趋势的国家,其国民经济结构的稳定性也会得到增强。

2. 服务贸易发展迅速

服务业信息化、现代化的加快发展,大大提高了服务业的可贸易性,促进了世界服务贸易的快速发展。全球服务贸易的结构发生了很大变化,运输、旅游等传统服务贸易的比重下降,以信息、金融、研发等为代表的现代服务贸易所占的比重上升强劲。

3. 传统制造业逐步实现服务化

有数据表明,服务投入增长速度快于实物投入增长速度,服务经济中的制造企业也越来越多地依赖服务并将它作为重要的竞争手段,因而制造业也会逐步服务化,服务成为了当今全球经济的主导要素。

4. 服务领域跨国公司迅速扩张

如全球最大 500 家公司的 51 个行业中有 28 个涉及服务行业,从事服务业的跨国公司有 281 家,超过半数。传统制造业跨国公司正加速向服务型跨国公司转型,随着这一进程的加速,越来越多的传统制造业跨国公司将成为名副其实的服务业企业。

5. 服务业促进新技术创新

其作用主要体现在:服务业引导新技术发展的方向;服务业是新技术最主要的使用者;服务业是新技术最主要的推广者;服务业促进了多项技术之间的相互沟通和发展。服务业对新技术的促进作用和服务业本身的研究开发密不可分,服务业的发展越来越需要研究与开发的支持。

6. 全球服务外包前景广阔

发达国家跨国公司实行核心竞争力战略,越来越多地将类似后勤等非核心业务活动全面外包,其中离岸外包成为新的发展趋势。据联合国贸发会议估计,2008 年此项业务的数据将突破 1 万亿美元,而今后几年全球服务外包市场将以每年 20%～30% 的速度递增。

资料来源：杨国川. 引进香港现代服务业提升广州城市竞争力[J]. 国际贸易问题，2009.3.

二、国际服务贸易的概念

国际服务贸易是指跨国界的服务交换活动。服务的提供国称为服务的出口国，服务的消费国称为服务的进口国，各国的服务出口额之和构成国际服务贸易额。

一般认为，"服务贸易"一词最早出现在 1971 年经济合作与发展组织的一份报告中。美国《1974 年贸易法》首次使用了"世界服务贸易"这一概念，20 世纪 70 年代后期，"服务贸易"开始成为共同使用的贸易词汇。

由于服务贸易内在本质的复杂性，围绕着国际服务贸易的概念，各国学者进行了认真研究和激烈的讨论，直到 1994 年 4 月 15 日关税与贸易总协定乌拉圭回合服务贸易谈判小组通过征求各谈判方提案和意见，达成了《服务贸易总协定》(General Agreement on Trade in Service，GATS)，并在 GATS 中从服务贸易提供方式的角度给服务贸易下了较为准确的定义，指跨越国界进行服务交易的商业活动，即服务提供者从一国境内向他国境内，通过商业现场或自然人现场向消费者提供服务，并获取外汇收入的一种过程。这个定义具有一定的权威性和指导性，为各国和各界所接受。

具体来说，GATS 将服务贸易界定为以下四类：跨境提供、境外消费、商业存在以及自然人流动。

▶ 1. 跨境提供

跨境提供(cross-border supply)是指服务的提供者在一成员的境内向另一成员的境内的消费者提供服务。其中的"跨境"是指"服务"过境，通过电信、邮电、计算机联网等实现，至于人员和物资在现代科技环境下则一般无须过境，强调的是卖方和买方在地理上的界限，跨越国境和边界的只是服务本身。例如，国际金融中的电子清算与支付、国际电话通信服务、信息咨询服务、卫星影视服务等。例如，在美国的律师为在英国的客户提供法律咨询服务。

▶ 2. 境外消费

境外消费(consumption abroad)是指服务的提供者在一成员国境内向来自另一成员国境内的消费者提供服务。在这种服务提供形式下，服务的被提供者，也就是消费者跨过国境进入服务提供者所在国家或地区接受服务。例如，出国就医、出国旅游、出国留学等。

▶ 3. 商业存在

商业存在(commercial presence)是 4 种服务提供方式中最主要的方式，也是服务贸易活动中最主要的形式。商业存在是指一成员国的服务提供者在另一成员国境内设立商业机构，为后者境内消费者提供服务。它实际上就是外商投资企业。其企业形式可以采取独立法人形式，也可以是一个分支机构或代表处。在这里服务的提供是以直接投资为基础，包括合资、合作和独资。例如，外资银行提供的服务，外资酒店、外资律师事务所等。

▶ 4. 自然人流动

自然人流动(movement of personnel)是指一成员国的服务提供者以自然人身份进入另一成员国境内提供服务。像外国教授、会计师、律师或医生来本国从事个体服务等就是这种形式。与商业存在不同的是，它不涉及投资行为，比如，我们请国外著名律师事务所的律师前来做法律咨询以及进行讲学，这可以被看作"自然人流动"，但如果该事务所来中国开设一家分支机构，那么这就是"商业存在"了。

延伸阅读 12-2

国际服务贸易的分类

《服务贸易总协定》以《联合国中心产品分类系统》为基础,并在对以货物为中心的服务贸易分类的基础上,结合服务贸易统计和服务贸易部门开放的要求,提出以部门为中心的服务贸易分类方法,将服务贸易分为如下12大类。

(1) 商业服务,包括专业服务和计算机服务。

① 专业性服务。专业性服务涉及的范围包括法律服务;工程设计服务、旅游机构提供服务、城市规划与环保服务、公共关系服务、安装及装备工程服务(不包括建筑工程服务)以及设备的维修服务。

② 计算机及相关服务。这类服务包括计算机硬件安装的咨询服务、软件开发与执行服务、数据处理服务、数据库服务及其他。

③ 研究及开发服务。这类服务包括自然科学、社会科学及人类学中的研究与开发服务,在纪律的约束下的研究与开发服务。

④ 不动产服务。这是指不动产范围内的服务交换,但不包括土地租赁服务。

⑤ 设备租赁服务。这类服务主要包括交通运输设备(如汽车、飞机、船舶)和非交通运输设备(如计算机、娱乐设备)的租赁服务。但不包括其中有可能涉及的操作人员的雇用或所需人员的培训服务。

⑥ 其他服务。这类服务包括生物工艺学服务,翻译服务,展览管理服务,广告服务;市场研究及公众观点调查服务,管理咨询服务,与人类相关的咨询服务,技术监测及分析服务,与农、林、牧、采掘业、制造业相关的服务,与能源分销相关的服务,人员的安置与提供服务,调查与保安服务,与科技相关的服务,建筑物清洁服务,摄影服务,包装服务,印刷、出版服务以及会议服务等。

(2) 通信服务,是指有关信息产品、操作、储存设备和软件功能等服务。通信服务由公共通信部门、信息服务部门、关系密切的企业集团和私人企业间进行信息转接和服务提供,主要包括邮电服务,信使服务,电信服务,其中包括电话、电报、数据传输、电传、传真;视听服务,包括收音机及电视广播服务以及其他电信服务。

(3) 建筑服务,主要指工程建筑从设计、选址到施工的整个服务过程。包括选址服务,涉及建筑物的选址;国内工程建筑项目,如桥梁、港口、公路等地址选择等;建筑物的安装及装配工程;工程项目施工建筑;固定建筑物的维修服务以及其他服务。

(4) 分销服务,主要指产品销售过程中的服务交换。主要包括商业销售(主要指批发业务)、零售业务、与销售有关的代理费用及佣金等、特许经营服务,以及其他销售服务。

(5) 教育服务,主要指各国间高等教育、中等教育、初等教育、学前教育、继续教育、特殊教育和其他教育中的服务交往,如互派留学生、访问学者等。

(6) 环境服务,主要指污水处理服务;废物处理服务以及卫生及相关服务等。

(7) 金融服务,主要指银行和保险业及相关金融服务活动。

(8) 健康及社会服务,主要指医疗服务、其他与人类健康相关的服务;社会服务等。

(9) 旅游及相关服务,主要指旅馆、饭店提供的住宿、餐饮服务、膳食服务及相关的服务,旅行社与导游服务。

(10) 文化、娱乐及体育服务,主要指不包括广播、电影、电视在内的一切文化、娱乐、新闻、图书馆及体育服务,如文化交流、文艺演出等。

(11) 运输服务,主要包括货物运输服务,如航空运输、海洋运输、铁路运输、管道运输、内河和沿海运输、公路运输服务，也包括航天发射以及运输服务，如卫星发射等；客运服务；船舶服务（包括船员雇用）；附属于交通运输的服务，主要是指报关、货物装卸、仓储、港口服务、起航前查验服务等。

（12）其他未包括的服务。

资料来源：薛荣久. 世界贸易组织教程[M]. 北京：对外经济贸易大学出版社，2003.

三、国际服务贸易的特征

与国际货物贸易相比较，国际服务贸易具有以下特征。

▶ 1. 贸易标的一般具有无形性

这是服务贸易的最主要特征。由于服务要素所提供的服务产品，很多都是无形的，即服务产品在被购买之前，不可能去品尝、感觉、触摸、观看、听见或嗅到"服务"，所以大部分服务产品属于不可感知性产品，消费者对它们的价值很难评估，因为即使在消费或享用之后，顾客也无法根据消费经验感受到这种产品带来的效用，只能是通过服务方提供的介绍和承诺，并期望该服务确实给自己带来好处。

▶ 2. 交易过程与生产和消费过程的不可分离性

货物贸易从其生产、流通，再到消费过程，一般要经过一系列的中间环节。如卖方将货物交给承运商，承运商要委托船务公司进行托运，最后由承运商交给买方。与货物贸易不同，服务贸易的生产过程与消费过程同时进行，如医生给患者看病。服务发生交易的时间，也就是消费者消费服务的时刻，这两个过程同时存在，不可分割。顾客在消费服务产品的时候，必须或者只有加入到服务的生产过程中，才能最终消费到服务。这种服务特征随着科学技术的发展，全球一体化进程的加快，越来越显示出国际化趋势。

▶ 3. 服务贸易市场具有高度垄断性

由于国际服务贸易在发达国家和发展中国家的发展严重不平衡，加上服务市场的开放涉及跨国银行、通信工程、航空运输、教育、自然人跨越国界流动等，它们直接关系到服务进口国家的主权、安全、伦理道德等极其敏感的领域和问题。因此，国际服务贸易市场具有很强的垄断性，受到国家有关部门的严格控制。

▶ 4. 贸易保护方式具有隐蔽性

由于服务贸易标的的特点，各国政府对本国服务业的保护，无法采取货物贸易上惯用的关税壁垒和非关税壁垒的办法。而只能采取在市场准入方面予以限制或进入市场后不给予国民待遇等方式，这种以国内立法形式实施的"限入"式非关税壁垒，使国际服务贸易受到的限制和障碍往往更具隐蔽性。

▶ 5. 国际服务贸易的约束条例相对灵活

《服务贸易总协定》条款中规定的义务分为一般性义务和具体承诺义务。一般性义务适用于《服务贸易总协定》缔约国所有服务部门，不论缔约国这些部门是否对外开放，都有其约束力，包括最惠国待遇、透明度和发展中国家更多参与。具体承诺义务是指必须经过双边或多边谈判达成协议后才承担的义务，包括市场准入和国民待遇，且只适用于缔约国承诺开放的服务部门，不适用于不开放的部门。比如市场准入方面，《服务贸易总协定》规定可以采取循序渐进，逐步自由化的办法；允许缔约国初步进行承诺，并提交初步承诺书，然后再进行减让谈判，最后达到自由化。可见，《服务贸易总协定》对于服务贸易的约束是具有一定弹性的。

▶ 6. 营销管理难度较大

国际服务营销管理无论是在国家宏观管理方面，还是企业微观经营方面，都比货物营销管理具有更大的难度。从宏观上讲，国家对服务进出口法人管理，不仅仅是对服务自身的物的管理，还必须涉及服务提供者和消费者人的管理，涉及包括人员签证、劳工政策等一系列更为复杂的问题。某些服务贸易如金融、保险、通信、运输以及影视文化教育等。另外，国家主要采用制定法规的办法，因法律的制定与修订往往落后于形势，并且，实际效果在相当程度上不是取决于国家立法而是取决于各服务业企业的执法，因而，容易出现宏观调控的实际效果与预期目标相背离的情况。在微观上，由于服务本身的固有特性，也使得企业营销管理过程中的不确定性因素增多，调控难度增大。

▶ 7. 国际服务贸易统计复杂

由于服务产业本身复杂多样，很多国家国内服务贸易与国际服务贸易统计尚未完全分开，使服务贸易的统计不够准确，因此，现有的国际服务贸易统计数字可能低于实际数字。目前，世界上有150多个国家和地区定期向国际组织报告服务贸易统计数据，美国的服务贸易统计较为成熟，多数国家处在探索之中，中国的服务贸易统计符合世界服务贸易发展方向。

第 二 节　国际服务贸易的发展

国际服务贸易是一个从国家内的服务经济基础上通过服务业的国际化和国际分工的出现而发展起来的。国际分工和合作是导致国际服务贸易产生和发展的动因。服务业和服务贸易的重要性不仅表现在已渐渐成为促进国民经济效率提高和国民产出总量增长的主导力量，而且也表现出服务业成为未来国际市场竞争的核心。

一、国际服务贸易的产生与发展

国际服务贸易是伴随着资本主义生产方式的出现而产生的，并且，随着资本主义商品经济的不断发展而发展。在"地理大发现"之前，服务贸易与商品贸易相辅相成，在绝大多数情况下对商品贸易起到补充和辅助作用；其种类不多、规模不大，始终受商品贸易发展规模的限制；其发展是零星的、时断时续的，不构成社会再生产的必要组成部分。在资本主义准备时期，新大陆被发现，航运业得到了较快发展，众多的黑人被运往美洲充当奴隶，是最早的带有强烈殖民色彩的国际劳务输出与输入。随着资本主义自由竞争时期的到来，有形贸易得到巨大发展，使得铁路、海洋运输、金融、通信业随之迅速发展起来。但是，从服务贸易产生到20世纪中叶，在当时的社会经济条件下，有形商品的贸易一直占据国际贸易的主导地位，国际服务贸易由于规模太小而未能引起人们的关注。

第二次世界大战后，随着科技革命的发生，各发达国家的产业结构发生了巨大的变化，第三产业急剧发展，世界服务贸易的发展基本与服务业的发展同步。世界服务市场开始从世界金融市场和商品市场中分离出来。特别是自20世纪60年代以来，随着高科技迅猛发展和国际经济联系的加强，国际服务贸易在国际经济领域的比重越来越大。70年代后期，世界服务贸易的增长速度超过了货物贸易的增长速度，劳务输出、技术贸易、旅游、银行、保险等服务贸易活动表现尤为突出；80年代以后，技术、知识、资本密集型服务业迅速发展，金融、银行、保险、法律、租赁、咨询等服务贸易的范围不断扩大，世界范围内的服务贸易规模和范围进一步得到扩展；进入 90 年代以后，信息高速公路(information highway)、电子商务(electronic business)和多媒体技术(multi-media)出现在信息服务领域，使得信息处理和长距离的电信服务成本大幅度降低，从而带来了服务业的革命，极大地促进了服务贸易的发展。随着《服务贸易总协定》的签署，国际服务贸易进入了一个在规范中向自由方向发展的新时期。

二、"二战"后国际服务贸易发展的特点

▶ 1. 国际服务贸易发展迅速

第二次世界大战前，服务贸易随着交通运输、金融、通信等行业的发展而有所发展，但其发展速度和规模以及在世界经济中的地位和作用均不显著。第二次世界大战以后，尤其是 20 世纪 60 年代以来，由于国际分工的深化，产业结构不断调整，科技革命加剧以及跨国公司的崛起，促使国际服务贸易迅速发展。随着世界产业结构的革命性变化，国际服务贸易已经成为国际贸易和投资中越来越重要的组成部分。1980—2007 年，全球服务贸易总额从 7 674 亿美元扩大到 63 200 亿美元，增长了 8.2 倍。服务贸易总额占全球贸易总额的份额从 1980 年的 15.7％上升至 2007 年的 19％。特别是 2003 年以来，全球服务贸易加速增长，服务进出口保持了两位数的年均增长率。受 2008 年全球经济危机影响，2009 年国际服务贸易同货物贸易一样，出现了大幅下降。在随后的几年里，世界服务贸易的发展才逐渐复苏，但是增长率仅维持在 4％～7％，见表 12-1。

表 12-1　世界服务贸易发展情况　　　　　　　　　　　　　　　　　％

年份	年 增 长 率									
	2000—2006	2007	2008	2009	2010	2011	2012	2013	2014	2015
服务出口	11	18	14.4	−11.2	10.7	13.2	4.7	6.88	4.65	−2.18
服务进口	10.4	16	13.4	−10.2	12.5	10.3	6.2	6.7	8.2	−2.74

资料来源：2007 年数据来自 2008 年 4 月 17 日世界贸易组织贸易快讯，WORLD TRADE 2007，PROSPECTS FOR 2008，WTO；developing, transition economies cushion trade slowdown.

▶ 2. 国际服务贸易的领域不断拓宽，新兴服务贸易发展迅速

第二次世界大战前，国际服务贸易的主要项目是劳务的输出、运输服务、金融服务、旅游服务和电信服务虽已出现，甚至历史久远，但发展缓慢，所占比重也很低。第二次世界大战以后，随着第三次科技革命和产业革命的完成，金融、电信、信息、商贸等领域的服务贸易迅速发展，它们在服务贸易中的比重逐渐上升。据统计，1970 年国际运输服务贸易占 38.5％，国际旅游占 28.2％，其他商业项目占 30.8％，到 1995 年，国际运输服务贸易占 30％，国际旅游服务贸易维持在 30％左右，而其他服务贸易占到 40％以上。所谓的其他商业项目，包括电信服务、建筑服务、金融服务、保险服务、信息服务、专利或许可、其他商业服务和文化娱乐服务等可统计项目。这些大都是资本密集型、技术密集型或知识密集型的服务项目。不仅如此，其他服务贸易的发展速度也大大超过了传统服务贸易的发展速度。1996 年全球运输服务业增长率为 2％，旅游业增长率为 6％，金融服务业、电信服务业则达到 7％，其他服务贸易的增长率是 11％。

▶ 3. 发达国家是国际服务贸易的主体

由于当代世界各国经济和服务业发展严重不平衡，各国的对外服务贸易水平及在国

际服务市场上的竞争实力悬殊,与国际商品贸易领域相比较,全球各地区和各国的服务贸易发展的不对称性更加突出。从国际服务贸易现状来看,发达国家在世界服务贸易中仍处于绝对优势的地位。表12-2列出了2015年世界服务贸易进口和出口前10位国家和地区。

表12-2 2015年世界服务贸易进口和出口前10位国家和地区

位次	出口国家和地区	出口额（十亿美元）	占世界总出口额比重(%)	年增长率(%)	位次	出口国家和地区	进口额（十亿美元）	占世界总进口额比重(%)	年增长率(%)
1	美国	690	14.5	0	1	美国	469	10.2	3
2	英国	345	7.3	−5	2	中国	466	10.1	3
3	中国	285	6.0	2	3	德国	289	6.3	−12
4	德国	247	5.2	−9	4	法国	228	4.9	−9
5	法国	240	5.0	−13	5	英国	208	4.5	−1
6	荷兰	178	3.7	−9	6	日本	174	3.8	−9
7	日本	158	3.3	0	7	荷兰	157	3.4	−9
8	印度	155	3.3	0	8	爱尔兰	152	3.3	4
9	新加坡	139	2.9	−7	9	新加坡	143	3.1	−8
10	爱尔兰	128	2.7	−5	10	印度	122	2.7	−4

资料来源:世界贸易组织秘书处.

从表12-2中可以看出,发达国家在世界服务贸易中处于支配地位。欧盟、美国、日本成为全球前三大服务贸易经济体。从整体上来看,发达国家具有比较大的服务贸易顺差。事实上,多数发达国家,如美国、英国、德国、法国、西班牙等,长期以来都是服务贸易的净出口国。尤其在海外投资、保险、银行业务、租赁、工程咨询、专利与许可证贸易方面,发达国家的出口一直以来都是最成功的。凭借先进的科学技术,发达国家在未来的国际服务贸易竞争中仍将占有先机。

发展中国家虽然在资本、技术密集型服务行业较发达国家明显滞后,但在资源、劳动密集型服务领域中,发展中国家则具有一定的优势。

▶ 4. 服务贸易自由化与服务贸易壁垒并存

"乌拉圭回合"谈判达成的《服务贸易总协定》将各成员开放市场作为它的根本宗旨,这在很大程度上推进了国际服务贸易的自由化进程。世界贸易组织成立后通过的《金融服务协议》《基础电信协议》《信息技术产品协议》等更促进了各成员在金融、电信等领域的开放。

因为服务贸易发展的不平衡性和敏感性,无论发达国家还是发展中国家都以种种理由和方法,对服务贸易实行不同程度的贸易保护政策和措施,使国际服务贸易领域的垄断程度远远高于国际货物贸易领域。据GATS统计,目前国际服务贸易壁垒多达2 000多种,归纳起来有四大类,即产品移动壁垒、资本移动壁垒、人员移动壁垒和商业存在壁垒。总之,国际服务贸易壁垒的存在一般是相对于弱势产业来说,或者是该国对这些产业进行保护所采取的必要措施,而对于强势产业、产品来说,则主张贸易自由化,而这种自由化将是国际服务贸易发展的主流。

预测今后的趋势是，美国等发达国家将继续保持优势，发展中国家和地区整体地位将继续趋于上升，一些新兴工业化国家和地区的服务贸易将继续呈强势增长并向服务贸易大国和地区跃进。在未来的世界贸易格局中，发展中国家和地区在旅游、运输等传统服务领域所占的份额会有所增加，但在资本、知识和技术密集型服务贸易领域仍将处于比较劣势，并在整体上处于逆差状态。随着世界新技术革命的兴起，发达国家大力发展信息技术及产业，使其大部分服务行业具有关键的竞争优势，从而使国际服务贸易中这种分工的不平衡性还有日益加剧的趋向。

三、国际服务贸易迅速发展的原因

▶ 1. 世界产业结构的调整促进了国际服务贸易发展

随着科技革命的发展，生产力水平的提高，各国在产业结构调整中大力发展服务业，使服务业的产值在国民经济中的比重大幅度提高。20 世纪 60 年代初，主要发达国家都已基本上完成了本国的工业化进程，国内经济开始步入后工业化阶段，经济重心向服务业倾斜。统计资料表明，发达国家服务业在国民经济的比重一般占 45％～65％，而发展中国家也占 30％～45％。个别国家的数字就更突出，目前，美国第三产业的就业人口和产值在国民经济中所占的比例都已超过了 2/3。在各国国民经济日益向服务业方向发展的趋势下，服务贸易的发展前景非常广阔。

▶ 2. 科学技术的进步推动了国际服务贸易发展

20 世纪 60 年代兴起的信息技术革命，使时间和距离的概念逐渐发生改变，以至把服务成果输出到任何国家成为可能。科技的进步极大地提高了交通、通信和信息处理能力，为各类专业服务领域的发展提供了新的服务手段，使原来不可能发生服务贸易的许多领域实现了跨国贸易。如原本不能贸易的知识教育服务，现在可以通过网络和卫星电视进行发送。新技术不仅为附加服务提供了贸易机会，而且高技术产品的出口刺激了知识密集型服务的出口。如银行、保险、商品零售等可以通过计算机网络在全球范围内开展业务，为跨国服务创造了条件；高新技术被广泛地应用于服务产业，提高了服务的可贸易性，使服务业日益专业化，从而使国际服务贸易种类增加，从传统的运输、工程等领域转向知识、技术和数据处理等新兴领域；科技革命加快了劳动力和科技人员的世界流动，特别是促进了专业科技人员和高级管理人员的跨国流动，使服务贸易的方式增加，服务质量得以提高；科学技术进步，产品生产和服务生产中的知识、信息投入比重不断提高，从而推动了服务贸易结构的变化，以劳动密集型为特征的传统服务贸易地位逐渐下降，以资本密集、技术密集和知识密集为特征的新兴服务贸易逐渐发展壮大。

▶ 3. 跨国公司的发展加速了服务的国际化

20 世纪 60 年代以后，跨国公司向全球扩张，全球跨国公司获得了迅猛发展。跨国公司的发展提高了服务国际化的速度。具体而言：许多跨国公司本身在金融、信息和专业服务上就是重要的供应者，面向全球提供服务；跨国公司在全球扩张中带进的大量追随性服务，如设立为本公司服务的专业性公司，这些服务子公司除满足本公司的需求外，也向东道国的消费者提供服务；制造业跨国公司对海外的直接投资，产生了企业移民，这种企业移民属于服务跨国流动的一种形式。

▶ 4. 国际货物贸易的发展促进了国际服务贸易发展

国际货物贸易和国际服务贸易的发展彼此联系，相互促进，随着科学技术的发展，这种关系更加紧密。首先，国际货物贸易的急剧扩张是服务业产生和发展的重要前提条件。

因为国际货物贸易需要服务业的进入才能完成，如货物进出口离不开运输、通信和保险业务。其次，服务业已成为许多工业制成品生产和销售过程中不可分割的一部分。服务业能向制造业提供从工程设计到数据处理等多种必要的投入，并能以售后服务等方式促进产品销售。最后，服务业已成为提高国际货物贸易竞争力的重要手段和重要基础。例如，2003年，以海运业为主，包括铁路运输业、公路运输业、航空运输业等在内，各国国际运输业的年收入已超过 3 500 亿美元，约占世界服务贸易出口额的 1/4。

▶ 5. 发展中国家积极参与世界服务贸易

发展中国家积极参与国际服务贸易。近年来，发展中国家除积极参与国际运输、劳务输出外，还大力发展旅游业，千方百计吸引外国游客，并且积极扩大其他服务出口，推动了世界服务贸易的发展。

除了上述几点原因以外，国际旅游业的兴起也带动了服务业的兴旺。第二次世界大战以后，旅游业的发展速度超过了世界经济中的许多部门，成为蓬勃发展的行业。1970 年以来，国际旅游业成为仅次于石油和钢铁工业的第三大产业，从而带动了服务业的发展。

另外，《服务贸易总协定》的签署，地区经济一体化的发展，国际服务合作的扩大，各国政府对服务贸易的支持，个人需求满足、对环境和可持续发展的关注，这些都对国际服务贸易的发展起到了推动作用。

第 三 节　国际服务贸易自由化与壁垒

一、国际服务贸易自由化

国际服务贸易自由化，是指减少以至消除各国妨碍服务贸易自由、公平进行的法律法规，扩大本国服务市场的准入制度，最终使服务业在各国或各地区间无障碍地自由流动。

国际服务贸易自由化的努力，最早可以追溯到 20 世纪 50 年代，欧洲经和组织在成员国内部推行并完善了《无形贸易自由化法案》。20 世纪 70 年代起，面对巨额的货物贸易逆差和同样巨额的服务贸易逆差，美国开始积极推动服务贸易自由化。在发达国家的推动下，关税与贸易总协定乌拉圭回合谈判达成了《服务贸易总协定》(GATS)。GATS 是第一部管理全球服务贸易的、具有法律约束的多边协议。GATS 的宗旨是，为服务贸易建立一个多边框架，在透明度和逐步贸易自由化条件下扩大服务贸易，促进所有贸易伙伴和发展中国家的经济增长和发展。

(一)《服务贸易总协定》的基本原则

《服务贸易总协定》的基本精神是服务贸易自由化，即提请各国在遵守一般义务和原则的前提下，做出开放本国各个服务部门的具体承诺，然后在框架协议生效后，就上述的具体承诺举行多边谈判，以逐步实现服务贸易的自由化，使服务业在各国或地区间无阻碍地自由流动。

为实现 GATS 宗旨，GATS 为各成员国确定了下列主要原则。

▶ 1. 最惠国待遇原则

该原则是指每一成员给予任何缔约国的服务和服务提供者的待遇，应立即无条件地给予其他任何成员的相同服务和服务提供者。最惠国待遇是 GATS 最重要的原则之一，是使服务贸易实现多边化的基石。

▶ 2. 透明度原则

该原则是指任何成员除非在紧急情况下应立即并最迟在其生效前，公布其所有有关的法律、规章、行政指令以及普遍适用的措施；同时还应公布与缔约方签署的有关服务贸易的国际协议；若有新措施或任何变更修改也应通知缔约方全体。要求各缔约方建立一个或多个咨询点，以便尽快地回答成员的询问。

▶ 3. 发展中国家更多参与原则

促进发展中国家的更多参与，是 GATS 的一项基本义务，目的是提高发展中成员国国内服务业的能力、效率和竞争力；改善他们进入分销渠道和信息网络的机会；开放对他们具有出口利益的服务部门和服务交付方式。GATS 允许发展中国家根据国内政策目标和服务业发展水平逐步实现服务贸易自由化；允许发展中国家开放较少的市场，根据发展情况逐步扩大市场开放度。GATS 对最不发达国家给予特别优先考虑。

▶ 4. 市场准入原则

这是指成员国以其承诺清单中所列举的服务部门及其准入条件和限制为准，对其他成员国开放本国的服务市场。市场准入条款的宗旨是逐步消除下列这些措施：对服务提供者的数目、对服务交易的总值或者对服务活动或雇用人数等施加的限制。同样，对法人，即提供服务的合资企业性质的限制或者任何同外国参与最高限额有关的外资限制都应逐步予以消除。

(二)《服务贸易总协定》对世界服务贸易发展的促进作用

《服务贸易总协定》的签署，标志着世界第一个多边服务贸易法律体系的诞生。其后，世贸组织关于服务贸易自由化方面不断努力，于 1997 年通过了《基础电信协议》《信息技术协议》《金融服务协议》，进一步扩大了服务贸易量。《服务贸易总协定》无疑对全球服务贸易发展起到了促进作用。

▶ 1. 促进国际服务贸易的自由化，并推动国际服务贸易的全面增长

国际服务贸易虽然不存在关税壁垒，但却存在着各种各样、名目繁多的非关税壁垒，并对国际服务贸易的发展形成重大障碍。GATS 通过一系列措施为服务贸易的逐步自由化提供了体制上的安排和保证，促进各国服务市场开放和发展中国家成员服务贸易增长的宗旨，使服务贸易得以向自由化方向发展。

▶ 2. 促进商品贸易的发展

服务贸易的自由化在促进服务贸易发展的同时，会推动与服务贸易相关的有形商品贸易的发展，特别是资本、技术密集型服务的贸易，往往伴随着相应的硬件设备的有形商品贸易(如数据处理服务、远距离通信服务等)的扩大将促使通信类的各种硬件设备的发展；航空运输服务的扩大会促进飞机制造业的发展；陆路、水运服务的发展必然引起相关产业的发展；银行金融服务的发展，也必将使银行系统的传真通信及资金调拨网络的硬件贸易增长。同时，由于发达国家具有服务贸易项目的比较优势，因此，在未来的多边谈判中，有可能在发展中国家服务市场逐步开放的同时，在有形商品贸易方面向发展中国家做出更多的让步，从而促进有形商品贸易的发展，并会形成国际分工的新格局。

▶ 3. 有助于缓解发达国家高失业率

目前，全世界大约有 30% 的劳动力处于失业、半失业状态，而这种形势随着科技的进

步和先进生产工艺的进一步使用还会更加严重，所以各国国内的就业压力非常大。实践证明，大力发展服务业是缓解国内就业压力的有效途径。如发达国家平均每 10 个就业机会中就有 8 个来自服务业。由于 GATS 的实施可以推动服务贸易的自由化进程，并可带动有形商品贸易的发展，可以引进先进的技术和管理经验，为发展本国经济服务，因此可以预见，随着服务贸易总协定的实施，无论是发达国家，还是发展中国家，就业压力均会有所减轻。

GATS 作为一个相对年轻的框架体系，不可避免地存在着一定的局限性和不足，如适用范围较为模糊不清，市场准入和国民待遇不具普遍约束力，最惠国待遇义务的免除存在被滥用的可能，政府采购与补贴不明确，争端解决机制需要进一步完善和加强。总之，面对经济全球化发展下服务贸易领域不断出现的新问题，GATS 还需要不断调整补充和完善。

▍二、服务贸易壁垒

所谓国际服务贸易壁垒指的是一国政府对外国生产的服务在本国的销售所设置的有限制和障碍作用的政策措施，如直接或间接地阻碍外国服务生产者或提供者进入，或者使外国服务生产者或提供者增加生产或销售成本的政策措施等。服务贸易壁垒也包括出口限制。设置服务贸易壁垒的目的在于：保持经济独立与国家安全，抵制外来意识形态的侵入等。设置服务贸易壁垒，一方面保护本国服务业的市场，扶植本国服务部门，增强其竞争力；另一方面，抵御外国服务业的进入，削弱外国服务业的竞争力。

目前，国际服务贸易壁垒的形式主要有以下几种。

▶ **1. 产品移动壁垒**

产品移动壁垒涉及市场准入的限制，即东道国允许外国服务进入本国市场的程序或限制，包括数量限制、当地成分或本地要求、补贴、政府采购、歧视性技术标准和税收制度以及落后的知识产权保护体系等。如在本地要求方面，德国、加拿大和瑞士等国禁止在东道国以外处理的数据在国内使用。再如政府采购方面，一些国家规定公共领域的服务只能向本国市场购买，或者政府以亏本出售方式对市场进行垄断，直接或间接地排斥外国竞争者。政府还可以通过不给与外国厂商国民待遇的方式限制进口，如日本要求外国货运者通过一系列仓库转运他们的货物，但日本航空公司承运的货物只要通过一个仓库就可以了。

▶ **2. 资本移动壁垒**

资本移动壁垒主要有外汇管制、浮动汇率和投资收益汇出的限制等。外汇管制主要是指政府对外汇在本国境内的持有、流通和兑换，以及外汇的出入境所采取的各种控制措施。外汇管制将影响到除外汇收入贸易外几乎所有的外向型经济领域，不利的汇率将严重削弱服务业的竞争优势，它不仅增加厂商的经营成本，而且会削弱消费者的购买力。对投资者投资收益汇回母国的限制，如限制外国服务厂商将利润、版税、管理费汇回母国，或限制外国资本抽调回国，或限制汇回利润的额度等措施，也在相当程度上限制了服务贸易的发展。

▶ **3. 人员移动壁垒**

作为生产要素的劳动力的跨国移动是服务贸易的主要途径之一，也是自然构成各国政府限制服务提供者进入本国或进入本国后从事经营的主要手段之一。各种移民限制和出入境的烦琐手续，以及由此造成的长时间的等待，都构成人员移动壁垒。

▶ **4. 经营权限限制**

通过对外国服务实体在本国的活动权限进行规定，以限制其经营范围、经营方式。如开业权限的限制，据调查，2/3 以上的美国服务业厂商都认为开业权限制是其开展服务贸易的最主要壁垒。在与被调查厂商保持贸易关系的 29 个国家中都有这类壁垒。对具体经营权限的限制既体现了适度的对外开放，又往往能有的放矢地削弱外国服务经营者在本国的竞争力和获利能力。因此，经营权限限制将成为国际服务贸易中十分重要的壁垒形式。

按照乌拉圭回合谈判采纳的方案，服务贸易壁垒归结起来主要是两方面，一是市场准入，二是国民待遇。市场准入措施是指那些限制或禁止外国企业进入国内市场，从而抑制市场竞争的措施。国民待遇措施是指有利于本国企业但歧视外国企业的措施，包括两大类：一类为国内生产者提供成本优势，如政府补贴当地生产者；另一类为增加外国生产者进入本国市场的成本，以加剧其竞争劣势。

为帮助进一步了解服务贸易壁垒的主要类型和表现，表 12-3 给出了世界主要服务部门贸易壁垒的一些主要做法。

表 12-3　世界主要服务部门贸易壁垒状况

部　门	主要限制性做法
航空业	世界多数国家政府都给本国航空公司提供优惠待遇，如限制外国航空公司进入；限制外国航空公司业务经营领域，如不允许经营货物运输；限制航线和班次等。航空业的开发完全基于互惠和对等开放的原则
广告业	要求外国广告公司在本国合资经营；限制外国广告公司进行广告宣传的渠道，如不允许进行电视广告；实施专门针对外国公司的广告审查标准
银行与保险业	禁止外国银行或保险公司设立任何法律形式的分支机构；要求建立合资机构，与当地国有或私有机构实现联合拥有；规定经营的业务领域和地域范围；要求最低投资水平
工程建筑业	限制劳工入境，实施严格的移民政策；限制外国公司参加工程招标；对国外工程公司承接的项目适用更严格的标准和规定
咨询服务业	对从事咨询的外国公司要求获得许可；要求与当地公司组建合资企业；限制提供服务的对象；歧视性政府采购
教育业	限制外国教育机构进入；限制外国教育机构从事某些业务，如招收留学生；不承认或歧视国外文凭和资格证书
医疗业	医生的开业资格限制；对医疗器械禁止进口或通过高关税、苛刻的技术标准限制进口
电信和信息产业	国家垄断，禁止外国公司进入；差异化的技术标准；歧视性税收政策；经营业务和地区管制，提高经营成本
零售业	限制经营许可的发放；零售业行业管理条例不透明、不具体；限制外方股权比例；限制利润汇回；要求利润再投资
旅游业	禁止外国公司进入；严格的许可方法程序；限制经营领域，如不能涉足旅游设施建设和经营；限制设立分支机构的数目和设立区域；严格出入境管理
运输业	国家特许经营；实施歧视性政策、实施价格审核制或批准制；实施统一价格；限制经营地域

资料来源：张玮．国际贸易[M]．北京：高等教育出版社，2006.

延伸阅读 12-3

中国加入世界贸易组织在服务贸易方面的有关承诺

1. 增值电信、基础电信中的寻呼服务允许外国服务提供者在上海、广州、北京设立合资增值电信、基础电信中的寻呼服务企业，并在这些城市内提供服务，无数量限制，合资企业中外资持股比例不超过 30%，加入 1 年后，地域扩大到包括成都、重庆等在内的 17 个城市，外资持股比例不超过 49%，加入 2 年内，将取消地域限制，外资持股比例不超过 50%。

2. 保险经纪

(1) 企业形式：对于大型商业险经纪，再保险经纪，海运、空运和运输保险和再保险经纪自加入世界贸易组织起将允许设立外资持股不超过 50% 的合资企业。中国加入后 3 年内外资股份比例可增至 51%，5 年内将允许设立外资独立子公司。

(2) 地域限制：3 年内取消地域限制。

资料来源：《中华人民共和国加入议定书》及其附件.

第 四 节　国际服务贸易的内容与方式

一、国际服务贸易的主要内容

国际服务贸易的内容十分广泛，通常有以下三种分类。

▶ 1. 以行业为核心分类

按照 GATS 中的"服务部门考清单"，服务贸易包括 12 大类：商业性服务、销售服务、金融服务、娱乐服务、通信服务、教育服务、卫生服务、运输服务、建筑服务、环境服务、旅游服务和其他服务。

▶ 2. 以生产为核心分类

按照这类划分可将国际服务贸易分为：生产前服务(如开发研究，设计，市场可行性研究)；生产中服务(如生产过程中的质量管理，软件和人力资源管理)；生产后服务(如广告、营销、包装、运输等)。

▶ 3. 以生产要素的密集程度分类

按照这类划分可将国际服务贸易分为：资本密集型服务贸易，如通信、航运等；技术、知识密集型服务贸易，如银行、金融信息服务等；劳动密集型服务贸易，如旅游。

二、国际服务贸易的主要形式

最为常见的几种国际服务贸易有国际运输服务贸易、国际通信服务贸易、国际保险服务贸易、银行服务贸易、国际金融服务贸易、国际工程承包、旅游服务贸易、国际技术服务贸易、信息服务贸易、咨询服务贸易和专业服务贸易。下面介绍其中的两种。

▶ 1. 国际工程承包

国际工程承包是一国具有法人地位的从事国际建筑工程项目的公司或企业，在国际市场上通过投标或接受委托等交易方式与国外业主签订合同，并根据合同的要求承担某项工程的建设任务，从而获得一定报酬的国际劳务活动。

国际上通常的承包工程包括单独承包、总包、分包、二包、联合承包。国际工程承包的程序一般要经过招标、投标、开标、评标、中标、签订承包合同、组织工程实施和竣工验收付款等基本程序。

▶ **2. 旅游服务贸易**

旅游服务贸易是指一国（地区）旅游从业人员向其他国家（地区）的旅游服务消费者提供旅游服务并获得报酬的活动。包括本国居民的出境游、外国旅游者的入境游以及围绕他们而展开的一系列活动，如宾馆、饭店、旅行社及旅游经营者提供的服务、导游服务和其他旅游服务。

旅游服务贸易作为一种较为特殊的贸易，具有以下特点。

（1）就地商品出口。国际旅游者到旅游商品的产地进行消费，从而获得收入，这是以旅游带动商品贸易的主要形式。

（2）就地服务出口。旅游服务的提供者向旅游者提供的无形商品形式，是在旅游从业人员劳动消耗的基础上进行的。服务产品的质量受旅游从业者个体水平的高低影响，从而也会影响旅游服务收入的多少。

（3）旅游服务交易形式的综合性和整体性。所谓综合性是指旅游服务交易过程中，支付外币购买旅游商品，以满足旅游消费的需要。这里的旅游商品包括旅游实物产品与旅游服务产品。所谓整体性是指各个不同的旅游经济部门所提供的是统一或整体的旅游服务，如旅店、饮食店提供给旅客吃住等。

旅游服务贸易对国民经济发展的作用。国际旅游服务收入是对外贸易收入的重要来源。它可以带动其他相关产业的发展，对国民经济具有极其重要的作用。

第一，增加外汇收入。旅游创汇收入是国家非贸易外汇收入的主要来源，经常充当弥补贸易逆差的角色，对平衡国际收支起到重要作用。据测算，旅游外汇收入每增长 1%，外贸出口额相应增加 1.05%，旅游外汇收入每增加 1 美元，利用外资金额相应增加 5 美元。

第二，创造就业机会。旅游业作为典型的劳动密集型产业，能够直接或间接地创造大量就业机会。而且，随着人们生活水平的提高，对旅游消费支出的比例在不断扩大，巨大的消费市场与需求拉动带动了旅游从业人员数量的增加与旅游服务质量的提高。同时，也为其他行业下岗分流，提供了一定的就业空间。

第三，提供吸引外资的环境。外商投资对国民经济的发展所起的作用，这方面的论述已非常多。外商投资中有很多因素就是伴随着旅游产业的发展而发展的。如杭州，被世界旅游组织评为世界最宜居住城市之一，其重要的评价指标就是旅游资源。同时，由于旅游业的发展而带动外商直接或间接的比例在逐年上涨。

第四，调整与优化产业结构。旅游业是产业关联较大和综合性较强的行业。其涉及面几乎遍及整个国民经济，相应的发展对于其他产业部门来说具有引导作用。它引导和调节国民经济各产业部门向合理的方向发展。

本章小结

国际服务贸易是指跨越国界的服务交换活动。服务提供国成为服务的出口国，服务的消费国称为服务的进口国，各国服务出口额之和构成国际服务贸易额。《服务贸易总协定》定义：服务贸易是指跨越国界进行服务交易的商业活动，即服务提供者从一国境内向他国境内，通过商业或自然人的商业现场向消费者提供并取得外汇报酬的一种交易行为，包括跨境提供、境外消费、商业存在和自然人流动。国际服务贸易与国际货物贸易比较具有无形性、不可分离、高度垄断和保护隐蔽性等特征。

"二战"后国际服务贸易表现特点：国际服务贸易发展迅速，贸易领域不断拓宽，新兴服务贸易大量出现，发达国家是主体，服务贸易自由化和壁垒并存。

服务贸易包括12大类：商业性服务、销售服务、金融服务、娱乐服务、通信服务、教育服务、卫生服务、运输服务、建筑服务、环境服务、旅游服务和其他服务。

复习思考题

1. 与货物贸易比较，国际服务贸易具有哪些特点？
2. 《服务贸易总协定》是如何界定国际服务贸易的？
3. 当代国际服务贸易有哪些特征？
4. 国际服务贸易壁垒的主要形式有哪些？
5. 国际服务贸易的主要形式有哪些？请举例说明。

延伸阅读 12-4

2014 年中国服务贸易发展总体情况

中商情报网讯：2014 年，中国服务贸易进出口总额 6 043.4 亿美元，比 2013 年增长 12.6％，增速远高于全球服务贸易 4.7％的平均水平。其中，服务出口 2 222.1 亿美元，增长 7.6％；服务进口 3 821.3 亿美元，增长 15.8％。服务贸易逆差扩大至 1 599.3 亿美元。据世界贸易组织（WTO）最新统计，2014 年中国服务出口额与进口额的全球占比分别为 4.6％和 8.1％，位居全球第五位和第二位，如图 12-1 所示。

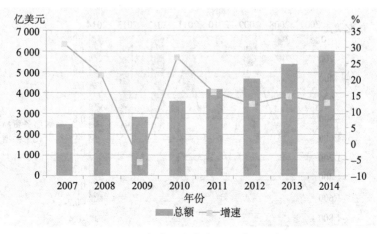

图 12-1　2007—2014 年中国服务贸易进出口总额及增速

1. 服务贸易占对外贸易总额的比重持续上升

随着中国经济结构转型升级，服务业规模不断扩大，带动服务贸易进入快速发展期，服务贸易进出口额从 2007 年的 2 509 亿美元攀升至 2014 年的 6 043.4 亿美元，7 年时间里增长了 1.5 倍。"十二五"以来，中国服务贸易在对外贸易总额（货物和服务进出口额之和）中的比重持续上升。2014 年，中国服务贸易增速高出货物贸易增速 10.3 个百分点，服务贸易占对外贸易总额的比重达 12.3%，比 2013 年提高 0.8 个百分点，如图 12-2 所示。

图 12-2　2007—2014 年中国服务贸易占对外贸易总额比重

2. 服务贸易逆差进一步扩大

2014 年，中国服务贸易逆差为 1 599.3 亿美元，同比增长 35%。首先，旅游贸易逆差为 1 078.9 亿美元，大幅增长 40.3%，占服务贸易逆差总额的 67.5%，是服务贸易逆差的最大来源。其次，运输服务、专有权利使用费和特许费逆差额分别为 579 亿美元、219.7 亿美元，均比 2013 年略有增长。保险服务逆差 179.4 亿美元，比 2013 年小幅缩窄。

2014 年，中国加工服务顺差为 212.7 亿美元，是顺差最大的服务贸易项目。咨询、建筑服务顺差均突破 100 亿美元，分别为 166 亿美元和 104.9 亿美元。计算机和信息服务、其他商业服务分别实现 98.6 亿美元和 97.4 亿美元的顺差，广告宣传实现了 12 亿美元的小额顺差，如图 12-3 所示。

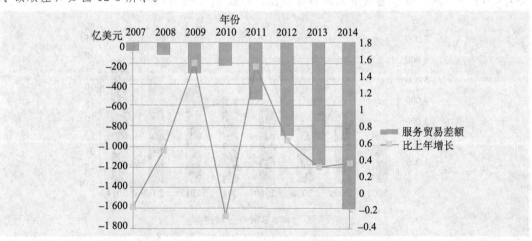

图 12-3　2007—2014 年中国服务贸易差额变动情况

3. 传统服务进出口仍占据服务贸易的过半江山

2014 年，中国三大传统服务(旅游、运输服务和建筑服务)进出口合计 3 765.5 亿美元，占服务贸易总额的 62.6%。三大服务出口合计增长 10.7%，占服务出口总额的 50.4%。其中，旅游出口增长 10.2%，占服务出口总额的比重为 25.6%，仍居各类服务之首；运输服务出口同比微增 1.7%，占比降至 17.7%，位居第二；建筑服务出口实现了 44.6% 的强劲增长，占比上升至 7.1%。受中国居民"出境游"持续升温的影响，旅游服务进口增长 28.2%。建筑服务进口增幅也达到 26.7%。

4. 高附加值新兴服务进出口增长迅猛

2014 年，中国高附加值服务进出口快速增长，金融服务、通信服务、计算机和信息服务进出口增速分别达到 59.5%、24.6%、25.4%。其中金融服务出口大幅增长 57.8%，达 46 亿美元；计算机和信息服务出口增长 19%，达 183.6 亿美元。咨询服务出口增长 5.8%，达 429 亿美元，占服务出口的比重为 19.8%，仅次于旅游出口；电影音像出口增长 22.3%，金额为 1.8 亿美元。金融服务、计算机和信息服务、通信服务、广告宣传进口分别增长 61%、42%、40.7% 和 21.2%。高附加值服务进出口的快速增长为资本技术密集型企业发展提供了助力，推动了中国经济转型升级。

5. 服务外包产业发展成效显著

据商务部统计，2014 年中国承接服务外包合同金额首次超过 1 000 亿美元，达到 1 072.1 亿美元，执行金额 813.4 亿美元，同比分别增长 12.2% 和 27.4%。其中承接离岸合同金额 718.3 亿美元，执行金额 559.2 亿美元，同比分别增长 15.1% 和 23.1%。云计算、大数据、移动互联等技术快速普及应用，推动中国服务外包产业向价值链高端延伸。离岸知识流程外包业务达 186.7 亿美元，占离岸执行总额的比重为 33.4%。

离岸服务外包市场多元化趋势日益显现，逐渐从美欧日和香港地区等传统市场拓展至东南亚、大洋洲、中东、拉美和非洲等近 200 个国家和地区。2014 年，中国承接美国、欧盟、中国香港地区和日本的离岸服务外包执行金额合计 346.5 亿美元，占执行总额的 62%，比去年同期下降 2.9 个百分点。与此同时，中国与"一带一路"沿线国家服务外包合作快速发展，承接"一带一路"沿线国家服务外包合同金额和执行金额分别为 125 亿美元和 98.4 亿美元，同比分别增长 25.2% 和 36.3%，均远高于总体增速。

13

第十三章
跨国公司

本章导读

本章主要学习跨国公司的形成和发展、跨国公司内部贸易的发展、跨国公司内部转移价格、跨国公司对国际贸易产生的影响等。

学习目标

通过本章学习，主要达到以下目的和要求：
1. 掌握跨国公司及跨国公司内部贸易的概念和特征。
2. 掌握跨国公司内部贸易产生与发展的原因。
3. 了解跨国公司实施内部转移价格的目的。
4. 掌握跨国公司发展对国际贸易产生的影响。

重要概念

跨国公司，跨国公司内部贸易，跨国公司内部转移价格，跨国经营竞争优势

跨国公司是对外直接投资(FDI)的主体，在当今国际贸易发展中占有重要的地位。据联合国《2004 年世界投资报告》，2004 年全球有 73 000 家跨国公司，设立分支机构 80 万家，跨国公司的生产总值已超过世界工业总产值的 30%。跨国公司已成为世界资本市场、商品市场、技术市场和服务市场的主力军，在世界经济中扮演着极其重要的角色。跨国公司已成为推动国际贸易继续快速增长的主要动力。

第一节　跨国公司概述

一、跨国公司的定义

跨国公司（transnational corporation）这一名词首次出现是在 1960 年，由美国的学者莱索尔（D. Lilienthal）在一次研讨会上演讲时提出的，泛指那些从事跨国经营活动的新型企业。由于从事跨国经营的组织大多以公司形态出现，因此"公司"的使用频率不断增加。陆续出现诸如多国公司、国际公司、全球公司、无国籍公司、超国家公司 和宇宙公司等名称。1965 年以后，哈佛大学出版的大量有关著作和论文，统一使用"多国"一词。这些论著流传广、影响大，因而"多国"一词长期被大量沿用。20 世纪 70 年代初，联合国经济及社会理事会全面考察了各种准则和定义，在所提交的报告《多国公司对发展和国际关系的影响》（1973 年）中，指出"跨国"更能确切地表达公司以母国为基地，跨越国界从事生产经营活动的内涵。同时，由于在 70 年代，拉丁美洲国家以"多国公司"一词统称那些在安第斯国家组织赞助下，由该组织成员国共同创办和经营的公司，因此为区别起见，联合国经济与社会理事会于 1974 年决定，把那些主要以一国为基地，从事跨国生产经营活动的公司，称为"跨国公司"。从此，跨国公司（transnational corporations，TNCS）成为被国际社会普遍接受的专有名称。但在现实生活中，"多国公司""国际公司""全球公司""世界公司"等名称仍被沿用。

1974 年以后，联合国统一了跨国公司的称谓，但是关于其定义依然是见仁见智、众说纷纭。目前影响较大、世界上较普遍采用的，一是狭义的定义，即美国哈佛大学维农（Venon）教授对跨国公司的定义；二是广义的定义，即 1986 年联合国《跨国公司行为守则》中对跨国公司的定义。

▶ 1. 狭义的定义

1968 年，维农教授指出，跨国公司主要是指发达国家的以本国为基地，通过对外直接投资，在世界各地建立子公司和分支机构，从事国际化生产和经营活动的垄断企业。具体标准是：①1964 年或 1965 年被《幸福》杂志列入美国 500 家最大工业公司；②到 1963 年在海外 6 个国家以上有生产制造子公司，而且母公司拥有这些子公司 25% 以上的股份。依照这一标准，170 家公司被确定为跨国公司。可以看出，维农教授的定义是指发达国家规模大、分布广、在多国经营的、实力强的大型公司。所以，他的定义被人们称为狭义定义。同时他的定义揭示了跨国公司是垄断资本高度发展的产物的本质。

▶ 2. 广义的定义

1986 年，联合国《跨国公司行为守则》对跨国公司的定义是：本守则中使用的跨国公司一词系指在两国或更多国家之间组成的公营、私营或混合所有制的企业实体，不论此等实体的法律形式和活动领域如何；该企业在一个决策体系下进行运营，通过一个或一个以上的决策中心使企业内部协调一致的政策和共同的战略得以实现；该企业中各个实体通过所有权或其他方式结合在一起，从而使其中一个或多个实体得以对其他实体的活动施以有效的影响，特别是与别的实体分享知识、资源和责任。

联合国跨国公司委员会认为跨国公司必须具备以下三个基本条件。

第一，跨国公司本质上是一个工商企业，组成这个企业的实体是在两个或两个以上国家从事生产经营业务。不论其采取何种法律经营形式，也不论其经营领域。

第二，跨国公司实行全球战略，有共同的政策和统一的目标。尽管它的决策机构的设立主要以某国或某个地区为主。在跨国公司的全球决策中，市场占据主导地位。各个经营实体共享信息、资源和分担责任。

第三，跨国公司的经营范围很广，从研究与开发、原料开采、工业加工到批发、零售等再生产的各个环节都纳入它的经营范围。

综上所述，跨国公司是指在两个国家或两个以上国家（或地区）拥有矿山、工厂、销售机构或其他资产，在母公司的统一决策体系下从事国际性生产经营活动的企业。它可以由一个国家的企业独立创办，也可以由两个或多个国家的企业合资、合作经营，或控制当地的企业使其成为子公司。

跨国公司的运作是：通过对外直接投资在世界范围内进行生产和资源配置；在世界范围内配置研究与开发、采掘、提炼、加工、装配、销售以及服务等环节；把最高决策权保留在母公司，母公司承担确定整个公司的投资计划、生产安排、价格制度、市场安排、利润分配、研究方向以及其他重大决策的职能。

现实中的跨国公司绝大多数是由一国垄断资本建立的，有极少数跨国公司是由两个或更多国家的垄断资本联合建立的，如英荷壳牌石油公司。

二、跨国公司的特征

跨国公司为了争夺国际市场，获取国外资源，获得高额利润，通过对外直接投资，在国外设立子公司或分支机构，从而形成从国内到国外，从生产到经营的超国家的独特的生产经营体系。由于不同的跨国公司具有不同的发展历史，行业不同，经营方式也不同，但就现代跨国公司而言，还是具有一些共同的特征。

▶ 1. 全球化战略目标

所谓全球战略是指跨国公司以整个国际市场为目标，以全球资源为基础，从事全球性经营，在世界范围内充分利用各国和各地区的优势进行资源的有效配置，实现整体利润最大化和长远的利益。跨国公司经营的主要内容是商品贸易、直接投资和技术转让。为了获得全球利润最大化，要合理的安排生产，要从全世界范围考虑原料的来源、劳动力的雇用、产品的销售和资金运用，不能孤立地考虑某一子公司或在某一地区、某一领域的局部得失，而是综合研究所面临的经济、政治、文化、社会等经营环境，考虑公司全局的得失，并通过全球经营战略的安排来保证实现公司整体和局部、当前和未来利益的整合。

▶ 2. 公司内部一体化管理

跨国公司的母公司与子公司、子公司与子公司内部分工并相互协作，从而形成整体。为实现全球战略，需要统一指挥，协调步骤，以符合公司的整体效应。为适应东道国的投资环境也需要子公司能够灵活反应。因而，一方面通过集中决策、分级管理来落实公司的全球战略安排；另一方面则通过互通情报、内部贸易来共担风险。这是跨国公司经营方式的最基本特征，也是实现全球战略目标的重要手段。内部一体化管理包括组织结构一体化，行为规范一体化，生产经营活动一体化，资源、机会和风险、责任一体化。

▶ 3. 利用直接投资争夺世界市场

早期的跨国公司以商品出口为主，随着国际竞争的加剧，直接向国外输出商品已经满足不了跨国公司占据更为广阔世界市场、获取更多利润的需要，跨国公司越来越多地利用在国外直接投资设厂来代替直接出口商品。利用直接投资到国外设厂可以充分利用当地的资源、人力和物力，也可以了解东道国市场行情。目前跨国联盟、跨国兼并（transnational merger)成为扩大国外投资的主要手段。

▶ **4.以"核心主业"为主，向综合型多元化经营发展**

综合型多元化经营是指，在母公司内部根据生产销售过程中的内在需要，以其核心主业为基础，将有关联的生产经营联系起来，进而向其他行业渗透，形成生产多种产品的综合体系。这是其充分利用自身优势，降低投资风险的重要方法。20世纪70年代以来，综合型多种经营的跨国公司迅猛发展，其业务经营范围，有人形象地说"从鸡蛋到导弹"，几乎无所不包。

延伸阅读 13-1

跨国公司发展的新趋势

跨国公司为了保持技术优势，开展实施技术战略，投入巨额的研究开发资金并培育、聘请高级专业技术人才。20世纪80年代中期之后，跨国公司R&D的国际化趋势日渐明显，在国外R&D型分支机构数量不断扩张、国外R&D支出的规模和比重不断上升、国外R&D投资向高技术产业转移和R&D战略联盟等方面迅速发展。联合国贸易和发展会议的一份研究报告指出，中国将成为最吸引全球跨国公司研发投资的国家，有高达61.8%的大公司表示将在中国投资研发，美国以41.2%的比率名列第二，印度以14.7%位居第三。目前，世界500强中将近80%的公司在中国设立了研发机构，不断实行研发人才的本地化，化学制品、医药品、电子、汽车和IT硬件等产业成为主要研发领域。跨国公司对中国的这一趋势应引起我们的重视。

资料来源：侯仕军，曹洪.跨国公司发展的新趋势[J].国际经济合作，2004(3).

三、跨国公司的形成与发展

跨国公司是垄断资本主义高度发展的产物，跨国公司的出现与资本输出密切相关。跨国公司的发展仅有130多年的历史，大体经历了三个阶段，跨国公司的发展在不同的时期表现出不同的特征。

▶ **1.跨国公司的产生与初步发展（19世纪中叶—1913年）**

资本主义的工业革命带来大机器工业和生产社会化程度的提高，加强了技术进步、货币资本和管理技能在社会化大生产中的作用。这一切都为跨国经营奠定了物质基础，进而孕育了跨国公司。

跨国公司起源于19世纪60年代，当时发达国家由自由资本主义开始进入垄断阶段，出现了同行业和跨行业的垄断集团。这些垄断集团为了追逐垄断高额利润，对国内市场已经不能满足，于是将"过剩资本"输出到资金少、地价便宜、工资低、原料丰富而利润又比较高的国家和地区，在那里设立了分支机构，形成了早期的跨国经营的企业。当时具有代表性的是3家制造业企业：1865年，德国拜尔化学公司在美国纽约州的奥尔班尼开设了一家制造苯胺的工厂；1866年，瑞典制造甘油、炸药的诺贝尔公司在德国汉堡开办炸药厂；1867年，美国胜家缝纫机公司在英国的格拉斯哥建立缝纫机装配厂。上述3家公司已初具跨国公司的雏形，因此，它们通常被看作早期跨国公司的代表。

随后，从19世纪末到20世纪初，跨国公司快速发展。瑞士雀巢、英国帝国化学公司、美国杜邦公司、美孚石油公司、福特汽车公司、通用电气公司、西门子公司、飞利浦公司、英荷皇家壳牌公司等世界著名跨国公司就是在这一时期建立的。

早期的跨国公司形成的因素有两个：第一，拥有发明专利权的技术优势的公司，为了占领海外市场并防止别家的仿制，而到销售市场开设分支机构。美国最先从事跨国经营的企业，往往是那些产品首先在国内发明，或虽在欧洲最先发明，却先在美国进行生产的企业。如跨国公司的先驱美国胜家缝纫机公司于1851年取得发明专利权，经过在国内扩大生产的阶段以后，开始到英国和欧洲大陆建立分厂，成为首家以追求全球市场为特色的跨国公司。第二，保护性贸易限制，刺激了跨国公司到海外建厂，就地供应。例如，法国铁路公司规定其所有空气制动必须由当地厂商供应，于是刺激了美国威斯豪斯制动公司到法国建厂。

早期跨国公司具有以下特点：母公司主要集中在英、法、德、美强国；规模、地理分布相对较小，经营目标单一；跨国经营活动主要是对外贸易，对外投资主要以间接投资为主直接投资为辅，且主要投资到经济落后国家和地区的铁路、资源类行业矿业石油业及农业等行业。制造业投资虽然在当时尚不占重要地位，但却有自己的特点。首先，投资的地区集中于经济比较发达的国家。其次，从投资主体看，早期制造业直接投资以美国为主体，其他形式的直接投资以英国为主体。

▶ **2. 两次世界大战期间跨国公司的发展（1914—1945年）**

两次世界大战期间跨国公司的发展缓慢。第一次世界大战使得美国以外的国家的经济遭到了重创，各国全力恢复本国经济，无力向海外大规模投资。同时，两次世界性经济危机使得各国实行贸易保护政策，鼓励自给自足，对外资采取差别待遇甚至排斥态度。第一次世界大战后，金本位制崩溃，国际货币制度混乱，资本主义各国纷纷实行外汇管制，防止资本外流，限制了国际资本的流动。两次世界大战期间，卡特尔制度盛行，分割世界市场，限定产量和销售价格，控制的范围和程序从流通领域发展到分割世界产地和投资场所等，阻碍了对外直接投资的发展。上述原因导致国际经济交流和贸易陷于停顿，跨国公司的发展面临严重的困难，发展缓慢。这一期间跨国公司的发展表现出以下特点。

（1）从整体看特别是西欧国家的对外投资增幅不大，直接投资增加有限。1913—1938年的25年间，主要资本主义国家对外投资额年平均增长率仅为0.6%，各国投资全部总和只增加了70亿美元；法国和德国从1913年的90亿美元和58亿美元分别缩减为1938年的40亿美元和10亿美元。在这一时期，只有美国的跨国公司发展一枝独秀，其海外投资急剧膨胀，1938年达到120亿美元，致使世界对外投资格局发生明显转变，美国远远超过法国和德国，仅略微落后于英国，上升到世界第二位。

（2）从投资形式看，除美国私人资本输出仍以直接投资为主以外，其他发达国家均以间接投资为主，但直接投资总额占资本输出总额的比重有所增长，从1913年的10%上升到第二次世界大战前的25%。

（3）对外投资的去向出现变化，向经济发达或比较发达国家和地区的投资增加，如1914—1938年英国在海外建立的子公司中，66%在发达国家或较发达国家。

（4）跨国经营方式多样化，出现了纵向一体化经营或多样化经营跨国公司。根据英国学者邓宁的研究，这一时期的企业跨国经营中，内部交易的规模和数量都大幅度增加；而且，跨国收购与兼并活动的增长快于新建企业的增长。这类跨国采购活动在很大程度上是主要资本输出国的国内寡头垄断企业为加强市场地位采取的一种战略，由此产生的一个结果是国际性卡特尔快速发展起来。

▶ **3. 第二次世界大战后跨国公司的发展（1954年至今）**

第二次世界大战后，尤其是20世纪50年代以来，跨国公司得到空前发展。主要表现在：一是跨国公司的数目猛增。据《2002年世界投资报告》显示，全球跨国母公司约有6.5万家，共拥有85万家国外分支机构。二是跨国公司的经营范围几乎涉及一切工业领域及服务领域。许多跨国公司进行了全球性扩张，其资产、销售额和利润大幅度增加，它们各自的经济规模和实力甚至超过了一些国家的经济规模和实力。如 1983 年美国通用汽车公司的销售收入达 628 亿美元，比挪威的国民生产总值还高出 52 亿美元；而同年美国埃克森公司的销售收入超过瑞典的国民生产总值。

跨国公司对外投资的结构出现根本性变化，直接投资的比重超过间接投资，在对外投资中占主导地位。第二次世界大战前国际直接投资的 70% 流向发展中国家，30% 流向发达国家，但从 20 世纪 70 年代开始，国际直接投资 75% 以上流向了发达国家，流向发展中国家的不足 25%；对外投资的行业出现大幅度偏移，投资重心从战前的种植业、采掘业转为战后的制造业、金融、保险等产业。尤其是 20 世纪 80 年代以来，跨国公司投资以第三产业为主，世界上大约 40% 的股权和 50% 的资金流量均在第三产业，其中，最多的是金融部门和与贸易有关的服务部门。

跨国公司进入多极化发展时期。20 世纪五六十年代美国跨国公司迅速发展成为世界跨国公司的霸主。美国的垄断资本利用他国被战争削弱的机会，凭借在战争期间大大膨胀起来的经济、军事和政治势力，攫取了资本主义世界的霸主地位，加之战后西欧各国需要恢复经济，为美国对外直接投资创造了极好的条件。这一时期美国的跨国公司可谓一枝独秀。20 世纪 60 年代末，西欧和日本的经济迅速恢复，对外投资很快发展起来，跨国公司也迅速增加，美国的霸主地位开始动摇，到 20 世纪 70 年代发达国家基本形成美、日和西欧三足鼎立的局面。此时，发展中国家的经济发展，在引进外资的同时，积极向海外投资，组建自己的跨国公司。到 20 世纪 90 年代，发展中国家的跨国公司共有 963 家，拥有国外分公司、子公司 1 964 家，累计直接投资额 50 亿～100 亿美元，投资分布于 125 个国家和地区，参与直接投资的国家和地区约有 41 个。在这一时期，发展中国家的跨国公司在规模和实力上是较弱的。但毕竟改变了发达国家跨国公司独占的局面，加之一些新兴工业化国家和地区登上世界经济舞台，一大批极具竞争力的第三世界跨国公司的出现，世界跨国公司进入多极化发展时期。

进入 21 世纪以来，伴随着经济全球化、信息化、网络化的发展，跨国公司的发展又出现一次新的飞跃。跨国公司在经营战略上由"多元化""规模化"向"归核战略"转变，由"绿地投资"为主向"并购重组"为主转变，由高度重视"应用技术开发"向不断增强"战略技术储备"转变，由"个体竞争"向"战略联盟"转变。跨国公司的力量急剧膨胀，无所不在，对世界经济所产生的影响远在其他经济组织之上，基本左右了世界经济的发展。当今世界的交换与竞争在某种意义上转变为主要由跨国公司之间的交换与竞争。跨国公司贸易占国际贸易总额的 2/3；跨国公司掌握了目前世界上 80% 的新技术和新工艺，垄断了国际技术贸易的大部分；在金融领域，跨国银行拥有庞大的国际资产，控制了世界上很大一部分存贷款业务和其他金融业务（见表 13-1）。

表 13-1　2014 年世界 10 强排行榜一览表　　　　单位：百万美元

排　名	公司名称	国　别	营业收入	利　润
1	沃尔玛	美国	476 294.0	16 022.0
2	荷兰皇家壳牌石油公司	荷兰	459 599.0	16 371.0
3	中国石油化工集团公司	中国	457 201.1	8 932.1
4	中国石油天然气集团公司	中国	432 007.7	18 504.8

排 名	公司名称	国 别	营业收入	利 润
5	埃克森美孚	美国	407 666.0	32 580.0
6	英国石油公司	英国	396 217.0	23 451.0
7	国家电网公司	中国	333 386.5	7 982.8
8	大众公司	德国	261 539.1	12 071.5
9	丰田汽车公司	日本	256 454.8	18 198.2
10	嘉能可	瑞士	232 694.0	−7 402.0

资料来源：根据 2014 年《财富》杂志内容整理.

随着我国经济实力的提高，"走出去"和"引进来"战略的实施，我国的跨国公司近几年也迅速地发展起来。2004 年《财富》500 强中，中国上榜 14 家，2005 年 18 家，2008 年 35 家，2009 年 43 家。中国跨国公司在世界跨国公司的地位逐年提高。据不完全统计，我国的海外企业中盈利的占 55%，其中多为非生产性企业；收支平衡的占 28%；亏损企业占 17%，以生产性企业居多。但是，我国跨国公司无论从数量还是质量方面同发达国家的跨国公司存在较大差距（见表 13-2）。

表 13-2　2014 年世界 100 强中国上榜公司　　　　单位：百万美元

排 名	公司名称	营业收入	利 润	城 市
3	中国石油化工集团公司	45 7201.1	8 932.1	北京市
4	中国石油天然气集团公司	432 007.7	18 504.8	北京市
7	国家电网公司	333 386.5	7 982.8	北京市
25	中国工商银行	148 802.6	42 718.1	北京市
55	中国移动通信集团公司	107 647.3	9 197.9	北京市
32	鸿海科技集团	133 161.7	3 594.8	中国台湾地区台北市
38	中国建设银行	125 397.7	34 912.5	北京市
47	中国农业银行	115 392.1	27 050.0	北京市
52	中国建筑股份有限公司	110 811.6	1 853.2	北京市
59	中国银行	105 622.6	25 520.5	北京市
76	来宝集团	97 878.3	243.5	中国香港特别行政区
79	中国海洋石油总公司	95 971.5	7 700.8	北京市
80	中国铁道建设总公司	95 746.8	986.5	北京市
85	上海汽车集团股份有限公司	92 024.8	4 034.1	上海市
86	中国中铁股份有限公司	91 152.6	1 524.7	北京市
98	中国人寿保险(集团)公司	80 909.4	594.8	北京市

资料来源：依据 2014 年《财富》杂志内容整理.

延伸阅读 13-2

海尔集团的国际化

海尔集团坚持全面实施国际化战略，建立起一个具有国际竞争力的全球涉及网络、制造网络、营销与服务网络。现有设计中心 18 个，工业园 10 个，海外工厂及制造基地 22 个，营销网点 58 800 个。

在国内市场，海尔冰箱、冰柜、空调、洗衣机四大主导产品的市场份额均达到 30% 左右；在海外市场，海尔产品已进入欧洲 15 家大连锁店的 12 家以及美国前 10 大连锁店。在美国、欧洲初步实现了设计、生产、销售"三位一体"的本土化目标。海外工厂全线运营。

海尔在海外美誉日渐扩大，居全球权威消费市场调查与分析机构 EU ROMONITOR 最新结果显示，按公司销售量统计，海尔跃居全球第二大白色家电品牌。

资料来源：王志乐. 走向世界的中国跨国公司[M]. 2004：191.

第 二 节　跨国公司的内部贸易

跨国公司贸易在国际贸易中占据了很重要的地位。跨国公司的国际贸易分为外部贸易与内部贸易两个方面。当今，国际贸易三分天下，即 1/3 是在跨国公司内部进行，1/3 是在跨国公司之间进行，1/3 是在国家与国家之间进行。也就是说，与跨国公司有关的贸易已占整个国际贸易的 2/3 之多。据不完全统计，目前世界上 500 家最大的跨国公司已经控制了约 3/4 的全球贸易。

一、跨国公司内部贸易的性质及特征

跨国公司内部贸易(intra-firm trade)是指在跨国公司的内部即总公司与国外子公司之间以及国外子公司相互之间在产品、原材料、技术与服务方面进行的跨国界交易活动，在国际贸易中也被称为跨国公司的体内循环，是国际贸易的重要组成部分之一。

跨国公司内部贸易既具有国际贸易的特征，又具有公司内部商品调拨的特征，因此，它是一种特殊形式下的国际贸易。跨国公司内部贸易虽然跨越了国界，但交易行为主体实际上是同一所有者。这种特殊形式的国际贸易具有以下特征。

(1) 内部贸易的利益原则和获利动机不是以一次性交易为基础，而是以综合交易为基础。内部交易把国际贸易市场通过跨国组织自身机构内部化，为公司跨国生产专业化分工、资金运筹调拨、技术转移及资源利用提供了有利条件。

(2) 跨国公司内部贸易不存在商品所有权的外向转移。跨国公司内部贸易是在同一所有权企业内部进行的，其商品所有权只在公司内部各成员之间移动，而没有超出跨国公司的体系，因此，从跨国公司的整体角度看，内部贸易不存在商品所有权的外向转移问题。

(3) 跨国公司内部贸易实行转移价格。内部贸易的交易机制是转移价格。转移价格是跨国公司的内部不同经营单位之间完成交易的内部结算价格，它不是由国际市场的供需关系决定的，而是由公司内部自定的。转移价格不仅使跨国公司克服外部市场不完善所带来的过高交易成本，而且能解决跨国公司内部整体利益与局部利益、总公司利益与子公司利益的矛盾。它不仅是跨国公司实现利润最大化的手段，也是发挥内部贸易经营优势、增强跨国公司竞争能力的手段。

(4) 跨国公司内部贸易实行计划性管理。跨国公司内部贸易的计划性是指内部贸易的商品数量、商品结构以及地理方向等均受跨国公司长远发展战略计划、生产投资计划、市场营销计划和利润分配计划的控制和调节。跨国公司实行内部贸易计划性管理的目的是调节公司内部的资源配置，使之不断适应跨国公司发展战略和外部环境变化的要求，保证跨国公司发展的连续性和稳定性，实现跨国公司的全球战略。

二、跨国公司内部贸易产生和发展的原因

▶ 1. 内部交易可以降低外部市场造成的经营不确定风险

由于完全受市场自发力量的支配，企业的经营活动面临着诸多风险，如投入供应数量不确定、投入供应质量不确定和投入供应价格不确定等。跨国公司内部贸易可以大大降低外部市场造成的经营不确定风险。另外，可以回避技术等中间产品的外部市场失灵问题。

▶ 2. 内部贸易可以保持技术垄断和防止技术流失

对技术的垄断是跨国公司的特有优势，也是其存在和发展的关键。如果跨国公司的技术产品在公司外部交易，有可能被竞争对手模仿而受到损失，而内部贸易可以避免此类事情发生。内部贸易既可以维持跨国公司对特有技术的垄断性，又满足内部子公司对技术更新换代的要求。这样，就为谋取垄断利润提供保证。

▶ 3. 内部贸易是技术进步和国际分工进一步发展的结果

由于跨国公司把生产加工的不同阶段设在不同国家，或者由各子公司专门生产整个生产线的某种特定部件，从而扩大了跨国公司的内部贸易。另外，由于在电子、汽车、电信等行业中，规模经济和技术密集程度需求很高，跨国公司内部贸易可以实现国际化生产与经营，扩大生产规模，提高产品质量。

▶ 4. 内部贸易可以降低交易成本

与直接向外部市场购买和销售相比较，内部贸易可以更好地控制供给和销售，减少交易过程中谈判、签约和履行合同所发生的各种费用，降低交易成本，增加利润；同时，跨国公司借助内部转移价格中的转移高价和转移低价，也可以谋取高额利润。

三、跨国公司内部转移价格

▶ 1. 跨国公司内部转移价格的概念

跨国公司内部转移价格又称跨国公司内部贸易价格，是指跨国公司内部总公司与子公司、子公司与子公司之间在进行商品、劳务和技术交换时所实行的价格。转移价格在一定程度上不受市场供求关系的影响，而是根据跨国公司的全球战略目标和谋求最大利润目标，由跨国公司上层人士制定的。转移价格可分为转移高价和转移低价两种。

▶ 2. 跨国公司实行内部转移价格的目的

(1) 减轻税负。跨国公司的子公司分布在许多国家和地区，一方面其经营所得须向东道国政府交纳所得税；另一方面其进出口须向东道国政府缴纳关税。但各国的税率高低差别较大，税则规定也不统一，跨国公司往往利用各国税率的差异，通过转移价格即高出低进或高进低出的办法，人为地调整母公司与子公司的利润和进出口数量与金额，把跨国公司总的纳税降到最低限度。

(2) 调配资金。跨国公司从事对外直接投资，进行多国性经营，需要利用众多的资本市场，并实现资金的自由调拨与配置。但东道国往往对资金的调出加以限制，如限制汇回

利润等。跨国公司往往采用由子公司分担集中开发的研究费用等方法，利用转移价格在跨国公司内部配置资金。

（3）调节利润水平。跨国公司利用高税区与低税区的差别，通过对转移价格的调高或调低，来影响国外子公司的利润水平。一般来说，发达国家处于高税区，发展中国家处于低税区。由高税区向低税区采用调低转移价格，便可以达到调低子公司的进货成本，提高其利润的目的；反之，则采用调高转移价格的做法，使可以达到提高高税区公司的进货成本，降低其利润的目的。这种转移价格的方式，最终减少了整个跨国公司的负税，增加了利润。

（4）减少或避免风险。首先，可以减少或避免汇率的风险。如果预测某一子公司所在国的货币可能贬值，跨国公司就可以采取子公司高进低出的办法，将利润和现金余额抽回，以减少因货币贬值造成的损失。其次，避免东道国的外汇管制。有些东道国政府为了外汇收支平衡，对外国公司利润和投资本金的汇率在时间上和数额上有限制，在这种情况下，子公司可以利用高进低出的办法将利润或资金调出东道国。

（5）增强子公司的国际竞争力。跨国公司也将转移价格作为促进国外子公司建立与发展的手段。如果子公司在当地遇到强有力的竞争，或要取得新市场，跨国公司就采用转移价格，降低子公司的成本，以提高子公司的竞争能力。同时低价高利也可以提高子公司在当地的信誉，便于子公司在当地发行证券或取得信贷。

▶ 3. 跨国公司内部转移价格的定价体系

实行转移价格的商品归纳起来可以分为两大类：一类是有形商品，如机器设备、半成品或零部件，另一类是无形商品，如出售技术、提供咨询服务等。这两大类商品在转移价格的定价原则上是不同的。作为有形商品的转移定价，基本可归纳为两种定价体系：一种是以内部成本为基础的定价体系，另一种是以外部市场为基础的定价体系。无形商品的转移价格，如专利费和管理费等，由于缺乏外部市场可比性价格，定价没有可靠的基础，大多根据需要，考虑相关因素酌情定价。

总之，转移价格是跨国公司弥补外部市场结构性和交易性缺陷的重要措施，已成为跨国公司建立内部市场的主要手段和跨国公司内部贸易的有力支撑点，在跨国公司全球经营活动中扮演着关键角色，为跨国公司获取高额利润和增强全球竞争力做出了重大贡献。

第 三 节　跨国公司经营竞争优势

跨国经营竞争优势是指跨国经营企业（跨国公司）在国际市场竞争中所拥有的超过本国国内企业、东道国和第三国企业的优越条件和地位。跨国公司凭借这种优越条件和地位能更好地满足客户需要，从而给跨国公司带来超额利润或提高跨国公司的国际市场份额。

一、发达国家跨国公司的竞争优势

发达国家的跨国公司一般规模巨大、技术开发和管理能力强，资本雄厚，组织管理人才和经验丰富。它们主要集中在一些资本密集、技术密集、研究和开发密集的先进技术生产部门，如化学、医药、汽车、电子工业、机械制造等领域。这些跨国公司以母国先进的工业为基础，建立了相对明显的企业综合优势。

▶ **1. 规模经济优势**

一方面，由于固定成本的存在和固定投资的不可分割性，生产规模的扩大可以持续降低单位产品的生产成本，从而使产品价格具有竞争力。另一方面，规模经济优势还来自一些非生产性活动，如集中研究与开发、集中市场购销、集中资金筹措和管理等。跨国公司因其规模巨大而有能力充分利用这些活动，从而建立并拥有技术、信息、资金、货币以及企业组织协调等优势。事实上，在不完全市场竞争中，不仅存在规模经济，而且存在企业最小最佳规模，达不到有效规模的企业在竞争中往往处于不利地位。

▶ **2. 技术优势**

掌握和使用新技术在市场竞争中起着越来越重要的作用。由于新技术研究与开发产品在企业内部转移成本较小，跨国公司的技术成果往往通过内部使用和转移保持其技术领先地位。20世纪最后20年，发达国家跨国公司的技术优势表现突出，改变了以往将研究与开发集中在母国的做法，增加了在海外建立研究实验室并从事基础性研究。目前世界上新技术和新工艺的80%、国际技术转让的70%为跨国公司所控制。企业内部技术转让占全部技术交易的比率在日本为52%，在德国为95%，在美国为79%。

▶ **3. 先行优势**

跨国公司作为行业的先行者，在获得资源、引领技术潮流、制定规则和掌握客户资源方面，在竞争中获得有利地位。先行者可比后来者获得更多的有形资产，如优越的地理位置、较低的厂房和设备投入、廉价的原料等。先行者还可以通过规模经济获得成本优势；另外还可以抢先获取或建立商标、专利、品牌、知识和经验等无形资产。

▶ **4. 品牌优势**

世界著名跨国公司都把品牌的树立和维护看作是增强竞争能力的重要手段。跨国公司凭借其先进的技术、高质量的产品、庞大的销售网络和强大的广告宣传，形成了许多世界知名品牌。著名管理咨询公司麦肯锡的一份研究报告表明，美国《财富》500强中的前250位大公司有近50%的市场价值来自于无形资产，而品牌价值是企业无形资产中最重要的部分。

二、发展中国家跨国公司的竞争优势

20世纪80年代以来，随着经济全球化程度的加深，发展中国家的跨国公司有了实质性的发展。在1999年《财富》公布的世界500强企业中，有22家发展中国家和地区的跨国公司(见表13-3)。

表13-3 发展中国家与发达国家跨国公司比较

特　　征	发达国家跨国公司	发展中国家跨国公司
海外子公司规模	大	小
产品特征	名牌产品	非名牌产品
技术含量	高技术	标准技术
研究与开发能力	高投入	低投入
主要海外投资地区	发达国家	发展中国家
主要对外投资形式	控股子公司	合资企业
投资动机	效益型和战略型	资源型和市场型

资料来源：鲁桐. WTO与中国企业国际化[M]. 北京：中共中央党校出版社，2000：128.

发展中国家跨国公司的竞争优势首先表现为低成本和低价格。价格竞争是发展中国家跨国公司在国际市场竞争中的最重要"武器"。低劳动力成本使来自发展中国家的跨国公司在劳动密集型行业如建筑、服装、电子、玩具等具有明显的竞争优势。另外，发展中国家对外投资的技术大多是标准技术，用于生产一般产品而非新产品。这类技术生产的产品价格需求弹性大，有利于在价格方面加强竞争力。

发展中国家跨国公司的竞争优势还表现为文化背景的独特优势。由于发展中国家跨国公司对周边国家比较熟悉，其适用技术对东道国市场适应性较强，它们以民族文化为纽带来拓展"生存空间"，在文化背景上比发达国家跨国公司具有独特的竞争优势。

第四节　跨国公司对国际贸易的影响

20世纪90年代以来，与跨国公司投资相关的国际贸易占世界货物贸易的60%、服务贸易的70%和技术贸易的80%。跨国公司的发展对国际贸易既有积极作用，也有消极影响，但从主要方面来看，目前跨国公司已成为推动国际贸易的重要力量。

一、跨国公司促进了国际贸易规模增长

跨国公司的发展，对外直接投资与跨国公司销售额的不断扩大，必然促进国际贸易的增长。到21世纪初，跨国公司控制了国际贸易的60%～70%，跨国公司及其子公司对外直接投资占世界对外直接投资的90%，跨国公司及其子公司的科技转让占全球科技转让的90%。2002年，我国外商投资企业的进出口贸易始终保持旺盛的增长势头，进出口总额达3 302.2亿美元，增长27.5%，在我国进出口总额中的比重为53.1%，成为推动我国对外贸易发展的重要力量。从实践上看，国际贸易规模的迅速增长与跨国公司的发展是同步的。

二、跨国公司影响国际贸易结构

▶ 1. 跨国公司影响着国际货物贸易结构

跨国公司对外投资主要集中在资本、技术密集型的制造业部门。这直接影响着国际贸易商品结构的变化。这种变化集中反映在国际贸易商品结构中，制成品的贸易所占比例上升，初级产品下降；在制成品中，高科技产品的比重上升，一般制成品的比重下降。

在制成品贸易方面，少数跨国公司控制着许多制成品贸易。20世纪80年代，22家跨国公司控制了资本主义汽车生产的97%，其中美国的国外汽车产量占国内汽车产量的59.2%。以通用电气法国公司为首的12家动力设备跨国公司控制着世界动力设备贸易；高科技产品市场更是如此，美国跨国公司在世界计算机市场所占的份额为75%～80%；日本控制着世界机器人生产与销售的50%。

在初级产品贸易方面，1980年，7家石油跨国公司控制着北美洲和其他非社会主义国家原油生产与销售的43%。6家跨国公司控制着世界矾土生产的46%、氧化铝生产的50%及铝制品生产的44%；15家棉花跨国公司控制着世界棉花贸易的85%～99%；6家跨国公司控制着世界烟草贸易的85%以上。

▶ **2. 跨国公司推动了国际服务贸易与技术贸易的发展**

1980—2005 年，世界服务贸易出口额从 3 650 亿美元扩大到 24 147 亿美元，25 年间增长了 5.7 倍，占世界贸易出口的比重从 1/7 增长到近 1/5。2008 年，全球服务贸易出口额为 3.7 万亿美元，同 2007 年相比增长 11％。这与跨国公司加大对服务部门的直接投资是分不开的。例如，最近 10 多年中，金融服务（银行、保险、证券和其他金融公司）始终是吸引直接投资最多的行业。

跨国公司是国际技术贸易中最活跃最有影响的力量。它控制了资本主义世界工艺研制的 80％、生产技术的 90％，国际技术贸易的 75％以上属于与跨国公司有关的技术转让。跨国公司作为技术创新和技术发明的领头羊，不断增加研究与开发的预算支出和加快新产品的步伐，这既加强了跨国公司自身的优势，也促进了国际技术贸易的发展。

跨国公司在其他国家设立子公司，独资或合资生产其最终产品或部分半成品，一部分技术必然向这些子公司转移。虽然跨国公司的有些技术并不直接转让，但只要这种技术在发展中国家出现，就很容易被模仿和扩散，形成技术外溢。如美国、德国的汽车巨头跟中国的汽车制造商合作之后，中国汽车制造业的技术有了很大发展。

三、跨国公司影响着国际贸易方式

跨国公司经营促进了国际贸易方式的多样化。为适应经济全球化及科技革命的需要，跨国公司的生产方式不断地发生变化，跨国公司间的合并收购及战略联盟成为 20 世纪 80 年代后期以来生产全球化的主要特征。它使得生产合作与装配业务、许可证技术转让、国际分包合同、补偿贸易、管理合同、技术协助合同、合资经营、特许经营等变相地与生产直接联系在一起的贸易方式大量涌现。在国际市场大宗交易中，长期合同逐渐取代传统的、短期的商业性合同。如国际分包合同、合资经营、补偿贸易等均属于长期合同。

跨国公司战略联盟形成了集团化国际贸易方式。跨国公司战略联盟，是指两个或两个以上的跨国公司为实现某一战略目标而建立的合伙关系。这种战略联盟通过外部合伙关系来提高企业的经营价值，加强竞争优势，以便对新出现的技术变革和市场机遇做出反应。它既可以避免资产重组、并购等外部扩张形势带来的后果，又可以以最小的成本实现快速扩张的目的。

四、跨国公司影响着国际贸易地区分布

发达国家成为世界贸易中的主要国家和主要贸易对象。一方面，跨国公司海外投资的 3/4 和其设立的海外子公司的 2/3 都集中在发达国家和地区。另一方面，跨国公司通过内部贸易和外部贸易促进了发达国家之间的贸易，带动了发达国家对外贸易的发展，跨国公司促进了发达国家对外贸易的繁荣。

随着跨国公司对发展中国家直接投资的扩大，发展中国家的贸易地位和贸易对象也正在发生变化。发达国家在世界出口贸易中的比重由上升趋势转向下降趋势，而同期发展中国家在世界出口贸易中的比重逐渐上升。发达国家的贸易对象主要是发达国家，一直在 70％以上。而发展中国家的贸易对象主要也是发达国家，发展中国家对发达国家的出口占其整个出口比重 65％～70％。

五、跨国公司对国际贸易理论的影响

跨国公司对国际贸易理论的影响主要体现在跨国公司的飞速发展使得国际贸易理论与

国际直接投资理论由互补逐渐走向融合。

20世纪60年代以前的理论认为，资本在国际间的流动会使要素价格均等化，进而使国际贸易的基础丧失，所以贸易和投资是相互替代的关系。随着跨国公司的兴起与飞速发展，人们认识到贸易和投资实际上是同一企业对国际化经营方式的不同选择，两者是互补关系。日本学者小岛清(Kojima，1978)首先进行了将国际直接投资与国际贸易理论建立在比较优势这一共同基石上的尝试，这里国际投资不再是对贸易的简单替代，两者已经呈现出明显的互进关系。80年代兴起的以克鲁格曼(Krugman，1982)为主要代表的新贸易理论指出，国际直接投资会导致一定的技术创新和制度创新，从而创造出国际贸易竞争优势，使国际贸易与资本国际流动同步发展，国际贸易与投资的一体化。邓宁的国际生产折中理论比较成功地将国际贸易与对外直接投资理论融合在一起，说明了对外直接投资中垄断、内部化、产品周期、产品出口、间接投资、技术转让等国际经济中必须考虑的因素，从而更好地解释了对外直接投资行为。从此，在理论的论证上出现了国际贸易理论和直接投资理论相互渗透、相互融合的趋向。

随着经济全球化步伐的明显加快，国际直接投资理论与国际贸易理论相互融合的趋势也得到进一步加强，国际贸易理论越来越接近现实，许多传统的假定被放宽或放弃，理论分析也力求将企业行为理论、产业组织理论与产业和国家层次上的资源禀赋差异、国际分工理论融为一体。国际直接投资理论也不再局限于单个企业行为的分析，而是更多地从产业或国家与跨国公司行为的结合上来考察国际直接投资与国际贸易的关系，从而使两者的分析基础及其基本结论日趋一致。

六、跨国公司对国际贸易的双重性影响

跨国公司在国际贸易发展中具有双重性。一方面，跨国公司对国际贸易的发展起了积极的作用，促进了世界经济的快速发展；另一方面，跨国公司也给国际贸易的发展带来了负面影响，限制或者阻碍了国际贸易的发展。

▶ 1. 既强化了世界市场的垄断，又加剧了国际贸易竞争

跨国公司都是具有垄断性的大公司，是在竞争中通过优胜劣汰成长起来的。从发展生产力的角度看，这种集中是一种进步，但它也具有阻碍竞争的副作用。西方国家为了防止大公司利用其优势扼杀竞争，曾制定过反垄断法或反托拉斯法，禁止公司的各种垄断行为。但这些法律手段并未能完全阻止企业的日趋集中，它所起的作用只是防止把所有企业"合并在唯一的资本家手中"。由于反垄断法的作用，在发达国家的制造业中，形成了每个部门的企业都集中在三四家大公司手中的所谓"寡头垄断"的格局，而这种寡头垄断正是现代跨国公司发展的起点。因为企业通常只有在国内市场上取得优势以后才有力量并需要向国外发展，从而由国内公司变为跨国公司。现代跨国公司在对外扩张中，要创造自己的优势，必须依靠经济手段，如技术创新、工艺改良、先进的管理方法和促销窍门等。现代跨国公司虽然是具有垄断性的组织，但是这种垄断已经不是靠殖民统治和密谋瓜分而取得市场，而是靠技术创新，靠知识取得的。这种垄断并不能阻止竞争，在一定条件下反而会促进竞争。这种竞争态势正是跨国公司的活力所在。但是又必须看到，垄断依然是跨国公司获得高额利润的手段，它们在同东道国的合作中，只要有可能，就不会放弃利用技术创新、品牌效应、销售网络等的垄断来单方面谋取好处。

▶ 2. 既追求高额利润，又促进贸易发展

追求利润是跨国公司对外扩张的最终目的，但时至今日，一家跨国公司如果一味地追

求利润而对东道国的经济发展不起任何促进作用，是很难在那里立足的。现代跨国公司同发达国家乃至发展中国家的东道国之间，是平等的合作伙伴关系。跨国公司要的是东道国的资源和市场，东道国要的是跨国公司的资金、技术和管理经验，双方可以通过平等协商，订立互利互惠的合作协议，从而达到优势互补、各取所需的目的。然而这并不等于说追求利润与促进发展之间已不存在任何矛盾。对跨国公司来说，显然更关心前者，而对东道国来说更关心后者，若处理不好就会产生摩擦。对东道国来说，应当允许跨国公司拿走合理的利润，但是必须强调利润的合法性。为追求利润而转移价格逃避税收是不能允许的，为高回报率而损害职工利益也是必须反对的。东道国对于促进发展的期望值必须恰当，跨国公司能够带来促进该国经济发展的资金、技术和管理经验，但不能希望它们把一切好东西都无条件地奉献给你。因为对知识的垄断是跨国公司为谋取利润所运用的手段，若无利可图，它们决不会来投资。东道国的基本立足点必须是自力更生为主，而不能本末倒置。同时处理好彼此矛盾的办法是双方将权利义务事先用合同确定下来，然后一切照章办事。

▶ 3. 既高效运营，又畸形分配

跨国公司的运营效率之所以高是得益于：第一，它能够在全球范围内进行资源配置，实现生产要素的最佳组合。第二，它是一种多功能的经济组织，集科研、生产和贸易于一身，可以灵活运用产品出口、证券投资和直接投资方式向国外扩张。第三，其经营规模比国内任何公司都要大，所实现的已不仅是一般的规模效益，而是全球范围的效益。但是，跨国公司的分配不会创造一种对扩大社会公众公平的分配机制，因为这是由资本主义的生产关系所决定的。跨国公司要在竞争中取胜，必须不断提高资本的有机构成，紧缩机构，裁减人员就成为生存的必需。现实生活中总有一部分人因找不到工作而降低生活水平，甚至陷入贫困。在信息时代，知识成为跨国公司在竞争中取胜的法宝，穷人缺乏受教育的机会，难以成为知识阶层，进入高薪岗位，在分配上就会处于越来越不利的地位，并形成一种恶性循环。跨国公司在全球配置资源，把工厂建到劳动力最便宜的地方去，强化了在国内对工人讨价还价的地位，使工资和利润的分配更加有利于资方而不利于普通工人，从而扩大了劳资双方在收入上的差距。因此，跨国公司的发展加速了国内的畸形分配。

本章小结

跨国公司是对外直接投资的主体，在当今国际贸易中占有重要地位。跨国公司是指在两个国家或两个以上国家(或地区)拥有矿山、工厂、销售机构或其他资产，在母公司统一决策体系下从事国际性生产经营活动的企业。主要表现为全球化战略目标、公司内部一体化管理、利用直接投资占领世界市场、以"核心主业"为主，向综合型多元化经营发展等特点。

跨国公司内部贸易是指在跨国公司内部即总公司与国外子公司之间以及国外子公司相互之间在产品、原材料、技术与服务方面进行的跨国界交易活动，在国际贸易领域中也被称之为跨国公司体内循环。

跨国公司对国际贸易的影响表现为：促进了国际贸易规模增长，影响着国际贸易结构，影响着国际贸易方式，影响着国际贸易地区分布。

复习思考题

1. 什么是跨国公司？
2. 跨国公司是如何形成和发展起来的？
3. 跨国公司对国际贸易产生哪些影响？
4. 跨国公司内部转移价格的定义及其作用是什么？
5. 跨国公司对经济与贸易发展产生何种影响？

延伸阅读 13-3

跨国公司参与国际贸易的途径

跨国公司涉足的领域正在扩大。在贸发会议的非金融跨国公司世界 25 强排名中，制造业和石油公司，如通用电气、英国石油公司、壳牌、丰田和福特汽车，仍然位居前列。不过，近十年来，服务业跨国公司，包括基础设施跨国公司的地位越来越显著：2006 年 100 强中有 20 家是服务业跨国公司，而 1997 年仅有 7 家。2006 年，最大的 100 家跨国公司的活动显著增加，国外销售和国外雇员人数分别比 2005 年增长 9％和 7％。发展中国家最大的 100 家跨国公司的增长尤为迅速：2006 年，它们的国外资产估计为 5 700 亿美元，比 2005 年高出 21％。过去十年中，这些公司的原籍国几乎没有变化，此类跨国公司 25 强中大多为东亚和东南亚的公司。

尽管对某些发达国家面临的经济不确定性存在担忧，2007 年流入发达国家整体的外国直接投资仍然增长了 33％，达到 12 480 亿美元，再创新高。这一增长主要由跨国并购推动，然而外国子公司高利润率收益的再投资也是一个推动因素。美国仍然是全世界最大的外国直接投资接受国。欧盟国家共同市场扩大进行的重组和集中过程引发了新一轮跨国收购浪潮。外国直接投资大量流入英国、法国、荷兰和西班牙，使欧盟的全部外国直接投资流入量增长了 43％，达到 8 040 亿美元。日本的外国直接投资流入量自 20 世纪 90 年代末以来首次大幅增长。发达国家保持了作为最大的净对外投资者的地位，对外投资增长 4 450 亿美元，创下 16 920 亿美元的新高。最大的对外投资国依次是美国、英国、法国、德国和西班牙，它们占发达国家对外直接投资总额的 64％。

许多发达国家关于外国直接投资的政策更加开放，但也有一些例外。不过，然而对主权财富基金、私募基金和对冲基金的跨国投资可能造成的负面影响日益关注。由于金融市场危机的打击，以及发达经济体经济增长减缓，预计发达国家的外国直接投资流入量和流出量均会下滑。与 2007 年下半年相比，发达国家 2008 年上半年跨国并购的金额大幅下降。贸发会议《2008—2010 年世界投资前景调查》显示，所有的跨国公司中，只有 39％预计发达国家的外国直接投资流入量将会增长，而去年的调查中有 50％的公司曾预计增长。

跨国公司的参与方式在不同的行业有很大的不同。电信业是唯一一个以外国直接投资作为跨国公司进入发展中和转型期经济体的主导方式的基础设施产业。在电力产业，特许经营是最常见的进入方式（占 62％），其次是私有化和绿地投资项目（占 36％）。特许经营也是外资参与运输基础设施（占 80％以上）和供水项目（占 70％）的主导模式。此外，供水行业使用管理和租赁合同较多（25％）。

资料来源：联合国 2004 年、2008 年《世界投资报告》.

14 第十四章
区域经济一体化

本章导读

本章主要学习区域经济一体化的含义、区域经济一体化的特征、区域经济一体化的组织方式及其内容，介绍了我国在区域经济组织中发挥的重要作用。

学习目标

通过本章学习，应达到以下目的与要求：

1. 了解区域经济一体化的特征、组织方式。
2. 掌握区域经济一体化的内容。
3. 重点掌握我国在区域经济组织中发挥的重要作用。

重要概念

区域经济一体化，自由贸易区，关税同盟，共同市场，经济同盟

第二次世界大战后，特别是到 20 世纪 80 年代中期以来，国际分工日益深化，资本、技术等生产要素的国际间流动使各国的经济联系不断加强，贸易自由化成为国际贸易的主流。与此同时，世界经济的发展和市场的日趋饱和又使国际间的经济矛盾日益突出，经济贸易领域的竞争不断加剧，国际贸易中的保护主义抬头，贸易战从未间断。现实状况使各国认识到，要使所有国家和地区短期内在经贸安排上达成一致是不可能的。但是，几个国家或者十几个国家和地区，在相互发展水平差距不太大的情况下，通过谈判达成合作协议却是相对容易和可行的。因此，在世界贸易组织规则框架所允许的范围内，越来越多的国家和地区寻求通过建立区域经贸安排来规避形形色色的贸易壁垒，促进区域内的经贸发展，增强本国的国际竞争力。在历史、民族、文化、经济、政治以及地缘等因素的影响驱动下，首先出现了一些区域性经济合作组织，并相继出现了区域经济一体化。区域经济一体化的产生与发展，意味着国际贸易向更高领域和更广阔空间迈进。

第 一 节 区域经济一体化的含义

一、区域经济一体化的概念

区域经济一体化或贸易集团化，是指两个或两个以上的国家或地区达成国际协议，共同采取减少歧视性或取消贸易壁垒的贸易政策。

经济一体化的含义有广义和狭义之分。广义的经济一体化，即世界经济一体化或经济全球化，是指世界各国经济之间彼此相互开放，形成一个相互联系、相互依赖的有机体。而狭义的经济一体化，即区域经济一体化，是指在地理区域内比较接近的两个或两个以上的国家或地区，为维护共同的经济利益，增强地区经济的实力，提高在世界经济中的竞争力，在一个由政府授权并通过签订协议组成的具有超越国家性质的共同机构下，通过制定统一的对内对外经济、财政、金融等政策，消除地区或国别之间阻碍经济贸易发展的障碍，实现区域内互利互补、协调发展和资源优化配置，最终形成一个经济乃至政治高度协调统一的有机体的过程。

在区域经济一体化发展过程中，首先，在相邻的地区或国家之间实行经济方面合作与交流，在取得利益效果后，再逐步吸收其他地区或国家，进行更大地域范围的经济合作与交流；其次，为了获得更大的利益和便于管理等方面的需要，地区经济合作组织应运而生，并且从初级向高级方向发展；再次，不断扩大合作的范围与内容，在经济上由成员国制定共同的经济政策，建立共同对外的关税，逐步废除不合理的贸易壁垒和非贸易壁垒，逐步实现各成员国的商品、生产要素等在区域内自由、无阻碍地流动，逐步由经济上的合作与交流，扩展到政治、军事、外交、金融等涉及国家主权方面的联合；最后，对内不断制定一体化的经济乃至政治标准，对外采取统一行动与计划。

二、区域经济一体化的主要形式

按照组织性质和贸易壁垒的取消程度，区域经济一体化可以分为优惠贸易安排、自由贸易区、关税同盟、共同市场、经济同盟以及完全经济一体化等组织形式。这些形式反映了一个渐进的、不断发展完善的过程。

▶ 1. 优惠贸易安排

这是区域经济一体化组织最松散、最低级的形式。在成员国之间通过签署优惠贸易协定或其他形式对其全部或部分商品提供特别的关税优惠或非关税方面的优惠，如1932年英国与以前的殖民地建立的英联邦特惠税制。不过，由于该种形式一体化程度较低，如今许多地区经济集团大多直接以自由贸易区为起点进行经济一体化。

▶ 2. 自由贸易区

自由贸易区是指在两个或两个以上的国家或行政上独立的地区经济体之间通过达成商品自由贸易协议，相互取消进口关税和非关税壁而形成的一种区域经济一体化组织。自由贸易区是一种松散的经济一体化形式，其成员国之间实现了商品贸易的自由化，即成员国彼此间绝大多数商品的进口关税均降为零，可以使商品自由输出和输入，这是它的一个重要特征。自由贸易区的另一个特征是成员经济体之间没有共同的对外关税，各成员经济体对非成员国可以采取独立的贸易措施。显然，自由贸易区的成员国与非成员国之间存在差别待遇。当前最典型的自由贸易区是由美国、加拿大、墨西哥在 1994 年成立的北美自由贸易区和 1960 年成立的欧洲自由贸易联盟。

▶ 3. 关税同盟

关税同盟是指在自由贸易区的基础上，两个或两个以上成员国通过签署协议，成员国之间完全取消关税及其他贸易壁垒，同时对非成员国实行统一的对外关税和其他贸易限制政策。关税同盟的特点是成员国之间在相互取消进口关税的基础上，设立共同对外关税。关税同盟对成员经济体的约束力比自由贸易区大，已开始具有超国家的性质。

关税同盟的构想最早是由 19 世纪德国经济学家李斯特提出的。在历史上，1834 年建立并逐步发展扩大的德意志关税同盟，是较早出现的关税同盟组织。此外还有 1865 年建立的法国和摩纳哥关税同盟，1924 年瑞士和列支敦士登公国建立的关税同盟，1948 年比利时、荷兰、卢森堡建立的关税同盟，1958 年欧洲经济共同体各国缔结的关税同盟，1960 年建立的欧洲自由贸易联盟，以及中非关税及经济联盟和南部非洲关税同盟等。

▶ 4. 共同市场

共同市场是指在成员国之间完全取消关税与数量限制，建立对非成员国的统一关税，在实现商品自由贸易的同时，实现资本、劳动力等生产要素和服务在区域内的自由流动。共同市场是比自由贸易区和关税同盟更高一级的区域经济一体化组织。它的建立需要成员国让渡多方面的权利，包括进口关税的制定权、非关税壁垒，特别是技术标准的制定权、国内间接税税率的调整权、干预资本流动权等。但由于各成员国的经济水平有差别，统一的干预政策往往难以奏效，超国家的一体化组织的干预能力也很有限，因而成员国之间生产要素自由流动的中介——货币的统一就显得尤为重要。例如，欧洲共同体在 1992 年年底建成的统一大市场就基本达到这一阶段。

资本的自由流动意味着成员国的资金可以在共同体内部自由流出和流入；服务贸易的自由化意味着成员国之间在相互提供通信、咨询、运输、信息、金融和其他服务方面实现自由，没有人为的限制；劳动力的自由流动意味着成员国的公民可以在共同体内的任何国家自由寻找工作。为实现这些流动，各成员国之间要实施统一的技术标准、统一的间接税制度，而且要协调各成员国同一产品的课税率，协调金融市场的管理法规以及成员国之间相互承认学历。

▶ 5. 经济同盟

经济同盟是指成员国之间不但废除了贸易壁垒，建立了统一的对外贸易政策，实现了商品、生产要素的自由流动，而且在协调的基础上，各成员国还制定和执行了共同的经济和社会政策，包括货币、财政、经济发展和社会福利政策，将一体化的程度从商品交换扩展到生产、分配乃至整个国民经济的一种区域经济一体化组织。

经济同盟是现实中存在的最高级的区域经济一体化形式，1999 年 1 月 1 日欧元启动，标志欧盟已进入这一阶段。

▶ 6. 完全经济一体化

完全经济一体化是指成员国在实现了经济同盟的基础上，进一步实现经济制度、政治制度和法律制度等方面的协调，乃至形成统一的经济一体化组织形式。它是区域经济一体化的最终和最高形式，迄今并未出现过。

需要说明的是，区域经济一体化组织的发展不是必须由低级形式向高级形式发展的。各成员国应根据自身的具体情况决定经过一段时期的发展是停留在原有的形式上还是向高级组织形式发展，关键是成员国要权衡自己的利弊得失。

三、"二战"后区域经济一体化的发展历程

▶ 1. 迅速发展阶段

战后初期至 20 世纪 70 年代初，随着世界政治经济发展不平衡和社会主义国家的崛起，区域经济一体化组织有了迅速发展。据统计，20 世纪 60 年代，全球共有 19 个区域经济一体化组织，70 年代增至 28 个，其中欧洲经济共同体（简称欧共体）、欧洲自由贸易联盟和经互会表现得最为突出。

20 世纪 60 年代，一大批原殖民地国家脱离了殖民统治，进而寻求摆脱本国对外经济关系中的殖民成份，迫切需要一套有利于自力更生和纠正殖民地经济特有畸形产业结构的对外经济关系；欧共体的初步成功形成了普遍的示范效应，为不同发展程度的国家谋求建立互利的对外经济关系提供了参照。

这一时期的区域经济一体化进程突出表现为两点：其一，"北北型"一体化稳步推进。欧共体在 20 世纪 60 年代致力于关税同盟的发展。1979 年，再次决定推进"欧洲货币体系"计划。针对欧共体成立后形成的巨大竞争优势，欧洲自由贸易联盟（EFTA）于 1960 年 5 月成立，以联合提高竞争力。其二，大批发展中国家的一体化组织在这一时期广泛建立，如东南亚国家联盟、安第斯集团、西非国家经济共同体。

▶ 2. 停滞发展时期

20 世纪 70 年代中期至 80 年代中期，由于世界资本主义经济处于经济危机、能源危机和货币制度危机之中，经济增长停滞并伴随着高失业率、高通货膨胀率，市场萎缩，贸易保护主义抬头，贸易和投资自由化受到较大的阻力，经济一体化步伐大为放慢。除了欧共体和经互会仍在缓慢地推进经济一体化进程以外，其余的经济一体化组织几乎都停滞发展，甚至分化、解体。

▶ 3. 飞跃发展时期

20 世纪 80 年代中期以来，区域经济一体化迅猛发展。这一时期，国际政治趋向缓和，各国将更多的精力投入经济建设中。以欧共体为代表的区域经济一体化组织集团将国际竞争从国家间的竞争推向区域集团间的竞争，这使得未加入经济一体化组织的国家产生压力，一些崇尚自由贸易的国家也开始探索符合其自由贸易宗旨的区域经济一体化新模式，处于不同经济发展水平的国家也从简单模仿转向探索符合本国特色的经济一体化模式。这样，参加区域经济一体化的国家越来越多，区域经济一体化的层次也越来越高。区域经济一体化开始从简单的数量扩张、规模扩张迈向了内涵深化的新时期。目前已经形成欧洲联盟、北美自由贸易区、亚太经济组织和东盟等一些重要的区域经济合作组织。

四、"二战"后区域经济一体化的特征

目前，全球区域经济一体化组织已达 200 多个，区域经济一体化所涉及的领域不断扩大，除国际贸易，还涉及资本、技术、劳务、人员流动及财政、信贷政策等。

▶ 1. 区域经济一体化建立的基础发生变化

20 世纪 80 年代以前，一般将社会经济制度和政治制度相同、经济发展水平相近、地理位置相邻和具有共同历史文化背景，为建立区域经济一体化组织的基本条件。20 世纪 90 年代以来，这一传统的框架逐渐被打破。北美自由贸易区的建立及其运行说明，经济最为发达的美国和发展中国家墨西哥可以同在一个区域经济一体化组织中相处并相互得

益；而亚太经合组织内成员国更是在社会政治制度以及历史、文化、宗教和意识形态都差异很大的情况下走到一起，共同开展经济协调合作活动；国际经济一体化组织出现了跨洲性规模的发展趋势，亚太经合组织目前已扩大到 21 国，地理范畴涉及亚洲、北美洲、拉丁美洲和大洋洲，甚至吸收了政治经济重心在欧洲的俄罗斯为其成员，成为一个囊括环太平洋国家，东西横跨 11 个时区，南北纵贯寒、温、热带，成员国的国内市场总值总和超过世界总产值一半以上的区域经济一体化组织。这些表明随着国际形势的发展和变化，国际经济合作和一体化中的意识形态因素和色彩越来越淡化。区域经济一体化组织在体制和机制上有了重大的突破和进展。这一突破使世界经济在南南合作的背景下，加强南北协调，实现均衡发展。

▶ 2. 区域经济一体化组织的开放性趋势日益加强

过去区域经济一体化组织的建立，往往把原先单个国家的贸易保护主义演变扩展为更大范围的区域贸易保护主义，随着区域经济一体化组织形式多样化的发展，区域经济一体化组织对成员国的开放性特点日趋明显。亚太经济合作组织把坚持对外开放作为其组织的原则之一，其在《茂物宣言》中强调，"亚太经合组织成员强烈反对成立一个同全球贸易自由化目标相偏离的内向型贸易集团"。欧盟也一再强调其否定封闭性和排他性，实行开放性。拉美国家首脑会议在其原则宣言中也强调，在美洲建立泛美自由贸易区，绝不是要建成一个封闭的贸易集团。显然，越来越多的地区经济组织都强调开放与合作的多样性，认为区域经济一体化组织与多边贸易体制绝非对立和互相排斥的，这一态势有利于促进经济全球化的发展。

▶ 3. 区域经济一体化组织之间不断加强对话和联合

区域经济一体化组织是国际经济竞争日益激化的产物，但是，区域经济一体化的建立和发展又在一定范围内起着协调竞争的作用，但总体上说，国际竞争不但不会被减弱或消除，反而会在更大的范围内被激化。20 世纪 90 年代孕育产生了"亚欧会议"、欧盟与南方共同市场、欧盟与拉美 48 国首脑会议等，一系列洲际性区域组织之间的对话和合作不断加强并制度化的事件；25 国的亚欧会议宣布建立"亚欧之间的伙伴关系"，并开展一系列机制性对话与合作。后者也宣布建立"面向 21 世纪的经济互助伙伴关系"，共同致力于建设开放型区域经济一体化，进一步加强经济、政治、社会等各个领域的合作等。这既从一个侧面反映出欧美之间全球竞争关系的强化，以及国际竞争在区域经贸集团这一层面正在加速展开，同时也是经济全球化的一种典型表现，证明区域经济一体化与经济全球化并非相互排斥，而是并行不悖的。

▶ 4. 区域经济一体化组织相互交叉，身份重叠

较大的区域经济组织内出现几个区域经济组织，一些国家同时参加几个经济贸易集团。欧共体内曾存在荷、比、卢经济联盟。20 世纪 90 年代组成的特大型亚太经合组织的多层次性就是一个极为典型的例子，其中不仅有东南亚国家联盟这样的区域性组织，而且还出现了一些参与主体可以是主权国家也可以是主权国家某地区"自然形成"的"经济成长三角"，如东北亚的"图们江三角洲开发区"等。另外，一国与多个国家同时签订自由贸易协定的现象也很多，如新加坡既是东盟自由贸易区的成员，又是亚太经合组织的成员，同时还和日本建立了自由贸易区。又如澳大利亚不仅与新西兰达成一体化协议，又参与亚太经合组织，还与印度、南非等国协商筹组印度洋经济圈。这种现象无疑是经济一体化和经济合作充分发展和相互渗透的表现，也是经济全球化的侧影映照。

▶ 5. 发展中国家在区域经济一体化发展进程中的作用突显

20 世纪 90 年代以来，南南合作型经济一体化组织的增多以及南北混合型经济一体化组织的出现，表明发展中国家在国际经济合作中和推进经济一体化方面的地位与作用大大提高。东盟在推动和加强东盟 10 国与中日韩合作方面的作用日益突显，并成功组织了 1996 年 3 月在曼谷召开的首届亚欧首脑会议，并使亚欧首脑会议制度化。美日欧都在加紧与发展中国家建立区域经济一体化组织，这都表明了发展中国家在推进区域经济一体化方面的地位不断提高、发言权逐步增强。

五、主要的区域经济一体化组织

目前，全球 200 多个带有一体化特征的区域经济一体化组织中主要包括亚太地区的亚太经济合作组织（APEC）、东南亚国家联盟（ASEAN）、南亚区域合作联盟、海湾合作委员会，欧洲地区的欧洲联盟（EU）、欧洲自由贸易联盟（EFTA），美洲地区的北美自由贸易区（NAFTA）、中美洲共同市场（CACM）、南方共同市场（MERCOSUR）、安第斯共同体（CAN）、加勒比共同体（CARICOM），非洲地区的南部非洲开发共同体（SADC）、中部非洲国家经济与货币共同体、西非国家经济共同体（ECOWAS）、东南非共同市场（COME-SA）、阿拉伯马格里布联盟（AMU）。最具影响力的是欧洲联盟、北美自由贸易区和亚太经济合作组织。其中，欧洲联盟是发达国家间经济一体化组织的典型代表，也是迄今为止世界上一体化程度最高的区域经济一体化组织；北美自由贸易区是发达国家与发展中国家之间经济一体化的典型代表；亚太经济合作组织则是多国家、多层次的经济合作的一种尝试。

▶ 1. 欧洲联盟

欧洲联盟简称欧盟（European Union，EU），其前身是欧洲共同体（European Communities，EC）。欧洲共同体简称欧共体。欧盟是目前世界上一体化程度最高、影响最大的区域经济一体化组织。

在欧共体形成之前，欧洲各国合作协议签署的主要基础是第二次世界大战后各国发展经济的需要和政治上的考虑。人们普遍认为，如果欧洲要想在政治和经济动荡的背景下保持稳定和发展，就必须走经济一体化的道路。于是，作为欧洲共同体基础的一系列协议就此签署，其中包括欧洲煤钢共同体、欧洲原子能共同体和欧洲经济共同体。1951 年 4 月，法国、西德、意大利、比利时、荷兰和卢森堡 6 国在巴黎签订了为期 50 年的《欧洲煤钢联营条约》，决定于 1952 年 7 月建立煤钢共同市场。1957 年 3 月 25 日，上述 6 国又在罗马签订了《欧洲经济共同体条约》和《欧洲原子能共同体条约》两个条约，总称《罗马条约》。这两个条约于 1958 年 1 月 1 日生效。1967 年，欧洲经济共同体与欧洲原子能共同体、欧洲煤钢共同体的主要机构合并，统称为欧洲共同体，简称欧共体，总部设在比利时首都布鲁塞尔。

欧洲经济共同体最初有 6 个成员国，1973 年 1 月 1 日，英国、爱尔兰和丹麦经过长时间的谈判正式加入欧共体。此后，在 1981 年 1 月 1 日希腊成为欧共体的正式成员；1986 年 1 月 1 日，葡萄牙和西班牙正式加入；1995 年 1 月 1 日，芬兰、奥地利和瑞典正式加入；2004 年 5 月 1 日，波兰、捷克、斯洛伐克、斯洛文尼亚、爱沙尼亚、拉脱维亚、立陶宛、塞浦路斯、马耳他等 10 个国家加入欧盟，到目前为止欧共体一共有 25 个成员国。另外还有一些联系国，如土耳其等都在积极申请加入。

在成员国不断增加的同时，欧共体也不断提高经济一体化的层次，从一个关税同盟过渡到目前的经济和货币联盟。根据《罗马条约》的规定，关税同盟应在1958年1月1日至1969年12月31日的12年内完成。1968年7月1日，欧共体原六国成员较《罗马条约》的规定提前实现了关税同盟，实现了对内取消关税，对外统一关税。共同体的税率设置为5栏，即特惠税率、协定税率、普遍优惠税率、最惠国税率和普通税率。英国、丹麦、爱尔兰从1977年7月1日起进入关税同盟；希腊和西班牙、葡萄牙分别从1986年和1993年开始全面适用欧洲共同市场共同对外关税。同时在经济政策协调方面，《罗马条约》规定，从1958年开始，经过12~15年的过渡期，在成员国之间建立起一个没有贸易障碍的共同农业市场，建立共同农业政策。该政策支持农产品价格，调整农业生产结构，实现绝大多数农产品的自给自足，保护集团内部市场不受外来竞争的影响。这一政策使欧共体具有经济联盟的性质。

目前的欧盟共同农业政策呈现出一些新的特点：第一，补贴和支持方式由过去的价格支持转变为直接收入补贴，共同农业政策的预算费用负担由消费者转向纳税者，消除了原有支持方式下的部分模糊性支出，提高了农业支出的透明度；第二，逐步降低了支持力度及补贴水平、缩小了与国际市场农产品价格的差距；第三，使农业支出占欧盟总预算的比重呈稳中有降的态势，从20世纪80年代末的63%降至2001年的46%。

1969年12月，原欧共体6国在海牙举行首脑会议，决定全面建立欧洲经济和货币联盟，计划在1980年建成。由于70年代石油危机、经济停滞和通货膨胀，这一计划未能实现。1978年，欧共体提出建立"欧洲货币体系"，即创立欧洲货币单位，建立联系汇率制度，创建欧洲货币基金等。欧洲货币体系的创建，使欧共体各国在国际金融市场动荡不定、各国货币汇率波动频繁的情况下，保持货币相对稳定的局面。这对于各成员国对外经济贸易关系的发展，增加欧共体的投资和就业机会，都起到了一定的促进作用。1985年欧共体又提出新的动议，发布了《关于完善内部市场的白皮书》和《欧洲一体化文件》，明确提出要在1992年12月31日前建立欧洲统一大市场，实现商品、资本、服务和劳动力的自由流动。经过7年的过渡，1993年1月1日，欧洲统一大市场顺利启动。

1991年，欧共体各个成员国首脑又集会于荷兰的马斯特里赫特，决定修改原来的《罗马条约》，在修改后的条约中，明确提出将欧洲共同体向前推进，经过一段时间的过渡，建立欧洲经济和政治联盟。1992年2月7日，成员国签订了一系列条约，简称《马斯特里赫特条约》(《马约》)。该条约由两部分组成，一个是《经济和货币联盟条约》，另一个是《政治联盟条约》。《经济和货币联盟条约》的基本目标是经过三个阶段的过渡，经济上各成员国要实行统一的财政和货币政策，建立统一的欧洲货币"欧元"，建立欧洲联盟的中央银行。《政治联盟条约》的基本目标是建立共同外交、防务和社会政策等方面"更为紧密的国家联盟"。1993年11月1日，《马约》生效，欧洲共同体正是改名为欧洲联盟，总部设在比利时首都布鲁塞尔，标志着欧共体从经济实体向经济政治实体过渡。1999年1月1日欧元问世，2002年正式进入流通领域。由于欧洲联盟要求各成员国必须具备一系列的条件，才能成为货币联盟的成员，所以到目前为止只有12个成员国具备了欧盟要求的条件。英国、丹麦、瑞典以及新加入的中东欧10国仍在货币联盟之外。

▶ **2. 北美自由贸易区(NAFTA)**

北美自由贸易区是在《美加自由贸易协定》的基础上建立起来的。1988年1月2日，美国总统里根和加拿大总理马尔罗尼分别代表本国政府签署了《美加自由贸易协定》，该协定于1989年1月1日正式生效。该协定提出经过10年的过渡，逐步取消两国相互关税并在投资方面实现自由化。墨西哥对协定做出积极反应，开始就美墨开展双边自由贸易进行谈判。在此背景下，美、加、墨三国领导人于 1991 年进行第一次会议，拉开了建立一个统一的北美自由贸易区的帷幕，谈判的内容涉及关税、商标、劳务、投资、专利和知识产权等。此后经过一系列的谈判，1992 年 8 月 12 日，美、加、墨签署了《北美自由贸易协定》，协定于 1994 年 1 月 1 日生效，北美自由贸易区正式成立。协定主要内容有以下几方面。

第一，取消关税。北美自由贸易区计划在 15 年内取消所有的关税和进口限制，实现资本、货物的自由流动。鉴于某些商品的敏感性，关税减让表采取分阶段实施的原则，在三国 9 000 种商品中，约 50% 商品的关税立即取消，15% 商品的关税在 5 年内取消，其余的大部分商品的关税在 10 年内取消，少数商品的关税在 15 年内取消。另外，由于墨西哥的经济相对落后，因而三国的市场自由化时间表也有短有长。

第二，开放金融市场。为了与美、加保持同步，墨西哥将在年内取消对美、加银行及保险公司的限制，在 10 年内取消对证券公司的限制。成员国还一致同意给予所有的北美金融公司以国民待遇。

第三，放宽对外资的限制。墨西哥将改变其对外国投资的许可限制，在大多数领域平等对待美、加公司，从 1996 年起允许外国设立独资企业，拥有 100% 的所有权；同时，美、加也将进一步放宽对墨西哥资本的限制，允许它在大多数领域进行投资，并给予适当的优惠待遇。

第四，其他方面。协定对电信业做了专门规定，对美加协定中未曾涉及的陆地运输和特种航空服务也做了安排；协定规定了非常严格的知识产权保护原则，并首次在贸易协定中增加了环保条款；为防止第三国商品经由墨西哥进入美加市场，协定还制定了严格限制性的原产地规则，规定小汽车、轻型面包车的发动机和传动设备的区内比重不得低于62.5%，大部分纺织和服装只有用区内生产的纱为原料制作才能享受区内优惠等具体实施细则。

▶ 3. 亚太经合组织（APEC）

亚太经济合作组织是亚太地区级别最高、影响最大的区域经济一体化组织。1989 年 1 月、澳大利亚总理霍克访问韩国时提出"汉城倡议"，建议召开部长级会议，讨论加强亚太地区经济合作问题。经与有关国家磋商，首届部长会议于 1989 年 11 月 6 日在澳大利亚首都堪培拉举行，这标志着亚太经合组织的正式成立。亚太经合组织由 21 个成员体组成，成员庞杂，它们是：澳大利亚、文莱、加拿大、智利、中国、中国香港特别行政区、印度尼西亚、日本、韩国、马来西亚、墨西哥、新西兰、巴布亚新几内亚、秘鲁、菲律宾、俄罗斯、新加坡、中国台湾省、泰国、美国和越南。其中发达成员 5 个，发展中成员 16 个，中国于 1991 年 3 月正式成为该组织成员。从成员的差距看，该组织是差异最大的区域经济一体化组织。

亚太经合组织的运作管理程序通过一系列部长会议和官员会议来实现。一年一次的亚太经合组织各经济体领导人非正式会议，亚太经合组织领导人聚在一起共同回顾亚太经合组织一年来的工作进展，议定下一年的工作计划。亚太经合组织第一届领导人非正式会议于 1993 年在美国西雅图召开。亚太经合组织领导人会议在每年的年底召开，而各部长会议也在当年举行。亚太经合组织高官会议是亚太经合组织的协调机构，每年举行 3～4 次会议。亚太经合组织财长会议每年举办一次，讨论区域内金融市场问题。亚太经合组织的各个专业部长会议也定期举行。亚太经合组织的教育、能源、环境、科技、人力资源开发、中小企业、可持续发展、电信、交通以及妇女事务等部门的部长与会商讨问题，在各自的相关部门推进亚太经合组织的活动。

亚太经合组织的宗旨为"相互依存，共同利益，坚持开放的多边贸易体制和减少区域贸易壁垒"，这与传统的实行"对内自由、对外保护"经济政策的排他性区域经济一体化组织有着本质的区别。亚太经合组织充分考虑到各成员体之间在经济、政治、文化等方面的巨大差异，采取了独特的运行方式，承认多样化、强调灵活性、渐进性、开放性、非约束性、遵循协商一致、自主自愿、单边行动与集体行动相结合的原则，形成了别具一格的"亚太经合组织方式"。亚太经合组织成立以来取得的成就体现在贸易和投资自由化、贸易和投资便利化以及经济技术合作三个方面。但亚太经合组织成员对上述三个方面达成的协议是非约束性和非强制性的，不具有法律效力，是在单边自愿基础上的承诺。同时，亚太经合组织奉行"开放的地区主义"，即非亚太经合组织成员可以分享亚太经合组织内部成员之间的任何关税减让以及非关税壁垒减少和消除所带来的利益和好处。

开放的地区主义与世界贸易组织的基本原则——非歧视原则是一致的，它标志着区域经济一体化实践上的创新，同时，也是对传统区域经济一体化理论的一次挑战。开放的地区主义实际上反映了经济全球化对区域经济一体化的一种积极影响。

贸易和投资自由化、便利化与经济技术合作通常被称亚太经合组织运行的两个"车轮"。1994 年 11 月在印尼茂物年会上通过了《茂物宣言》，宣言提出了实现亚太经合组织贸易和投资自由化的时间表，即发达成员不晚于 2010 年，发展中成员不晚于 2020 年完全实现统一目标。1995 年 11 月在日本大阪通过了《执行茂物宣言的大阪行动议程》，使亚太经合组织实现贸易与投资自由化目标有了保障。《大阪行动议程》提出了实施贸易与投资自由化与便利化目标的 9 项原则、13 个具体领域及其集体行动计划和总的执行框架。1996 年 11 月的马尼拉会议发表了《亚太经合组织加强经济合作与发展框架宣言》，确立了亚太经合组织经济技术合作的目标、指导原则、亚太经合组织经济技术合作的特点、经济技术合作的主题及优先合作领域(人力资源开发、基础设施、资本市场、科学技术、环保和中小企业)，为 21 世纪亚太地区的经济技术合作奠定了基石。

▶ **4. 东南亚国家联盟(简称东盟)**

东盟成立于 1967 年 8 月 8 日，其前身是马来西亚、菲律宾和泰国于 1961 年 7 月 31 日在曼谷成立的东南亚联盟。现成员国有 10 个，即文莱、柬埔寨、印尼、老挝、马来西亚、缅甸、菲律宾、新加坡、泰国和越南。秘书处设在印度尼西亚雅加达。此外，巴布亚新几内亚是东盟的观察员国，澳大利亚、加拿大、中国、欧盟、印度、日本、新西兰、俄罗斯、韩国、美国等国家和组织是东盟的对话伙伴国。东盟建立的宗旨是在经济、社会、文化、技术、科学教育和行政管理等领域内进行积极合作和互助。然而，在东盟成立的最初 9 年里，在推动区域贸易合作方面都没有太大进展。

20 世纪 80 年代中期以后，随着地区贸易保护主义的抬头，东盟各国开始加强经济合作，成立了一系列促进经济合作的组织机构。1992 年东南亚国家联盟决定推动成立东盟自由贸易区，然而由于各成员国降低关税的步伐不一致，导致这一计划一再延期。近年来，东盟内部关税数次削减，从 1993 年的 12.76％降至 2001 年的 3.85％，同时东盟的 6 个老成员国，即马来西亚、菲律宾、泰国、文莱、印尼和新加坡，初步决定在 2010 年率先实现互免关税。预计 2015 年，所有成员国将实现贸易自由化。

中国与东盟关系非常紧密，是 10(东盟 10 国)＋3(中、日、韩)框架的主要国家之一。近年来，中国加强了与东盟之间的合作，双方的经贸关系发展势头强劲，中国-东盟对话框架内各个机制运转良好，准备成立自由贸易区。2003 年开始，东盟相继吸引中国、印度、日本、俄罗斯、韩国、澳大利亚等国家加入《东南亚友好合作条约》。

第 二 节 区域经济一体化对国际贸易的影响

区域经济一体化组织在成员之间减免关税，从而趋向自由贸易，必然导致成员国福利的增加。而对其他国家来说，影响则比较复杂，利弊皆有。

一、对区域集团内部经济贸易的影响

▶ **1. 区域经济一体化促进了集团内部贸易的自由化**

区域经济一体化的实现过程是贸易自由化不断向前推进的过程，也是逐渐取消成员国间关税壁垒和非关税壁垒等歧视待遇的过程，这在发达国家的贸易集团中尤为明显。比如，欧共体成员国早在20世纪70年代初，内部工业制成品和半制成品贸易已占其贸易总额的3/4左右。壁垒消除后的区域性统一市场，再加上集团内部国际分工的深化，不但使成员国相互间经济上的依赖加强，使成员国工业品的销售条件更有利，而且通过分工使商品销售渠道更加稳定，促使集团成员国之间的贸易往来迅速增长，集团内部贸易在成员国对外贸易中所占的比重显著提高。如欧共体内出口占其出口的比重由1960年的30%，增至1990年的60%，进口由35%增至50%。

▶ **2. 增强了区域经济集团在世界贸易中的地位和谈判力量**

区域经济一体化增强了区域组织的经济实力，尤其是增强了其对外谈判的"发言权"和谈判力量。如欧盟，在成员国扩充到25个以后，其经济总量已与美国不相上下，贸易规模远远大于美国。在乌拉圭回合的谈判中，法国就农产品市场开放问题与美国的谈判，就是欧盟在其背后"撑腰"。

▶ **3. 促进成员国之间经济和科技合作，有利于产业结构的调整**

为应付竞争的加剧，区域经济集团内各企业必然增加投资，更新设备，采用新技术。区域经济一体化的发展为其成员国进行协作创造了良好的条件。同时，由于一体化的建立使之利益进一步相关联，又为其进行协作提出了客观的要求。当今的国际贸易竞争重在技术竞争，各集团加强了内部科技方面的协调与合作，积极投入研究和开发，加快技术更新和产业优化。另外，有些重大科研项目单靠一国无法完成，而借助于区域经济集团则可以实现，欧盟的"尤里卡"计划就是一个典型例证。近年来，发展中国家通过经济一体化发展工业生产，工业品自给率已有较大幅度的提高，拉美经济一体化组织中60%的机器、运输设备，35%的化工产品以及40%的钢材都是从区内贸易获得的。

▶ **4. 促进了区域内相互投资，有利于优化资源配置**

由于区域内成员国之间消除了投资的壁垒，因而大大促进了区域内的相互投资，促进了成员国的经济发展。区域集团化的发展，首先要求保证区域集团内部对投资的需求，区域内投资超过区域间投资的趋势日益明显。尽管国际直接投资有迅速上升的态势，但区域间的投资却赶不上区域内的投资。如1995年美国和加拿大在墨西哥的直接投资约为42亿美元，占墨西哥当年外国直接投资的一半以上。同时，区域经济一体化的快速发展，使区域内成员国之间的资源分配因竞争的强化而更为合理。广阔的内部统一市场，给区域内的企业提供了重新组织资源和提高竞争能力的机会和客观条件。通过兼并或企业间的合作和大市场内资源的优化配置，促进了企业效率的提高。

▶ 5. 有利于增加就业机会

由于区域内市场的扩大，使其成员国的企业获得了内部市场扩大、规模效益提高以及从其他成员国获得廉价原材料及中间产品的好处，创造了更多的就业岗位和高薪职位。据估算，欧洲大市场的建设，使其成员国的工业增长比原目标高出 5%，就业机会增加 500 万个。

二、对区域集团外部经济贸易的影响

▶ 1. 积极影响

（1）区域经济一体化促进了国际贸易的发展。在各个区域经济集团内部都不同程度地规定了消除和减免关税和其他贸易限制，保证工农业产品在集团内部自由流通，这显然有利于改善集团内部各成员国之间的商品贸易条件，推动区域内贸易的发展。区域内贸易的增加，会大大促进国际贸易量的增长和提高。区域内贸易增长的同时，区域经济集团与区域外国家之间的贸易量也在不断增长，因为各经济集团之间既是相互排斥的又是相互依赖的。区域外贸易量的增长，促进了国际贸易的发展。

（2）区域经济一体化促进了国际分工的不断深化。区域经济一体化使成员国之间取消了关税和非关税壁垒，生产要素能够自由流动，为各国在国际分工中发挥优势、发展专业化大批量生产创造了条件，使国际分工能从中顺利开展。区域经济一体化既是国际分工不断深化的要求，又促进了国际分工深化的进程，为国际分工由部门间分工向部门内分工的转变创造了条件。

（3）区域经济一体化加速了国际投资的发展。区域经济集团的建立，取消了集团内部的各种限制，促进了成员国之间的相互投资。同时，由于区域经济集团的形成和发展，集团外的商品进入集团内部遇到了障碍，集团外的国家为了不使自己的产品受到排挤，纷纷采取国际投资的方式进入区域经济一体化组织内。

▶ 2. 消极影响

（1）减少了成员国与非成员国之间的贸易量。由于任何区域经济贸易集团的各种优惠措施大都仅仅适用于区域内的各个成员国，而对集团外的国家依然维持一定程度的贸易壁垒，从而影响了成员国与非成员国的贸易扩大。如欧共体从非成员国进口所占的比重由 1960 年的 19% 减至 1990 年的 8%，从其他工业国家的进口所占的比重由 22% 降至 15%。

（2）降低集团外国家在区域经济一体化组织成员国中的地位。区域经济一体化组织具有"贸易创造"和"贸易转移"两种效果，都有助于区域经济一体化组织贸易的内向性的增强。区域经济一体化组织内向性的增强，降低了域外国家在其成员国中的地位，从而使域外国家的贸易环境不利。区域经济集团国家谈判力量的增强和各项政策的协调一致，都有可能对域外国家造成不利影响和较严重的损害。例如，欧共体的"共同农业政策"对美国的农产品出口和世界农产品贸易都产生了很大影响。

（3）不利于集团外国家吸收外资。区域经济一体化的发展使外部国家的商品进入区域内部遇到了障碍，国际投资作为一种冲破区域贸易壁垒的工具，日益成为各个国家加紧向外渗透、打入区域经济集团内的有效手段。目前各主要发达国家都加强了相互间的对外直接投资，从而使国际投资流向越来越多地密集于区域经济一体化组织内部。如美国对外直接投资主要集中于欧盟国家，日本企业海外投资的主要对象是美国和西欧。而亚太地区的新兴工业国家和地区也在积极加强对经济一体化区域内的国家的投资，尤其是加快了对欧盟投资的步伐。这种因区域经济一体化而引起的国际投资流向的变化，对于区域外部国家吸收外资是十分不利的。

（4）不利于发展中国家的贸易发展。区域经济一体化使发展中国家，特别是没有参加区域经济一体化的发展中国家的贸易条件日趋恶化。随着区域经济一体化组织的建立，集团内部成员国间的贸易比重在提高，而与集团外部国家的贸易比重在下降。绝大多数的发达国家都已成为各种区域经济一体化组织的成员国，其对区域经济集团之外的需求相对减少。由于发展中国家的主要贸易对象是发达国家，出口品主要是初级产品和初级的制成品，结果会使发展中国家的贸易条件恶化。

（5）加剧了世界经济发展的不平衡。区域经济一体化趋势使得世界范围内发达国家和发展中国家的经济不平衡进一步加剧，其根源是大多数发展中国家被排除在区域经济集团之外。区域经济一体化使国家之间的竞争演化为集团之间或国家与集团之间的竞争，使发达国家之间的摩擦和矛盾激化。这将使世界经济的不平衡更加突出。区域经济一体化的发展也并不能消除集团内部经济发展的不平衡，甚至会因生产要素等的自由流动而使区域内部的不平衡加剧。

三、区域经济一体化对多边贸易体制的影响

区域经济一体化与多边贸易体制的关系体现为两方面：一方面，区域经济一体化与多边贸易体制的目标是一致的；另一方面，由于相对排斥与非成员国的贸易，不利于多边贸易体制的发展。

▶ 1. 对多边贸易体制的有利影响

区域经济一体化有利于区域内各国贸易活动自由地开展。区域经济一体化在区域贸易规模增长的同时发展了区外贸易，区域经济一体化与多边贸易体制的目标是一致的，区域经济一体化是实现多边贸易体制目标的重要步骤。在对区域经济集团进行有效约束的条件下，即区域经济集团以不增加对区域外的贸易壁垒为前提，区域经济一体化的范围越广、数量越多，则世界范围内的贸易自由化的程度也就越高。可以说，区域经济一体化与多边贸易体制的目标，从根本上讲是一致的。

认识区域经济一体化与多边贸易体制之间关系的基本出发点是《关税与贸易总协定》第二十四条中的有关条款。在二十四条第四款中规定："通过自愿签订发展各国之间经济的一体化对扩大贸易的自由化是有好处的。"第五款规定："本协议各项规定，不能阻止缔约各方在其领土之间建立关税同盟和自由贸易区，或为建立关税同盟或自由贸易区的需要而采取某种临时协定。"这就是说，《关税与贸易总协定》是支持各种区域性的自由贸易组织的，认为区域经济一体化有利于自由贸易的扩大，符合多边贸易体制。同时，《关税与贸易总协定》的某些条款限定了其所倡导的区域经济一体化不能借组成或参加某个区域经济集团提高关税和非关税壁垒，即区域经济一体化组织只能在《关税与贸易总协定》已取得的贸易自由化成果的基础上进一步走向贸易自由化，而不能提高对外保护程度。乌拉圭回合的结束和世界贸易组织的建立，从根本上说是对贸易保护主义的约束。乌拉圭回合不仅对关税壁垒进行了限制，还对原产地规则、反倾销、贸易技术壁垒、补贴与反补贴、政府采购、保障条款、知识产权、服务贸易及与贸易有关的投资等达成协议，对可能产生的非关税壁垒进行了约束。

▶ 2. 对多边贸易体制的不利影响

（1）区域性贸易集团的贸易政策背离了多边贸易体制的非歧视性原则。尽管各个区域

经济一体化组织都声称自己是开放性的，是与全球多边贸易体制一致的，但是事实并非如此。因为实行对内自由、对外保护的贸易政策是区域经济集团存在的基础，否则其便无存在的必要。对内自由、对外保护的贸易政策背离了多边贸易体制的非歧视性原则。根据关税与贸易总协定对全球 70 多个区域经济集团的检查，仅有 4 个早期的区域经济集团，如1948 年成立的南非—罗德西亚关税同盟、1973 年成立的加勒比共同市场等，与关税与贸易总协定第二十四条关于区域经济集团的规则相一致。

（2）区域性贸易集团化背离了比较优势原则。区域性贸易集团内部各成员国同集团外国家和地区相比，不可能在全部产品上都具有比较优势，而一般是在大部分产品上具有优势。区域性贸易集团建立后，成员国的贸易必然从外部低成本的优势产品转向内部高成本的劣势产品。因此，其贸易转移效应是不可避免的。

区域性贸易集团的贸易转移效应诱使各国在国际竞争中不再依靠比较优势，转而依靠贸易保护来获利，这对于多边贸易体制是极其不利的。区域性贸易集团的建立，特别是其建立之初，会导致集团外传统供应国的国际收支状况因出口锐减而恶化，而被迫采取贸易保护措施，这往往会导致贸易摩擦和冲突的发生，从而干扰多边贸易体制的正常运行。

（3）区域经济一体化背离了自由竞争的原则。区域经济一体化抑制了来自集团外部的竞争，使竞争无法充分有效地进行。如区域性贸易集团往往左右许多商品的国际市场价格，干扰了市场机制作用的发挥，欧共体所奉行的"共同农业政策"对国际农产品市场和其他农产品出口国的损害便是一个例证。

区域性贸易集团的"集体行动"扩大了某些贸易保护主义措施的危害性，如一国借口反倾销所采取的贸易保护措施对出口国的损害，在无区域性贸易集团时只是限制在一国的范围内，而在区域性贸易集团范围中则涉及整个集团，大大增加了贸易保护主义的危害性，这对于自由竞争原则是一个严峻的挑战。

（4）区域经济一体化不利于多边贸易体制作用的发挥。区域性贸易集团的一些利益会诱使许多成员国谋求眼前和现实的利益，而不愿同其他国家在完善多边贸易体制和推进世界贸易自由化的进程中付出一定的努力和代价。多边贸易体制的现实的缺陷和推进的重重困难，也迫使许多国家纷纷转向追求地区贸易自由化的利益。当经济不景气和失业增加时，区域性贸易集团更会满足业已取得的好处和丧失推进世界贸易自由化的积极性。在区域性贸易集团蓬勃发展的今天，需要有效的措施和手段，来保证多边贸易体制作用的发挥。

第 三 节　中国与区域经济一体化

从中国参与区域合作组织或机制的现状来看，大致可以分为三类：一是具有实质性机制的组织，如曼谷协定、中国-东盟自由贸易区；二是具有论坛性质的区域合作组织，如亚太经合组织、亚欧会议；三是具有一定机制化的区域合作组织或次区域合作机制，如"10＋3"、上海合作组织、东北亚区域合作、澜沧江-湄公河次区域合作组织等。

一、中国与亚太经合组织

亚太经合组织（APEC）成立于 1989 年，是亚洲和太平洋地区最大的区域性经济组织。

我国于 1991 年在汉城会议上加入，同时加入的还有中国香港特别行政区和中国台湾省两个地区经济体。亚太经合组织会议的主导是美国等发达国家，中国在其中发言权不大。但中国为推动区域经济合作付出了很大的努力。随着中国经济的发展，中国在亚太经合组织会议中发挥的作用也越来越突出。

▶ 1. 参与亚太经合组织的贸易投资自由化行动

尽管作为发展中国家，推行贸易投资自由化对于国内产业将造成较大的冲击，但中国在加入亚太经合组织后还是积极参与了其主要贸易投资自由化的行动。1995 年，在大阪会议上，江泽民宣布了中国对亚太经合组织贸易投资自由化的"首次投入"，包括从 1996 年起大幅度降低进口关税（平均关税水平从 35.9% 降至 23%）等内容。1996 年 11 月，中国与其他亚太经合组织成员一道提交了贸易投资自由化单边行动计划。该计划载明了中国在关税、非关税措施、服务、投资、标准一致化、海关程序、知识产权、竞争政策、政府采购、放松管制、原产地规则、争端调解、商业人员流动、乌拉圭回合结果执行和信息收集分析 15 个领域的近期（1997—2000）、中期（2001—2010）和远期的自由化计划。到 1998 年，中国也同其他原 17 个成员一样提交了三次单边行动计划。1998 年中国单边行动计划包括以下内容。

第一，中国承诺到 2000 年将简单平均关税降到 15% 左右，到 2005 年将工业产品的关税进一步降低到 10% 左右。

第二，中国将在 2005 年年底之前取消 185 种信息技术产品的关税。

第三，1997 年 12 月 31 日，中国取消了 13 个税目产品的非关税措施。

第四，中国就亚太经合组织非约束性投资原则的实施情况进行了总结和报告。

第五，中国在 1997 年重新修改和颁布了《产业投资指南》，鼓励农业、高新技术产业、基础设施建设、环保工业和出口型工业领域的外国投资。

第六，中国将允许具备良好旅游业基础和成熟条件的省、自治区和城市分别建立一个试点性质的中外合资旅游代理机构。

第七，到 2000 年，中国将在所有省会城市建立合资股份零售企业和外商独资贸易试点公司。

第八，到 2010 年，中国将在修改有关法规的基础上，取消对建立合资零售企业的地理和数量限制。

第九，在近期内，中国将继续推进政府机构的调整，建立高效、协调和标准化的管理体制，以满足建设社会主义市场经济的需要。

▶ 2. 积极推动亚太经合组织的经济技术合作

强调经济技术合作是亚太经合组织发展中成员的共同立场，中国作为最大的发展中成员，尤其重视经济技术合作，自始至终都积极推动亚太经合组织的经济技术合作。特别是在 1995 年的大阪会议上，江泽民提出要加强亚太经合组织内的产业合作，并把经济技术合作作为 1996 年苏比克会议的主题之一。在 1996 年的苏比克会议上，中国积极推动亚太经合组织经济技术合作计划的制定。江泽民在讲话中就亚太经合组织经济技术合作的目标、原则、做法及优先领域进行了全面的阐述，提出了三点意见。

第一，经济技术合作的根本目的，是将全体成员经济发展的多样性转化为互补性，实现共同发展。为此，应当强化技术领域的合作，打通技术与专业知识的传递渠道，促进对人力与自然资源的开发和有效利用。

第二，亚太经合组织开展经济技术合作的原则和做法不同于传统意义上的发展援助，是一种建立在平等互利、优势互补基础上的双向合作。这种合作既提倡富帮穷，又要求各成员根据自身的能力做出不同的贡献；既强调政府部门的作用，又鼓励工商企业的参与；既有适当的政策引导，又运用市场机制；既在成员之间开展合作，又鼓励非成员参加。这样一种做法，可以最大限度地发挥所有参加者的能力。

第三，为了有效开展经济技术合作，要突出重点，确定一些优先领域。亚太经合组织成员在人力资源开发、科技、环境保护以及基础设施等领域存在着很强的互补性。应当采取切实可行的措施，加强在这些领域的交流与合作。

为落实《走向 21 世纪的亚太经合组织科技产业合作议程》和吉隆坡会议通过的另一经济技术合作领域的重要文件《技能开发行动计划》，中国政府专门援款 1 000 万美元，设立"中国亚太经合组织科技产业合作基金"，用于资助中国同其他成员在科技产业等领域的合作。为促进企业参与亚太经合组织活动，还成立了"亚太经合组织中国企业联席会议"。此外，中国还选定了北京、合肥、苏州、西安和烟台 5 个高新技术开发区作为向亚太经合组织开放的 5 个高科技工业区。

在 2001 年召开的亚太经合组织上海年会上，中国作为东道主，更是强调亚太经合组织的经济技术合作色彩。正如这次会议通过的领导人声明所指出的："我们认识到经济技术合作对推动经济可持续发展和均衡增长的重要作用，对亚太经合组织经济技术合作取得的进展表示欢迎，强调贸易投资自由化和经济技术合作应互相支持。我们对制定和提交经济技术合作行动计划表示赞赏，确认它是促进亚太经合组织健康平衡发展的主要步骤。"会议通过的《上海宣言》也指出："各成员领导人认识到经济技术合作不仅可以促进可持续发展和缩小发展差距，还可以直接支持贸易投资自由化和便利化，增强各成员的竞争能力，实现共同繁荣。领导人对《大阪行动议程》第二部分的修改工作表示赞赏，并号召将经济技术合作有关努力纳入亚太经合组织各项优先领域中。领导人强调要努力推动经济技术合作各项倡议的有效实施，特别是一些跨领域的部门，如人力资源能力建设。"

▶ 3. 成功举办亚太经合组织上海年会

2001 年 10 月，中国成功举办了亚太经合组织第 9 次领导人非正式会议和第 13 届部长级会议。上海峰会是进入 21 世纪以后亚太经合组织召开的第 1 届峰会，会议的主题是"新世纪、新挑战：参与、合作、促进共同繁荣"。围绕这一主题，与会的各成员领导人就当前世界经济形势、"9·11"恐怖袭击事件对世界经济的影响、经济技术合作和未来发展方向等问题进行了广泛而深入的讨论，取得了一系列成果。会议发表了《领导人宣言》，通过了《上海共识》《数字亚太经合组织战略》《反恐声明》和《经济技术合作计划》等一系列文件，为亚太经合组织确立了一个面向新世纪的政策框架，成为亚太经合组织历史上继西雅图会议、茂物会议和大阪会议后的又一个里程碑。

二、东亚合作

东盟成立于 1967 年，东盟成立的目的主要是在经济、社会和文化方面进行合作。"10＋3"是指东盟 10 个成员国与中国、日本和韩国之间的合作。中国是"10＋3"中面积最大、人口最多、综合国力最强的国家，也是唯一的联合国安理会常任理事国和唯一的核大国，并且中国在历次"10＋3"领导人会议为推动"10＋3"的合作提出了许多建设性的倡议，起到了举足轻重的作用。近年来，随着中国对"10＋3"合作投入的加大，中国在"10＋3"中的影响不断上升。

中国政府十分重视与东盟的合作，愿意在湄公河流域开发，愿意在泛亚公路、铁路的建设以及为预防金融危机再度发生等方面加强对话与协调。2001 年 11 月，在文莱召开的第 5 次中国和东盟"10＋1"领导人会议上，中国与东盟一致同意在 10 年内建成中国-东盟自由贸易区。2002 年 11 月，中国和东盟领导人签署了《中国与东盟全面经济合作框架协议》，正式启动了建立中国-东盟自由贸易区进程，计划于 2010 年建成中国-东盟自由贸易区。2004 年 1 月 1 日，中国与东盟"早期收获计划"正式实施，双方开始下调农产品关税，计划于 2006 年农产品实行零关税；2004 年 6 月，中、泰两国水果蔬菜零关税协议扩展到中国、泰国和新加坡三国，2010 年 1 月 1 日，中国-东盟自由贸易区正式全面启动。

中国-东盟自贸区的启动，标志着中国与东盟之间的经济联系上升到新的历史水平，必将为中国和东盟各国的贸易发展和经济合作增添新的动力。

三、东北亚合作

东北亚包括中国、日本、韩国、朝鲜、蒙古以及俄罗斯的西伯利亚和远东地区。东北亚地区具备相互合作的优越条件。中国有丰富的劳动力，日本、韩国可以提供大量资金和先进技术，俄罗斯远东地区和蒙古有资源优势，因此，这一区域是整个亚太地区地域最辽阔、人口最多、资源最丰富、发展潜力最大的次区域。但由于区域内各种矛盾错综复杂，而且在短时间内难以消除，可以断言，在未来较长的时期内，东北亚区域国际合作中多边合作仍难与双边合作同步发展。即使多边合作，也主要是一些条件成熟的次区域合作。以次区域经济合作带动全区域经济合作将是东北亚区域经济发展合作的一个基本脉络。

目前，东北亚地区同时并存有三个小区域经济合作圈，它们是"图们江经济开发圈""环黄渤海经济开发圈"和"环日本海经济圈"。我国通过这些区域经济合作圈与日本、韩国、俄罗斯等开展多边合作。

总的来说，东北亚的合作机制正在形成之中。

四、中亚合作

中亚国家是指苏联解体后独立出来的哈萨克斯坦、吉尔吉斯斯坦、塔吉克斯坦、乌兹别克斯坦和土库曼斯坦等位于中亚的国家。从地理位置上看，中国与哈萨克斯坦、吉尔吉斯斯坦、塔吉克斯坦三国接壤，与乌兹别克斯坦和土库曼斯坦相距不远，彼此开展区域经济合作，对双方都具有战略意义。

中国十分重视与中亚国家的合作。1996 年 4 月，中、俄、哈、吉、塔五国元首在中国上海举行会晤，创建了"上海五国"会晤机制。此后，五国元首每年举行一次会晤。2001 年 6 月，中国、俄罗斯、哈萨克斯坦、吉尔吉斯斯坦、塔吉克斯坦、乌兹别克斯坦六国元首在上海举行了第 6 次会晤，签署了《"上海合作组织"成立宣言》，成立了"上海合作组织"。这标志着欧亚大陆一个崭新的地区合作组织正式诞生了。这也是第一个以中国地名命名的国际合作组织。

应该说，"上海合作组织"还主要是在战略层次开展合作，中国加入世界贸易组织以及各个成员国经济发展水平的日益提高，为建立实质性的区域联盟、深入发展经贸合作关系创造了条件。

五、中国大陆与香港、澳门地区更紧密经贸的安排

香港和澳门是中国的单独关税区，又互为重要的贸易与投资伙伴。2003 年 6—9 月，中央人民政府与香港特别行政区政府正式签署了《内地与香港关于建立更紧密经贸关系的

安排》及其 6 个附件，从 2004 年 1 月 1 日起开始实施。同时，内地与澳门特别行政区也于 2003 年 10 月签署了《内地与澳门关于建立更紧密经贸关系的安排》。更紧密经贸关系安排的实施将使内地与香港和澳门的区域经济合作呈现更深层次的优化组合，从而将对深化祖国大陆与港澳地区经济合作与调整产生积极的制度性政策效应，必将极大促进内地与港澳地区经济的快速发展。

本章小结

区域经济一体化或贸易集团化，是指两个或两个以上的国家或地区达成国际协议，共同采取减少歧视性或取消贸易壁垒的贸易政策。区域经济一体化主要形式有优惠贸易安排、自由贸易区、关税同盟、共同市场、经济同盟以及完全经济一体化。目前，欧盟是世界上一体化程度最高的、影响最大的区域经济一体化组织。

区域经济一体化在成员之间减免关税，从而趋向自由贸易，必然导致成员国福利的增加。而对其他国家来说，影响则比较复杂，利弊皆有。

复习思考题

1. 区域经济一体化有几种形式？
2. 区域经济一体化对成员国内部经济贸易的影响是什么？
3. 区域经济一体化对世界经济贸易的影响是什么？
4. 简述区域经济一体化与经济全球化的关系。
5. 中国应如何参与区域经济一体化？

延伸阅读 14-1

CEPA 是一份怎样的"大礼"

温家宝总理在香港出席《内地与香港关于建立更紧密经贸关系的安排》(CEPA)签署仪式后表示，有人说"内地与香港更紧密经贸关系安排"对香港而言是一份"大礼"，但真正的"大礼"是它带来了新一届中央领导集体的坚定决心，中央政府将毫不动摇地贯彻"一国两制""港人治港"、高度自治的方针和香港基本法，中央政府对香港既定的方针政策都不会改变。

从香港各界对"内地与香港更紧密经贸关系安排"的热烈反应可以看出，广大香港市民，特别是那些可望成为"零关税"直接受益者的高增值行业的从业者，以及与之相关的一些行业的从业者，已经感受到了 CEPA 将给香港的社会经济生活带来的积极变化。

香港回归以来，历经亚洲金融危机、美国"9·11"事件的冲击以及 SARS 肆虐等重大影响，但自始至终，中央政府都对香港给予坚定的支持，香港特别行政区行政长官董建华曾经说过这样一句话："香港最大的优势是有中央政府的大力支持"。当 SARS 袭来，抗 SARS 工作压倒一切时，香港的一些商业界人士一度担心，关于 CEPA 的磋商会因此中断，原定签署的日期可能被迫延后，然而中央新领导集体审时度势，针对香港经济亟待注入"强心剂"的现状，毅然决定加快磋商步伐，终于在香港回归六周年的喜庆日子里，正式签署了 CEPA 的协议文本和磋商纪要。这是一个在香港和内地经贸发展史上具有里程碑意义的重大事件，再次向世人证明了香港在世界经济贸易格局中的独特优势，必将推动香港经济在复苏、调整、优化走向更大的繁荣。

同时也要明确，CEPA是香港与内地的双边经贸关系安排，不能简单看成是内地对香港的优惠或扶持。中国加入世界贸易组织以来，在众多跨国企业争相抢占内地市场的时候，享尽天时、地利、人和的香港企业及其产品在CEPA的推动下"长驱直入"，协助内地企业进一步打开世界市场。有专家分析进而预测，内地与香港CEPA的签订，是中国经济一体化战略的重要一环，是构建中国内地、香港、澳门、台湾"大中华经济圈"的起点。如果把CEPA与中国-东盟自由贸易区联系起来，则中国区域经济一体化战略则更加清晰可见。所以，从一定意义上说，CEPA不单单对香港而言是一份"大礼"，对中国而言，也应该是一份不错的"大礼"。

延伸阅读 14-2

中日韩自由贸易区谈判

2002年，构建中日韩自由贸易区的设想首次被提出，中、日、韩三国领导人同意开展相关民间研究。在之后的约7年间，中、日、韩三国的研究机构对建立中日韩自由贸易区的可行性进行了大量分析研究，得出积极结论：中、日、韩经济总量分别位居亚洲第二、第一和第四。中、日、韩双边贸易总额约为2 000亿美元，其中中国是日本和韩国的第一大贸易伙伴，日本是韩国的第二大贸易伙伴，双边贸易占各自贸易总额的比重呈逐年攀升态势。三国在一定程度上也满足了区域经济合作的条件：规模大，经贸关系紧密，原有壁垒高，地理位置靠近。据测算，自贸区成立后将给中国带来47亿～64亿美元收入，推动GDP增长1.1%～2.9%；给日本带来67亿～74亿美元收入，推动GDP增长0.1%～0.9%；韩国收益最为明显，将获得114亿～263亿美元的收入，推动GDP增长2.5%～3.1%。中、日、韩中任意两国建立自由贸易区的经济收益都小于中日韩自由贸易区的效果。

2009年10月第二次中、日、韩领导人会议上，中、日、韩领导人达成尽快启动中日韩自由贸易区政府-企业-学界联合研究的共识。2010年5月，中日韩自由贸易区政府-企业-学界联合研究第一轮会议在韩国首都首尔举行，中、日、韩领导人努力在2012年前完成联合研究。2012年5月13日，三国签署《中日韩投资协议》。2012年11月21日，中日韩自贸区谈判正式启动，并在2013年3月、7—8月及11月分别进行三轮谈判。

第十五章
各种类型国家（集团）的对外贸易

本章导读

　　本章主要学习当今西方主要经济强国，特别是美国、日本和欧盟的对外贸易发展的特点、贸易政策，并学习中国与美、日、欧的贸易往来现状。

学习目标

通过本章的学习，应达到以下目的和要求：
1. 了解美国、日本和欧盟对外贸易发展的趋势及对外贸易政策。
2. 分析中美、中日、中欧贸易的发展特点及主要问题。

第 一 节　美国的对外贸易

　　美国是当代最大的发达资本主义国家。据 2016 年数据统计，其国土面积 936 万平方千米，名列俄罗斯、加拿大和中国之后；人口 3.23 亿，名列中国和印度之后；国内生产总值 918.569 万亿美元，人均国内生产总值 57 467 美元。

　　美国拥有先进的科学技术、丰富的矿产资源（黄金、石油和铀）、自然环境和投资环境。高度发展的服务业、工业、农业和庞大的政府采购以及巨额的消费，使美国具有其他资本主义国家所不能比拟的广阔的国内市场。美国被誉为"世界粮仓"，由于地广人稀，农业科技化水平高，所以是全球最大的农产品出口国，占世界农产品出口市场的一半以上。

一、美国对外贸易发展的特点

▶ 1. 美国是当代世界最大的贸易国家，贸易地位起伏不定

虽然，美国在世界贸易中的比重时升时降，但依然是世界上最大的贸易国家。1986

年，美国的贸易降到世界第二位，名列原联邦德国之后。1989 年，美国又超过原联邦德国重新成为世界最大的出口国。1990 年德国又超过美国再次成为世界最大出口国。1995 年，美国出口贸易额为 5 839 亿美元，占世界出口总额的 11.6%，继续保持世界最大出口国的地位。2001 年美国商品出口额为 7 309 亿美元，占世界出口总额的 11.9%，2002 年美国商品出口额为 6 935 亿美元，占世界出口总额的 10.8%，均居世界首位。2003 年美国商品出口额为 7 240 亿美元，占世界商品出口总额的 9.9%，居德国之后，占世界商品出口的第二位。世界贸易组织公布的报告显示，2012 年美国在全球的货物贸易额排名第一，2012—2015 年中国跃居第一（见表 15-1）。

表 15-1　2012—2015 年美国对外贸易发展状况　　　单位：十亿美元

年　份	货物出口	货物进口	货物贸易顺逆差	服务出口	服务进口	服务贸易顺逆差
2012	1 547	2 335	−788	614	406	208
2013	1 580	2 329	−749	662	432	230
2014	1 621	2 413	−792	686	454	232
2015	1 505	2 308	−803	690	469	221

美国服务贸易居世界首位。服务业是美国经济最大的组成部分，也是具有很强出口竞争力的产业。美国商务部普查局将服务业分为旅行、乘客费用、其他运输服务、版税和许可费、其他私人服务、美国军售合同项下转移（直接防务支出）和美国政府杂项服务七大类进行统计计算。进入 20 世纪 90 年代，美国服务贸易发展迅速，成为世界服务贸易的最大的出口国和进口国。1990 年美国服务贸易出口额为 1 025 亿美元，占世界服务贸易出口总额的 15.7%，居世界第一位。1994 年美国服务贸易出口额增至 1 782 亿美元，比 1990 年增长 60% 以上，占世界服务贸易出口总额的比重也增至 16.5%，继续保持世界首位。美国服务贸易进口额也增长很快，从 1990 年的 780 亿美元增加到 1994 年的 1 250 亿美元，占世界服务贸易进口总额的比重从 1990 年的 11.7% 升至 1994 年的 12%，在世界服务贸易进口总额中的位次，从第二位升至第一位。2001 年美国服务贸易出口额为 2 629 亿美元，占世界服务贸易出口总额的 18.3%，同年，美国服务贸易进口额为 1 876 亿美元，占世界服务贸易进口总额的 13.1%，2007 年，服务贸易顺差首次突破 1 000 亿美元（见表15-2 和表 15-3）。

表 15-2　2007 年美国服务贸易情况　　　单位：亿美元

类　　别	出　口		进　口	
	金额	同比增长（%）	金额	同比增长（%）
旅行	971	13.3	764	6.1
乘客费用	253	14.2	286	3.9
其他运输服务	519	12	671	2.8
版税和许可费	714	14.4	279	5.6
其他私人服务	2 066	15.4	1 353	16.1

类　　别	出　　口		进　　口	
	金额	同比增长(%)	金额	同比增长(%)
美国军售合同项下转移	157	−8.2	328	5.7
美国政府杂项服务	12	4.8	42	4
合计	4 792	13.4	3 723	8.6

资料来源：美国商务部普查局.

表 15-3　2015 年美国服务贸易情况　　　　　　　　单位：亿美元

类　　别	出　　口		进　　口	
	金额	同比增长(%)	金额	同比增长(%)
商品相关服务	241	8	93	24
保养维修服务	224	8	75	24
交通运输	842	−6	969	3
旅行	1 783	1	1 205	9
其他商业服务	4 034	1	2 425	1
保险养老金服务	187	7	483	−4
金融服务	863	−1	195	3
知识产权使用费	1 262	−3	392	−7

美国是世界高科技产品和农产品出口大国。1999—2000 年美国产品在世界产品出口贸易中所占比重分别是：飞机为 40.74%，衡量与控制仪器为 28.61%，发动机为 30.90%，半导体等为 17.11%，油料为 50.13%，玉米为 61.43%，小麦为 30.61%。2015 年美国农产品出口 1 630 亿美元，占世界农产品出口贸易的 10.4%，

美国拥有 70% 的世界跨国公司，而在世界出口贸易额中，与美国跨国公司及其海外子公司有关的出口约占 1/4。

▶ **2. 贸易方向的不平衡发展**

美国过去主要的贸易对象是西欧和北美。但自 20 世纪 80 年代中期以来，美国的贸易方向发生了显著的变化。海外市场的重心从西欧向亚太地区转移。90 年代初，美国同亚洲的贸易超过同欧洲的贸易。

2007 年美国前十大贸易伙伴（货物贸易）按序为加拿大、中国、墨西哥、日本、德国、英国、韩国、法国、中国台湾地区、荷兰。美国与这些国家和地区的贸易额占美国贸易总额的 64.7%。由于与美国有传统的国家关系并拥有独特的地理优势，加拿大一直是美国最大的贸易伙伴。1988 年 1 月 2 日，美国和加拿大签订自由贸易协定，该协定规定，两国从 1989 年起的 10 年里，取消所有关税壁垒与投资限制，建立美加自由贸易市场。自 1994 年 1 月北美自由贸易区建立以来，美国、加拿大、墨西哥之间的贸易迅速发展，墨西哥对美的贸易迅速增长。日本在美国的对外贸易中具有重要的作用，多年来一直保持美国主要的

贸易伙伴地位。近些年，中国逐渐成为美国主要贸易伙伴，2007年超过德国、日本、墨西哥成为第二大贸易伙伴(见表15-4和表15-5)。

表15-4 2007年美国前十大贸易伙伴

位次	国家或地区	自美进口贸易额(亿美元)	自美进口同比增长(%)	对美出口贸易额(亿美元)	对美出口同比增长(%)	总贸易额(亿美元)	贸易额同比增长(%)	占总额比重(%)
1	加拿大	2 484	7.7	3 131	3.5	5 615	5.3	18
2	中国	652	18.2	3 215	11.7	3 867	12.8	12.4
3	墨西哥	1 365	1.9	2 108	6.3	3 473	4.5	11.1
4	日本	627	5.1	1 455	−1.8	2 082	0.2	6.7
5	德国	497	20.2	944	5.9	1 441	10.4	4.5
6	英国	503	10.8	569	6.3	1 072	8.4	3.4
7	韩国	347	7	476	3.8	823	5.1	2.7
8	法国	274	13.2	416	12.3	690	12.6	2.2
9	中国台湾地区	264	14.4	383	0.2	647	5.6	2.1
10	荷兰	330	6	184	6.2	514	6.1	1.6

资料来源：美国商务部普查局，基于普查统计.

表15-5 2014年美国前十大商业服务贸易伙伴

自美进口位次	自美进口国家或地区	自美进口贸易额(亿美元)	自美进口同比增长(%)	自美进口所占比重(%)	对美出口位次	对美出口国家或地区	对美出口贸易额(亿美元)	对美出口同比增长(%)	对美出口所占比重(%)
1	欧盟	1 596.8	4	35.2	1	欧盟	2 178.9	7	31.6
2	加拿大	297.8	−2	6.6	2	加拿大	61.7	−2	8.8
3	日本	282.8	3	6.2	3	日本	460.8	0	6.7
4	百慕大群岛	247.5	−8	5.5	4	中国	420.6	14	6.1
5	荷兰	216.8	−3	4.8	5	墨西哥	296.2	1	4.3
6	印度	207.4	6	4.6	6	荷兰	288.4	5	4.2
7	墨西哥	193.7	13	4.3	7	巴西	280.3	6	4.1
8	中国	143.1	2	3.2	8	韩国	204.3	−1	3.0
9	巴西	83.8	11	1.8	9	澳大利亚	190.5	−1	2.8
10	韩国	79.7	−4	1.8	10	印度	147.7	11	2.1

资料来源：世界贸易组织网站.

在美国的出口贸易中，发达国家仍是其出口的主要对象，占2/3左右，居首位；发展中国家和地区占其出口的第二位，约占1/3。

▶ 3．出口工业制成品为主，进口大量原材料和初级产品

20 世纪 80 年代以来，美国的出口商品主要是工业制成品，所占比重从 1980 年的 64.3％上升到 2001 年的 81.4％，其中机械设备占第 1 位。以 2007 年为例，按商品最终用途分类，资本货物（主要包括客机、半导体、计算机及附件、电信、医疗和机械设备等）仍是美国最大的出口类别，原材料和初级产品为主要进口类别（表 15-6 和表 15-7）。

表 15-6　2007 年美国进出口商品主要类别统计（按最终用途）　　单位：亿美元

商品类别	出　　口		进　　口	
	金额	同比增长（%）	金额	同比增长（%）
食品、饲料和饮料	842	27.7	817	9
工业物资和原材料	3 155	14.3	6 307	4.8
资本货物（汽车除外）	4 459	7.7	4 447	6.3
汽车及其零部件	1 209	12.9	2 589	0.9
消费品	1 464	12.6	4 749	7.3
其他	502	15.1	624	4.9
总额	11 492	12.3	19 646	5.5

资料来源：美国商务部普查局，基于普查统计标准．

表 15-7　2015 年美国进出口商品主要类别统计　　单位：十亿美元

商品类别	出　　口		进　　口	
	金额	同比增长（%）	金额	同比增长（%）
农产品	163	−10	149	−5
燃料和矿石产品	145	−28	246	−40
工业制成品	1 126	−3	1 808	3
钢铁	16	−20	39	−21
化工产品	206	−2	220	4
办公通信设备	142	−2	321	2
纺织品	14	−3	30	5

进出口排名差异说明了美国是高科技产业居主导的制造业产业结构——进口大量原材料和初级产品，出口大量技术含量更高的机械设备（资本货物类）。同时，美国经济增长以消费为主要驱动力量，对一般消费品、食品和汽车类产品的强大需求也是推动美国进口增加的重要动力。美国一些劳动密集型的产品相继退出世界市场。曾经在海外市场上居竞争优势的高技术产品，如飞机、汽车、电信器材、大规模集成电路、电子计算机等也面临着日本和西欧产品的激烈竞争。1970—1987 年，美国在世界电话设备市场上所占的比重，从 99％缩减到 25％，彩色电视机所占的比重从 90％下降到 10％。计算机在世界市场上的占有率从 20 世纪 70 年代初的 90％下降到 80 年代末的 50％左右。

▶ 4．货物贸易存在大量逆差

1946—1970 年，美国的对外贸易一直保持顺差。1971 年美国出现了自 1893 年以来的

第一次贸易逆差。1974—1976 年美国的贸易逆差为 71 亿美元，1979—1981 年增为 387 亿美元，1984—1985 年为 1 359 亿美元，1986 年达 1 698 亿美元，1987 年高达 1 736 亿美元，自 1988 年起，美国的贸易逆差不断下降，1990 年降为 1 010 亿美元，1991 年进一步降至 662 亿美元，这是 1983 年以来首次低于 1 000 亿美元。但 1993 年美国贸易逆差剧增 37% 而达 1 157.8 亿美元。1995 年美国的贸易逆差更增至 1 869 亿美元。2002 年美国货物贸易逆差达 5 090 亿美元。

2007 年货物贸易全年出口 11 492 亿美元，同比增长 12.3%；进口 19 646 亿美元，增长 5.54%；货物贸易逆差达 8 154 亿美元，同比减少 2.7%。

二、"二战"后美国对外贸易政策与措施

▶ 1. 贸易自由化

从第二次世界大战结束到 20 世纪 70 年代中期，美国外贸政策主要倾向是贸易自由化。

推动关税与贸易总协定的建立。1947 年 12 月 30 日，美国同 22 个缔约国签订了《关税与贸易总协定》。美国同意平均降低关税 21%，但降低关税的商品主要是美国垄断企业及战略储备所需要的工业原料，而对棉布等消费品减税极少。1962 年 10 月 4 日，肯尼迪政府为了迅速摆脱 1960—1961 年经济危机的影响，并企图突破西欧共同市场的关税壁垒，制定并签署了《扩大贸易法》。该贸易法除授权总统可以削减关税 50% 以上，直到 100%。美国政府依据上述贸易法案同西欧共同市场及其他国家共 50 余国于 1964 年 5 月开始举行"肯尼迪回合"减税谈判，1967 年 6 月 30 日勉强达成协议，在《关税与贸易总协定》范围内工业品的关税平均削减了 35%，减税分 5 期进行，至 1972 年 1 月 1 日全部完成。1974 年 12 月，美国国会通过了《1974 年贸易法》，新贸易法的重点在于授权总统就消除非关税壁垒与各国谈判。

推动全球范围内的多边贸易谈判。通过关税与贸易总协定主持的七轮贸易谈判，美国的关税壁垒大大降低。在总协定成立之前的 1946 年，美国进口商品的平均关税水平为 26.4%，到 1987 年，东京回合的减免关税完成后，美国除石油以外的工业品关税减至 4.3%。

▶ 2. 新贸易保护主义

美国的新贸易保护主义从 20 世纪 70 年代中期开始，1983 年以后的经济复苏并未影响新贸易保护主义的加强。

限制进口的措施从关税壁垒转向非关税壁垒。据统计，美国进口商品受非关税壁垒影响的进口额从 1966 年的 93.79 亿美元增至 1986 年的 1 030.69 亿美元，20 年内增长了 10 倍。扩大征收"反倾销税"和"反补贴税"的行动。1984—1985 年，美国进行反倾销和反补贴调查占所有国家进行反倾销和反补贴调查的比重，分别从 26% 和 45% 提高到 31% 和 78%。

加强财政、金融、外汇等鼓励出口措施。在财政方面，对出口商品减免税收和提供补贴以鼓励出口；在金融方面，建立美国进出口银行，向出口商提供优惠出口信贷；在外汇方面，干预外汇市场，降低美元汇价。

▶ 3. 加强外贸管理

外贸管理制度法律化。美国制定的涉及对外贸易管理方面的主要法律有多部，如 1984 年 10 月 30 日，美国总统里根签署的《1984 年关税与贸易法》，该法是适应美国加强外贸管理的需要，目的在于扩大出口，限制进口，改善美国大量逆差的状况。1988 年 8 月 23 日，

美国总统里根签署《1988 年综合贸易法》，该法确立了"二战"后美国的贸易政策，在新的历史条件下的基本战略。贸易法中明确规定，凡是美国认为对其实施不公平贸易的国家，美国可以单方面暂停、终止或拒绝批准有关贸易条约，额外征收对方的关税或实施进口限制措施，或对与美国之间有大量逆差的国家进行报复，这些规定是美国 1974 年的《综合贸易法》第 301 条款的延伸和扩展。这表明美国将以单方面的政策手段来解决贸易争端或迫使对方开放市场。

美国倡导区域经济组织成员间互相给予特殊优惠待遇，在客观上对非成员构成歧视。《北美自由贸易协定》(NAFTA)于 1994 年生效，对非成员国家和地区的歧视主要表现在原产地规定上。如汽车必须含有 62.5％的 NAFTA 成员产的零部件才能享受免税待遇；绝大多数纺织品和服装的原产地原则是"纱原则"，即制成品必须使用 NAFTA 成员生产的纱，才能享有 NAFTA 原产地待遇；棉制品和人造纤维的原产地规则是"纤维原则"，即制成品必须使用 NAFTA 成员生产的纤维，才能享受 NAFTA 原产地待遇。这些规定都阻碍了非 NAFTA 成员相关产品的对美出口。以纺织品和服装为例，根据 NAFTA 的规定，美国自 1994 年 1 月 1 日起取消了从墨西哥进口纺织品和服装的配额限制，并给予一系列关税优惠；但是，中国此类产品对美出口仍受配额限制并征收较高关税。因此，墨西哥于 1998 年取代中国成为美国最大的服装供应国，而中国服装在美国市场的份额则不断缩小。

突出对知识产权的管理。美国是世界上最大的知识产权贸易国，自 20 世纪 80 年代以来，更加关心和加强对知识产权和保护和管理。《1988 年综合贸易法》针对外国对美国知识产权存在的保护问题而制定了"特殊 301 条款"，授权美国贸易代表对知识产权没有提供保护的国家定为"重点国家"，并可自行根据该条款对上述国家的"不公正"贸易做法进行调查和采取报复措施。

美国贸易政策含有极其强烈的政治色彩，"拒绝任何讨论"是美国贸易政策的又一明显特点。18 世纪 80 年代，美国宪法缔造者的原始执行思想是把政府权力和立法权分立，这一思想至今影响着美国贸易政策的决定和执法过程。在具体形式上，美国政府只有谈判的权力，一个贸易协议的最终通过必须得到美国国会的批准。美国国会对贸易立法拥有最终的投票权，正是因为美国国会拥有贸易法案的最终审批权，才使美国贸易政策的政治色彩更加严重，国会往往在考虑国内政治形势的基础上审定贸易法案。美国对中国最惠国待遇的纠纷，可以为我们提供研究美国贸易政策特点的经典案例。

三、我国与美国的贸易关系

1972 年美国总统尼克松访华，联合发表《上海公报》，从此开辟了中美关系的新篇章。1979 年 1 月，中美两国正式建交，两国贸易关系从此进入一个新的正常发展时期。1999 年 11 月 15 日中美达成中国加入世界贸易组织双边协议后，美国国会通过对华永久正常贸易关系议案，消除了困扰中美经贸合作的一大不稳定因素，为中美关系健康发展创造了条件。

(一) 中美贸易发展情况

双边贸易增长迅速。1972 年中美贸易几乎从零开始，到 1979 年两国建交时贸易额已达 24 亿美元，1988 年突破 100 亿美元大关，2002 年达 971.8 亿美元。2003 年中美双边贸易总额 1 263.3 亿美元，同比增长 30％。2006 年中美双边贸易总额达 2 627 亿美元，2008 年达到 3 337 亿美元。随着中美贸易额的迅速扩大，中美贸易在两国贸易中的地位不断上升。从 1996 年起，美国就超过中国香港地区，成为仅次于日本的中国第二大贸易伙伴。

2004—2008 年，美国成为仅次于欧盟的中国第二大贸易伙伴。中国也在 2006 年超过墨西哥，成为仅次于加拿大的美国第二大贸易伙伴国。2008—2015 年中美双边贸易额增长约67.3％。2008 年中美双边贸易额为 3 337.4 亿美元，其中，中国对美国出口为 2 523.8 亿美元；自美国进口为 813.6 亿美元。2009 年中美双边贸易额为 2 982.6 亿美元，其中，中国对美国出口 2 208.0 亿美元；自美国进口为 774.6 亿美元。2010 年美国与中国的双边贸易额为 3 853.4 亿美元，其中，中国对美国出口为 2 833 亿美元，自美国进口为 1 020.4 亿美元。2011 年美国与中国的双边贸易额为 5 032.1 亿美元，其中，中国对美国出口为 3 993.4 美元，自美国进口为 1 038.8 亿美元。2012 年美国与中国的双边贸易额为 5 362.3 亿美元，其中，中国对美国出口为 4 256.4 亿美元，自美国进口为 1 105.9 亿美元。2013 年美国与中国双边贸易额为 5 624.5 亿美元，其中，中国对美国出口为 4 404.3 亿美元，自美国进口为 1 220.2 亿美元。2014 年美国与中国双边贸易额为 5 906.8 亿美元，其中，中国对美国出口为 4 666.6 亿美元，自美国进口为 1 240.2 亿美元。2015 年美国与中国双边贸易额为 5 980.7 亿美元，其中，中国对美国出口为 4 818.8 亿美元，自美国进口为 1 161.9亿美元(见表 15-8)。

表 15-8　2008～2015 年中国对美国进出口贸易额　　　　单位：亿美元

年　　份	2008	2009	2010	2011	2012	2013	2014	2015
出口额	2 523.8	2 208.0	2 833	3 993.4	4 256.4	4 404.3	4 666.6	4 818.8
进口额	813.6	774.6	1 020.4	1 038.8	1 105.9	1 220.2	1 240.2	1 161.9
进出口总额	3 337.4	2 982.6	3 853.4	5 032.1	5 362.3	5 624.5	5 906.8	5 980.7

中美贸易结构比较合理，商品中机电通信产品的比重增加。中美贸易具有比较理想的贸易结构，美国向中国出口的主要是资本密集型和技术密集型产品，中国向美国出口的主要是劳动密集型产品，总体上两国的贸易具有较强的互补性。近些年，中国对美国的出口商品结构发生了一些变化，在继续保持纺织品、服装、石油制品、工艺品等传统商品出口的同时，机械产品、彩电、收录机、照相机等产品出口的比重逐步上升。机电和通信类产品已经取代了纺织品，成为中国对美出口的第一大出口商品，2006～2008 年机电通信类产品出口平均占到出口总额的 45.32％。中国的进口主要集中在机电通信、运输工具、航天仪器、化工产品、光学和医疗器械等，其中机电通信类产品进口比例最高。中美进出口商品结构出现的这种趋势，符合两国利益，也为进一步扩大双边贸易奠定了基础。

（二）中美贸易关系发展的主要障碍

▶ 1. 贸易不平衡问题

进入 20 世纪 90 年代，中美双边贸易统计数字差距逐年扩大。按美方的统计，美国对中国贸易逆差始于 1983 年，仅为 3 亿美元，1986 年为 21.35 亿美元，1996 年上升为395.2 亿美元，2001 年达 830 亿美元，2003 年高达 4 894 亿美元。据中方的统计，中国对美国是从 1993 年出现逆差，当年为 62.7 亿美元，1996 年为 105.4 亿美元，2000 年进一步上升为 297 亿美元，2001 年为 280.8 亿美元，2007 年达到 2 563 亿美元，2015 年贸易逆差更是达到了 2 614 亿美元。

近年来美国对华贸易存在逆差是事实，但实事求是地分析，美方显然把逆差的程度夸大了。原因是美国在进行贸易统计时忽略了三种情况：一是中美贸易是以转口贸易和加工贸易为主。美国把经香港转口的贸易直接计入中国出口，同时，美国根据原产地原则，将增值部分也列为从中国进口，这部分盈利实际上并不能引起原产国利益的增加。二是美国通过香港出口到中国的商品并未算作美国对中国的出口。据估计，仅此一项美国政府自20世纪90年代以来，将其对华贸易逆差至少高估了1/3。三是美商在华有不少加工贸易项目，如鞋、玩具等，绝大部分加工产品销往美国。而对这些商品中国只收取了较低的加工费用，但美国却把整个产品的出口售价都统计在中国对美国出口贸易额中。所以，这些都加大了美国的贸易逆差额。

▶ 2. 高关税问题

在总体关税水平较低的情况下，美国对服装、鞋类、陶瓷及玻璃制品、箱包和节日服饰等进口征收高额进口关税。美国服装产品关税为33.3%。运动鞋和纺织面料鞋平均关税为33%。对进口中低档陶瓷征收的关税高，对高档陶瓷制品征收的关税低。这种不合理的关税结构使得中国相关产品在美国市场处于非常不利地位。

自2002年4月1日起，美国对进口节日服饰实行配额许可证管理，致使节日服饰进口关税由零提高到15%～20%。中国是对美出口节日服饰最多的国家，2001年节日服饰出口额达3.2亿美元，占美国节日服饰总进口的84%。显然，这一举措使得我国节日服饰对美出口受到一定障碍。

▶ 3. 纺织品配额问题

目前，美国对原产于中国、印度、巴基斯坦以及越南等国家的纺织品服装没有数量限制，但对中国设置的配额种类最多。此外，美方在缺乏符合双边协议规定的明确证据的情况下，单方面认定中国纺织品存在非法转口，从而扣减中国纺织品对美国的出口配额，这极大地妨碍了中国纺织品对美的正常出口。如在1990年12月至2002年12月期间，美方先后10次单方面扣减中美双边协议项下的纺织品配额600多万打、130多万公斤，货值5亿余美元。事实上，经中方调查，美方所认定的中国纺织品非法转口中，有相当一部分是第三国企业的转口贸易，还有相当一部分是美国进口商串通美国海关人员将中国企业正常向第三国(地区)出口的产品转口到美国。

▶ 4. 反倾销问题

美国频繁利用反倾销、保障措施等贸易救济措施对中国出口产品实施限制。自1980年7月起至2002年12月，美国对中国产品提出96起反倾销调查和4起特保措施调查，其中，2002年分别达9起和2起。美国的相关立法中存在歧视中国产品的规定，视中国为"非市场经济"国家，运用不合理的替代国方法确定中国产品的倾销幅度。而替代国的选择缺乏明确的标准，往往把不同经济发展水平的国家相比。这种做法导致裁定的倾销幅度提高，使中国企业在美国的反倾销调查中一直处于不利地位。

此外，美国大量的技术法规、标准和合格评定程序，也成为中国产品出口美国的主要障碍。

第二节　日本的对外贸易

日本是一个岛国，由本州、北海道、九州、四国4个大岛和数千个小岛组成。

日本是一个后起的发达资本主义国家。在第二次世界大战中，日本成了战败国，经济遭到严重破坏。但是，"二战"后日本经济恢复得很快，日本的国民生产总值和工业生产分别于 1954 年和 1956 年恢复到战前最高水平。日本的国民生产总值在 1968 年超过原联邦德国，仅次于美国。

日本的工业主要分布在太平洋沿岸地区。太平洋沿岸的东京、横滨、大阪以及名古屋等，都是优良海港，海上交通便利，利于发展对外贸易。

一、日本对外贸易发展的特点

▶ 1. 对外贸易额迅速增长，贸易地位稳定

第二次世界大战后，日本的对外贸易额增长十分迅速。出口贸易额由 1950 年的 8.2 亿美元，增长到 1995 年的 4 430 亿美元。出口贸易年均增长率在 1950—1995 年为 15.8%，超过世界和各类国家的出口年增长率。日本在世界出口贸易中所占的比重从 1950 年的 1.4% 提高到 1980 年的 6.3%，成为仅次于美国和德国的第三大贸易国家。1995 年这一比重提高到 8.8%。2001 年日本出口贸易额为 4 047 亿美元，在世界出口贸易中所占的比重降至 6.6%。2002 年出口贸易额为 4 160 亿美元，在世界出口贸易中所占的比重为 6.5%，仍保持世界第三大贸易国家的地位。2003 年货物出口额为 4 719 亿美元，仍居世界第三位。2012—2015 年，日本贸易进出口地位有所下滑，出口贸易和进口贸易一直位列第四。

▶ 2. 对外货物贸易保持大量顺差，服务贸易则为逆差

日本由 20 世纪 50 年代的货物贸易逆差转变为 60 年代的顺差，在两次石油提价后，又转为逆差，进入 20 世纪 80 年代后转为顺差，而且顺差额日益增大。日本货物贸易顺差额从 1982 年的 202.8 亿美元，增加到 1999 年的 1 807 亿美元，成为仅次于德国的第二大货物贸易顺差国家。2002 年日本货物贸易顺差有所下降，为 796 亿美元。近年来，尤其是 2012 年后，日本货物贸易出现了逆差，2012 年货物贸易逆差为 870 亿美元，2015 年为 230 亿美元。

与日本在货物贸易存在大量顺差相反，日本在服务贸易方面有大量逆差。2001 年，日本商业服务出口为 633 亿美元，占该年世界服务出口的 4.4%；同年日本服务进口为 1 067 亿美元，占该年世界服务进口的 7.5%，服务贸易逆差达 434 亿美元。直到 2015 年，日本服务贸易一直保持逆差状态，2015 年服务贸易逆差达到了 160 亿美元。

▶ 3. 工业制成品在出口商品中占主要地位，工业制成品的进口超过初级产品

日本出口商品的显著特点是工业制成品所占的比重较大，出口商品结构不断优化。制成品在日本出口商品中所占的比重由 1970 年的 92.5% 上升到 2001 年的 92.8%。在制成品出口中，机械和运输设备所占的比重最大，1970 年占出口总值的 40.5%，2001 年为 66.9%。目前，车辆及其零附件、机械设备和电气和电子产品是日本主要出口产品类别，2007 年 1—6 月这三类产品合计占日本出口总额的比重为 60.9%。

在日本进口商品中，初级产品在 20 世纪 90 年代以前一直超过工业制成品，此后，随着日本参与国际分工的深化和市场的开放，工业制成品进口增多，1995 年工业制成品在进口中所占的比重超过初级产品，达 53.0%。在进口的初级产品中，2001 年，燃料为第 1 位，占进口总值的 20.2%；食品占第 2 位，占 15% 左右；矿产和金属占第 3 位，农业原料占第 4 位。从具体产品来看，2007 年 1—6 月，原油仍是日本第一大进口产品，占日本进口总额的 15.3%（表 15-9）。

表 15-9　2015 年日本进出口商品主要类别统计　　　　　单位：十亿美元

商品类别	出　口		进　口	
	金额	同比增长（%）	金额	同比增长（%）
农产品	与进口额比较小	—	74	—10
燃料和矿石产品	与进口额比较小	—	169	—47
工业制成品	545	—9	372	—9
钢铁	30	—20	与出口额比较小	—
化工产品	63	—13	64	—1
办公通信设备	60	—8	80	—12
纺织品	6	—3	8	—8

▶ 4. 贸易伙伴以发达国家为主

在日本的贸易伙伴中，20 世纪 80 年代以后，发达国家居第一位，发展中国家居第二位。发达国家在日本出口中所占的比重 1952 年为 38.1%，1980 年为 47.5%，2001 年为 51.6%；发展中国家同期所占的比重分别为 56.5%、48.8% 和 47.8%。

从出口国别来看，美国仍是日本第一大出口国。尽管受房地产市场放缓、次级贷款问题和零售消费下滑等影响了美国经济，2007 年 1—6 月，日本对美国出口 692.4 亿美元，美国占日本出口市场份额 20.6%。中国和韩国是日本第二大和第三大出口市场，2007 年 1—6 月，日本对两国的出口额分别为 501.8 亿美元和 263.4 亿美元，占其出口总额的 14.9% 和 7.8%。

在日本进口来源国中，中国和美国是日本第一和第二大进口国。2007 年 1—6 月，日本从中美两国的进口额分别为 609.7 亿美元和 349.5 亿美元，占其进口总额的 20.8% 和 11.9%。沙特阿拉伯和阿拉伯联合酋长国继续维持日本第三大和第四大进口来源国的地位。

二、对外贸易在日本经济发展中的地位和作用

日本是一个资源贫乏、人口稠密的国家，第二次世界大战后初期科学技术水平相对落后。在"二战"后经济恢复和发展中，不仅需要进口大量资源，而且还需要引进大批现代化技术，为此需要大量的外汇和资金。而"二战"后日本对外贸易的迅速发展，为日本经济发展提供了非常有利的条件，使日本的"贸易立国"国策得到落实。

▶ 1. 日本进口贸易在经济发展中的作用

资源进口，保证了工业的迅速发展，带动了国民经济的发展。日本资源匮乏，经济发展严重依赖资源进口。日本主要用工业原料，如棉花、羊毛、铁矿石、镍砂石、磷灰石、天然橡胶和石油等，均依赖进口；积极引进国外先进技术，促进国内技术改造和产业结构现代化；大量进口消费品，引导国内消费结构的变化，促使国内产业结构与之相适应。

▶ 2. 日本出口贸易在经济发展中的作用

出口贸易为日本经济发展提供了大量的外汇资金，从而摆脱了国际收支对经济发展的制约；出口刺激日本改变产业结构和出口商品结构，从而增强国内产业的竞争力；出口的扩大还带动了相关产业发展，促进日本经济增长。

三、日本的外贸管理制度

▶ 1. 日本的对外贸易管理机构

经济产业省是日本政府管理进口贸易的主管部门，拥有许可、审批等权限。日本海关属财务省管辖，其主要工作是管理进出口的货物、船舶、飞机、旅客及征收关税。海关依据《进口贸易管理令》，对经济产业省、外汇银行进口活动的审批进行确认，并在经济产业大臣的授权下对部分进口贸易进行审批，并拥有一些委任权限（无偿货物的进口审批、进口审批证的延期等）。财务省在贸易管理方面的职能主要是指定结算货币和结算条件、对贸易活动的结算方式进行审批和确认、对具有支付手段性质的货物（贵金属等）的进口进行审批等。日本银行是日本的中央银行，负责某些进口贸易的审查、审批等，并负责编制有关统计。日本的授权外汇银行是指财务大臣根据《外汇法》或《外汇银行法》允许经营外汇业务的商业银行。

▶ 2. 日本的对外贸易管理法律法规体系

日本进口方面的法律包括《外汇及外国贸易管理法》及政府颁布的《进口令》《进口规则》《进口公告》《进口注意事项》以及《进口发表》等。由于进口贸易受到不断变化的国际经济形势的影响，其法律只对进口贸易管理的基本事项进行规定。通过这些法律，日本经济产业省及其他有关机构一起对进口实施管理。日本还制定了以《出口贸易管理令》（简称《出口令》）为主体的出口管制法律，主要包括出口限制、技术提供限制和出口的事后审查等内容。

日本关税法律体系包括《关税法》《关税定率法》《关税临时措施法》。其中《关税法》是关税行政的基本法，规定了关税的征收、进出口货物通关以及与此相关的船舶进出港手续及保税制度等。《关税定率法》详细规定了关税税率及计税价格的确定方法、关税的减免或退还、反倾销关税等特殊关税制度、禁止进口产品等。《关税临时措施法》根据产业经济情况的变化，还规定了一些短期临时性的关税税率、关税减免及退税制度、普惠关税制度，作为《关税定率法》的补充。此外对于特殊例外事项，则由《集装箱特例法》等进行规范。

▶ 3. 日本的对外贸易管理制度

（1）进口管理制度（进口许可）。日本现行的《进口令》规定，需要实施管理的进口货物仅限于必须进行进口审批的货物，包括进口配额产品、指定原产地或装运地进口的特定货物、规定必须履行一定手续的货物。但《进口公告》同时规定对于该公告涉及的产品，如已获得经济产业省大臣的确认或已向海关提交原产地证书的，则不需进口审批。因此，这些货物在通关时只需向海关提交经济产业省大臣的确认书或原产地证书等，就可获得进口许可。

（2）出口管理制度。出于维护贸易秩序、稳定国内经济、遵守国际协定等各种原因，日本也对部分产品的出口实行审批、许可等控制措施。出口限制主要指安全保障出口管制。

为防止武器尤其是大规模杀伤性武器的扩散，日本规定武器、与核能相关产品、化学及生物武器相关产品、导弹相关产品、常规武器等的出口必须经经济产业省大臣许可。另外，还有"补充性出口管制产品"的规定。只要日本出口商认为有关产品可能被用于开发和生产大规模杀伤性武器，就须经日本经济产业省大臣许可后方可出口。

▶ **4. 日本对外贸易管理的主要措施**

日本关税平均水平很低，2000 年为 2.1%，与主要发达国家持平，但是，对某些产品依然征收过高关税或实施非关税措施。

(1) 高关税。日本对大米、盐的进口实行关税化。1999 年 4 月 1 日起，日本对最低限额进口框架以外的大米进口实行关税化，将关税定为 351.17 日元/公斤（相当于近 400% 的税率），此后每年下调 2.5%。这一超额关税使进口大米完全丧失价格优势，事实上无法进入日本市场；日本农水产品关税普遍高于工业品。农水产品征税品种约占 80%，其中半数以上税率超过 15%。

(2) 关税配额。日本实施关税配额的产品占进口产品的比重不大，但关税配额的管理程序复杂且透明度低。日本关税配额的分配采取"事前分配方式"进行，工业品、农产品的关税配额分别由经济产业省、农林水产省负责分配。

此外，从 2003 年 4 月 1 日起，日本实施新的普惠制方案，扩大了给惠产品范围、关税削减幅度、调整了最高限额管理方式等。如扩大了给惠产品范围，可以享受普惠制待遇的农产品从 221 个条目增加到 339 个条目，主要是植物产品、加工食品、油脂类产品和动物产品等，同时将 36 个农产品的普惠制关税降为零关税；新方案对给惠农产品没有最高限额，对约一半的给惠工业品不实行最高限额。

四、我国与日本的贸易关系

(一) 中日贸易关系的发展

新中国成立后，中日贸易以民间贸易为基础逐渐发展起来。自 1972 年中日两国实现邦交正常化，特别是 1979 年中国实行对外开放政策以来，中日贸易有了突飞猛进的发展。

▶ **1. 中日贸易额快速增长**

1972 年中日两国建交，当年中日贸易额为 11 亿美元。2002 年中日双边贸易额达 1 019.1 亿美元，突破 1 000 亿美元大关，占当年我国对外贸易总额的 16.4%。其中，中国对日出口额为 484.4 亿美元，自日本进口 534.7 亿美元，中方逆差 50.3 亿美元。2003 年中日贸易双边总额达 1 335.8 亿美元，同比增长 31.1%。1993—2003 年，日本一直是我国第一大贸易伙伴。2006 年中日双边贸易总值首次超过 2 000 亿美元，达 2 074 亿美元。2008 年中日双边贸易总额为 2 668 亿美元，2006—2008 年，日本成为继欧盟、美国之后的我国第三大贸易伙伴。2015 年，中国对日本出口额为 1 493.9 亿美元，向日本进口 1 629.2 亿美元，双边贸易额高达 3 123 亿美元。

▶ **2. 我国对日本进出口以工业制成品为主**

长期以来，我国对日本出口以初级产品为主，进口以工业制成品为主。20 世纪 80 年代至今，我国对日本出口商品结构发生了很大变化，纺织品、服装、家电等制成品出口迅速增加，原材料、矿物性燃料的比重下降。20 世纪 90 年代以来，工业制成品占对日出口的比重为 80% 左右。同时，对日本进口结构也发生了变化，压缩了家电、小汽车等高档消费品的进口，继续增加用于生产的机械产品的进口。以 2002 年为例，中国对日本出口主要产品为机电产品、纺织品、食品、金属及制品以及矿物燃料等，自日本进口的产品主要是电动机械、一般机械、化学制品、金属及其制品以及纺织品等。

▶ **3. 贸易方式多样化**

目前，中日两国的经贸关系已经从单纯的商品贸易扩大到包括货物贸易、服务贸易、投资等领域的全面经济合作。贸易方式也从一般贸易发展为加工贸易、补偿贸易、石油和煤炭等领域的合作开发。这些，有力地促进了中日贸易的发展。

（二）中日贸易关系存在的主要障碍

▶ **1. 关税壁垒问题**

目前，日本对中国的一些商品仍然征收高额进口关税。2001 年，日本财务省宣布对进口工业用盐征收高关税。其中，中国精盐被课以 35％～50％的关税。此外，日本对部分产品依加工深度按关税升级原则设定相应的关税。但部分产品的原材料和半成品或制成品的税率差过大，有的甚至高达 30％～40％，削弱了中国相关半成品或制成品在日本市场的竞争力。

▶ **2. 进口限制问题**

日本的进口限制问题在中日大米贸易和丝绸贸易中表现突出。例如，在中日丝绸贸易中，日方以进口商的能力有限为由，每年均不足额发放配额。

▶ **3. 日本实施了新的普惠制方案**

日本自 2003 年 4 月 1 日起实施新的普惠制方案。根据该方案，氧化铅、餐具用陶瓷制品和床上用品 3 种共 6 个税号的中国产品被取消了普惠资格。新的普惠制标准涉及我国相当多的出口产品，对我国产品出口日本造成不利。

此外，日本的技术性贸易壁垒，包括不合理的技术法规、标准，以及复杂的植物卫生检验检疫体制，也是中日贸易发展的主要障碍。

第 三 节　欧洲联盟的对外贸易

欧洲联盟是以国家集团形式出现的欧洲国家的国际联盟。2004 年 5 月，欧洲联盟包括 25 个成员国：比利时、丹麦、德国、希腊、西班牙、法国、爱尔兰、意大利、卢森堡、荷兰、葡萄牙、英国、奥地利、瑞典、芬兰、波兰、匈牙利、斯洛伐克、立陶宛、拉脱维亚、爱沙尼亚、捷克、斯洛文尼亚、塞浦路斯、马耳他，总人口达到 4.5 亿，年进出口总额接近 3 万亿美元，成为全球最大的贸易集团。

欧洲联盟的前身是欧洲共同体。1993 年 11 月 1 日《马斯特里赫特条约》正式生效，欧洲联盟宣告诞生，欧洲共同体改为现称。

一、欧盟对外贸易发展的特点

▶ **1. 对外贸易规模大，增长迅速**

随着欧盟对外贸易的较快增长，它在世界出口贸易中的地位显著上升，从 1950 年占世界出口的 30.7％提高到 1995 年占世界出口的 40％。2001 年欧盟 15 国的出口与进口贸易额分别为 22 900 亿美元和 23 350 亿美元，分别占世界出口与进口总额的 37％和 36％。1950—1955 年，欧洲联盟 15 国的货物出口和进口贸易额的年均增长率分别为 11.5％和 11.1％，均高于同期世界贸易出口年增长率 11.1％和进口 11％的增长速度。1980—1990 年欧盟的出口与进口贸易额年均增长率分别为 8.1％和 7.3％；1990—2001 年欧盟的出口与进口贸易额年均增长率均降为 4％，均低于同期世界出口年均 6％和进口年均 7％的增长速度。

伴随世界经济较快增长和经济全球化的深入发展，当前欧盟国际贸易增长明显加速，已经进入新一轮增长期。2007 年欧盟进口贸易量为 4 024 亿美元，出口量为 1.33 万亿美元。2015 年欧盟货物贸易进口额为 19 140 亿美元，出口额为 1.99 万亿美元。

▶ **2. 成员国内部贸易比重扩大**

欧盟成员国之间的内部贸易额从 1960 年的 103 亿美元增加到 1996 年的 12184 亿美元。内部出口额占世界出口额的比重，从 1960 年的 8％提高到 1996 年的 23.2％；内部出口额占欧盟出口额的比重，从 1960 年的 34.6％提高到 1996 年的 60.4％。

▶ **3. 国际贸易结构高级化，服务贸易发展迅速**

在欧盟的对外贸易商品结构中，工业制成品占主要地位。在 1994 年的出口总额中，工业制成品占 80％，在 1994 年的进口总额中，工业制成品占 73.7％。初级产品特别是燃料、食品的进口大量减少。近些年，伴随着产业结构的优化升级，高技术产品在制成品贸易中的地位大大提高，尤以信息通信技术产品的出口增长最快。

服务贸易发展迅猛。近 20 多年来，欧盟国际服务贸易规模已经从 2004 年的689.8 亿美元扩大到 2006 年的 814.7 亿美元。到 2014 年，欧盟商业服务贸易出口额为 9 150 亿美元，进口额为 7 320 亿美元。在行业结构上，服务贸易日益向金融、保险、电信、信息、咨询等新兴服务业倾斜，传统的运输业、旅游业所占份额持续下降（见表 15-10）。

表 15-10　2014 年欧盟前十大商业服务贸易伙伴

位次	国家或地区	自欧盟进口（亿美元）	同比增长（％）	所占比重（％）	位次	国家或地区	对欧盟出口（亿美元）	同比增长（％）	所占比重（％）
1	欧盟	10 875.8	5	57.9	1	欧盟	12 106.9	7	54.6
2	美国	2 498.7	15	13.3	2	美国	2 595.2	8	11.7
3	荷兰	842.7	18	4.5	3	荷兰	1 453.3	11	6.6
4	中国	301.9	9	1.6	4	中国	383.4	6	1.7
5	土耳其	207.2	2	1.1	5	俄罗斯	380.4	−6	1.7
6	新加坡	207.0	11	1.1	6	挪威	366.6	5	1.7
7	挪威	205.3	12	1.1	7	日本	339.4	5	1.5
8	日本	200.6	1	1.1	8	新加坡	270.3	19	1.2
9	俄罗斯	163.1	−12	0.9	9	澳大利亚	246.4	−3	1.1
10	印度	158.7	−5	0.8	10	加拿大	217.4	−7	1.0

资料来源：世界贸易组织网站．

▶ **4. 发达国家是其主要贸易对象**

欧洲联盟全部对外贸易的 80％左右是与发达国家进行的。发展中国家在欧盟的对外贸易中仅占 15％左右。

二、欧盟的贸易政策与措施

（一）共同贸易政策

共同贸易政策的主要法规包括建立关税同盟，取消内部关税，统一对外关税税率。建立欧共体市场的最初目的就是为了形成一个关税同盟，因此关税同盟是欧盟对外贸易政策的核心内容。根据《罗马条约》的规定，关税同盟的主要内容是：对内在成员国之间分阶段削减直至全部取消工业品关税和其他进口的限制，实现共同市场内部工业品的自由流通，另外，通过逐步拉平各成员国的关税率，实行对外统一关税。为了实现关税同盟，欧洲共同市场采取了以下主要措施。

▶ 1. 取消内部关税

按照《罗马条约》的规定，关税同盟自 1959 年 1 月 1 日起，分 3 个阶段减税，于 1970 年 1 月 1 日前完成。实施结果是，欧洲共同市场原 6 国之间的工业品和农产品，分别提前于 1968 年 7 月和 1969 年 1 月建成关税同盟。1963 年 1 月，英国、丹麦和爱尔兰加入欧洲共同市场后，自 4 月 1 日起，这 3 国与原 6 国之间也分期减税。到 1977 年 7 月 1 日和 1977 年年底，3 国与 6 国之间的工业品和农产品也分别实现全部互免关税。1986 年希腊也同 9 国实现了关税同盟。西班牙和葡萄牙 1986 年 1 月 1 日正式加入欧洲共同体后，这两国的关税根据共同体的共同对外关税，从 1986 年 3 月 1 日起逐年进行调整，多数产品的过渡期是 7～10 年。

▶ 2. 统一对外关税率

1968 年 7 月，在取消内部关税的同时，欧洲共同市场 6 国开始对非成员国的工业品实行统一的关税，即以 6 国对外关税率的平均数作为共同关税率。后加入的 3 国，从 1977 年开始，也使用欧洲共同市场统一的税率。希腊从 1986 年开始，西班牙和葡萄牙从 1993 年开始全面适用欧洲共同市场共同对外关税。

▶ 3. 取消数量限制

欧共体在 1960 年 5 月决定，于 1961 年提前取消工业品的进口限额，农产品数量限制改为共同体配额，适用于所有成员国。

（二）共同农业政策

共同农业政策也是欧共体经济一体化的重要内容。共同农业政策的原则是：保持农产品市场的稳定，增加农业生产能力，为消费者提供一种合理的价格。主要内容是：对非成员国的农产品进口征收差额税，即按非成员国农产品的进口价格同成员国农产品价格的差额征税；在成员国内部，制定共同价格，使农产品在共同体内自由流通；对成员国农产品的出口实行价格补贴，各成员国要把征收到的农产品进口差额税上缴欧洲共同体，建立农业共同基金，以补贴农产品的出口。但是在国际农产品市场的激烈竞争和保护主义浪潮的侵蚀下，欧共体的共同农业政策逐渐远离其初衷。在 20 世纪 60—70 年代，在该政策的框架内，形成了价格与销售保障、补贴和资助的保护区域内农业的体系，将农民收入和市场力量完全的分割。

延伸阅读 15-1

欧盟共同农业政策改革

欧盟的 6 个创始国在 1957 年签订《罗马条约》时，就明确规定了要实施一项欧盟范围内的共同农业政策，其目标是：促进农业生产，保障农民收入，保证市场供应，以及为消费者提供合理的价格。为此，欧盟在 1962 年建立了"欧洲农业指导与保证基金"，为共同农业政策的实施提供财政保证，主要是用于价格支持。

价格支持制度是共同农业政策的核心。除了对欧盟农产品的出口予以补贴，使之降到世界农产品价格水平之外，在欧盟内部，这套价格机制主要由三部分组成，即目标价格、干预价格和门槛价格。目标价格是农民希望得到的基本价格，它在每年年初由欧盟部长理事会确定。当欧盟内的农产品供大于求时，实际市场价格会降到目标价格之下。而当降到某一点时，欧盟将以事先确定好的价格即干预价格收购农产品，以维持市场价格的稳定。干预价格一般低于目标价格10%～20%，是欧盟农产品的最低保证价格。门槛价格则是为进口农产品制定的最低价格。如果进口价格低于欧盟的目标价格，欧盟将通过按差额对其征收关税，使之提高到欧盟内部的价格水平。

欧盟的上述价格支持制度通常是通过一系列共同市场组织对农产品的吞吐储藏等活动来实现的。共同农业政策把欧盟生产的农产品划分为若干大类，每一类农产品由一个市场组织管理，目前这种共同市场组织有20多个。

1992年，欧盟引入了一系列改革新措施，其中最重要的是降低农产品的保证价格，并通过与农地退耕相联系的对生产者的直接资助以缓解其收入下降。2003年1月27日，欧盟部长理事会通过了共同农业政策改革计划，代之以农民收入为依据的补贴政策，摒弃"有生产即有补贴"的做法，改为支持人而非支持物；在发放农业补贴时，要充分考虑农业生产过程中的产品质量、环境保护和食品安全；今后数年内逐步缩减农业生产规模，降低农产品价格，使之接近世界市场价格，对农民的补贴每户每年的上限不得超过30万欧元，并以每年3%的幅度递减。

资料来源：裘元伦. 欧盟共同农业政策改革[J]. 求是，2003(8).

（三）共同渔业政策

根据欧盟共同渔业政策，欧盟自1977年起将各成员国在北大西洋和北海沿岸的捕鱼区扩大为200海里，作为共同捕鱼区由欧盟统一管理，并授权欧委会与第三国谈判渔业协定。欧盟共同渔业政策主要涉及欧盟捕鱼配额的分配、渔业资源的保护和与产品的销售等领域。

（四）非关税壁垒

非关税壁垒是欧盟限制进口的主要手段，主要包括进口配额和进口许可证制度，技术标准，反倾销和自动出口限制等。

▶ **1. 进口配额制**

欧盟从1979年起实行统一的进口数量限制和配额管理，对实施这类管理的商品货单以及国家或地区，由其统一公布。1993年11月，欧洲统一大市场启动后，欧盟用共同的贸易限制取代了各成员国的自行限制。实施统一进口配额制度，大大加强了它的贸易保护性。

欧盟实施的进口配额制十分复杂，而且经常变化。欧盟既使用绝对配额又使用关税配额。从1993年1月1日起，欧盟实施的数量限制为绝对配额，即在一定时间内超过配额的货物不得进入欧盟市场。目前，欧盟除了对部分钢铁产品仍实施关税配额外，还对中国的蘑菇罐头、大蒜、红薯干等产品实行国别配额。在国别配额的确定上，欧盟在多次增加配额总量时拒不增加给予中国的配额量。

▶ **2. "自动"出口限制**

自20世纪80年代以来，欧盟各成员国广泛使用"自动"出口限制来限制进口。据关税与贸易总协定秘书处80年代末公布的统计资料，欧盟各成员国和特定行业制定的"自动"出口限制措施达125种。限制的主要产品为农产品、食品、纺织品、汽车、运输设备、钢和钢铁制品、鞋类等。早在1972年，欧盟就迫使日本实施了对其钢铁出口的自动限制。80年代初，欧盟与日本就机器、电器、电子产品以及汽车等订立了自动限制出口协议。近些年来，一些新兴工业化国家的竞争实力增强，如亚洲"四小龙"，欧盟要求它们对一些与之竞争的产品实施"自限"，如迫使韩国自动限制其电子产品向欧盟的出口。与中国就鞋类、纺织品、自行车等也签有自动出口限制的协议。据统计，目前欧盟受自动出口限制保护的商品多达55种。

▶ **3. 进口许可制**

欧盟建立许可证制度的目的在于管理贸易数量限制和落实监督措施。根据欧盟法律，进口需经成员国事先审批，并由成员国签发进口许可证。成员国一般提前一天发放进口许可证，并将进口数量报告给欧盟委员会。欧盟委员会由此掌握和管理整个欧盟市场的进口数量。

三、我国与欧盟的贸易关系

（一）中国与欧盟贸易关系的发展

1975年，中国与欧盟的前身欧共体建立了正式外交关系，1978年双方签订了长期贸易协定，并建立了贸易混合委员会制度，为双方经济贸易和科技合作的发展提供了充分的法律依据。根据贸易协定的规定，欧盟逐步放宽了从我国进口的限制，增加了配额额度。从1980年1月起，欧盟给中国以普惠制待遇。我国则对来自欧盟的进口也给予优惠待遇。1985年5月，双方又签订了贸易和经济合作协定，扩大了双边经贸合作的范围。2003年至今，中欧贸易关系发展进入新时期。2003年10月，中国首次发表《中国对欧盟政策文件》，2005年，中国又与欧洲国家签署《经贸合作协定》，这些有力地促进了中国与欧盟贸易关系的顺利发展。

▶ **1. 我国与欧盟贸易额不断增长**

1975年，中国与欧盟的贸易额为24亿美元，1980年欧盟对中国出口商品给予普惠制待遇后，双边贸易增长很快，年平均增长率超过10％。1992年，中国与欧盟贸易额已达174亿美元，占当年中国对外贸易总额的10.5％。中国加入世界贸易组织以来，中欧贸易发展迅猛，2002年达到867.55亿美元，同比增长13.2％，占我国对外贸易总额的15％。2003年我国与欧盟的双边贸易额达到1 252.2亿美元，同比增长44.4％，大大超过了同期中美、中日贸易的增长速度。2004年中国和欧盟双边贸易额为1 772.9亿美元，同比增长33.6％，欧盟成为我国第一大贸易伙伴，2005年，中欧双边贸易达到为2 173.1亿美元，2006年中欧双边贸易总额为2 723亿美元，占我国对外贸易总额的15.5％。2008年中欧双边贸易总值为4 256亿美元，比上年增长20％。2004—2008年，欧盟保持我国第一大贸易伙伴的地位。

▶ **2. 欧盟对我国技术设备出口领先于美国和日本**

欧盟国家的产业有着资本密集型、技术含量高的特点。我国对欧盟出口以轻纺产品和工艺品为主，从欧盟进口主要是机械、工业设备、精密仪器、运输机械等资本货物，而且进口机械设备时都涉及了技术转让。2005年从欧盟进口比重最大的依然是机械和运输类，占到60％以上。我国与欧盟贸易结构的突出特点，是欧盟对我国技术设备出口在我国引进技术、成套设备的合同成交金额中占有重要地位。这对我国经济建设及科学技术现代化起着十分积极的作用。

▶ **3. 欧盟逐步放宽中国产品进口配额**

欧盟理事会1996年4月18日决定，对中国7类非纺织品中的两类产品在配额上取消数量限制，并提高其他产品的配额水平。在7类产品中，已从1996年1月1日起，取消了对手套和车用收音机的配额限制。其余5类产品，对皮鞋的配额提高了2％，陶器和瓷器产品提高了 5%，玻璃产品提高了 10%，将玩具的前 3 种配额合并为一。这有利于我国企业扩大出口。

（二）我国与欧盟贸易关系发展中存在的主要问题

▶ 1. 欧盟对中国产品实行的反倾销限制

自 1980 年到 1995 年的 15 年间，欧盟共对 700 起反倾销诉讼做出了裁决。其中 70 起涉及中国。据国家统计局有关资料，自 1995 年到 2005 年的 11 年期间，欧盟对中国实施反倾销调查立案高达 60 件，反倾销涉及的领域遍及绝大多数制造业部门。近年来，又明显加大了对中国产品的反倾销调查力度。据商务部统计，仅 2006 年一年里，欧盟对华反倾销立案就达 12 起，同比增长五成。截至 2007 年 4 月，欧盟已对中国发起 127 起反倾销调查，且有不断增长的势头。

▶ 2. 欧盟对中国出口产品实行数量限制

在纺织品方面，欧盟虽然于 2002 年 1 月 1 日起取消了对中国部分出口纺织品的数量限制，但仍维持对中国 41 个类别的纺织品的数量限制，且给予中国产品的配额年增长率较低。目前，欧盟以中国部分丝麻产品仍然采取国营贸易为主，对中国 9 类丝麻产品仍然实施配额限制。

欧盟至今历经了五次扩大，但在其扩大之后，欧盟未按中国对欧盟新增成员的出口实绩，相应增加欧盟对自中国进口相关产品的配额。欧盟对中国蘑菇罐头、大蒜、红薯干等产品的现行配额量，远低于欧盟扩大前中国对欧盟及其新增成员的实际出口量。以芬兰为例，中国蘑菇罐头在芬兰市场的占有率由芬兰入盟前的 98% 锐减到入盟后的 18%。

▶ 3. 欧盟修改普惠制方案，减少我国产品的普惠制待遇

2003 年 5 月，欧盟理事会通过 2003—2004 年普惠制修订案。根据地 2501/2001 号条例，欧盟正式宣布将对外国的动物源性食品、塑料及橡胶、纸、电机产品、电子消费品、眼镜及钟等产品实施毕业，取消这些产品的普惠制待遇。这些产品从 2003 年 11 月 1 日起，在原优惠安排的基础上，削减 50% 的优惠幅度，从 2004 年 5 月 1 日起，取消全部优惠安排。

另外，欧盟颁布了大量的技术法规和标准，并制定了相应的合格评定程序，严重阻碍了我国产品对欧盟市场的出口。

本章小结

美国拥有先进的科学技术，丰富的劳动力资源、自然环境和投资环境。美国对外贸易发展特点：贸易规模大，服务贸易居世界首位；其贸易方向已从西欧和北美转向亚太地区；出口以工业品为主，进口大量原材料和初级产品；货物贸易大量逆差。美国贸易政策主要有贸易自由化、新贸易保护和外贸管理。

日本国民生产总值曾仅次于美国，其对外贸易发展的主要特点是："二战"后贸易规模发展迅速，贸易地位稳定；其货物贸易大量顺差，服务贸易逆差；主要出口工业品；发达国家为主要贸易伙伴。

欧盟对外贸易规模大，发展迅速；成员国之间贸易比重大；服务贸易发展迅速贸易结构高级化；发达国家是主要贸易对象。

复习思考题

1. 谈谈目前美国对外贸易发展的主要特点及发展趋势。
2. 通过近年来日本经济的高速增长，说说日本对外贸易政策所起的作用。
3. 进一步发展中欧贸易的主要障碍是什么？你有何建议？

延伸阅读 15-2

贸易不平衡与美国的贸易逆差

在贸易全球化的过程中，贸易不平衡的趋势越来越明显。贸易不平衡正是 20 世纪 80 年代以来全球经济不平衡的主要表现。国际货币基金组织总裁拉脱指出：世界经济不平衡的主要表现是美国经常账户赤字庞大，债务增长迅速；日本、中国和亚洲其他发展中国家对美贸易盈余增加，以及包括俄罗斯和中东国家在内的石油产出国贸易盈余增加。

美国 1971 年首次出现贸易逆差，1976 年之后就再没有过顺差年份，而且逆差额越来越大。美国贸易逆差的对象主要有日本、石油输出国组织（OPEC）、中国、欧盟和加拿大。20 世纪 90 年代之后，美国的贸易逆差大幅度增加，其中日本对美贸易顺差始终维持在较高水平。21 世纪后，中国对美贸易顺差大幅上升，取代日本成为美国最大的贸易逆差对象国。

从国别比重上看，20 世纪 80 年代后期，日本对美贸易顺差占美国总贸易逆差的 40% 以上，一度高达 65%（1991 年）。此后，虽然日本对美贸易顺差额没有下降，但是在美国贸易不平衡中的地位逐渐下降，与其相对，中国在美国对外贸易逆差中的地位不断上升。2000 年以后，中国在美国贸易逆差对象国中排位第一。2007 年和 2008 年占美国贸易逆差的比重超过 30%，而日本的比重降到 10% 以下。

美国对外贸易不平衡是其频发贸易摩擦、实施贸易保护措施的重要因素。

延伸阅读 15-3

克林顿政府的贸易政策

克林顿时期贸易政策内容之一是广泛使用自动出口限制、反倾销和反补贴等措施，保护国内市场。1993 年美国以不再给予最惠国待遇威胁中国政府限制对美国的出口，迫使中国政府"自愿"同意在随后的 3 年中限制对美国纺织品的出口，由之前每年增长 5.5% 下调到 1994 年的增长率为零，1995 年和 1996 年增长率为 1%。世界贸易组织成立之后，美国向世界贸易组织起诉其他国家的贸易纠纷不断增加，是全球使用反倾销、反补贴措施次数最多、涉及金额最大的国家。

1993 年 9 月，克林顿政府推出"国家出口战略"，把扩大出口、打开他国市场作为政府外交活动的主要内容，主要焦点就是美国产品在日本市场的准入度。以日本将其对美巨额贸易顺差削减一半以上、日本对美国的制成品进口增加 1/3 为目标，克林顿政府与日本进行了激烈的贸易谈判。为给日本施压，1994 年 3 月克林顿总统签发行政命令，让超级 301 条款重新生效。1994 年 10 月 1 日，美日双方结束为期 15 个月的马拉松式谈判，就日本增加政府采购、开放保险业、平板玻璃三个领域达成协议。1995 年 6 月，美日就一向被视为两国贸易摩擦象征的汽车贸易问题达成《美日汽车零部件协议》，日本放宽对汽车配件市场的管制，增加购买美国产汽车配件的数量，美国放弃过去一贯坚持对日出口汽车、零部件及日本的车检制度等设定的数值目标要求。

克林顿政府还积极利用关税与贸易总协定或世界贸易组织的多边谈判来推行其全球贸易政策，促进多边贸易、地区贸易和双边贸易发展。在美国的努力下，北美自由贸易协定于1994年正式生效；克林顿政府还积极推进亚太经合组织的进程，并致力于建立大西洋市场。

延伸阅读 15-4

布什政府以来的贸易政策

2001年"9·11"事件和2008年金融危机使得布什政府和奥巴马政府继续推行单边主义贸易政策。

布什政府时期旨在保护本国市场的贸易措施非常频繁。2002年月，美国宣布根据"201条款"对进口的钢铁产品实施为期3年的关税配额或征收8%～30%的进口附加税。同年5月，美国国际贸易委员会裁定加拿大出口至美国的软木木材对其生产商造成伤害，对从加拿大进口的此种木材平均征收27%的惩罚性关税。2002年5月，美国国会通过农产品补贴法案，决定在未来6年内将农产品补贴增加67%，每年向农作物和乳制品追加64亿美元的补贴。2003年11月，宣布对中国针织布、袍服和胸衣三种纺织品实施进口配额制；美国商务部初步裁定中国部分电视机生产商向美国市场倾销其产品。

2010年3月，总统奥巴马在国情咨文演说中宣布，为了在国内经济复苏阶段通过出口创造更多就业的机会，未来5年将实行一项出口倍增计划。2010年9月，美国出口促进内阁发布了"国家出口振兴计划"的报告，提出8项促进出口措施，这是美国首次进行行政命令的方式协助企业拓展海外市场。包括：①出口促进内阁负责实施中小企业出口计划：加强对新建企业提供信息服务与技术援助，帮助现有出口企业获取新的出口商机；②出口促进内阁负责实施联邦出口扶持计划：挖掘现有、可获得的联邦资源扶持出口；③商务部负责实施贸易代表团计划：确保美国贸易代表团有效促进出口，并与州和地方政府保持磋商；④出口促进内阁府负责实施商业主张：确保美国联邦政府的商业主张能够有效促进出口；⑤美国进出口银行行长负责实施增加出口信贷计划：采取措施使中小企业获得更多出口信贷；⑥财政部长负责实施宏观经济再平衡计划：通过G20财长会议或其他适当机制促进全球经济平衡与强劲增长；⑦美国贸易代表负责实施减少贸易壁垒计划：积极打开新兴市场，减少贸易壁垒，稳健执行贸易协定，为美国制造业厂商、农场主、服务产品提供者改善海外市场准入条件；⑧出口促进内阁负责实施服务产品出口促进计划，制定促进服务出口贸易发展的政策及具体措施。

布什政府和奥巴马政府继续推进跨洲区域合作战略。2006年与中美洲6国的自贸区协定生效，同时与哥伦比亚签署了双边FTA，2007年美国-巴拿马自贸区生效，2009年美国-秘鲁自贸区生效，使美国向美洲自贸区目标又迈进一大步。在中东地区，2006年美国与摩洛哥、巴林的自贸区协定生效，2009年美国-阿曼自贸区生效。

美国的区域合作战略开始进入亚太地区，先后与新加坡、澳大利亚和韩国签署并开始实施自贸区。2009年，奥巴马政府开始积极推进《跨太平洋战略经济伙伴关系协议》（TPP）的谈判，以全面进入亚太经济圈。截至2013年9月，参与谈判的有美国、新西兰、文莱、智利、澳大利亚、秘鲁、越南、马来西亚、日本、墨西哥、加拿大和韩国共12国。2013年6月，美欧正式启动《跨大西洋贸易与投资伙伴关系协定》谈判，目标指向美欧自贸区。

附　录

附录 1　中华人民共和国对外贸易法

十届全国人大常委会第八次会议6日通过了修订后的对外贸易法。国家主席胡锦涛签署第15号主席令，公布了修订后的对外贸易法。

修订后的对外贸易法全文约9 000字，共11章70条，分为总则、对外贸易经营者、货物进出口与技术进出口、国际服务贸易、与对外贸易有关的知识产权保护、对外贸易秩序、对外贸易调查、对外贸易救济、对外贸易促进、法律责任和附则。修订后的对外贸易法将自2004年7月1日起施行。

附：中华人民共和国对外贸易法（全文）

目录

第一章　总　则

第二章　对外贸易经营者

第三章　货物进出口与技术进出口

第四章　国际服务贸易

第五章　与对外贸易有关的知识产权保护

第六章　对外贸易秩序

第七章　对外贸易调查

第八章　对外贸易救济

第九章　对外贸易促进

第十章　法律责任

第十一章　附则

第一章　总　则

第一条　为了扩大对外开放，发展对外贸易，维护对外贸易秩序，保护对外贸易经营者的合法权益，促进社会主义市场经济的健康发展，制定本法。

第二条　本法适用于对外贸易以及与对外贸易有关的知识产权保护。

本法所称对外贸易，是指货物进出口、技术进出口和国际服务贸易。

第三条　国务院对外贸易主管部门依照本法主管全国对外贸易工作。

第四条　国家实行统一的对外贸易制度，鼓励发展对外贸易，维护公平、自由的对外贸易秩序。

第五条　中华人民共和国根据平等互利的原则，促进和发展同其他国家和地区的贸易关系，缔结或者参加关税同盟协定、自由贸易区协定等区域经济贸易协定，参加区域经济组织。

第六条　中华人民共和国在对外贸易方面根据所缔结或者参加的国际条约、协定，给予其他缔约方、参加方最惠国待遇、国民待遇等待遇，或者根据互惠、对等原则给予对方最惠国待遇、国民待遇等待遇。

第七条　任何国家或者地区在贸易方面对中华人民共和国采取歧视性的禁止、限制或者其他类似措施的，中华人民共和国可以根据实际情况对该国家或者该地区采取相应的措施。

第二章　对外贸易经营者

第八条　本法所称对外贸易经营者，是指依法办理工商登记或者其他执业手续，依照本法和其他有关法律、行政法规的规定从事对外贸易经营活动的法人、其他组织或者个人。

第九条　从事货物进出口或者技术进出口的对外贸易经营者，应当向国务院对外贸易主管部门或者其委托的机构办理备案登记；但是，法律、行政法规和国务院对外贸易主管部门规定不需要备案登记的除外。备案登记的具体办法由国务院对外贸易主管部门规定。对外贸易经营者未按照规定办理备案登记的，海关不予办理进出口货物的报关验放手续。

第十条　从事国际服务贸易，应当遵守本法和其他有关法律、行政法规的规定。

从事对外工程承包或者对外劳务合作的单位，应当具备相应的资质或者资格。具体办法由国务院规定。

第十一条　国家可以对部分货物的进出口实行国营贸易管理。实行国营贸易管理货物的进出口业务只能由经授权的企业经营；但是，国家允许部分数量的国营贸易管理货物的进出口业务由非授权企业经营的除外。实行国营贸易管理的货物和经授权经营企业的目录，由国务院对外贸易主管部门会同国务院其他有关部门确定、调整并公布。

违反本条第一款规定，擅自进出口实行国营贸易管理的货物的，海关不予放行。

第十二条　对外贸易经营者可以接受他人的委托，在经营范围内代为办理对外贸易业务。

第十三条　对外贸易经营者应当按照国务院对外贸易主管部门或者国务院其他有关部门依法做出的规定，向有关部门提交与其对外贸易经营活动有关的文件及资料。有关部门应当为提供者保守商业秘密。

第三章　货物进出口与技术进出口

第十四条　国家准许货物与技术的自由进出口。但是，法律、行政法规另有规定的除外。

第十五条　国务院对外贸易主管部门基于监测进出口情况的需要，可以对部分自由进出口的货物实行进出口自动许可并公布其目录。

实行自动许可的进出口货物，收货人、发货人在办理海关报关手续前提出自动许可申请的，国务院对外贸易主管部门或者其委托的机构应当予以许可；未办理自动许可手续的，海关不予放行。

进出口属于自由进出口的技术，应当向国务院对外贸易主管部门或者其委托的机构办理合同备案登记。

第十六条　国家基于下列原因，可以限制或者禁止有关货物、技术的进口或者出口：

（一）为维护国家安全、社会公共利益或者公共道德，需要限制或者禁止进口或者出口的；

（二）为保护人的健康或者安全，保护动物、植物的生命或者健康，保护环境，需要限制或者禁止进口或者出口的；

（三）为实施与黄金或者白银进出口有关的措施，需要限制或者禁止进口或者出口的；

（四）国内供应短缺或者为有效保护可能用竭的自然资源，需要限制或者禁止出口的；

（五）输往国家或者地区的市场容量有限，需要限制出口的；

（六）出口经营秩序出现严重混乱，需要限制出口的；

（七）为建立或者加快建立国内特定产业，需要限制进口的；

（八）对任何形式的农业、牧业、渔业产品有必要限制进口的；

（九）为保障国家国际金融地位和国际收支平衡，需要限制进口的；

（十）依照法律、行政法规的规定，其他需要限制或者禁止进口或者出口的；

（十一）根据我国缔结或者参加的国际条约、协定的规定，其他需要限制或者禁止进口或者出口的。

第十七条　国家对与裂变、聚变物质或者衍生此类物质的物质有关的货物、技术进出口，以及与武器、弹药或者其他军用物资有关的进出口，可以采取任何必要的措施，维护国家安全。

在战时或者为维护国际和平与安全，国家在货物、技术进出口方面可以采取任何必要的措施。

第十八条　国务院对外贸易主管部门会同国务院其他有关部门，依照本法第十六条和第十七条的规定，制定、调整并公布限制或者禁止进出口的货物、技术目录。

国务院对外贸易主管部门或者由其会同国务院其他有关部门，经国务院批准，可以在本法第十六条和第十七条规定的范围内，临时决定限制或者禁止前款规定目录以外的特定货物、技术的进口或者出口。

第十九条　国家对限制进口或者出口的货物，实行配额、许可证等方式管理；对限制进口或者出口的技术，实行许可证管理。

实行配额、许可证管理的货物、技术，应当按照国务院规定经国务院对外贸易主管部门或者经其会同国务院其他有关部门许可，方可进口或者出口。

国家对部分进口货物可以实行关税配额管理。

第二十条　进出口货物配额、关税配额，由国务院对外贸易主管部门或者国务院其他有关部门在各自的职责范围内，按照公开、公平、公正和效益的原则进行分配。具体办法由国务院规定。

第二十一条　国家实行统一的商品合格评定制度，根据有关法律、行政法规的规定，对进出口商品进行认证、检验、检疫。

第二十二条　国家对进出口货物进行原产地管理。具体办法由国务院规定。

第二十三条　对文物和野生动物、植物及其产品等，其他法律、行政法规有禁止或者限制进出口规定的，依照有关法律、行政法规的规定执行。

第四章 国际服务贸易

第二十四条 中华人民共和国在国际服务贸易方面根据所缔结或者参加的国际条约、协定中所作的承诺，给予其他缔约方、参加方市场准入和国民待遇。

第二十五条 国务院对外贸易主管部门和国务院其他有关部门，依照本法和其他有关法律、行政法规的规定，对国际服务贸易进行管理。

第二十六条 国家基于下列原因，可以限制或者禁止有关的国际服务贸易：

（一）为维护国家安全、社会公共利益或者公共道德，需要限制或者禁止的；

（二）为保护人的健康或者安全，保护动物、植物的生命或者健康，保护环境，需要限制或者禁止的；

（三）为建立或者加快建立国内特定服务产业，需要限制的；

（四）为保障国家外汇收支平衡，需要限制的；

（五）依照法律、行政法规的规定，其他需要限制或者禁止的；

（六）根据我国缔结或者参加的国际条约、协定的规定，其他需要限制或者禁止的。

第二十七条 国家对与军事有关的国际服务贸易，以及与裂变、聚变物质或者衍生此类物质的物质有关的国际服务贸易，可以采取任何必要的措施，维护国家安全。

在战时或者为维护国际和平与安全，国家在国际服务贸易方面可以采取任何必要的措施。

第二十八条 国务院对外贸易主管部门会同国务院其他有关部门，依照本法第二十六条、第二十七条和其他有关法律、行政法规的规定，制定、调整并公布国际服务贸易市场准入目录。

第五章 与对外贸易有关的知识产权保护

第二十九条 国家依照有关知识产权的法律、行政法规，保护与对外贸易有关的知识产权。

进口货物侵犯知识产权，并危害对外贸易秩序的，国务院对外贸易主管部门可以采取在一定期限内禁止侵权人生产、销售的有关货物进口等措施。

第三十条 知识产权权利人有阻止被许可人对许可合同中的知识产权的有效性提出质疑、进行强制性一揽子许可、在许可合同中规定排他性返授条件等行为之一，并危害对外贸易公平竞争秩序的，国务院对外贸易主管部门可以采取必要的措施消除危害。

第三十一条 其他国家或者地区在知识产权保护方面未给予中华人民共和国的法人、其他组织或者个人国民待遇，或者不能对来源于中华人民共和国的货物、技术或者服务提供充分有效的知识产权保护的，国务院对外贸易主管部门可以依照本法和其他有关法律、行政法规的规定，并根据中华人民共和国缔结或者参加的国际条约、协定，对与该国家或者该地区的贸易采取必要的措施。

第六章 对外贸易秩序

第三十二条 在对外贸易经营活动中，不得违反有关反垄断的法律、行政法规的规定实施垄断行为。

在对外贸易经营活动中实施垄断行为，危害市场公平竞争的，依照有关反垄断的法律、行政法规的规定处理。有前款违法行为，并危害对外贸易秩序的，国务院对外贸易主管部门可以采取必要的措施消除危害。

第三十三条　在对外贸易经营活动中，不得实施以不正当的低价销售商品、串通投标、发布虚假广告、进行商业贿赂等不正当竞争行为。

在对外贸易经营活动中实施不正当竞争行为的，依照有关反不正当竞争的法律、行政法规的规定处理。

有前款违法行为，并危害对外贸易秩序的，国务院对外贸易主管部门可以采取禁止该经营者有关货物、技术进出口等措施消除危害。

第三十四条　在对外贸易活动中，不得有下列行为：

（一）伪造、变造进出口货物原产地标记，伪造、变造或者买卖进出口货物原产地证书、进出口许可证、进出口配额证明或者其他进出口证明文件；

（二）骗取出口退税；

（三）走私；

（四）逃避法律、行政法规规定的认证、检验、检疫；

（五）违反法律、行政法规规定的其他行为。

第三十五条　对外贸易经营者在对外贸易经营活动中，应当遵守国家有关外汇管理的规定。

第三十六条　违反本法规定，危害对外贸易秩序的，国务院对外贸易主管部门可以向社会公告。

第七章　对外贸易调查

第三十七条　为了维护对外贸易秩序，国务院对外贸易主管部门可以自行或者会同国务院其他有关部门，依照法律、行政法规的规定对下列事项进行调查：

（一）货物进出口、技术进出口、国际服务贸易对国内产业及其竞争力的影响；

（二）有关国家或者地区的贸易壁垒；

（三）为确定是否应当依法采取反倾销、反补贴或者保障措施等对外贸易救济措施，需要调查的事项；

（四）规避对外贸易救济措施的行为；

（五）对外贸易中有关国家安全利益的事项；

（六）为执行本法第七条、第二十九条第二款、第三十条、第三十一条、第三十二条第三款、第三十三条第三款的规定，需要调查的事项；

（七）其他影响对外贸易秩序，需要调查的事项。

第三十八条　启动对外贸易调查，由国务院对外贸易主管部门发布公告。调查可以采取书面问卷、召开听证会、实地调查、委托调查等方式进行。

国务院对外贸易主管部门根据调查结果，提出调查报告或者作出处理裁定，并发布公告。

第三十九条　有关单位和个人应当对对外贸易调查给予配合、协助。

国务院对外贸易主管部门和国务院其他有关部门及其工作人员进行对外贸易调查，对知悉的国家秘密和商业秘密负有保密义务。

第八章　对外贸易救济

第四十条　国家根据对外贸易调查结果，可以采取适当的对外贸易救济措施。

第四十一条　其他国家或者地区的产品以低于正常价值的倾销方式进入我国市场，对已建立的国内产业造成实质损害或者产生实质损害威胁，或者对建立国内产业造成实质阻碍的，国家可以采取反倾销措施，消除或者减轻这种损害或者损害的威胁或者阻碍。

第四十二条　其他国家或者地区的产品以低于正常价值出口至第三国市场，对我国已建立的国内产业造成实质损害或者产生实质损害威胁，或者对我国建立国内产业造成实质阻碍的，应国内产业的申请，国务院对外贸易主管部门可以与该第三国政府进行磋商，要求其采取适当的措施。

第四十三条　进口的产品直接或者间接地接受出口国家或者地区给予的任何形式的专向性补贴，对已建立的国内产业造成实质损害或者产生实质损害威胁，或者对建立国内产业造成实质阻碍的，国家可以采取反补贴措施，消除或者减轻这种损害或者损害的威胁或者阻碍。

第四十四条　因进口产品数量大量增加，对生产同类产品或者与其直接竞争的产品的国内产业造成严重损害或者严重损害威胁的，国家可以采取必要的保障措施，消除或者减轻这种损害或者损害的威胁，并可以对该产业提供必要的支持。

第四十五条　因其他国家或者地区的服务提供者向我国提供的服务增加，对提供同类服务或者与其直接竞争的服务的国内产业造成损害或者产生损害威胁的，国家可以采取必要的救济措施，消除或者减轻这种损害或者损害的威胁。

第四十六条　因第三国限制进口而导致某种产品进入我国市场的数量大量增加，对已建立的国内产业造成损害或者产生损害威胁，或者对建立国内产业造成阻碍的，国家可以采取必要的救济措施，限制该产品进口。

第四十七条　与中华人民共和国缔结或者共同参加经济贸易条约、协定的国家或者地区，违反条约、协定的规定，使中华人民共和国根据该条约、协定享有的利益丧失或者受损，或者阻碍条约、协定目标实现的，中华人民共和国政府有权要求有关国家或者地区政府采取适当的补救措施，并可以根据有关条约、协定中止或者终止履行相关义务。

第四十八条　国务院对外贸易主管部门依照本法和其他有关法律的规定，进行对外贸易的双边或者多边磋商、谈判和争端的解决。

第四十九条　国务院对外贸易主管部门和国务院其他有关部门应当建立货物进出口、技术进出口和国际服务贸易的预警应急机制，应对对外贸易中的突发和异常情况，维护国家经济安全。

第五十条　国家对规避本法规定的对外贸易救济措施的行为，可以采取必要的反规避措施。

第九章　对外贸易促进

第五十一条　国家制定对外贸易发展战略，建立和完善对外贸易促进机制。

第五十二条　国家根据对外贸易发展的需要，建立和完善为对外贸易服务的金融机构，设立对外贸易发展基金、风险基金。

第五十三条　国家通过进出口信贷、出口信用保险、出口退税及其他促进对外贸易的方式，发展对外贸易。

第五十四条　国家建立对外贸易公共信息服务体系，向对外贸易经营者和其他社会公众提供信息服务。

第五十五条　国家采取措施鼓励对外贸易经营者开拓国际市场，采取对外投资、对外工程承包和对外劳务合作等多种形式，发展对外贸易。

第五十六条　对外贸易经营者可以依法成立和参加有关协会、商会。

　　有关协会、商会应当遵守法律、行政法规，按照章程对其成员提供与对外贸易有关的生产、营销、信息、培训等方面的服务，发挥协调和自律作用，依法提出有关对外贸易救济措施的申请，维护成员和行业的利益，向政府有关部门反映成员有关对外贸易的建议，开展对外贸易促进活动。

　　第五十七条　中国国际贸易促进组织按照章程开展对外联系，举办展览，提供信息、咨询服务和其他对外贸易促进活动。

　　第五十八条　国家扶持和促进中小企业开展对外贸易。

　　第五十九条　国家扶持和促进民族自治地方和经济不发达地区发展对外贸易。

第十章　法律责任

　　第六十条　违反本法第十一条规定，未经授权擅自进出口实行国营贸易管理的货物的，国务院对外贸易主管部门或者国务院其他有关部门可以处五万元以下罚款；情节严重的，可以自行政处罚决定生效之日起三年内，不受理违法行为人从事国营贸易管理货物进出口业务的申请，或者撤销已给予其从事其他国营贸易管理货物进出口的授权。

　　第六十一条　进出口属于禁止进出口的货物的，或者未经许可擅自进出口属于限制进出口的货物的，由海关依照有关法律、行政法规的规定处理、处罚；构成犯罪的，依法追究刑事责任。

　　进出口属于禁止进出口的技术的，或者未经许可擅自进出口属于限制进出口的技术的，依照有关法律、行政法规的规定处理、处罚；法律、行政法规没有规定的，由国务院对外贸易主管部门责令改正，没收违法所得，并处违法所得一倍以上五倍以下罚款，没有违法所得或者违法所得不足一万元的，处一万元以上五万元以下罚款；构成犯罪的，依法追究刑事责任。

　　自前两款规定的行政处罚决定生效之日或者刑事处罚判决生效之日起，国务院对外贸易主管部门或者国务院其他有关部门可以在三年内不受理违法行为人提出的进出口配额或者许可证的申请，或者禁止违法行为人在一年以上三年以下的期限内从事有关货物或者技术的进出口经营活动。

　　第六十二条　从事属于禁止的国际服务贸易的，或者未经许可擅自从事属于限制的国际服务贸易的，依照有关法律、行政法规的规定处罚；法律、行政法规没有规定的，由国务院对外贸易主管部门责令改正，没收违法所得，并处违法所得一倍以上五倍以下罚款，没有违法所得或者违法所得不足一万元的，处一万元以上五万元以下罚款；构成犯罪的，依法追究刑事责任。

　　国务院对外贸易主管部门可以禁止违法行为人自前款规定的行政处罚决定生效之日或者刑事处罚判决生效之日起一年以上三年以下的期限内从事有关的国际服务贸易经营活动。

　　第六十三条　违反本法第三十四条规定，依照有关法律、行政法规的规定处罚；构成犯罪的，依法追究刑事责任。

　　国务院对外贸易主管部门可以禁止违法行为人自前款规定的行政处罚决定生效之日或者刑事处罚判决生效之日起一年以上三年以下的期限内从事有关的对外贸易经营活动。

　　第六十四条　依照本法第六十一条至第六十三条规定被禁止从事有关对外贸易经营活动的，在禁止期限内，海关根据国务院对外贸易主管部门依法做出的禁止决定，对该对外贸易经营者的有关进出口货物不予办理报关验放手续，外汇管理部门或者外汇指定银行不予办理有关结汇、售汇手续。

第六十五条 依照本法负责对外贸易管理工作的部门的工作人员玩忽职守、徇私舞弊或者滥用职权，构成犯罪的，依法追究刑事责任；尚不构成犯罪的，依法给予行政处分。

依照本法负责对外贸易管理工作的部门的工作人员利用职务上的便利，索取他人财物，或者非法收受他人财物为他人谋取利益，构成犯罪的，依法追究刑事责任；尚不构成犯罪的，依法给予行政处分。

第六十六条 对外贸易经营活动当事人对依照本法负责对外贸易管理工作的部门做出的具体行政行为不服的，可以依法申请行政复议或者向人民法院提起行政诉讼。

第十一章 附 则

第六十七条 与军品、裂变和聚变物质或者衍生此类物质的物质有关的对外贸易管理以及文化产品的进出口管理，法律、行政法规另有规定的，依照其规定。

第六十八条 国家对边境地区与接壤国家边境地区之间的贸易以及边民互市贸易，采取灵活措施，给予优惠和便利。具体办法由国务院规定。

第六十九条 中华人民共和国的单独关税区不适用本法。

第七十条 本法自 2004 年 7 月 1 日起施行。

附 录 2 中华人民共和国加入世界贸易组织议定书

多哈
2001 年 11 月 10 日

世界贸易组织（WTO），按照 WTO 部长级会议根据《马拉喀什建立世界贸易组织协定》（《WTO 协定》）第 12 条所做出的批准，与中华人民共和国（中国），以及中国是《1947 年关税与贸易总协定》的创始缔约方，注意到中国是《乌拉圭回合多边贸易谈判结果最后文件》的签署方，注意到载于 WT/ACC/CHN/49 号文件的《中国加入工作组报告书》（工作组报告书），考虑到关于中国 WTO 成员资格的谈判结果。

协议如下：

第一部分 总 则

第 1 条 总体情况

1. 自加入时起，中国根据《WTO 协定》第 12 条加入该协定，并由此成为 WTO 成员。

2. 中国所加入的《WTO 协定》应为经在加入之日前已生效的法律文件所更正、修正或修改的《WTO 协定》。本议定书，包括工作组报告书第 342 段所指的承诺，应成为《WTO 协定》的组成部分。

3. 除本议定书另有规定外，中国应履行《WTO 协定》所附各多边贸易协定中的、应在自该协定生效之日起开始的一段时间内履行的义务，如同中国在该协定生效之日已接受该协定。

4. 中国可维持与《服务贸易总协定》（GATS）第 2 条第 1 款规定不一致的措施，只要此措施已记录在本议定书所附《第 2 条豁免清单》中，并符合 GATS《关于第 2 条豁免的附件》中的条件。

第 2 条　贸易制度的实施

（A）统一实施

1.《WTO 协定》和本议定书的规定应适用于中国的全部关税领土，包括边境贸易地区、民族自治地方、经济特区、沿海开放城市、经济技术开发区以及其他在关税、国内税和法规方面已建立特殊制度的地区（统称为特殊经济区）。

2. 中国应以统一、公正和合理的方式适用和实施中央政府有关或影响货物贸易、服务贸易、与贸易有关的知识产权（TRIPS）或外汇管制的所有法律、法规及其他措施以及地方各级政府发布或适用的地方性法规、规章及其他措施（统称为"法律、法规及其他措施"）。

3. 中国地方各级政府的地方性法规、规章及其他措施应符合在《WTO 协定》和本议定书中所承担的义务。

4. 中国应建立一种机制，使个人和企业可据以提请国家主管机关注意贸易制度未统一适用的情况。

（B）特殊经济区

1. 中国应将所有与其特殊经济区有关的法律、法规及其他措施通知 WTO，列明这些地区的名称，并指明界定这些地区的地理界线。中国应迅速，且无论如何应在 60 天内，将特殊经济区的任何增加或改变通知 WTO，包括与此有关的法律、法规及其他措施。

2. 对于自特殊经济区输入中国关税领土其他部分的产品，包括物理结合的部件，中国应适用通常适用于输入中国关税领土其他部分的进口产品的所有影响进口产品的税费和措施，包括进口限制及海关税费。

3. 除本议定书另有规定外，在对此类特殊经济区内的企业提供优惠安排时，WTO 关于非歧视和国民待遇的规定应得到全面遵守。

（C）透明度

1. 中国承诺只执行已公布的，且其他 WTO 成员、个人和企业可容易获得的有关或影响货物贸易、服务贸易、TRIPS 或外汇管制的法律、法规及其他措施。此外，在所有有关或影响货物贸易、服务贸易、TRIPS 或外汇管制的法律、法规及其他措施实施或执行前，应请求，中国应使 WTO 成员可获得此类措施。在紧急情况下，应使法律、法规及其他措施最迟在实施或执行之时可获得。

2. 中国应设立或指定一官方刊物，用于公布所有有关或影响货物贸易、服务贸易、TRIPS 或外汇管制的法律、法规及其他措施，并且在其法律、法规或其他措施在该刊物上公布之后，应在此类措施实施之前提供一段可向有关主管机关提出意见的合理时间，但涉及国家安全的法律、法规及其他措施、确定外汇汇率或货币政策的特定措施以及一旦公布则会妨碍法律实施的其他措施除外。中国应定期出版该刊物，并使个人和企业可容易获得该刊物各期。

3. 中国应设立或指定一咨询点，应任何个人、企业或 WTO 成员的请求，在咨询点可获得根据本议定书第 2 条（C）节第 1 款要求予以公布的措施有关的所有信息。对此类提供信息请求的答复一般应在收到请求后 30 天内做出。在例外情况下，可在收到请求后 45 天内做出答复。延迟的通知及其原因应以书面形式向有关当事人提供。向 WTO 成员做出的答复应全面，并应代表中国政府的权威观点。应向个人和企业提供准确和可靠的信息。

（D）司法审查

1. 中国应设立或指定并维持审查庭、联络点和程序，以便迅速审查所有与《1994 年关税与贸易总协定》(GATT 1994)第 10 条第 1 款、GATS 第 6 条和《TRIPS 协定》相关规定所指的法律、法规、普遍适用的司法决定和行政决定的实施有关的所有行政行为。此类审查庭应是公正的，并独立于被授权进行行政执行的机关，且不应对审查事项的结果有任何实质利害关系。

2. 审查程序应包括给予受须经审查的任何行政行为影响的个人或企业进行上诉的机会，且不因上诉而受到处罚。如初始上诉权需向行政机关提出，则在所有情况下应有选择向司法机关对决定提出上诉的机会。关于上诉的决定应通知上诉人，做出该决定的理由应以书面形式提供。上诉人还应被告知可进一步上诉的任何权利。

第 3 条　非歧视

除本议定书另有规定外，在下列方面给予外国个人、企业和外商投资企业的待遇不得低于给予其他个人和企业的待遇：

（a）生产所需投入物、货物和服务的采购，及其货物据以在国内市场或供出口而生产、营销或销售的条件；

（b）国家和地方各级主管机关以及公有或国有企业在包括运输、能源、基础电信、其他生产设施和要素等领域所供应的货物和服务的价格和可用性。

第 4 条　特殊贸易安排

自加入时起，中国应取消与第三国和单独关税区之间的、与《WTO 协定》不符的所有特殊贸易安排，包括易货贸易安排，或使其符合《WTO 协定》。

第 5 条　贸易权

1. 在不损害中国以与符合《WTO 协定》的方式管理贸易的权利的情况下，中国应逐步放宽贸易权的获得及其范围，以便在加入后 3 年内，使所有在中国的企业均有权在中国的全部关税领土内从事所有货物的贸易，但附件 2A 所列依照本议定书继续实行国营贸易的货物除外。此种贸易权应为进口或出口货物的权利。对于所有此类货物，均应根据 GATT 1994 第 3 条，特别是其中第 4 款的规定，在国内销售、许诺销售、购买、运输、分销或使用方面，包括直接接触最终用户方面，给予国民待遇。对于附件 2B 所列货物，中国应根据该附件中所列时间表逐步取消在给予贸易权方面的限制。中国应在过渡期内完成执行这些规定所必需的立法程序。

2. 除本议定书另有规定外，对于所有外国个人和企业，包括未在中国投资或注册的外国个人和企业，在贸易权方面应给予其不低于给予在中国的企业的待遇。

第 6 条　国营贸易

1. 中国应保证国营贸易企业的进口购买程序完全透明，并符合《WTO 协定》，且应避免采取任何措施对国营贸易企业购买或销售货物的数量、价值或原产国施加影响或指导，但依照《WTO 协定》进行的除外。

2. 作为根据 GATT 1994 和《关于解释 1994 年关税与贸易总协定第 17 条的谅解》所做通知的一部分，中国还应提供有关其国营贸易企业出口货物定价机制的全部信息。

第 7 条　非关税措施

1. 中国应执行附件 3 包含的非关税措施取消时间表。在附件 3 中所列期限内，对该附件中所列措施所提供的保护在规模、范围或期限方面不得增加或扩大，且不得实施任何新的措施，除非符合《WTO 协定》的规定。

2. 在实施 GATT 1994 第 3 条、第 11 条和《农业协定》的规定时，中国应取消且不得采取、重新采取或实施不能根据《WTO 协定》的规定证明为合理的非关税措施。对于在加入之日以后实施的、与本议定书或《WTO 协定》相一致的非关税措施，无论附件 3 是否提及，中国均应严格遵守《WTO 协定》的规定，包括 GATT 1994 及其第 13 条以及《进口许可程序协定》的规定，包括通知要求，对此类措施进行分配或管理。

3. 自加入时起，中国应遵守《TRIMs 协定》，但不援用《TRIMs 协定》第 5 条的规定。中国应取消并停止执行通过法律、法规或其他措施实施的贸易平衡要求和外汇平衡要求、当地含量要求和出口实绩要求。此外，中国将不执行设置此类要求的合同条款。在不损害本议定书有关规定的情况下，中国应保证国家和地方各级主管机关对进口许可证、配额、关税配额的分配或对进口、出口权或投资权的任何其他批准方式，不以下列内容为条件：此类产品是否存在与之竞争的国内供应者；任何类型的实绩要求，例如当地含量、补偿、技术转让、出口实绩或在中国进行研究与开发等。

4. 进出口禁止和限制以及影响进出口的许可程序要求只能由国家主管机关或由国家主管机关授权的地方各级主管机关实行和执行。不得实施或执行不属国家主管机关或由国家主管机关授权的地方各级主管机关实行的措施。

第 8 条 进出口许可程序

1. 在实施《WTO 协定》和《进口许可程序协定》的规定时，中国应采取以下措施，以便遵守这些协定：

（a）中国应定期在本议定书第 2 条(C)节第 2 款所指的官方刊物中公布下列内容：

——按产品排列的所有负责授权或批准进出口的组织的清单，包括由国家主管机关授权的组织，无论是通过发放许可证还是其他批准；

——获得此类进出口许可证或其他批准的程序和标准，以及决定是否发放进出口许可证或其他批准的条件；

——按照《进口许可程序协定》，按税号排列的实行招标要求管理的全部产品清单；包括关于实行此类招标要求管理产品的信息及任何变更；

——限制或禁止进出口的所有货物和技术的清单；这些货物也应通知进口许可程序委员会；

——限制或禁止进出口的货物和技术清单的任何变更；

用一种或多种 WTO 正式语言提交的这些文件的副本应在每次公布后 75 天内送交 WTO，供散发 WTO 成员并提交进口许可程序委员会。

（b）中国应将加入后仍然有效的所有许可程序和配额要求通知 WTO，这些要求应按协调制度税号分别排列，并附与此种限制有关的数量（如有数量），以及保留此种限制的理由或预定的终止日期。

（c）中国应向进口许可程序委员会提交其关于进口许可程序的通知。中国应每年向进口许可程序委员会报告其自动进口许可程序的情况，说明产生这些要求的情况，并证明继续实行的需要。该报告还应提供《进口许可程序协定》第 3 条中所列信息。

（d）中国发放的进口许可证的有效期至少应为 6 个月，除非例外情况使此点无法做到。在此类情况下，中国应将要求缩短许可证有效期的例外情况迅速通知进口许可程序委员会。

2. 除本议定书另有规定外，对于外国个人、企业和外商投资企业在进出口许可证和配额分配方面，应给予不低于给予其他个人和企业的待遇。

第 9 条　价格控制

1. 在遵守以下第 2 款的前提下，中国应允许每一部门交易的货物和服务的价格由市场力量决定，且应取消对此类货物和服务的多重定价做法。

2. 在符合《WTO 协定》，特别是 GATT 1994 第 3 条和《农业协定》附件 2 第 3、4 款的情况下，可对附件 4 所列货物和服务实行价格控制。除非在特殊情况下，并须通知 WTO，否则不得对附件 4 所列货物或服务以外的货物或服务实行价格控制，且中国应尽最大努力减少和取消这些控制。

3. 中国应在官方刊物上公布实行国家定价的货物和服务的清单及其变更情况。

第 10 条　补贴

1. 中国应通知 WTO 在其领土内给予或维持的、属《补贴与反补贴措施协定》(《SCM 协定》)第 1 条含义内的、按具体产品划分的任何补贴，包括《SCM 协定》第 3 条界定的补贴。所提供的信息应尽可能具体，并遵循《SCM 协定》第 25 条所提及的关于补贴问卷的要求。

2. 就实施《SCM 协定》第 1 条第 2 款和第 2 条而言，对国有企业提供的补贴将被视为专向性补贴，特别是在国有企业是此类补贴的主要接受者或国有企业接受此类补贴的数量异常之大的情况下。

3. 中国应自加入时起取消属《SCM 协定》第 3 条范围内的所有补贴。

第 11 条　对进出口产品征收的税费

1. 中国应保证国家主管机关或地方各级主管机关实施或管理的海关规费或费用符合 GATT 1994。

2. 中国应保证国家主管机关或地方各级主管机关实施或管理的国内税费，包括增值税，符合 GATT 1994。

3. 中国应取消适用于出口产品的全部税费，除非本议定书附件 6 中有明确规定或按照 GATT 1994 第 8 条的规定适用。

4. 在进行边境税的调整方面，对于外国个人、企业和外商投资企业，自加入时起应被给予不低于给予其他个人和企业的待遇。

第 12 条　农业

1. 中国应实施中国货物贸易承诺和减让表中包含的规定，以及本议定书具体规定的《农业协定》的条款。在这方面，中国不得对农产品维持或采取任何出口补贴。

2. 中国应在过渡性审议机制中，就农业领域的国营贸易企业（无论是国家还是地方）与在农业领域按国营贸易企业经营的其他企业之间或在上述任何企业之间进行的财政和其他转移做出通知。

第 13 条　技术性贸易壁垒

1. 中国应在官方刊物上公布作为技术法规、标准或合格评定程序依据的所有正式的或非正式的标准。

2. 中国应自加入时起，使所有技术法规、标准和合格评定程序符合《TBT 协定》。

3. 中国对进口产品实施合格评定程序的目的应仅为确定其是否符合与本议定书和《WTO 协定》规定相一致的技术法规和标准。只有在合同各方授权的情况下，合格评定机构方可对进口产品是否符合该合同的商业条款进行合格评定。中国应保证此种针对产品是否符合合同商业条款的检验不影响此类产品通关或进口许可证的发放。

4.(a)自加入时起，中国应保证对进口产品和国产品适用相同的技术法规、标准和合格评定程序。为保证从现行体制的顺利过渡，中国应保证自加入时起，所有认证、安全许可和质量许可机构和部门获得既对进口产品又对国产品进行此类活动的授权；加入 1 年后，所有合格评定机构和部门获得既对进口产品又对国产品进行合格评定的授权。对机构或部门的选择应由申请人决定。对于进口产品和国产品，所有机构和部门应颁发相同的标志，收取相同的费用。它们还应提供相同的处理时间和申诉程序。进口产品不得实行一种以上的合格评定程序。中国应公布并使其他 WTO 成员、个人和企业可获得有关其各合格评定机构和部门相应职责的全部信息。

（b）不迟于加入后 18 个月，中国应仅依据工作范围和产品种类，指定其各合格评定机构的相应职责，而不考虑产品的原产地。指定给中国各合格评定机构的相应职责将在加入后 12 个月通知 TBT 委员会。

第 14 条　卫生与植物卫生措施

中国应在加入后 30 天内，向 WTO 通知其所有有关卫生与植物卫生措施的法律、法规及其他措施，包括产品范围及相关国际标准、指南和建议。

第 15 条　确定补贴和倾销时的价格可比性

GATT 1994 第 6 条、《关于实施 1994 年关税与贸易总协定第 6 条的协定》（《反倾销协定》）以及《SCM 协定》应适用于涉及原产于中国的进口产品进入一 WTO 成员的程序，并应符合下列规定：

（a）在根据 GATT 1994 第 6 条和《反倾销协定》确定价格可比性时，该 WTO 进口成员应依据下列规则，使用接受调查产业的中国价格或成本，或者使用不依据与中国国内价格或成本进行严格比较的方法：

（i）如受调查的生产者能够明确证明，生产该同类产品的产业在制造、生产和销售该产品方面具备市场经济条件，则该 WTO 进口成员在确定价格可比性时，应使用受调查产业的中国价格或成本；

（ii）如受调查的生产者不能明确证明生产该同类产品的产业在制造、生产和销售该产品方面具备市场经济条件，则该 WTO 进口成员可使用不依据与中国国内价格或成本进行严格比较的方法。

（b）在根据《SCM 协定》第二、三及五部分规定进行的程序中，在处理第 14 条（a）项、（b）项、（c）项和（d）项所述补贴时，应适用《SCM 协定》的有关规定；但是，如此种适用遇有特殊困难，则该 WTO 进口成员可使用考虑到中国国内现有情况和条件并非总能用作适当基准这一可能性的确定和衡量补贴利益的方法。在适用此类方法时，只要可行，该 WTO 进口成员在考虑使用中国以外的情况和条件之前，应对此类现有情况和条件进行调整。

（c）该 WTO 进口成员应向反倾销措施委员会通知依照（a）项使用的方法，并应向补贴与反补贴措施委员会通知依照（b）项使用的方法。

（d）一旦中国根据该 WTO 进口成员的国内法证实其是一个市场经济体，则（a）项的规定即应终止，但截至加入之日，该 WTO 进口成员的国内法中须包含有关市场经济的标准。无论如何，（a）项（ii）目的规定应在加入之日后 15 年终止。此外，如中国根据该 WTO 进口成员的国内法证实一特定产业或部门具备市场经济条件，则（a）项中的非市场经济条款不得再对该产业或部门适用。

第 16 条　特定产品过渡性保障机制

1. 如原产于中国的产品在进口至任何 WTO 成员领土时，其增长的数量或所依据的条件对生产同类产品或直接竞争产品的国内生产者造成或威胁造成市场扰乱，则受此影响的 WTO 成员可请求与中国进行磋商，以期寻求双方满意的解决办法，包括受影响的成员是否应根据《保障措施协定》采取措施。任何此种请求应立即通知保障措施委员会。

2. 如在这些双边磋商过程中，双方同意原产于中国的进口产品是造成此种情况的原因并有必要采取行动，则中国应采取行动以防止或补救此种市场扰乱。任何此类行动应立即通知保障措施委员会。

3. 如磋商未能使中国与有关 WTO 成员在收到磋商请求后 60 天内达成协议，则受影响的 WTO 成员有权在防止或补救此种市场扰乱所必需的限度内，对此类产品撤销减让或限制进口。任何此类行动应立即通知保障措施委员会。

4. 市场扰乱应在下列情况下存在：一项产品的进口快速增长，无论是绝对增长还是相对增长，从而构成对生产同类产品或直接竞争产品的国内产业造成实质损害或实质损害威胁的一个重要原因。在认定是否存在市场扰乱时，受影响的 WTO 成员应考虑客观因素，包括进口量、进口产品对同类产品或直接竞争产品价格的影响以及此类进口产品对生产同类产品或直接竞争产品的国内产业的影响。

5. 在根据第 3 款采取措施之前，采取此项行动的 WTO 成员应向所有利害关系方提供合理的公告，并应向进口商、出口商及其他利害关系方提供充分机会，供其就拟议措施的适当性及是否符合公众利益提出意见和证据。该 WTO 成员应提供关于采取措施的决定的书面通知，包括采取该措施的理由及其范围和期限。

6. 一 WTO 成员只能在防止和补救市场扰乱所必需的时限内根据本条采取措施。如一措施是由于进口水平的相对增长而采取的，而且如该项措施持续有效的期限超过 2 年，则中国有权针对实施该措施的 WTO 成员的贸易暂停实施 GATT 1994 项下实质相当的减让或义务。但是，如一措施是由于进口的绝对增长而采取的，而且如该措施持续有效的期限超过 3 年，则中国有权针对实施该措施的 WTO 成员的贸易暂停实施 GATT 1994 项下实质相当的减让或义务。中国采取的任何此种行动应立即通知保障措施委员会。

7. 在迟延会造成难以补救的损害的紧急情况下，受影响的 WTO 成员可根据一项有关进口产品已经造成或威胁造成市场扰乱的初步认定，采取临时保障措施。在此种情况下，应在采取措施后立即向保障措施委员会做出有关所采取措施的通知，并提出进行双边磋商的请求。临时措施的期限不得超过 200 天，在此期间，应符合第 1 款、第 2 款和第 5 款的有关要求。任何临时措施的期限均应计入第 6 款下规定的期限。

8. 如一 WTO 成员认为根据第 2 款、第 3 款或第 7 款采取的行动造成或威胁造成进入其市场的重大贸易转移，则该成员可请求与中国和/或有关 WTO 成员进行磋商。此类磋商应在向保障措施委员会做出通知后 30 天内举行。如此类磋商未能在做出通知后 60 天内使中国与一个或多个有关 WTO 成员达成协议，则请求进行磋商的 WTO 成员在防止或补救此类贸易转移所必需的限度内，有权针对该产品撤销减让或限制自中国的进口。此种行动应立即通知保障措施委员会。

9. 本条的适用应在加入之日后 12 年终止。

第 17 条　WTO 成员的保留

WTO 成员以与《WTO 协定》不一致的方式针对自中国进口的产品维持的所有禁止、数量限制和其他措施列在附件 7 中。所有此类禁止、数量限制和其他措施应依照该附件所列共同议定的条件和时间表逐步取消或加以处理。

第 18 条　过渡性审议机制

1. 所获授权涵盖中国在《WTO 协定》或本议定书项下承诺的 WTO 下属机构，应在加入后 1 年内，并依照以下第 4 款，在符合其授权的情况下，审议中国实施《WTO 协定》和本议定书相关规定的情况。中国应在审议前向每一下属机构提供相关信息，包括附件 1A 所列信息。中国也可在具有相关授权的下属机构中提出与第 17 条下任何保留或其他 WTO 成员在本议定书中所做任何其他具体承诺有关的问题。每一下属机构应迅速向根据《WTO 协定》第 4 条第 5 款设立的有关理事会报告审议结果（如适用），有关理事会应随后迅速向总理事会报告。

2. 总理事会应在加入后 1 年内，依照以下第 4 款，审议中国实施《WTO 协定》和本议定书条款的情况。总理事会应依照附件 1B 所列框架，并按照根据第 1 款进行的任何审议的结果，进行此项审议。中国也可提出与第 17 条下任何保留或其他 WTO 成员在本议定书中所做任何其他具体承诺有关的问题。总理事会可在这些方面向中国或其他成员提出建议。

3. 根据本条审议问题不得损害包括中国在内的任何 WTO 成员在《WTO 协定》或任何诸边贸易协定项下的权利和义务，并不得排除或构成要求磋商或援用《WTO 协定》或本议定书中其他规定的先决条件。

4. 第 1 款和第 2 款规定的审议将在加入后 8 年内每年进行。此后，将在第 10 年或总理事会决定的较早日期进行最终审议。

第二部分　减　让　表

1. 本议定书所附减让表应成为与中国有关的、GATT 1994 所附减让和承诺表及 GATS 所附具体承诺表。减让表中所列减让和承诺的实施期应按有关减让表相关部分列明的时间执行。

2. 就 GATT 1994 第 2 条第 6 款(a)项所指的该协定日期而言，本议定书所附减让和承诺表的适用日期应为加入之日。

第三部分　最　后　条　款

1. 本议定书应开放供中国在 2002 年 1 月 1 日前以签字或其他方式接受。

2. 本议定书应在接受之日后第 30 天生效。

3. 本议定书应交存 WTO 总干事。总干事应根据本议定书第三部分第 1 款的规定，迅速向每一 WTO 成员和中国提供一份本议定书经核证无误的副本和中国接受本议定书通知的副本。

4. 本议定书应依照《联合国宪章》第 102 条的规定予以登记。

2001 年 11 月 10 日订于多哈，正本一份用英文、法文和西班牙文写成，三种文本具有同等效力，除非所附减让表中规定该减让表只以以上文字中的一种或多种为准。

附 录 3　有关国际货物贸易和服务贸易统计数据

附表 3-1　1990—2014 年国际货物贸易额及增长率表　　　　单位：亿美元

年份	世界货物贸易额(出口)	增长率(%)	世界货物贸易额(进口)	增长率(%)	世界货物贸易进出口总额	增长率(%)
1990	34 490		35 500		69 990	
1991	34 182.5	−0.89	35 386	−0.32	69 568.5	−0.60
1992	36 552.4	6.93	37 919.2	7.16	74 471.6	7.05
1993	34 238.5	−6.33	37 203.9	−1.89	71 442.4	−4.07
1994	41 807	22.11	42 616	14.55	84 423	18.17
1995	49 821	19.17	50 632	18.81	100 453	18.99
1996	51 923	4.22	53 140	4.95	105 063	4.59
1997	53 831	3.67	55 054	3.60	108 885	3.64
1998	54 423	1.10	55 464	0.74	109 887	0.92
1999	57 030	4.79	59 130	6.61	116 160	5.71
2000	64 560	13.20	67 270	13.77	131 830	13.49
2001	61 760	−4.34	64 660	−3.88	126 420	−4.10
2002	64 812	4.94	78 185	20.92	142 997	13.11
2003	75 720	16.83	78 550	0.47	154 270	7.88
2004	92 110	21.65	95 590	21.69	187 700	21.67
2005	104 850	13.83	108 570	13.58	213 420	13.70
2006	121 130	15.53	124 280	14.47	245 410	14.99
2007	139 500	15.17	142 440	14.61	281 940	14.89
2008	161 270	15.6	164 210	15.3	325 480	15.4
2009	121 470	−24.68	123 850	−24.58	245 320	−24.63
2010	148 550	22.29	150 500	21.52	299 050	21.90
2011	177 790	19.68	180 000	19.60	357 790	19.64
2012	178 500	0.40	181 550	0.86	360 050	0.63
2013	183 000	2.52	184 100	1.40	367 100	1.96
2014	184 220	0.67	185 690	0.86	369 910	0.77

资料来源：世界贸易组织全球贸易统计报告．

附表 3-2　2012 年国际货物贸易主要进出口国家和地区　　　单位：十亿美元

出口排序	出口国家和地区	出口金额	出口比重（%）	年均增长（%）	进口排序	进口国家和地区	进口金额	进口比重（%）	年均增长（%）
1	中国	2 049	11.2	8	1	美国	2 335	12.6	3
2	美国	1 547	8.4	5	2	中国	1 818	9.8	4
3	德国	1 407	7.7	−5	3	德国	1 167	6.3	−7
4	日本	799	4.4	−3	4	日本	886	4.8	4
5	荷兰	656	3.6	−2	5	英国	680	3.7	1
6	法国	569	3.1	−5	6	法国	674	3.6	−6
7	韩国	548	3.0	−1	7	荷兰	591	3.2	−1
8	俄罗斯	529	2.9	1	8	中国香港	554	3.0	8
9	意大利	500	2.7	−4		保留进口	140	0.8	6
10	中国香港地区	493	2.7	8	9	韩国	520	2.8	−1
	本土出口 b	22	0.1	33					
	转出口 b	471	2.6	7					
11	英国	468	2.6	−7	10	印度	489	2.6	5
12	加拿大	455	2.5	1	11	意大利	486	2.6	−13
13	比利时	446	2.4	−6	12	加拿大 c	475	2.6	2
14	新加坡	408	2.2	0	13	比利时	435	2.3	−7
	本土出口 b	228	1.2	2					
	转出口 b	180	1.0	−3	14	墨西哥	380	2.0	5
15	沙特阿拉伯 b	386	2.1	6	15	新加坡	380	20.0	4
						保留进口 a	199	1.1	11
16	墨西哥	371	2.0	6	16	俄罗斯	335	1.8	4
17	中国台湾	301	1.6	−2	17	西班牙	332	1.8	−12
18	阿拉伯联合酋长国 b	300	1.6	5	18	中国台湾	270	1.5	−4
19	印度	293	1.6	−3	19	澳大利亚	261	1.4	7
20	西班牙	292	1.6	−5	20	泰国	248	1.3	8
	以上总额 d	12 817	69.9	—		以上总额 d	13 316	71.7	—
	全球总额 d	18 325	100	0		全球总额 d	18 565	100	0

注：a 保留进口是指扣除了转出口额后计入进口总额，b 指根据世贸组织秘书处统计，c 指以 f.o.b 计算的进口总额，d 包括所有的转口贸易额。

资料来源：世界贸易组织全球贸易统计报告．

附表 3-3　2013 年国际货物贸易主要进口国家和地区　　　　单位：十亿美元

出口排序	出口国家和地区	出口金额	出口比重（%）	进口排序	进口国家和地区	进口金额	进口比重（%）
1	中国	2 209	11.7	1	美国	2 329	12.3
2	美国	1 580	8.4	2	中国	1 950	10.3
3	德国	1 453	7.7	3	德国	1 189	6.3
4	日本	715	3.8	4	日本	833	4.4
5	荷兰	672	3.6	5	法国	681	3.6
6	法国	580	3.1	6	英国	655	3.5
7	韩国	560	3.0	7	中国香港	622	3.3
8	英国	542	2.9	8	荷兰	590	3.1
9	中国香港	536	2.8	9	韩国	516	2.7
10	俄罗斯	523	2.8	10	意大利	477	2.5
11	意大利	518	2.8	11	加拿大	474	2.5
12	比利时	469	2.5	12	印度	466	2.5
13	加拿大	458	2.4	13	比利时	451	2.4
14	新加坡	410	2.2	14	墨西哥	391	2.1
15	墨西哥	380	2.0	15	新加坡	373	2.0
16	阿拉伯联合酋长国	379	2.0	16	俄罗斯	343	1.8
17	沙特阿拉伯	376	2.0	17	西班牙	339	1.8
18	西班牙	317	1.7	18	中国台湾	270	1.4
19	印度	313	1.7	19	土耳其	252	1.3
20	中国台湾	305	1.6	20	阿拉伯联合酋长国	251	1.3

资料来源：世界贸易组织全球贸易统计报告．

附表 3-4　2014 年国际货物贸易主要进出口国家和地区　　　　单位：十亿美元

出口国家和地区	出口金额	出口比重（%）	出口增长率（%）	进口国家和地区	出口金额	出口比重（%）	进口增长率（%）
中国	2 342	12.4	6	美国	2 413	12.7	4
美国	1 621	8.6	3	中国	1 959	10.3	0
德国	1 508	8.0	4	德国	1 216	6.4	2
日本	684	3.6	−4	日本	822	4.3	−1

续表

出口国家和地区	出口金额	出口比重（%）	出口增长率(%)	进口国家和地区	出口金额	出口比重（%）	进口增长率(%)
荷兰	672	3.6	0	英国	684	3.6	4
法国	583	3.1	0	法国	678	3.6	−1
韩国	573	3.0	2	中国香港	601	3.2	−3
意大利	529	2.8	2	荷兰	588	3.1	6
中国香港	524	2.8	−2	韩国	526	2.8	0
英国	506	2.7	−7	加拿大	475	2.5	2
俄罗斯	498	2.6	−5	意大利	472	2.5	−2
加拿大	475	2.5	4	印度	463	2.4	−1
比利时	471	2.5	1	比利时	452	2.4	0
新加坡	410	2.2	0	墨西哥	412	2.2	5
墨西哥	398	2.1	5	新加坡	366	1.9	−2
阿拉伯联合酋长国	360	1.9	−5	西班牙	358	1.9	5
沙特阿拉伯	354	1.9	−6	俄罗斯	308	1.6	−10
西班牙	325	1.7	2	中国台湾	274	1.4	2
印度	322	1.7	2	阿拉伯联合酋长国	262	1.4	4
中国台湾	314	1.7	3	土耳其	242	1.3	−4
总计	13 469	71.2	—	总计	13 571	71.5	
世界货物贸易总额	18 930	100	—	世界货物贸易总额	19 018	100	—

资料来源：世界贸易组织全球贸易统计报告.

附表 3-5　2008 年世界主要国家和地区石油贸易流向

单位：百万吨

出口国家和地区＼进口国家和地区	美国	加拿大	墨西哥	中南美	欧洲	非洲	大洋洲	中国	印度	日本	新加坡	亚太其他国家	世界其他国家	出口总额
美国		13.1	17	25.4	24.4	1.8	0.8	0.8	0.7	3.6	4.3	1.4	1.6	94.6
加拿大	121.7			0.1	1.6					0.1	0.1			123.6
墨西哥	64.7	1.4		4.3	7.7	1.1	0.6		1.9	0.1		0.1		80
中南美	119.4	1	1.3		25.2			16.5	5.8	1.4	7.8	1.4	0.1	178.3
欧洲	43.4	8.3	5.7	4.8		16.9		0.2	0.5	8.2	5.3	6.6	9.7	97.6
苏联	23.8	1.6	0.2	3	318.5	1.1		22.4	2		5		11.8	404.8
中东	119.7	6.3	0.6	5.8	127.6	44.5	5.4	62	107.6	196.9	53.1	238.3	3.1	1 000.7
北非	32.6	8.9		5.1	101.3	1		4.2	4.3	0.4	0.1	3.1		161.5
西非	90.9	5.2	0.2	15	49.5	4.5	0.3	39.1	16.6	1.1	0.1	6.7	0.1	228.8
东南非					0.6		0.2	10.6	0.8	4.9	0.2	0.6		17.8
大洋洲	1.8			1.6	0.3	0.4		0.9	0.2	2.6	3.5	6.6		15.5
中国	0.8			0.1	3.3	1.6	2.6		0.1	1.3	2.1	9.2	0.3	18.8
印度	0.3		0.5	1	1.2			0.2		1.4	6.8	20	0.8	34.4
日本				1.5	2.4			4.9	0.6		4.6	2.4	0.1	17.1
新加坡							20	4.5	2.9	1.4		49.2	0.8	76
亚太其他国家	5.3				2.5		12.1	21.4	5.8	20.7	38		0.2	116.5
世界其他国家	12.3	2.5	0.6	1.5	14.9	0.5	1.7			0.2				31.7
进口总额	636.6	48.4	26	71.9	680.9	73.4	43.6	217.8	149.7	244.2	130.9	345.7	28.6	2 697.8

资料来源：世界贸易组织官方网站国际贸易统计年鉴.

附表 3-6　近十几年世界前十位国家和地区服务贸易出口额表 单位：十亿美元

年份	出口排名	出口国家和地区	出口金额	出口比重（%）	出口增长率（%）	进口排名	进口国家和地区	进口金额	进口比重（%）	进口增长率（%）
2001	1	美国	262.9	18.3	−3	1	美国	187.6	13.1	−7
	2	英国	108.3	7.5	−6	2	德国	128.5	9	−3
	3	德国	79.8	5.5	−1	3	日本	106.7	7.5	−8
	4	法国	79	5.5	−3	4	英国	88.5	6.2	−5
	5	日本	63.3	4.4	−7	5	法国	60	4.2	−2
	6	意大利	59.5	4.1	7	6	意大利	58.5	4.1	6
	7	西班牙	56.7	3.9	7	7	荷兰	52.3	3.7	1
	8	荷兰	50.9	3.5	−1	8	加拿大	39.6	2.8	−4
	9	中国香港	43	3	2	9	比利时/卢森堡	38.9	2.7	2
	10	比利时/卢森堡	42.6	3	0	10	中国	36.4	2.5	2
2002	1	美国	267.8	17.4	3	1	美国	218.4	14.3	13
	2	英国	121	7.9	10	2	德国	142.8	9.4	4
	3	德本	94.9	6.2	14	3	日本	105.3	6.9	−2
	4	法国	84	5.5	5	4	英国	98	6.4	6
	5	日国	64.7	4.2	2	5	法国	64.3	4.2	4
	6	西班牙	61.1	4	6	6	意大利	61.7	4	11
	7	意大利	58.7	3.8	3	7	荷兰	55.9	3.7	5
	8	荷兰	54.7	3.6	5	8	比利时/卢森堡	47.9	3.1	12
	9	比利时/卢森堡	53.3	3.5	9	9	中国	44.2	2.9	—
	10	中国香港	44	2.9	6	10	加拿大	41.7	2.7	0
2003	1	美国	9.38	16	4	1	美国	7.96	12.5	−9.2
	2	英国	8.46	7.3	5	2	德国	7.24	9.6	16.9
	3	德国	8.42	6.3	12	3	英国	6.97	6.4	14.7
	4	法国	7.24	5.6	14	4	日本	5.82	6.3	4.2
	5	西班牙	5.89	4.3	23	5	法国	5.59	4.7	26.9
	6	意大利	5.4	4.1	23	6	意大利	74.1	4.3	20.1

年份	出口排名	出口国家和地区	出口金额	出口比重（%）	出口增长率（%）	进口排名	进口国家和地区	进口金额	进口比重（%）	进口增长率（%）
2003	7	日本	70.2	4	8	7	荷兰	1.01	3.8	18.4
	8	荷兰	0.91	3.6	18	8	中国	1	3.2	19
	9	中国	0.82	2.7	18	9	爱尔兰	0.78	2.8	—
	10	中国香港	0.73	2.5	0	10	加拿大	0.77	2.7	14.6
2004	1	美国	319.3	15.2	11	1	美国	259	12.4	13
	2	英国	169.2	8.1	16	2	德国	190.8	9.2	11
	3	德国	126.1	6	9	3	英国	134.7	6.5	13
	4	法国	108.4	5.2	10	4	日本	133.6	6.4	21
	5	日本	93.8	4.5	23	5	法国	94.5	4.5	13
	6	意大利	84.6	4	21	6	意大利	79.6	3.8	9
	7	西班牙	84.2	4	10	7	荷兰	72.4	3.5	11
	8	荷兰	72.4	3.4	15	8	中国	69.7	3.3	—
	9	中国	58.9	2.8	—	9	爱尔兰	58.2	2.8	11
	10	中国香港	54	2.6	20	10	加拿大	55.9	2.7	12
2005	1	美国	9.1	14.6	16	1	美国	10.1	12.23	10
	2	英国	8.2	7.6	—1	2	德国	10	8.4	4
	3	德国	7.3	5.9	7	3	英国	7.8	6.4	4
	4	法国	113.7	4.7	4	4	日本	7.7	5.8	1
	5	日本	45.4	4.4	12	5	法国	7.7	4.4	7
	6	意大利	26.3	3.9	13	6	意大利	92.3	3.9	15
	7	西班牙	19.7	3.8	8	7	中国	33.6	3.6	22
	8	中国	13.6	3.4	38	8	荷兰	24.5	2.9	1
	9	荷兰	13	3.1	4	10	印度	19.3	2.8	78
	10	印度	12.7	2.8	11	11	西班牙	15.7	2.7	15
2006	1	美国	387	14.3	9	1	美国	307	11.7	9
	2	英国	223	8.2	9	2	德国	215	8.2	7
	3	德国	164	6.1	11	3	英国	169	6.5	6
	4	日本	121	4.5	12	4	日本	143	5.5	8
	5	法国	112	4.1	—2	5	法国	108	4.1	3

续表

年份	出口排名	出口国家和地区	出口金额	出口比重（%）	出口增长率（%）	进口排名	进口国家和地区	进口金额	进口比重（%）	进口增长率（%）
2006	6	意大利	101	3.7	13	6	意大利	101	3.9	14
	7	西班牙	100	3.7	8	7	中国	100	3.8	18
	8	中国	91	3.4	13	8	荷兰	78	3	7
	9	荷兰	82	3	4	9	爱尔兰	77	3	11
	10	印度	73	2.7	34	10	西班牙	77	2.9	18
2007	1	美国	454	13.9	14	1	美国	336	11	9
	2	英国	263	8.1	17	2	德国	245	8	15
	3	德国	197	6.1	18	3	英国	193	6.3	13
	4	日本	136	4.2	11	4	日本	157	5.1	9
	5	法国	130	4	11	5	中国	129	4.2	—
	6	西班牙	127	3.9	21	6	法国	120	3.9	12
	7	中国	127	3.9	—	7	意大利	117	3.8	19
	8	意大利	109	3.3	12	8	西班牙	97	3.2	24
	9	荷兰	91	2.8	13	9	爱尔兰	93	3	18
	10	爱尔兰	87	2.7	27	10	荷兰	89	2.9	13
2008	1	美国	522	14	10	1	美国	364	10.5	7
	2	英国	283	7.6	2	2	德国	285	8.2	11
	3	德国	235	6.3	11	3	英国	199	5.7	1
	4	法国	153	4.1	6	4	日本	166	4.8	11
	5	中国	146.4	3.9	15.3	5	中国	158	4.6	22.5
	6	日本	144	3.9	13	6	法国	137	3.9	6
	7	西班牙	143	3.8	11	7	意大利	132	3.8	12
	8	意大利	123	3.3	12	8	西班牙	108	3.1	10
	9	印度	106	2.8		9	爱尔兰	103	3	9
	10	荷兰	102	2.7	8	10	韩国	93	2.7	12
2009	1	美国	470	14.2	−9	1	美国	331	10.6	−9
	2	英国	240	7.2	−16	2	德国	255	8.2	−10
	3	德国	215	6.5	−11	3	英国	160	5.1	−19
	4	法国	140	4.2	−14	4	中国	158	5.1	0
	5	中国	129	3.9	−12	5	日本	146	4.7	−11
	6	日本	124	3.8	−15	6	法国	124	4.0	−12

续表

年份	出口排名	出口国家和地区	出口金额	出口比重（%）	出口增长率（%）	进口排名	进口国家和地区	进口金额	进口比重（%）	进口增长率（%）
2009	7	西班牙	122	3.7	−14	7	意大利	114	3.6	−11
	8	意大利	101	3.0	−15	8	爱尔兰	104	3.3	−5
	9	爱尔兰	95	2.9	−7	9	荷兰	87	2.8	−5
	10	荷兰	92	2.8	−11	10	西班牙	87	2.8	−17
2010	1	美国	515	14.1	8	1	美国	358	10.2	7
	2	德国	230	6.3	2	2	德国	256	7.3	1
	3	英国	227	6.2	0	3	中国	192	5.5	22
	4	中国	170	4.6	32	4	英国	156	4.5	−1
	5	法国	140	3.8	−1	5	日本	155	4.4	6
	6	日本	138	3.8	9	6	法国	126	3.6	0
	7	西班牙	121	3.3	−1	7	印度	117	3.3	—
	8	新加坡	112	3.0	20	8	荷兰	109	3.1	1
	9	荷兰	111	3.0	0	9	意大利	108	3.1	1
	10	印度	110	3.0	—	10	爱尔兰	106	3.0	2
2011	1	美国	578	13.9	11	1	美国	391	10.1	6
	2	英国	274	6.6	11	2	德国	284	7.3	8
	3	德国	253	6.1	9	3	中国	236	6.1	23
	4	中国	182	4.4	7	4	英国	171	4.4	7
	5	法国	161	3.9	11	5	日本	165	4.3	6
	6	印度	148	3.6	20	6	法国	141	3.6	7
	7	日本	143	3.4	3	7	印度	130	3.4	12
	8	西班牙	141	3.4	14	8	荷兰	118	3.1	12
	9	荷兰	128	3.1	11	9	意大利	115	3.0	5
	10	新加坡	125	3.0	12	10	爱尔兰	113	2.9	6
2012	1	美国	614	14.1	4	1	美国	406	9.9	3
	2	英国	278	6.4	−4	2	德国	285	6.9	−3
	3	德国	255	5.9	−2	3	中国	281	6.8	19
	4	法国	208	4.8	−7	4	英国	176	4.3	1
	5	中国	190	4.4	4	5	日本	174	4.2	5
	6	印度	148	3.4	8	6	法国	171	4.2	−10
	7	日本	140	3.2	−2	7	印度	125	3.0	1

续表

年份	出口排名	出口国家和地区	出口金额	出口比重（%）	出口增长率（%）	进口排名	进口国家和地区	进口金额	进口比重（%）	进口增长率（%）
2012	8	西班牙	140	3.2	−1	8	新加坡	117	2.8	3
	9	新加坡	133	3.1	3	9	荷兰	115	2.8	−5
	10	荷兰	126	2.9	−7	10	爱尔兰	110	2.7	−5
2013	1	美国	662	14.3	5	1	美国	432	9.8	4
	2	英国	293	6.3	2	2	中国	329	7.5	18
	3	德国	286	6.2	8	3	德国	317	7.2	8
	4	法国	236	5.1	10	4	法国	189	4.3	8
	5	中国	205	4.4	7	5	英国	174	4.0	−1
	6	印度	151	3.2	4	6	日本	162	3.7	−7
	7	荷兰	147	3.2	12	7	新加坡	128	2.9	4
	8	日本	145	3.1	2	8	荷兰	127	2.9	7
	9	西班牙	145	3.1	6	10	印度	125	2.8	−3
	10	中国香港	133	2.9	6	11	俄罗斯	123	2.8	18
2014	1	美国	686	14.1	3	1	美国	454	9.6	4
	2	英国	329	6.8	4	2	中国	382	8.1	16
	3	德国	267	5.5	5	3	德国	327	6.9	1
	4	法国	263	5.4	4	4	法国	244	5.1	6
	5	中国	222	4.6	8	5	日本	190	4.0	12
	6	日本	158	3.3	19	6	英国	189	4.0	−1
	7	荷兰	156	3.2	11	7	荷兰	165	3.5	8
	8	印度	154	3.2	4	8	爱尔兰	142	3.0	16
	9	西班牙	135	2.8	5	9	新加坡	130	2.7	0
	10	爱尔兰	133	2.7	9	10	印度	124	2.6	−1

数据来源：中国服务贸易指南网；其中2002年、2003年、2005年数据来源于世界贸易组织官方网站历年统计年鉴.

附表3-7　世界服务贸易额及增长率表　　　　　单位：亿美元

年份	世界服务贸易额（出口）	出口增长率（%）	世界服务贸易额（进口）	进口增长率（%）	世界服务贸易进出口总额	总额增长率（%）
1982	3 646	−2.8	4 028	−4.9	7 674	−3.9
1983	3 543	3.2	3 829	3.5	7 372	3.4
1984	3 656	4.4	3 963	1.2	7 619	2.7
1985	3 816	17.3	4 011	14.2	7 827	15.7

年　份	世界服务贸易额（出口）	出口增长率（%）	世界服务贸易额（进口）	进口增长率（%）	世界服务贸易进出口总额	总额增长率（%）
1986	4 478	18.7	4 580	18.8	9 058	18.7
1987	5 314	13.0	5 439	15.0	10 753	14.0
1988	6 003	9.4	6 257	9.6	12 260	9.5
1989	6 566	18.9	6 855	19.7	13 421	19.3
1990	7 805	5.6	8 206	3.7	16 011	4.6
1991	8 244	12.1	8 510	11.3	16 754	11.7
1992	9 238	1.9	9 471	1.3	18 709	1.6
1993	9 413	9.8	9 596	8.8	19 009	9.3
1994	10 332	14.7	10 438	15.1	20 770	14.9
1995	11 849	7.3	12 015	5.7	23 864	6.5
1996	12 710	3.9	12 697	2.8	25 407	3.4
1997	13 203	2.3	13 056	2.3	26 259	2.3
1998	13 503	4.1	13 350	4.0	26 853	4.0
1999	14 056	6.2	13 883	6.6	27 939	6.4
2000	14 922	0.2	14 796	1.0	29 718	0.6
2001	14 945	7.2	14 941	5.7	29 886	6.4
2002	16 014	14.5	15 793	14.1	31 807	14.3
2003	18 340	18.8	18 023	18.3	36 363	18.6
2004	21 795	10.8	21 328	10.7	43 123	10.8
2005	24 147	10.8	23 613	11	47 760	11.6
2006	27 108	12.3	26 196	11	53 304	11.6
2007	32 600	18	30 600	16	63 200	18.6
2008	37 300	14.4	34 700	13.4	72 000	13.9
2009	33 100	−11.3	31 150	−10.2	64 250	−10.8
2010	36 650	10.7	35 050	12.5	71 700	11.6
2011	41 500	13.2	38 650	10.3	80 150	11.8
2012	43 450	4.70	41 050	6.2	84 500	5.4
2013	46 440	6.88	43 810	6.7	90 250	6.8
2014	48 600	4.65	47 400	8.2	96 000	6.4

数据来源：中国服务贸易指南网.

附表 3-8　美国的对外贸易发展　　　　　　　　　　单位：十亿美元

年　份	进出口总额	名义 GDP	贸易依存度	进　口　额	出　口　额	差　额
2015	4 992.1	—	—	2 761.8	2 230.3	−531.5
2014	5 194.7	17 419.0	29.82%	2 851.5	2 343.2	−508.3
2013	5 038.3	16 768.1	30.05%	2 758.3	2 279.9	−478.4
2012	4 974.8	16 163.2	30.78%	2 755.8	2 219.0	−536.8
2011	4 766.6	15 517.9	30.72%	2 663.2	2 103.4	−559.9
2010	4 179.7	14 964.4	27.93%	2 337.2	1 842.5	−494.7
2009	3 537.0	14 418.7	24.53%	1 958.1	1 578.9	−379.2
2008	4 376.8	14 718.6	29.74%	2 537.8	1 839.0	−698.8
2007	3 999.4	14 477.6	27.62%	2 350.8	1 648.7	−702.1
2006	3 667.3	13 855.9	26.47%	2 210.3	1 457.0	−753.3
2005	3 279.1	13 093.7	25.04%	1 995.3	1 283.8	−711.6

附 录 4 有关中国对外贸易的统计资料

附表 4-1 1950—2014 年进出口贸易统计表　　　单位：亿美元

年　份	进出口总额	出　口　总　额	进　口　总　额	贸 易 差 额
1950	11.3	5.5	5.8	−0.3
1951	19.6	7.6	12	−4.4
1952	19.1	8.2	11.2	−3
1953	23.7	10.2	13.5	−3.3
1954	24.4	11.5	12.9	−1.4
1955	31.4	14.1	17.3	−3.2
1956	32.1	16.5	15.6	0.9
1957	31	16	15	1
1958	38.7	19.8	18.9	0.9
1959	43.8	22.6	21.2	1.4
1960	38.1	18.6	19.5	−0.9
1961	29.4	14.9	14.5	0.4
1962	26.6	14.9	11.7	3.2
1963	29.2	16.5	12.7	3.8
1964	34.7	19.2	15.5	3.7
1965	42.5	22.3	20.2	2.1
1966	46.2	23.7	22.5	1.2
1967	41.6	21.4	20.2	1.2
1968	40.5	21	19.5	1.5
1969	40.3	22	18.3	3.7
1970	45.9	22.6	23.3	−0.7
1971	48.4	26.4	22	4.4
1972	63	34.4	28.6	5.8
1973	109.8	58.2	51.6	6.6
1974	145.7	69.5	76.2	−6.7
1975	147.5	72.6	74.9	−2.3
1976	134.3	68.5	65.8	2.7
1977	148	75.9	72.1	3.8
1978	206.4	97.5	108.9	−11.4
1979	293.3	136.6	156.7	−20.1
1980	381.4	181.2	200.2	−19

续表

年　份	进出口总额	出　口　总　额	进　口　总　额	贸　易　差　额
1981	440.3	220.1	220.2	−0.1
1982	416.1	223.2	192.9	30.4
1983	436.2	222.3	213.4	8.4
1984	535.5	261.4	274.1	−12.7
1985	696	273.5	422.5	−149
1986	738	309.4	429	−119.6
1987	826.2	394.4	432.2	−37.8
1988	1 027.9	475.2	475.2	−77.6
1989	1 116.8	525.4	525.4	−66
1990	1 154.4	620.9	620.9	87.5
1991	1 357	719.1	719.1	81.2
1992	1 655.3	849.4	849.4	43.5
1993	1 957.2	917.7	917.7	−121.8
1994	2 366.2	1 210.1	1 210.1	53.9
1995	2 808.5	1 487.7	1 487.7	166.9
1996	2 898.8	1 510.5	1 510.5	122.2
1997	3 251.6	1 827.9	1 827.9	403.2
1998	3 239.3	1 837.6	1 837.6	435.9
1999	3 606.3	1 949.3	1 949.3	292.3
2000	4 743	2 492	2 492	224.1
2001	5 097.7	2 661.5	2 661.5	225.4
2002	6 207.9	3 255.7	3 255.7	303.5
2003	8 512.1	4 383.7	4 383.7	255.3
2004	11 547.4	5 933.6	5 933.6	322.8
2005	14 221	7 620	6 601	1 019
2006	17 606.9	9 690.8	7 916.1	1 774.7
2007	21 738.3	12 180.2	9 558.2	2 622
2008	25 616.3	14 285.5	11 330.9	2 954.6
2009	22 072.7	12 016.6	10 056	1 960.6
2010	29 728	15 779	13 948	1 831
2011	36 421	18 986	17 435	1 551
2012	38 668	20 489	18 178	2 311
2013	41 600	22 096	19 504	2 592
2014	43 015	23 423	19 592	3 831

资料来源：本表 1979 年以前数据来自外贸部业务统计，1980 年以后数据来自中国海关的进出口统计．

附表 4-2 1953—2014 年中国进出口总额占世界出口总额的比重和位次

单位：亿美元

年 份	世界出口总额	中国出口总额	中国出口占世界出口的比重（%）	中国所占位次
1953	829	10. 2	1. 23	17
1954	863	11. 4	1. 33	16
1955	940	14. 1	1. 5	15
1956	1 042	16. 4	1. 58	14
1957	1 123	15. 9	1. 42	15
1958	1 086	19. 8	1. 82	13
1959	1 159	22. 6	1. 95	12
1960	1 283	18. 5	1. 44	17
1961	1 344	14. 9	1. 11	19
1962	1 419	14. 9	1. 05	19
1963	1 545	16. 5	1. 07	19
1964	1 736	19. 2	1. 1	19
1965	1 872	22. 3	1. 19	18
1966	2 052	23. 7	1. 15	18
1967	2 155	21. 4	0. 99	19
1968	2 401	21	0. 88	19
1969	2 744	22	0. 8	21
1970	3 153	22. 6	0. 72	29
1971	3 513	26. 3	0. 75	25
1972	4 158	34. 4	0. 83	25
1973	5 764	58. 2	1. 01	21
1974	8 415	69. 5	0. 83	28
1975	8 769	72. 6	0. 83	28
1976	9 933	68. 5	0. 69	34
1977	11 269	75. 9	0. 67	30
1978	12 988	97. 5	0. 75	32
1979	16 430	136. 6	0. 83	32
1980	19 939	181. 2	0. 92	28
1981	17 745	220. 1	1. 06	21
1982	18 535	223. 2	1. 18	18
1983	18 119	222. 3	1. 23	18

续表

年　份	世界出口总额	中国出口总额	中国出口占世界出口的比重(%)	中国所占位次
1984	19 436	261.4	1.26	18
1985	19 578	273.5	1.32	17
1986	20 100	309.4	1.28	16
1987	24 500	394.4	1.42	16
1988	28 400	475.2	1.43	16
1989	31 000	525.4	1.4	14
1990	34 700	620.9	1.8	15
1991	35 300	719.1	2.03	13
1992	37 018	850	2.29	11
1993	36 980	917.4	2.47	11
1994	41 788	1 210	2.89	11
1995	49 954	1 487.8	2.97	11
1996	52 600	1 510.4	2.87	11
1997	55 770	1 827.9	3.27	10
1998	54 960	1 837.6	3.34	9
1999	57 080	1 949.3	3.41	8
2000	64 450	2 492.1	3.86	7
2001	61 910	2 661.5	4.29	6
2002	64 550	3 255.7	5.04	5
2003	74 820	4 383.7	5.85	4
2004	91 240	5 933.6	6.5	3
2005	104 384	7 620	7.3	3
2006	134 594	9 690.8	7.2	3
2007	138 411	12 180.2	8.8	3
2008	157 750	14 285.5	9.1	2
2009	143 552.5	12 016.6	8.7	1
2010	148 550	15 779	10.6	1
2011	177 790	18 986	10.7	1
2012	178 500	20 489	11.5	1
2013	183 000	22 096	12.1	1
2014	184 220	23 423	12.7	1

资料来源：中国出口数字来自原外贸部业务统计和中国海关的统计；世界出口额来自 GATT 和 WTO 的秘书处报告及国际货币基金组织的统计．

附表 4-3　1995—2014 年中国出口商品结构统计表　　　　单位：亿美元

年　份	出 口 总 额	初级产品 出口金额	初级产品 出口比重（%）	工业制成品 出口金额	工业制成品 出口比重（%）
1995	1 487.8	214.9	14.4	1 272.8	85.6
1996	1 510.5	219.3	14.5	1 291.4	85.5
1997	1 827.9	239.3	13.1	1 587.7	86.9
1998	1 837.1	206	11.2	1 631.6	88.8
1999	1 949.3	199.3	10.2	1 750	89.8
2000	2 492.1	254.6	10.2	2 237.5	89.8
2001	2 662	263.5	9.9	2 398	90.1
2002	3 255.7	284.8	8.7	2 970.8	91.3
2003	4 383.7	346.3	7.9	4 037.3	92.1
2004	5 933.6	587.4	9.9	5 346.1	90.1
2005	7 620	490.4	6.4	7 129.6	93.6
2006	9 690.8	529.3	5.5	9 161.5	94.5
2007	12 180.2	615.5	5.1	11 564.7	94.9
2008	14 285.5	778.5	5.4	13 507	94.6
2009	12 016.6	631.1	5.3	11 384.8	94.7
2010	15 779	816.8	5.2	14 960.7	94.8
2011	18 986	1 005.5	5.3	17 978.4	94.7
2012	20 489	1 005.6	4.9	19 481.6	95.1
2013	22 096	1 072.7	4.9	21 017.4	95.1
2014	23 423	1 127.9	4.8	22 296	95.2

资料来源：中国海关统计及《中国对外贸易年鉴》.

附表 4-4　1997—2014 年中国进口贸易商品结构统计表　　　　单位：亿美元

年　份	进 口 总 额	初级产品 进口金额	初级产品 进口比重（%）	工业制成品 进口金额	工业制成品 进口比重（%）
1997	1 423.6	286	20.1	117.4	79.9
1998	1 401.7	229.5	16.4	1 172.1	83.6
1999	1 658	268.4	16.2	1 388.7	83.8
2000	2 251	467.4	20.8	1 783.6	79.2
2001	2 436	457.7	18.8	1 978.4	81.2
2002	2 952.2	492.7	16.7	2 459.3	83.3

续表

年　份	进口总额	初级产品进口金额	初级产品进口比重（%）	工业制成品进口金额	工业制成品进口比重（%）
2003	4 128.4	726.59	17.6	3 401.8	82.4
2004	5 613.8	1 066.6	19	4 547.1	81
2005	6 601	1 477.1	22.4	5 123.9	77.6
2006	7 916.1	1 871.4	23.6	6 044.7	76.4
2007	9 558.2	2 429.8	25.4	7 128.4	74.6
2008	11 330.9	3 627.8	32	7 703.1	68
2009	10 059.2	2 998.0	29.8	7 161.2	71.2
2010	13 962.4	4 338.5	31.1	9 623.9	69.0
2011	17 434.8	6 042.7	34.7	11 392.2	65.3
2012	18 184.1	6 349.3	34.9	11 834.7	65.1
2013	19 499.9	6 580.8	33.7	12 919.1	66.3
2014	19 592.3	6 469.4	33.0	13 122.9	67.0

资料来源：中国海关统计及《中国对外贸易统计年鉴》汇总而成．

附表 4-5　中国 1978—2014 年对外贸易依存度统计表

年　份	进口贸易依存度	出口贸易依存度	对外贸易依存度
1978	5.5	5.2	10.7
1980	6.8	6.7	13.5
1985	14.1	9.1	23.2
1990	13.4	16.3	29.7
1995	16.9	21.4	38.3
1996	15	18.4	33.4
1997	15.8	20.3	36.2
1998	14.8	19.4	34.2
1999	16.7	19.7	36.4
2000	20.8	23.1	43.9
2001	21.6	23.6	45.2
2002	23.6	26	49.6
2003	29.3	31.1	60.4
2004	36.5	38.6	75.1
2005	36.7	31.8	68.6

续表

年　份	进口贸易依存度	出口贸易依存度	对外贸易依存度
2006	30.1	36.8	66.9
2007	29.4	37.6	67
2008	38.7	33.22	71.92
2009	19.9	23.7	43.6
2010	23.2	26.2	49.4
2011	23.4	25.5	48.9
2012	21.5	24.2	45.7
2013	20.6	23.3	43.9
2014	18.9	22.6	41.5

资料来源：各年《中国对外贸易统计年鉴》及根据海关统计计算.

附表 4-6　中国服务贸易进出口额统计表　　　　　单位：亿美元

年份	出口额	中国出口占世界比重（%）	进口额	中国进口占世界比重（%）	中国进出口总额	中国进出口占世界比重（%）
1982	25	0.7	19	0.5	44	0.6
1983	25	0.7	18	0.5	43	0.6
1984	28	0.8	26	0.7	54	0.7
1985	29	0.8	23	0.6	52	0.7
1986	36	0.8	20	0.4	56	0.6
1987	42	0.8	23	0.4	65	0.6
1988	47	0.8	33	0.5	80	0.7
1989	45	0.7	36	0.5	81	0.6
1990	57	0.7	41	0.5	98	0.6
1991	69	0.8	39	0.5	108	0.6
1992	91	1	92	1	183	1
1993	110	1.2	116	1.2	226	1.2
1994	164	1.6	158	1.5	322	1.6
1995	184	1.6	246	2.1	430	1.8
1996	206	1.6	224	1.8	430	1.7
1997	245	1.9	277	2.1	522	2
1998	239	1.8	265	2	504	1.9
1999	262	1.9	310	2.2	572	2

续表

年份	出口额	中国出口占世界比重（%）	进口额	中国进口占世界比重（%）	中国进出口总额	中国进出口占世界比重（%）
2000	301	2	359	2.4	660	2.2
2001	329	2.2	390	2.6	719	2.4
2002	394	2.5	461	2.9	855	2.7
2003	464	2.5	549	3	1 013	2.8
2004	621	2.8	716	3.4	1 337	3.1
2005	739	3.1	832	3.5	1 571	3.3
2006	914	3.4	1 003	3.7	1 917	3.6
2007	1 267	3.9	1 289	4.2	2 556	4
2008	1 464.5	3.9	1 580	4.6	3 044.5	4.2
2009	1 286	3.9	1 581	5.1	2 867	4.5
2010	1 702	4.6	1 922	5.5	3 624	5.1
2011	1 821	4.4	2 370	6.1	4 191	5.2
2012	1 904	4.4	2 801	6.8	4 706	5.6
2013	2 106	4.6	3 291	7.6	5 396	6.0
2014	2 222	4.6	3 821	8.1	6 043	6.3

资料来源：中国服务贸易指南网.

参 考 文 献

[1] 海闻，P. 林德特，王新奎. 国际贸易[M]. 上海：上海人民出版社，2003.

[2] 薛荣久. 国际贸易[M]. 北京：对外经济贸易大学出版社，2008.

[3] 韩经纶. 国际贸易理论与实务[M]. 天津：南开大学出版社，2001.

[4] 董瑾. 国际贸易学[M]. 北京：机械工业出版社，2008.

[5] 陶涛. 国际贸易学[M]. 北京：机械工业出版社，2015.

[6] 毛钧，孙琪. 国际贸易理论与政策[M]. 杭州：浙江大学出版社，2003.

[7] 陈宪. 国际贸易原理·政策·实务[M]. 第3版. 上海：立信会计出版社，2003.

[8] 王钰. 国际贸易壁垒的经济分析与对策研究[M]. 北京：中国财政经济出版社，2008.

[9] 覃红. 非关税壁垒行政指导[M]. 广州：广东经济出版社，2009.

[10] 岳咬兴. 国际贸易政策教程[M]. 上海：上海财经大学出版社，2006.

[11] 王志民. 跨越技术壁垒提高开放水平[M]. 北京：经济科学出版社，2006.

[12] 钟昌标. 国际贸易[M]. 北京：中国科学技术出版社，2006.

[13] 李宏，赵晓晨. 国际贸易理论与政策[M]. 北京：清华大学出版社，2009.

[14] 杨爱兰. 国际贸易原理与实务[M]. 济南：山东大学出版社，2009.

[15] 黄静波. 国际贸易理论与政策[M]. 北京：清华大学出版社，2007.

[16] 赵宗博. 国际贸易概论[M]. 青岛：中国海洋大学出版社，2008.

[17] 何蓉. 国际贸易[M]. 北京：机械工业出版社，2006.

[18] 杨云母，王云凤. 国际贸易教程[M]. 北京：经济科学出版社，2007.

[19] 邱继洲. 国际贸易理论与实务[M]. 北京：机械工业出版社，2006.

[20] 尹忠明. 国际贸易学[M]. 成都：西南财经大学出版社，2005.

[21] 张玮. 国际贸易[M]. 北京：高等教育出版社，2006.

[22] 孙振宇. WTO多哈回合谈判中期回顾[M]. 北京：人民出版社，2005.

[23] 陈同仇. 国际贸易[M]. 北京：对外经济贸易大学出版社，1997.

[24] 赵玉焕. 国际货物贸易[M]. 北京：对外经济贸易大学出版社，2005.

[25] 黄汉民. 国际经济合作[M]. 上海：上海财经大学出版社，2007.

[26] 卢进勇，杜奇华. 国际经济合作教程[M]. 北京：首都经济贸易大学出版社，2006.

[27] 杜奇华. 国际技术贸易[M]. 上海：复旦大学出版社，2008.

[28] 赵春明，张晓甦. 国际技术贸易[M]. 北京：机械工业出版社，2007.

[29] 窦金美. 国际经济合作[M]. 北京：机械工业出版社，2006.

[30] 王绍媛. 国际服务贸易自由化理论与规则[M]. 大连：大连理工大学出版社，2008.

[31] 薛岱，任丽萍. 国际贸易[M]. 北京：北京大学出版社，2006.

[32] 王涛生. 国际贸易前沿问题研究[M]. 长沙：国防科技大学出版社，2006.

[33] 饶友玲，张伯伟. 国际服务贸易[M]. 北京：首都经贸大学出版社，2005.

[34] 卢进勇. 国际服务贸易与跨国公司[M]. 北京：对外经济贸易大学出版社，2002.

[35] 李晓峰. 国际经贸前沿问题研究[M]. 西安：西北工业大学出版社，2008.

[36] 陶明，吴申元. 服务贸易学[M]. 太原：山西经济出版社，2001.

[37] 万红先. 国际服务贸易[M]. 合肥：中国科学技术大学出版社，2009.

[38] 薛伟贤. 国际技术贸易[M]. 西安：西安交通大学出版社，2008.

[39] 亚当·斯密. 国民财富的性质和原因的研究[M]. 郭大力，王亚南，译. 北京：商务印书馆，1974.

[40] 迈克尔·波特. 国家竞争优势[M]. 李明轩，邱如梅，译. 北京：华夏出版社，2002.

[41] 王志乐. 2005年跨国公司在中国的报告[M]. 北京：中国经济出版社，2005.

[42] 林康. 跨国公司经营与管理[M]. 北京：对外经济贸易大学出版社，2008.

[43] 薛敬孝. 国际经济学[M]. 北京：高等教育出版社，2003.

[44] 小岛清. 对外贸易论[M]. 中译本. 天津：南开大学出版社，1988.

[45] 刘立平，丁家云. 国际贸易：理论与政策[M]. 合肥：中国科学技术大学出版社，2007.

[46] 马莲菁，陈群平. 国际贸易理论与实务[M]. 大连：大连理工大学出版社，2008.

[47] 蔡玉彬. 国际贸易理论与实务[M]. 北京：高等教育出版社，2004.

[48] 黄静波. 国际贸易理论与政策[M]. 北京：北京交通大学出版社，2008.

[49] 大卫·李嘉图. 政治经济学及赋税原理[M]. 郭大力，王亚南，译. 北京：商务印书馆，1974.

[50] 苗成栋，梁爱丽. 国际贸易[M]. 北京：对外经济贸易大学出版社，2003.

[51] 亚蒂什·N.巴格瓦蒂. 高级国际贸易学[M]. 王根葆，译. 上海：上海财经大学出版社，2004.